Sachunterricht in der Grundschule

Beiträge zur Reform der Grundschule – Band 101
Herausgeber: Der Vorstand des Arbeitskreises Grundschule
– Der Grundschulverband – e. V.
Verantwortlich für diesen Band: Rudolf Schmitt

Richard Meier / Henning Unglaube / Gabriele Faust-Siehl
(Hrsg.)

Sachunterricht in der Grundschule

Arbeitskreis Grundschule – Der Grundschulverband – e.V.
Frankfurt am Main

© 1997 Arbeitskreis Grundschule – Der Grundschulverband – e. V.
  Frankfurt am Main
Satz und Gestaltung: novuprint, 30161 Hannover
Druck und Bindung: Druckhaus Beltz, 69502 Hemsbach

Bildnachweis: Die Bildrechte liegen, sofern nicht anders vermerkt, bei den Autorinnen und Autoren der einzelnen Beiträge. Titelbild: MAIKE DE BOER/ANGELA KÜCK; S. 10/11: JUDITH BÖHLER/INGA BREMER-REESE; S. 102/103: ANNE BRÜGMANN /ANETTE BRANDT, CHRISTIANE KRINGEL, BIRGIT SCHEIDEL/ JANINE KAHRS; S. 204/205: ANGELA MASURKEWITZ/KARIN PUSDROWSKI, RICHARD MEIER, HENNING UNGLAUBE; S. 288/289: KATHARINA SCHRAEPLER, UDO SCHÖLER, HENNING UNGLAUBE

ISBN 3-930024-64-0

INHALT

Vorwort der Herausgeber ... 8

1. Theoretische Grundlagen

Erich H. Müller-Gäbele
Erleben – Erfahren – Handeln
Schlüsselbegriffe des Sachunterrichts ... 12

Richard Meier
Sachunterricht wohin? ... 27

Henning Unglaube
Fachübergreifendes Arbeiten im Sachunterricht –
ein altes Konzept im neuen Gewand? ... 45

Charel Max
Verstehen heißt Verändern – ‹Conceptual Change›
als didaktisches Prinzip des Sachunterrichts ... 62

Rudolf Schmitt
Lehrerausbildung im Sachunterricht ... 90

2. Didaktische Grundfragen

Angelika Speck-Hamdan
Soziales Lernen und die Bedeutung der Lerngruppe ... 104

Richard Meier
Im Sachunterricht der Grundschule: Methoden entdecken,
Methoden entwickeln, mit Methoden arbeiten ... 115

Bernhard Thurn
Planen und Bilanzieren im Sachunterricht ... 126

Hanna Kiper
Perspektivität im Sachunterricht – Zur Berücksichtigung
kollektiver Erfahrungen von Ethnizität und Geschlecht ... 138

GABRIELE FAUST-SIEHL
Leistung und Leistungsbeurteilung im Sachunterricht 149

KURT MEIERS
Sachunterricht im Anfangsunterricht 158

HARTMUT MITZLAFF
Zur Situation der Umweltbildung in der Grundschule 171

MARCUS SCHRENK
Zum Stand der Naturwissenschaftlichen Elementarbildung 194

3. Praxisbeispiele

EBERHARD KANZLER
Kinderfragen als Ausgangspunkt für Sachunterricht 206

STEFFEN WITTKOWSKE
Sachunterricht im Schulgarten 212

HENNING UNGLAUBE
Experimente im Sachunterricht 224

UDO SCHOELER
Bauen – Aspekte eines lernfeldübergreifenden Themas 237

CARLA KNOLL / MARLIES EBERTSHÄUSER / STEFANIE HINRICHSEN
Der Einsatz von Kindersachbuchreihen und Kinderlexika
im Sachunterricht – Ein Praxisbericht 269

LYDIA BINNEWITT
Ein Blick über den Bundesliga-Tellerrand
Fußball als Eine-Welt-Thema in der Grundschule 275

4. Hilfen

UDO SCHOELER
Computer im Sachunterricht – kritische Sichtung
ausgewählter Programmangebote 290

CARLA KNOLL
Konzeptionen von Kinderlexika und
Kindersachbuchreihen für das Grundschulalter 308

MARCUS SCHRENK
Kindersendungen im Fernsehen und ihre Bedeutung
für den Sachunterricht 318

RICHARD MEIER
Hinweise zur Literatur 328

DER GRUNDSCHULVERBAND
Teilaspekte des Sachunterrichts in Bänden des Grundschulverbandes 331

Die «Gesellschaft für Didaktik des Sachunterrichts e.V. 338
(GDSU)» stellt sich vor

Autorinnen und Autoren 340

Vorwort

Seit teilweise mehr als zwei Jahrzehnten gehören Bände, die Einzelaspekte des Sachunterrichts aufgreifen (z. B. Schulraumgestaltung und Lernorte außerhalb des Klassenzimmers), zum bewährten Bestand in der Veröffentlichungsreihe «Beiträge zur Reform der Grundschule» des Grundschulverbandes. In anderen Bänden wird der Sachunterricht als ein Lernbereich im Gefüge der Grundschule behandelt (z. B. in: «Die Zukunft beginnt in der Grundschule»). Einen eigenen Band zum Sachunterricht suchen die Leserinnen und Leser bislang vergebens. Diese Lücke schließt nun endlich der hiermit vorliegende Band.

Die Herausgeber wollen damit keine allgemeine Theorie des Sachunterrichts konzipieren, in unserer Sicht ist es höchst zweifelhaft, ob es eine solche (noch) geben kann. Der Band stellt vielmehr den Versuch dar, Kolleginnen und Kollegen, theorieinteressierten Lehrerinnen und Lehrern, Studierenden und solchen Personen, die sich in Umsetzungszusammenhängen befinden, sei es als Ausbilder in der zweiten Phase oder als Lehrplanentwickler, Orientierungshilfe in der aktuellen Diskussion um den Sachunterricht zu bieten. Die Beiträge gehen dabei von einem gemeinsamen Grundverständnis von Kindern als aktiven Konstrukteuren ihres Wissens aus und wollen die Verfügung von Kindern über ihr Lernen erweitern. Aus diesem Anliegen heraus haben wir eine Gliederung in vier Teile für sinnvoll gehalten:

1. Theoretische Grundfragen

Veränderungen in der modernen Welt und in den Lebensbedingungen von Kindern sowie ein erweitertes Verständnis von den Aufgaben der Schule machen Neuakzentuierungen und die Klärung zentraler Begriffe des Sachunterrichts notwendig. «Handeln», «Erfahrung», «Wirklichkeit», «Erkennen» und «Lernen», um nur einige zu nennen, sind solche, die in der Folge den Wissenserwerb von Kindern und die Herausbildung ihres Verständnisses von Welt, die Bestimmung von Arbeitsschwerpunkten des Sachunterrichts und seine Planung in einem veränderten Licht erscheinen lassen. Daher erörtern die Beiträge in diesem Teil verschiedene Streitfragen in diesem Feld.

2. Didaktische Grundfragen

Die in Teil 2 erörterten didaktischen Grundfragen ergeben sich mit gewisser Zwangsläufigkeit aus den in Teil 1 zusammengefaßten Aufsätzen und stehen dadurch in unmittelbarem Zusammenhang zu ihm. Sie bezeichnen den Versuch zentrale Fragestellungen des Sachunterrichts auf der Ebene der Didaktik zu problematisieren und in ihrer Konsequenz für den Unterricht zu beschreiben.

3. Praxisbeispiele
In der Beschreibung unterschiedlicher Arbeitsweisen werden hier dicht an der Schulwirklichkeit Umsetzungsmöglichkeiten aufgezeigt, die einen direkten Bezug zu den Beiträgen der beiden vorangegangenen Kapitel aufweisen. Dadurch wird eine weitere Konkretisierung didaktischer Konsequenzen erreicht, die Anregungen und Hilfen geben, aber auch Ausgangspunkt für klärende Diskussionen sein können.

4. Hilfen
Dass die von Lehr-Lernmittelverlagen entwickelten Materialien häufiger nachhaltigeren Einfluss auf die Gestaltung von Unterricht haben als gültige Lehr- und Rahmenpläne oder gar die Wege der Theoriediskussion, ist seit Jahren bekannt. Eine qualifizierte Entscheidung über die Anschaffung von bestimmten Materialien ist angesichts der Fülle des Angebotes kaum mehr leistbar. Oft fehlen auch die Kriterien der Beurteilung, die eine Auswahl erlauben. Aus diesem Grund finden sich am Ende des Bandes Anregungen und Entscheidungshilfen zu Materialfragen, wobei insbesondere auch moderne Medien wie Computerprogramme und Kindersendungen, und daneben auch Kindersachbücher, berücksichtigt werden.

Wir hoffen mit dem Erscheinen dieses Bandes einen Beitrag zur aktuellen Auseinandersetzung um den Sachunterricht zu leisten, Anregungspunkte für weiterführende Diskussionen zu geben und eine Weiterentwicklung der schulischen Praxis zu unterstützen.

Die Herausgeber
Frankfurt am Main im November 1997

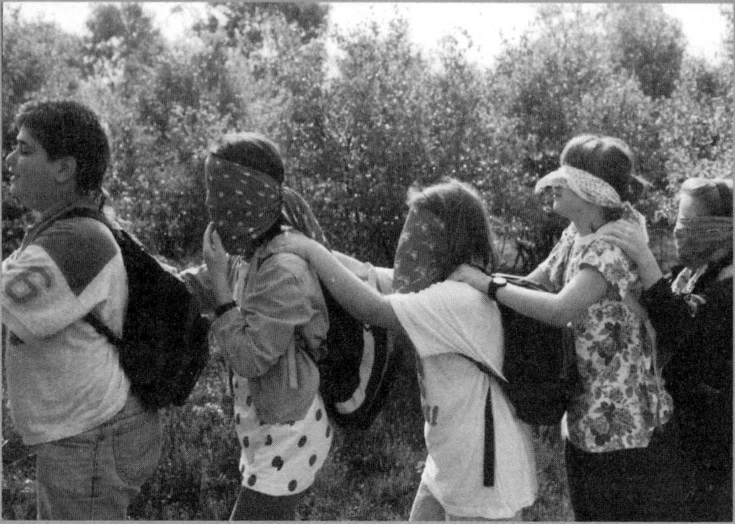

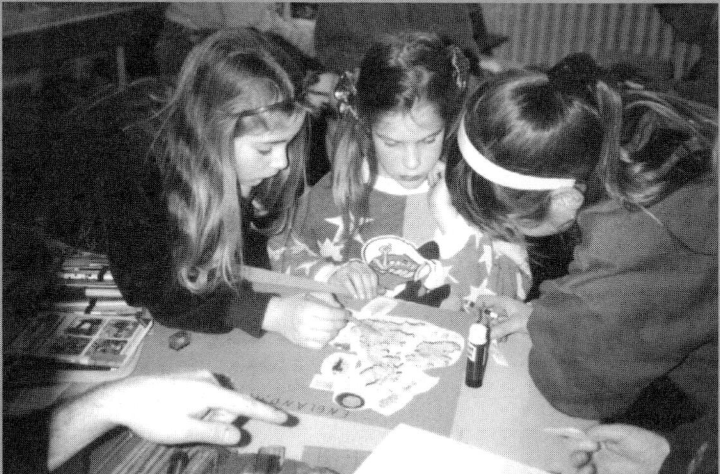

1 Theoretische Grundlagen

Erich H. Müller-Gäbele

Erleben – Erfahren – Handeln

Schlüsselbegriffe des Sachunterrichts

Vorbemerkungen
In den letzten Jahren haben sich die Bemühungen verstärkt, Sachunterricht als Kernfach des Grundschulunterrichts theoretisch zu begründen (z. B. SOOSTMEYER 1988; DUNCKER/ POPP (Hrsg.) 1994; SCHREIER 1994; GLUMPLER/ WITTKOWSKE (Hrsg.) 1996). Dies erweist sich freilich als eine außerordentlich schwierige Aufgabe, die ganz unterschiedlich gelöst werden kann. Im Folgenden wird versucht, von drei für Sachunterricht konstitutiven Schlüsselbegriffen auszugehen, um von ihnen her zentrale Aufgaben heutigen Unterrichts zu skizzieren. Erleben, Erfahren und Handeln sind drei grundlegende Formen der Aneignung von Realität. Zwar sind es sehr verschiedenartige Zugangsweisen, doch wie zu zeigen sein wird, ergänzen sie sich und sind somit gleichermaßen für Sachunterricht bedeutsam. Allerdings, eine nicht geringe Schwierigkeit entsteht dadurch, dass die drei Begriffe sehr unterschiedlich interpretierbar sind. Sollen sie jedoch als Grundbegriffe des Sachunterrichts dienen, dann ist es notwendig, ihre Bedeutung genauer zu bestimmen.

Zusammengefasst ist es das Ziel der folgenden Überlegungen, die drei Schlüsselbegriffe zu interpretieren, aufzuweisen, wie sie miteinander zusammenhängen und daraus Konsequenzen für den Sachunterricht in der Grundschule zu ziehen.

Sachunterricht als Erlebnisunterricht

Sachunterricht, so wie er sich in der Nachkriegszeit zwischen 1950 und 1960 etablierte, war zunächst stark erlebnisorientiert. Gesamtunterricht und Heimatkunde akzentuierten die Erlebnishaftigkeit des Zugangs zur Wirklichkeit im Kindesalter. Doch der in den sechziger Jahren einsetzenden Kritik am Heimatkundeunterricht hielt diese Sichtweise nicht stand. Im Theoriegebäude eines modernisierten Sachunterrichts, dem wissenschaftliche Rationalität als Ideal vorschwebte, hatte das Erleben kaum mehr Platz. Von einem erlebnisorientierten Sachunterricht war fortan nicht mehr die Rede.

Erst in jüngster Zeit ist das Interesse am Erlebnisbegriff wieder erwacht. So werden derzeit erlebnispädagogische Ansätze (vgl. HOMFELDT (Hrsg.) 1995) wieder aufgegriffen und weiterentwickelt; zum anderen ist durch GERHARD SCHULZES (1992) kultursoziologische Analyse der heutigen Gesellschaft als Erlebnisgesellschaft der Erlebnisbegriff wieder als zentrale soziologische Kategorie anerkannt. Es liegt also nahe, die Bedeutung des Erlebens für eine Didaktik des Sachunterrichts neu zu bedenken. Hierzu ist es notwendig, zunächst den Erlebnisbegriff zu erläutern.

SCHULZE macht in seinem Werk deutlich, dass sich das «naive Eindrucksmodell» als unzulänglich erweist. Nach ihm wird der Mensch lediglich als passiver Empfänger von Eindrücken gesehen. Entgegen diesem alltagsüblichen Verständnis betont SCHULZE, dass der Mensch Eindrücke nicht lediglich aufnimmt, sondern sie aktiv verarbeitet. Erst dadurch entstehen Erlebnisse. Die von ihm skizzierte Erlebnistheorie der Verarbeitung weist drei Momente auf (S. 44 ff).

1. *Subjektbestimmtheit*
Erlebnisse sind individuell, sie bleiben an die Einmaligkeit der Person gebunden. Ereignisse werden daher auch ganz unterschiedlich verarbeitet.

2. *Reflexion*
Durch Reflexion werden Erlebnisse verarbeitet. Dies geschieht durch Erinnern, Erzählen, Interpretieren, Bewerten. Dadurch gewinnen Erlebnisse klare Konturen. Dabei verändern sie sich. «Ursprungserlebnisse» verwandeln sich in «Reflexionserlebnisse».

3. *Unwillkürlichkeit*
Erlebnisse sind nur begrenzt planbar. Ob in einer bestimmten Situation etwas erlebt wird, dies lässt sich nicht voraussehen. Überraschungen, aber auch Enttäuschungen bleiben daher nicht aus.

Erleben, Ausdruck, Verstehen

Lebendiger Sachunterricht ist immer auch Erlebnisunterricht, denn vielfältige Möglichkeiten zu erleben bieten sich an: die Begegnung mit Tieren und Pflanzen in und außerhalb des Klassenzimmers, Experimente, szenische Darstellungen, das Aufsuchen außerschulischer Lernorte. Im Laufe eines Schuljahres wechseln sich in einem kindgerechten Sachunterricht viele interessante Ereignisse ab. Wieweit daraus Erlebnisse entstehen, dies ist allerdings nicht voraussehbar. Kinder reagieren auf Ereignisse sehr unterschiedlich und verarbeiten sie sehr individuell.

Sachunterricht ist zwar so zu planen, dass Erlebnisse möglich werden, dennoch bleibt es stets ungewiss, was Kinder wann erleben. Das Moment der Ungewissheit ist also bezeichnend für Erlebnissituationen, aber es ist nicht ausgeschlossen, Erlebnisunterricht zu methodisieren, wie dies WALTRAUT NEUBERT (1930) im Anschluss an reformpädagogische Ansätze versucht hat. NEUBERT erklärt den Erlebnisbegriff zu einem Grundbegriff der modernen Pädagogik. Entscheidend für sie ist, im Unterricht vom Erlebnis zum Ausdruck voranzuschreiten. Das nachhaltig Erlebte formt sich im Ausdruck. Kinder erzählen spontan begeistert, tief beeindruckt, sie verfassen freie Texte, sie zeichnen Erlebtes und inszenieren Rollenspiele. Mit diesen Ausdrucksformen hat auch schon die Reflexionsphase begonnen. Die Ursprungserlebnisse verändern sich, wenn sich zum Beispiel Kinder im Gesprächskreis treffen, um ihre Erlebnisse mitzuteilen.

Da Erlebnisse individuell sind, müssen auch die Ausdrucksformen von Kind zu Kind variieren. Für jedes Kind hat also ein Erlebnis den Charakter des Einmaligen, es bleibt subjektgebunden. Für den Entwicklungs- und Lernprozess im Kindes- und Jugendalter sind sie jedoch außerordentlich bedeutsam. Eigentliche Erlebnisse sind aus der Alltagsroutine herausgehobene singuläre Ereignisse, die nachhaltig wirken. Sie werden nicht so rasch, manchmal auch gar nicht vergessen. Es ist erstaunlich, wie gut sich Kinder auch noch nach Jahren an einzelne unterrichtliche Ereignisse mit Erlebnischarakter erinnern.

Unterricht kann Kindern helfen, ihre Erlebnisse zur Sprache zu bringen und zu reflektieren. Damit wird deutlich, worin die besondere Bildungsaufgabe des Sachunterrichts zu sehen ist. Kindern, die in einer Erlebnisgesellschaft mit unübersehbar vielen miteinander konkurrierenden Erlebnisangeboten konfrontiert sind, bietet er erlebnisorientierte Lerngelegenheiten in und außerhalb der Schulgebäude. Es gehört zu den Aufgaben einer kindgerechten Unterrichtsplanung, darauf zu achten, dass Erlebnisse entstehen können. Bei der Themenauswahl, bei den Formen der Begegnung mit der Umwelt, stets kann dabei auch der Erlebnisaspekt berücksichtigt werden. Zwar sind, wie wir feststellten, Erlebnisse prinzipiell nicht planbar, doch erlebnisorientierter Sachunterricht schafft Situationen, die intensives Erleben begünstigen. Unterricht dieser Art steht im Gegensatz zu einem oberflächlichen, auf pure Unterhaltung zielenden Unterricht, der allenfalls flüchtige Eindrücke hinterlässt, aber keine nachhaltig wirkenden Erlebnisse.

Erlebnisorientierter Sachunterricht fördert die Erlebnisfähigkeit der Kinder. Dies bedeutet, dass darauf verzichtet wird, durch allzu viele attraktive Lernangebote das flüchtige Aneignen zu unterstützen. Gerade dies gilt es zu vermeiden, denn Kinder wie Erwachsene werden von einem wachsenden kommerzialisierten Erlebnismarkt umworben (OPASCHOWSKI 1996). Unterricht jedoch soll keine Erlebniswelten schaffen, sondern durch bildende Erlebnisse das vertiefte Erfassen und Verstehen von Lebenswirklichkeit ermöglichen. In der Erlebnisgesellschaft rückt der Erlebniswert des Angebotenen in den Vordergrund. Das Bedürfnis, etwas zu erleben um des Erlebens willen, dominiert, ja kann zum vorrangigen Lebensziel werden. Sachunterricht widersetzt sich dem für eine Erlebnisgesellschaft charakteristischen Streben von Erlebnis zu Erlebnis zu eilen, ohne bei einem Geschehen länger ausharren zu können.

Sachunterricht hält zum Verweilen an, gibt Zeit für intensives Erleben. Dazu gehört die aktive und oft beharrliche Auseinandersetzung mit einem Ereignis. Erleben heißt also nicht passiv aufnehmen, sondern sich aktiv sich aneignen. Daraus ergibt sich, dass das Erleben eng verbunden ist mit einer Form der aktiven Auseinandersetzung mit der Realität, die als Erfahrung bezeichnet wird.

Anmerkungen zum Erfahrungsbegriff

Innerhalb der Didaktik des Sachunterrichts ist der Erfahrungsbegriff als grundlegend anerkannt. Wohl in allen Lehrplänen ist betont, dass Sachunterricht auf die Erfahrungswelt der Kinder bezogen sein muss. Unterricht nimmt ihre Erfahrungen auf, bietet Gelegenheit, sie zur Sprache zu bringen und in größere Zusammenhänge einzuordnen. Dabei ist Lehrerinnen und Lehrern bewußt, dass die Lebenserfahrungen der Kinder ihrer Klassen sehr unterschiedlich sind. Wie die Erlebnisse sind auch Erfahrungen subjektbestimmt, daher einmalig und individuell.

Sachunterricht hilft also zunächst Kindern, ihre mannigfachen, oft auch widersprüchlichen Erfahrungen zu ordnen und zu klären. Als weitere Aufgabe kommt hinzu, durch Unterricht neue Erfahrungsmöglichkeiten zu erschließen. Hierbei ist darauf zu achten, dass Erfahrungen nur begrenzt unterrichtlich planbar sind. Dies wird deutlich, wenn nun der Erfahrungsbegriff noch genauer bestimmt wird. Geschehen kann dies in Orientierung an BOLLNOW (1968) und DEWEY (1994). Übereinstimmend heben beide die passive Seite der Erfahrung hervor. BOLLNOW zeigt, wie eng erfahren und erleiden miteinander verknüpft sind. Wer Erfahrungen macht, ist Situationen ausgesetzt, muss sich darin behaupten und gewinnt dabei Erfahrungen, die sehr unangenehm sein können. Erfahrungen dieser Art sind weder voraussehbar noch planbar, aber auch nicht vermeidbar.

Der Erfahrungsbegriff weist jedoch auch eine aktive Seite auf, die bei DEWEY besonders akzentuiert ist. Erfahrungen machen, dies bedeutet, sich aktiv mit der Umwelt auseinanderzusetzen. Dies vollzieht sich durch Einwirken auf die Dinge, die wiederum zurückwirken. Erfahrungen entstehen also nach DEWEY als Resultat der Wechselwirkung von Tun und Erleiden. Hinzu kommen muss allerdings noch das Moment der Kontinuität. Erfahrungen bleiben nicht isoliert, vielmehr werden sie miteinander verknüpft, Beziehungen zwischen den einzelnen Erfahrungen entstehen, frühere Erfahrungen können durch neue Erfahrungen bestätigt oder korrigiert werden. Erfahrungen verharren indessen nicht auf der Ebene bloßen Agierens. Ihre Wirksamkeit besteht gerade darin, dass aus ihnen eine Lehre gezogen wird. Aus Erfahrungen werden Erkenntnisse gewonnen, die für zukünftiges Handeln bedeutsam sind. Die enge Verbindung von Erfahrung und Denken hat DEWEY aufgewiesen.

Der Erfahrungsbegriff DEWEYS lässt sich in folgender Weise vereinfacht darstellen:

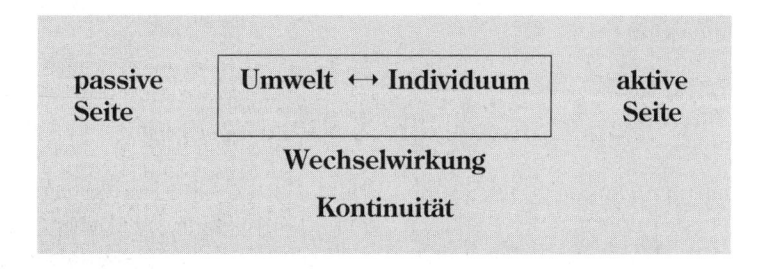

| passive Seite | Umwelt ↔ Individuum | aktive Seite |

Wechselwirkung

Kontinuität

Primärerfahrungen – Sekundärerfahrungen

In jüngster Zeit wird stark auf die Unterscheidung zwischen Primär- und Sekundärerfahrungen abgehoben. Sachunterricht erhält in diesem Zusammenhang die Aufgabe, dafür zu sorgen, dass Kinder Gelegenheit erhalten, Primärerfahrungen zu erwerben. In der Lebenswelt heutiger Kinder, so weist die Kindheitsforschung nach, überwiegen Sekundärerfahrungen. Was mit Sekundärerfahrungen gemeint ist, dies bleibt jedoch oft unklar. Was also sind Sekundärerfahrungen? Wie HUTZLER (1994) erläutert hat, müssen sie als «sekundär vermittelte Fremderfahrungen» (S. 144) präzisiert werden. Sie beinhalten Erkenntnisse, die nicht das Resultat eigener Erfahrungen sind. Von anderen Menschen gewonnene Erfahrungen, sie werden oft medial präsentiert, können allerdings aufgenommen und in den eigenen Wissensbestand integriert werden.

Die genauere Bestimmung des Begriffs der Sekundärerfahrung als «Fremderfahrung» legt es nahe, auf eine einseitige Sichtweise zu verzichten. Aufgabe des Sachunterrichts kann es folglich nicht sein, Primärerfahrungen als allein wertvoll einzuschätzen, um den drohenden Wirklichkeitsverlust wenigstens abmildern zu können. Demgegenüber ist es wichtig, auf die Verknüpfung von Primär- und Sekundärerfahrungen zu achten. Kinder erwerben ja nie voraussetzungslos eigene Erfahrungen. In jeden Erfahrungsprozeß, dies hat DEWEY mit dem Merkmal der Kontinuität dargestellt, fließen Vorerfahrungen ein, aber auch auf andere Weise gewonnenes Wissen unabhängig von selbst gemachten Erfahrungen. Ein unmittelbarer Zugang zur Lebenswirklichkeit ist eher die Ausnahme. Primär- und Sekundärerfahrungen sind in der Regel miteinander verknüpft, beide ergänzen sich und fördern dadurch das Erfassen und Verstehen der Realität. Daher wendet sich HUTZLER auch gegen eine einseitige Bevorzugung von Primärerfahrungen. Das Spektrum originärer Erfahrungsmöglichkeiten bleibt beschränkt, ohne Sekundärerfahrungen ist ein vertieftes Wirklichkeitsverständnis nicht zu erlangen. Das heißt aber nicht, Primärerfahrungen als wenig bedeutsam einzuschätzen. Im Gegenteil, die Analyse des Erfahrungsbegriffs ergibt ja, wie wichtig die selbst gewonnenen Erfahrungen, die jeder für sich selbst machen muss, sind. Sie resultieren aus dem aktiven Umgang mit Personen, Tieren, Pflanzen, Objekten aller Art und aus situativ gebundenen Ereignissen. Erfahren und Handeln hängen demnach eng miteinander zusammen. Darauf ist nun noch näher einzugehen.

Erfahren und Handeln

Es ist offenkundig, dass menschliches Handeln nicht ohne Rückbezug auf Erfahrungen vorstellbar ist. Wer handelt, stützt sich dabei auf das Arsenal vorausgegangener Erfahrungen, die Handeln in bestimmten Situationen

Zwei Jungen beim Sägen

17

beeinflussen. Überlegtes Handelns basiert auf Erfahrungen. Wer sein Handeln von Erfahrungen her begründet, hat meist geringe Mühe, andere von der Richtigkeit seiner Handlungsweise zu überzeugen.

Zwar baut Handeln auf Erfahrungen auf, es stellt aber dennoch eine Aktivitätsform mit spezifischen Merkmalen dar. Dies wird ersichtlich, wenn der Handlungsbegriff nun näher gekennzeichnet wird. Wer dies beabsichtigt, der gerät alsbald in Schwierigkeiten. Innerhalb der Didaktik wird der Begriff sehr unterschiedlich interpretiert, oder aber fehlt eine Begriffsanalyse, so dass das alltagssprachliche Verständnis von Handeln auch innerhalb der Sachunterrichtsdiskussion vorherrscht. Dies aber wirkt sich verunsichernd aus. Problematisch wird es jedoch, wenn zwar Handlungsorientierung gefordert wird, es aber ungeklärt bleibt, welches Verständnis von Handeln zugrunde liegt. Die Folgen einer solchen Unbestimmtheit lassen sich in der Unterrichtspraxis beobachten. Nicht selten erhält Unterricht das Etikett Handlungsorientierung schon dann, wenn Kinder etwas ausschneiden, aufkleben, bauen, basteln, vormachen oder vorspielen. Kinder können auf vielerlei Weise tätig sein, aber es wäre wenig aufschlussreich, würde das weite Spektrum unterrichtsbezogener Tätigkeiten umstandslos mit Handlungen gleichgesetzt werden.

Handeln bedeutet allgemein aktive Auseinandersetzung mit der objektiven Realität. Wer handelt, greift in die Wirklichkeit zielbewusst ein, um etwas zu verändern. Handlungen sind also zielgerichtete Tätigkeiten. Um jedoch zu einem didaktisch relevanten Verständnis zu gelangen, sind weitere Merkmale zu beachten. In Anlehnung an WÖLLS (1997) differenzierte Analyse lässt sich handelndes Lernen in folgender Weise charakterisieren.

1. Die aktive Auseinandersetzung mit einer Situation erfolgt zielbewußt. Ziele und Inhalte sind dabei nicht vorgegeben, sie werden prinzipiell von einer Lerngruppe in einem Verständigungsprozess ausgewählt.

2. Sind Ziele/Inhalte jedoch vorgegeben, wie dies im Unterricht öfters der Fall ist, dann muss erwartet werden, dass sich die Lernenden damit identifizieren können. Nur dann entsteht die Bereitschaft, sich für die Realisierung vorgegebener Ziele zu engagieren. Insgesamt müssen also Lernende ein Handlungsvorhaben aus eigener Einsicht bejahen können.

3. Die Auseinandersetzung mit einer Aufgabe wird von den Lernenden selbst verantwortet. Sie planen und organisieren ihren Lernprozeß selbst und arbeiten dabei in Gruppen zusammen. Handelndes Lernen vollzieht sich stets kooperativ.

Selbstverständlich gelingt es Lernenden nicht immer, ihre Handlungsvorhaben völlig selbständig und ohne Hilfe durch Lehrende zu verwirklichen. Vor allem wenn komplexe Aufgaben zu bewältigen sind, müssen Lehrerinnen und Lehrer unterstützend und beratend mitwirken. Das bedeutet aber auch, dass sie darauf verzichten sollten, ihre eigenen Vorstellungen durchzusetzen. Zu vermeiden ist, das Ausmaß selbständigen Lernens mehr als unbedingt notwendig einzuengen.

4. Was soll durch die aktive zielgerichtete Auseinandersetzung mit Aspekten der Realität erreicht werden? Handelndes Lernen zielt zweifellos zunächst auf konkrete, sichtbare Veränderungen. Wenn beispielsweise im Rahmen eines Vorhabens Bäume und Sträucher gepflanzt werden, wenn eine Klasse Nistkästen baut, um das Schulgebäude damit auszustatten, dann bezweckt handelndes Lernen, zur Verbesserung einer als unzulänglich erfahrenen Wirklichkeit beizutragen. Die Initiative für Handlungsvorhaben entsteht denn auch oft durch das Wahrnehmen von Unzulänglichkeiten, Mängeln und Missständen. Die Aktivitäten der Lernenden können sowohl auf die materielle wie auch auf die soziale Lebenswelt bezogen sein. Wenn sich beispielsweise an einer Grundschule Eltern, Kinder, Lehrerinnen und Lehrer zusammenschließen, um die Verkehrssituation in ihrem Stadtteil zu verändern (FREUDENAU in HÄNSEL 1997, S. 199-210), dann intendiert dieses Vorhaben Veränderungen im Bereich der sozialen Lebenswelt. Handeln ist jedoch nicht nur umweltgerichtet, sondern kann auch selbstgerichtet sein. Dies bedeutet, dass Veränderungen der Lernenden vorrangig angestrebt werden. Im Mittelpunkt des Lernprozesses stehen dann der Erwerb von Erkenntnissen und Einsichten, die Entfaltung von Interessen und Fähigkeiten, die Bildung von Einstellungen und Orientierungen. Als Beispiel hierfür kann das Projekt «Blind sein» von STEFANIE NEUMANN und ihrer Klasse gelten (HÄNSEL 1997, S. 334-343). Die Kinder einer ersten Klasse beschäftigten sich zehn Tage lang mit dem Thema «Menschliche Sinne». Doch im Zentrum der Beschäftigung damit stand die Frage, was es für einen Menschen bedeutet, blind zu sein und wie Blinde ihr Leben meistern. Der Höhepunkt der Projekttage war der Besuch einer blinden Frau in der Klasse. Bei diesem Vorhaben hat selbstgerichtetes Handeln Vorrang. Primär war ja nicht beabsichtigt, auf die materielle oder soziale Lebenswirklichkeit verändernd einzuwirken. Die Kinder sollten vielmehr vor allem Einsichten in die Bedeutung der Sinne für menschliches Leben und Verständnis für die Situation Blinder gewinnen.

Die beiden Beispiele verdeutlichen, dass es sinnvoll ist, zwei Handlungsformen zu unterscheiden, nämlich umwelt- und selbstgerichtetes Handeln. Einer der beiden Handlungstypen kann bei einem Vorhaben oder Projekt dominieren. Für Lernen im Sachunterricht sind beide Handlungsformen gleichermaßen wichtig und wertvoll. Daraus ist zu folgern, dass es keineswegs ausschlaggebend ist, ob am Ende einer Auseinandersetzung mit einer relevanten Situation konkrete, für andere nützliche oder gar wertvolle Produkte vorzuweisen sind.

5. Ein didaktisch relevanter Handlungsbegriff ist nicht von psychologischen Handlungstheorien her begründbar, es ist vielmehr notwendig, ihn bildungstheoretisch zu fundieren. Wird als allgemeines Ziel des Sachunterrichts anerkannt, dass Heranwachsende befähigt werden sollen, selbstbestimmt, selbstverantwortlich, aber auch sozial zu handeln, dann leistet handelndes Lernen dazu einen wichtigen, ja unverzichtbaren Beitrag, vorausgesetzt die dargestellten Charakteristika sind berücksichtigt. Unterrichtliche Tätigkeiten müssen also daraufhin überprüft werden, wieweit sie mit dem anspruchsvollen Konzept handelnden Lernens übereinstimmen. Dies hat aber auch den Vorteil, dass es möglich ist, im Sachunterricht allerlei Formen frohen praktischen Tuns vom handelnden Lernen im eigentlichen Sinne abzugrenzen.

Folgerungen für den Sachunterricht

Erleben, Erfahren und Handeln, so stellten wir fest, sind die für den Aufbau des Wirklichkeitsverständnisses fundamentalen Aneignungsformen. Es gehört daher zu den zentralen Aufgaben einer Didaktik des Sachunterrichts, diese Aneignungsformen zu analysieren und Konsequenzen daraus für die Unterrichtspraxis zu ziehen. Ansatzweise wird dies im Folgenden in sieben Punkten unternommen.

1. Sachunterricht beachtet die drei Aneignungsformen gleichermaßen, denn entscheidend für die Entfaltung des Verstehensprozesses ist, dass erlebnisorientiertes und erfahrungs- und handlungsorientiertes Erfassen von Aspekten der Realität miteinander verbunden sind. Befassen sich beispielsweise Kinder mit dem Thema «Weinbergschnecken», so löst die Beschäftigung damit vielerlei Erinnerungen an Erlebnisse mit Schnecken aus. Zugleich ergeben sich aus der unmittelbaren Begegnung mit diesen Lebewesen vielerlei Fragen: «Wie kriegt sie ihr Schneckenhaus? Wie alt wird sie? Hört sie? Wie atmet sie?» In kurzer Zeit sammeln sich in einer Klasse viele Fragen dieser Art. Sie wecken die Bereitschaft, durch aktives Erkunden und Erforschen Antworten zu suchen.

Erst das Zusammenspiel von Erleben, Erfahren und Handeln ermöglicht es, ein Ereignis vertieft und mit bleibender Wirkung innerlich zu erfassen. Erlebnisse sind bei diesem Zusammenwirken jedoch mehr als lediglich emotionale Begleiterscheinung. Es sind, wie bereits dargelegt, eigenständige, individuelle Ereignisse, die persönlich bedeutsam sind: «etwas wird zum Erlebnis, sofern es nicht nur erlebt wurde, sondern sein Erlebtsein einen besonderen Nachdruck hatte, der ihm bleibende Bedeutung verleiht» (GADAMER 1965, S. 57)

Sachunterrichtsthemen weisen stets einen Erlebnisaspekt auf, der zu beachten ist. Dies gilt für Kinder wie für Lehrerinnen und Lehrer gleichermaßen. Daher ist es wichtig, dass sich auch Lehrende jeweils ihre persönlichen Erlebnisbezüge vergegenwärtigen. Im Unterrichtsentwurf einer Studentin stand, um ein kleines Beispiel zu geben, zum vorhin erwähnten Thema: «In meiner Kindheit habe ich schöne Tage mit Schnecken erlebt.» Detailliert schilderte sie dann einzelne Erlebnisse. Solche Kindheitserlebnisse werden vermutlich bei vielen Unterrichtsthemen aktiviert und beeinflussen die Unterrichtsgestaltung. Gegenüber den eher gefühlsbetonten Erlebnissen bilden sich Erfahrungen stärker durch eine rational akzentuierte Auseinandersetzung mit Situationen. Es entstehen daraus persönlichkeitsgebundene Erkenntnisse, die nachfolgendes Handeln beeinflussen: «Doch wie wir die Welt erfahren, so handeln wir.» (LAING 1973, S. 24).

2. Erleben und Erfahren sind prinzipiell sehr unterschiedliche Aktivitätsformen, jedoch gehen sie häufig ineinander über, lassen sich in einer konkreten Situation nicht immer voneinander trennen. Gemeinsam ist beiden Zugangsweisen, dass sie nur begrenzt ins Unterrichtsgeschehen einplanbar sind. Sachunterricht bietet allerdings mannigfache Situationen mit Erlebnischarakter an und schafft vielfältige Erfahrungsräume, aber es bleibt dennoch offen, was Kinder jeweils erleben und erfahren. Sachunterricht ist aus dieser Perspektive ein begrenzt planbares Geschehen.

3. Auch wenn von daher die Resultate des Sachunterrichts unbestimmt bleiben, weil sie von Kind zu Kind variieren, so besteht dennoch die generelle Aufgabe, die Erlebnis-, Erfahrungs- und Handlungsfähigkeit zu fördern. Ohne Stärkung dieser menschlichen Grundfähigkeiten können sich Kinder und Heranwachsende nicht intensiv und persönlichkeitsfördernd mit ihrer Lebenswelt auseinandersetzen. Erlebnis- und Erfahrungsfähigkeiten können sehr wohl unentfaltet bleiben oder gar verkümmern. Charakteristisch für das Erleben in der von SCHULZE beschriebenen Erlebnisgesellschaft ist das Eilen von Ereignis zu Ereignis mit Erlebniswert. Persönlich bedeutsame und bleibende Erlebnisse entstehen allerdings daraus nicht. Einseitig erlebniszentrierter Sachunterricht ist daher wertlos. Wichtig ist, Situationen zu planen, aus denen sich Erlebnischancen entwickeln können. Um einige wenige Beispiele zu

Waschen wie früher in einem Bauernhaus-Museum

erwähnen: Der Besuch einer Buchautorin in der Schule; das Aufführen eines selbst entworfenen Ritterspiels auf einer Burgruine, das Backen und Waschen wir früher in einem Bauernhaus-Museum. Solche und viele ähnliche und auch ganz andere unterrichtlich arrangierten Ereignisse verlocken Kinder dazu, sich intensiv, oft begeistert damit auseinander zu setzen, und zwar erlebnis- und erfahrungsbezogen.

4. Ist die Aufgabe anerkannt, die Erlebnis-, Erfahrungs- und Handlungsfähigkeit zu fördern, dann ergeben sich daraus Konsequenzen für die Unterrichtsgestaltung. Die Sachunterrichtsdidaktik hat in den letzten Jahren ein weites Spektrum an Unterrichtskonzepten und Unterrichtsmethoden entwickelt und systematisch dargestellt. Für einen erlebnis- und erfahrungsorientierten Sachunterricht ist es wichtig, die sich daraus ergebenden Aufgaben nicht aus dem Blick zu verlieren.

Zunächst resultiert aus dem Vorangegangenen, dass dem «Lernen vor Ort» ein hoher Stellenwert einzuräumen ist. Nur wer mit seiner Lerngruppe immer wieder den Klassenraum verlässt, um die nächste und weitere Umgebung zu erkunden, kann damit rechnen, dass Kinder etwas erleben und erfahren. Dazu müssen sich Lehrende und Lernende der Mühen einer Fahrt unterziehen. Erfahren und fahren sind bedeutungsmäßig miteinander verwandt. Wer öfters mit seiner Klasse unterwegs ist, weiss, wie anstrengend Lerngänge sein können. Sie müssen sorgfältig vorbereitet und ausgewertet werden, damit sie nicht als Lernspaziergänge verstanden, damit sie auch nicht als freizeitorientierte Ausflüge absolviert werden. Sachunterricht steht in der Pflicht, die Erlebnisse und Erfahrungen zu respektieren, sich aber damit nicht zu begnügen. Weiterführend initiiert er Lernprozesse, um Kinder beim Aufbau ihres Wirklichkeitsverständnisses zu unterstützen. Dies vollzieht sich auf mannigfache Weise unter Einbezug der Sprache. Ausdrucksformen des Erlebens sind vor allem sprachgebunden: mündliches und schriftliches Erzählen und Berichten. In den spontan formulierten sprachlichen Darstellungen vermischen sich die unterschiedlichen Ausdrucksformen und spiegeln so das Verwobensein von Erleben und Erfahren. Dazu ein kurzer Text, den ein achtjähriges Mädchen nach einem Bauernhofbesuch verfasste:

«Bauer B. hat mir erlaubt, dass ich melken darf. Zuerst hat er es mir gezeigt. Als ich melkte, konnte ich es gleich. Da ist die Milch gleich rausgekommen. Da hab ich mich gefreut und alle haben große Augen gemacht.»

Sachunterricht wird den Erlebnis- und Erfahrungsprozessen der Kinder nur gerecht, wenn er alle methodischen Verfahren einbezieht, die das Verarbeiten von Erlebnissen und Erfahrungen erleichtern. Dazu sind auch Phasen systematischer Belehrung notwendig. Erfahrungen sind ja stets selbstgemachte Erfahrungen, somit bleiben sie begrenzt und persongebunden, können damit auch einseitig sein und einengend wirken. Sachunterricht hat daher eine wichtige Aufgabe darin zusehen, die Erlebnis- und Erfahrungswelt zu klären, aber auch zu erweitern und zu vertiefen. Um dieses Ziel zu erreichen, ist es notwendig, das selbst angeeignete Erfahrungswissen zu ergänzen, zu ordnen und in umfassendere Zusammenhänge einzufügen. Am ehesten gelingt dies, wenn angeleitetes und selbstorganisiertes Lernen aufeinander abgestimmt sind und sich sinnvoll ergänzen.

5. Im Sachunterricht begegnen sich Kinder, die sich durch ihre individuellen Erlebnis- und Erfahrungswelten voneinander unterscheiden. Diese zur Sprache zu bringen, bereichert Unterricht und trägt viel zu seiner Lebendigkeit bei. Die Fülle der Erlebnisse und Erfahrungen, über die Kinder berichten, variiert zwar von Thema zu Thema, doch insgesamt ist es erstaunlich, wie viel und wie intensiv heutige Kinder erleben und erfahren. In einer hochmobilen Gesellschaft erhalten sie viel häufiger als

früher Gelegenheit zu Ausflügen, Besichtigungen, Besuchen, Exkursionen, Reisen. Aber auch zu Hause haben sich die Erfahrungsmöglichkeiten erweitert. Beispielsweise, so ergibt eine empirische Studie (HARTMANN/ ROST 1994) haben rund 80 Prozent der Grundschülerinnen und Grundschüler ein Haustier. Sie haben also reichlich Gelegenheit, im unmittelbaren Umgang mit Tieren Erfahrungen zu sammeln; es fragt sich, ob es unbedingt notwendig ist, in der Schule Tiere zu halten.

Für Sachunterricht ist es wichtig, alle Arten von Erfahrungen ernst zu nehmen. Dabei ist zu sehen, dass sich diese oft nicht mehr auf die originäre Realität beziehen. Beim Besuch eines Schulmuseums beispielsweise wird die längst vergangene Schulwelt spielerisch nacherlebt. In Freilichtmuseen backen, sägen, waschen und weben Grundschulkinder eifrig in einer überlegt arrangierten Häuserlandschaft. Ob Naturlehrpfad, Tiergehege oder botanische Gärten, es sind stets für bestimmte Zwecke geschaffene Einrichtungen mit spezifischen Erlebnis- und Erfahrungsangeboten. Die These vom Verlust der Wirklichkeit kann aus dieser Sicht nicht gestützt werden. Sicher ist allerdings, dass sich Sachunterricht darauf einzustellen hat, dass Kinder heute sehr viel häufiger als früher kunstvoll rekonstruierte Wirklichkeiten kennenlernen.

6. Nicht Erfahrungsarmut, sondern Erfahrungsvielfalt ist das heutige Problem des Sachunterrichts. Nachdem sich in den letzten Jahren die Erlebnis- und Erfahrungsmöglichkeiten für Kinder erheblich erweitert haben, muss sich Unterricht darauf einstellen, Erlebnisse und Erfahrungen, so heterogen sie auch sein mögen, zu beachten und zu respektieren. Von Lehrerinnen und Lehrern verlangt dies Offenheit gegenüber Erlebnissen und ihren spezifischen Ausdrucksformen und Offenheit gegenüber den divergierenden Erfahrungen und ihren individuellen Verarbeitungsweisen.

Offenheit wird vor allem spürbar, wenn Lehrerinnen und Lehrer die im Unterricht auftauchenden Fragen ernst nehmen. RITZ-FRÖHLICH (1992) hat differenziert dargestellt, wie wichtig es ist, auf Kinderfragen zu achten. Sie erwachsen aus dem Vorwissen und den Vorerfahrungen heraus, beziehen sich also oft auf vorausgegangene Erlebnisse und Erfahrungen. In einem Projekt zum Thema «Bücher, meine Freunde» ergaben sich beispielsweise folgende Fragen, aber auch noch viele andere: «Wer hat die Bücher erfunden? Wie kommt eine Geschichte in ein Buch? Wie kommt die Farbe hinein? Wie macht man einen Umschlag! Wie oft wird ein Buch gedruckt?» Derartige Fragen spiegeln auch das bereits erworbene Vorwissen und Vorverständnis. Knüpfen Lehrerinnen und Lehrer daran an, dann wahren sie die Kontinuität des Erfahrungsprozesses, die nach DEWEY sehr wichtig ist.

7. Wird Lernen im Sachunterricht als Zusammenwirken von Erleben, Erfahren und Handeln interpretiert, dann entwickelt sich daraus ein Unterrichtskonzept mit einem hohen didaktischen Anspruch. Zu Recht wird immer wieder davor gewarnt, sich im Sachunterricht mit allzu simplen Sachverhalten zu befassen. Ohne Zweifel existiert in der Praxis eine Form genügsamen Unterrichts, der sich weitgehend darauf beschränkt, die bei Kindern auch ohne Unterricht immer schon vorhandenen Erlebnisse und Erfahrungen zu thematisieren, ohne Bemühen, darüber hinaus zu gelangen. Genügen kann es aber auch nicht, Kindern zwar Gelegenheit zu geben, etwa im Morgenkreis, ihre Erlebnisse und Erfahrungen ins Gespräch zu bringen, dann aber in einen Belehrungsunterricht überzuwechseln, der all das ignoriert, was Kinder dazu zu sagen haben.

Nachdrücklich ist zu fordern, den sich aus der Analyse des Handlungsbegriffs ergebenden Anspruch ernst zu nehmen. Trotz der ständig wachsenden Literatur zum handelnden Lernen und zum Projektunterricht, den GUDJONS (1994) als Idealform handelnden Lernens bezeichnet, bleibt der Handlungsbegriff weitgehend ungeklärt. Der Rückgriff auf psychologisch fundierte Handlungstheorien, dies hat WÖLL (1997) aufgewiesen, bleibt für ein didaktisches Konzept unzureichend. Gelingt es im Sachunterricht nicht, ein überzeugendes Konzept handelnden Lernens zu entwickeln, dann besteht die Gefahr, dass er auf der Ebene unterhaltsamer Basteleien und kurzweiliger Werkelei verharrt. Mit alledem hat handelndes Lernen im eigentlichen Sinne nichts zu tun. Wie aus der Analyse des Begriffs in didaktischer Absicht hervorgeht, verlangt handelndes Lernen einen Freiraum, der es Kindern zugesteht, sich aktiv, selbständig und kooperativ mit einem interessanten komplexen Thema auseinanderzusetzen. Die Kinder erhalten Gelegenheit, ihr Vorhaben selbst zu planen, durchzuführen und auszuwerten und übernehmen damit auch Verantwortung für das gesamte Geschehen. Nur wenn diese Kriterien beachtet werden, kann Handlungsfähigkeit aufgebaut und gestärkt werden. Die Qualität des Unterrichts ist daran zu messen, wieweit es gelingt, Kindern Handlungschancen einzuräumen. Dies heißt im didaktischen Kontext: Kinder werden im wachsenden Maße dazu befähigt, die aktive Auseinandersetzung mit der ihnen zugänglichen Wirklichkeit selbst zu planen, zu organisieren und zu verantworten.

Nur wenn diese übergreifende Perspektive bewusst bleibt, kann Sachunterricht einen bedeutsamen Beitrag zu einer grundlegenden Bildung leisten. Orientieren sich Lehrerinnen und Lehrer an einem bildungstheoretisch orientierten Verständnis des handelnden Lernens, dann können sie guten Mutes dem Rat J. J. ROUSSEAUS folgen, ohne ihn misszuverstehen:

«*Der Unterricht muss eher in Handlungen als in Reden bestehen.*»

Literatur

BOLLNOW, O. F.: Der Erfahrungsbegriff in der Pädagogik. In: Z. f. Pädagogik, 14. Jg., H. 3/1968, S. 221-252.
DEWEY, J.: Erziehung durch und für Erfahrung. Eingel., ausgew. u. kommentiert v. H. Schreier, Stuttgart 1994[2].
DUNCKER, L./ POPP, W. (Hrsg.): Kind und Sache. Zur pädagogischen Grundlegung des Sachunterrichts Weinheim u. München 1994.
GADAMER, H.-G.: Wahrheit und Methode. Grundzüge einer philosophischen Hermeneutik. Tübingen 1965.
GUDJONS, H.: Handlungsorientiert lehren und lernen. Schüleraktivierung – Selbsttätigkeit – Projektarbeit. Bad Heilbrunn 1994[4].
GLUMPLER, E. WITTKOWSKE, St. (Hrsg.): Sachunterricht heute. Zwischen interdisziplinärem Anspruch und traditionellem Fachbezug. Bad Heilbrunn 1996.
HÄNSEL, D. (Hrsg.): Handbuch Projektunterricht. Weinheim u. Basel 1997.
HARTMANN, A., ROST, D. H.: Haustierbesitz bei Grundschulkindern – Verbreitung, Einstellung, Interaktion. In: Z. f. Sozialisationsforschung und Erziehungssoziologie, 14. Jg., H. 3 /1994, S. 76-90.
HOMFELDT, H. G. (Hrsg.): Erlebnispädagogik. Hohengehren 1995[2].
HUTZLER, E.: Computer – ein Bildungsproblem? Untersuchungen zum Stellenwert von Allgemeinbildung und zu grundlegenden Bildungsansätzen vor dem Hintergrund fortschreitender Computerisierung. Regensburg 1994.
LAING, R. D.: Phänomenologie der Erfahrung. Frankfurt a. M. 1973[6].
NEUBERT, W.: Das Erlebnis in der Pädagogik. Göttingen 1930[2].
OPASCHOWSKI, H. W.: Medien, Mobilität und Massenkultur. In: Z. f. Pädagogik, 35. Beih., Weinheim u. Basel 1996, S. 143-169.
RITZ-FRÖHLICH, G.: Kinderfragen im Unterricht. Bad Heilbrunn 1992.
SCHREIER, H.: Der Gegenstand des Sachunterrichts. Bad Heilbrunn 1994.
SCHULZE, G.: Die Erlebnisgesellschaft. Kultursoziologie der Gegenwart. Frankfurt/New York 1992[2].
SOOSTMEYER, M.: Zur Sache Sachunterricht. Begründung eines situations-, handlungs- und sachorientierten Unterrichts in der Grundschule. Frankfurt /M. 1988.
WÖLL, G.: Handeln: Lernen durch Erfahrung. Handlungsorientierung und Projektunterricht. Diss. Pädagogische Hochschule Weingarten 1997.

Richard Meier

Sachunterricht wohin?

*Wie sollen,
was sollen Schülerinnen und Schüler
wozu im Sachunterricht lernen?*

Umfassender kann man die Frage an den Sachunterricht kaum stellen. Dieser Beitrag ist, von dieser Frage ausgehend, drei Absichten gewidmet:

- Er will Ordnungsmöglichkeiten und exemplarische Ansätze der bewussten Wahl gegen die enzyklopädisch-stofflichen Tendenzen vorstellen.

- Er will durch Beispiele und durch die Beschreibung weniger Arbeitsweisen Tendenzen der originalen Arbeit fördern.

- Er will Hinweise geben zu den Bedingungen, die notwendig sind, um handlungsorientierten Unterricht in gemeinsamer Arbeit der Schülerinnen und Schüler unter Begleitung der Erwachsenen zu gestalten.

Zur Situation

Beginnend mit einer lebendigen Phase der Konzeptdiskussion und der Lehrplanentwicklung Ende der sechziger, Anfang der siebziger Jahre, hat sich im Sachunterricht eine deutliche Ratlosigkeit der Theorie und ein zähes Zurechtmachen in der Praxis entwickelt. Die Ratlosigkeit und Stagnation zeigt sich beispielhaft daran, dass über lange Zeit und heute immer noch das hilfreiche Bändchen: BECK/CLAUSSEN: «Einführung in Probleme des Sachunterrichts» (KRONBERG 1976) zitiert und als Einführungsliteratur empfohlen wird. Die erst gegen Ende der achtziger Jahre erscheinenden «Konzeptionen» zeigen eine jeweils deutlich individuelle Orientierung der Autorinnen und des Autoren, die um ihr persönliches Konzept ringen.

Keines dieser Konzepte konnte, vergleichbar dem Grundmuster der konzentrischen Kreise in der Heimatkunde, eine Basis der Orientierung abgeben, auf die sich dann die verschiedenen Aufgabenfelder (wie in der Heimatkunde) beziehen. Im Feld der praktischen Theorie ist Vielfalt und deutliche Ratlosigkeit angesagt, der Hintergrund der «theoretischen Theorie» wird von der Praxis nicht angenommen und berührt selbst Praxis meist nur im Ritual der Aussage, diese wirkliche Theorie könne man so direkt nicht auf Praxis anwenden. Die Praxis selbst, soweit sie sich an Lehrplänen und nicht erstrangig an Schülerbüchern orientiert, zeigt im Blick auf diese Pläne (je Land ein Plan im Jahrzehnt) eine deutliche Spaltung.

Auf der einen Seite halten sich in vielen Ländern stoff-enzyklopädische Lehrpläne. Ihre Tendenz, die Zeit mit kleinteiligen Themen oder Stoffen auszubuchen, steht im deutlichen Widerspruch zu den Verlautbarungen wie «handelnder Unterricht», «exemplarische Arbeit», «Orientierung am Lebensfeld der Kinder» in ihren Einleitungen und Vorworten. Diese Pläne suggerieren, es gäbe einen Kanon der unverzichtbaren Stoffe mit bestimmten Zeitanteilen am gesamten Zeithaben. Selbst fächerübergreifende Ansätze werden an bestimmten Themen festgebunden – ein Widerspruch in sich.

Auf der anderen Seite sind einige Rahmenpläne entstanden, die sich an Projektvorschlägen und Handlungszielen orientieren und den Lehrerinnen und Lehrern die Aufgabe stellen, sich vor Ort ihr eigenes Curriculum zu erarbeiten. Diese Rahmenpläne sind nach der Auffassung des Autors richtungsweisend. Sie stellen einen hohen Anspruch in zwei Richtungen. Einmal muss die Planung der inhaltlichen Arbeit selbst geleistet werden. Dies ist im Blick auf die notwendige Orientierung an der originalen Situation der Schülerinnen und Schüler sinnvoll und notwendig. Dann steht diesem Ansatz eine zumindest außerhalb der Schule allgemein verbreitete Mentalität von Unterricht entgegen, die sich so formulieren lässt: Guter Unterricht ist dann gegeben, wenn in möglichst kurzer Zeit möglichst viel Stoff durchgenommen wird.

Wir stecken mit dem Sachunterricht (und der Heimatkunde?) in einem Dilemma. Erscheint auf der Ebene der Zielsetzungen bemerkenswerte Übereinstimmung vorhanden zu sein, so liegen die Tendenzen der Lehrpläne und Richtlinien und weiterer Planungsvorgaben wie der schulinternen, auf mittleren Ebenen erarbeiteten oder durch Schülerbücher suggerierten Stoffverteilungspläne weit auseinander. In der Praxis versuchen die meisten Lehrerinnen und Lehrer zwischen Stoffffleiß und pädagogischer Orientierung zurecht zu kommen. Die Arbeitssituation ist nicht besonders günstig zu nennen. Die Basis der strukturierten Phänomenerfahrung und der wohl geordneten Sachkenntnis ist bei vielen Lehrenden nicht sehr tragfähig. Für das Einlassen auf Phänomen, Sache und Situation scheint die Zeit nicht vorhanden.

Die Materialausstattung ist meist dürftig, da Sachunterricht schon fast unter «ferner liefen» rangiert. Der Arbeitsaufwand für einen reichen Unterricht erscheint relativ hoch. Die erzieherische Basis für die vorgeschlagenen Unterrichtsformen und Konzepte muss in der Regel erst erarbeitet werden. Der Nutzen des Faches ist für die Öffentlichkeit nicht eindrucksvoll erkennbar. Daher wird es nicht in einem Zug mit «Lesen, Schreiben, Rechnen» genannt, wenn der Schule wieder einmal ins Stammbuch geschrieben wird, was sie zu tun und was sie zu lassen hat.

Absicht und Möglichkeit dieses Beitrages

Ausgehend von den oben formulierten Zielsetzungen kann dieser Artikel auf den wenigen Seiten und weil es der Autor auch nicht besser weiß, nicht den Anspruch erheben, einen Ausweg aus diesem Dilemma zu bieten. Hier wird der Versuch unternommen, in bewusster Beschränkung und etwas rigoros formuliert (was die Aufgabe einfacher macht), einige Hinweise, Unterscheidungen und Ordnungsvorschläge zu entwickeln. Sie werden aus den persönlichen, an dem erfahrenen Dilemma erarbeiteten Erfahrungen und den damit verbundenen Versuchen zur Ordnung des komplexen Arbeitsfeldes entwickelt. Die Absicht ist, pragmatische Orientierungshilfe zu entwickeln. Dieser Versuch richtete sich an Lehrerinnen und Lehrer, die interessiert sind, ihre Arbeit mit den Schülerinnen und Schülern im Sachunterricht lebendig zu gestalten und an beispielhaften Situationen Klarheit der Richtung zu gewinnen. In diesem Zusammenhang geht es auch um die Begrenzung des Anspruches, die es erlaubt, gelassen zu arbeiten und sich nicht immer durch ein schlechtes Gewissen im Bewusstsein dessen zu belasten, «dass vieles noch besser möglich sei.»

Handlungsorientierung als Ziel fordert:
Phänomenen begegnen, Sachen und Zusammenhänge erkunden,
Situationen gestalten.

Das Ziel «Handeln», dem dieser Beitrag verpflichtet ist, wird zuerst genannt, aber erst nach der Beschreibung der drei Sichtweisen oder Basissituationen:

- Phänomenen begegnen,
- Sachen und Zusammenhänge erkunden,
- Situationen gestalten,

zu fassen versucht.

Mit dieser Reihenfolge ist die Hoffnung verbunden, dass sich Handeln als Tätigkeit und Ziel in Bedeutung und Anspruch durch die Beschreibung der drei Basissituationen annähernd abzeichnet. In der folgenden Beschreibung werden als pragmatische Unterscheidung drei Bezeichnungen der Gegenstände und drei Weisen des tätig Seins parallel und mit unterschiedlicher Bedeutung benutzt. Sie können der Orientierung im reichen Gegenstandsfeld des Sachunterrichts und zur Ordnung der Tätigkeiten dienen.

Gegenstände des Sachunterrichts	tätig sein
Phänomene	begegnen
Sachen	erkunden
Situationen	gestalten

Die Gegenüberstellung weist auf die jeweils intensivste Beziehung zwischen Gegenstand und Tätigkeitsweise hin. Andere Beziehungen sind auch wirksam. So zum Beispiel kann man einer Sache begegnen oder eine Situation erkunden. Ob sich ein Phänomen gestalten lässt ist eine komplexe und weiterführende Frage, die Grenzbewusstsein fördern kann.

- Mit «Phänomen» sind Erscheinungen in der Umwelt bezeichnet, die einen natürlichen Ursprung haben.

Beispiel: Kinder sehen und betrachten Eisblumen, die über Nacht am Fenster entstanden sind. Sie beobachten gleichzeitig auf dem Ast einer nahe stehenden Tanne, wie eine Krähe dabei ist, eine Walnuss aufzuhacken.

- «Sache» bezeichnet Vorgänge, Gegenstände, Zusammenhänge, die von Menschen beeinflusst, genutzt und erzeugt werden.

Beispiel: Die Schülerinnen und Schüler einer Klasse untersuchen Nussknacker auf ihre Konstruktion und Brauchbarkeit.

Die gleiche Gruppe beobachtete und befragt (ein Zwischenglied zwischen Sache und Situation) Arbeiter, die am Bahndamm Gebüsch zurückschneiden, welchen Sinn diese Arbeit hat.

- «Situation» meint Konstellationen, die von Menschen im Zusammenleben und Zusammenwirken gestaltet werden.

Beispiel: Eine dritte Klasse versucht gemeinsam, Regeln für den Umgang mit Materialien zu formulieren, die in der Werkstattecke zur Verfügung stehen. Die gleiche Klasse gestaltet ihre Patenschaft für ein erstes Schuljahr.

Aus dieser Unterscheidung heraus werden die Arbeitsansätze skizziert, die mit den Verben «begegnen», «erkunden» und «gestalten» gemeint sind.

Begegnen
Schülerinnen und Schüler sollen und können im Sachunterricht Gelegenheit haben, den Phänomenen, den Sachen und Situationen selbst zu begegnen. Begegnen als Ereignis und Arrangement lässt sich verschieden betrachten. Einmal weist Begegnen eine kontemplative Tendenz aus: Wenn sich Kinder einem Phänomen oder einer Situation nähern, können sie nachdenklich werden und intensiv fühlen. Sie müssen Zeit haben und sich konzentrieren können, damit sie beeindruckt werden und, wenn dies zulässig und notwendig erscheint, vielleicht betroffen werden. Dann kann sich Begegnen auch als Tätigsein in aktiver Weise gestalten, wenn die Schülerinnen und Schüler Fragen an ein Phänomen, eine Sache stellen, tätig werden, sich so durch ihr Einwirken Antworten erarbeiten, Zusammenhänge erkennen und ihre Arbeitssituation gestalten. «Begegnen» meint mit beiden Sichtweisen, dass die Schülerinnen und Schüler sich mit Phänomen, Sache und Situation so einlassen können, dass sie zu ihrem eigenen Anliegen, zu ihrem persönlichen Arbeitsfeld werden. «Begegnung» bedeutet nicht nur und nicht als zentrales Anliegen, dass Phänomen, Sache und Situation den Kindern möglichst eindrucksvoll vorgestellt, zum Beispiel durch Medien repräsentiert werden. Begegnung bedeutet auch nicht nur, dass die Sache vor Ort besucht, aufgesucht, erkundet wird. «Begegnen» als tätig (kontemplativ oder aktiv) sein und – im geglückten Fall – als Handeln meint, dass die Kinder sich mit Phänomenen einlassen, die Sache und Situation selbst gestalten. Gestalten soll aussagen, dass die Schülerinnen und Schüler in einer von ihnen selbst mitbestimmten und getragenen Situation so tätig werden, dass sie selbst auf die Phänomene und die Situationen aufmerksam werden, sie beobachten, hervorlocken, bedenken, leben, durch Tun befragen, ihre Arbeit planen, sie weiter entwickeln, erkennen, darstellen, in anderen Zusammenhängen wieder erkennen, die Aussage und Bedeutung von Phänomen, Sache und Situation respektieren ...

Ein Beispiel zur kontemplativen Begegnung: Die Kinder einer vierten Klasse haben sich das Jahr über mehrfach mit dem Phänomen (und der forstwirtschaftlichen Sache) Wald befasst. Am Ende des Jahres müssen sie auseinander gehen. Sie gestalten mit ihrer Lehrerin und einigen Eltern einen Aufenthalt im Waldschulheim. Dabei kommt es zu mehreren Situationen, in denen die Schülerinnen und Schüler angeleitet, aber auch aus eigenem Impuls, im Wald einen Platz suchen, dort sitzen und ihre Umgebung auf sich wirken lassen. In einer Situation sagen die Kinder deutlich, dass sie jetzt nicht darüber reden oder gar malen oder schreiben wollen. Sie gestalten sich auf diese Weise ihre Situation angemessen.

Ein Beispiel zur aktiven Begegnung: Während des gleichen Aufenthalts fällt den Kindern auf, dass der Wald in Quartiere eingeteilt ist, die Bezeichnungen und Namen tragen. Das Gespräch mit dem Förster eröffnet ihnen die erstaunliche Perspektive, dass dieser Wald nicht natürlich gewachsen, sondern planvoll gemacht ist. Der Fachmann leiht der Klasse ein Buch über de Geschichte des Waldes und einen Bildband über den «sekundären» Urwald im Reservat Bayrischer Wald. Durch die Aktivität der Kinder und die Mitwirkung des Experten zeigt sich hier, dass der Wald im Begriffsgebrauch dieses Beitrages kein Phänomen, sondern eine von Menschen gemachte Sache ist. Den Beobachter würde es reizen, den Kindern zu erzählen, dass schon seit der mittleren Steinzeit Menschen den Wald ganz wesentlich verändert und zurückgedrängt haben. Das schöne Wetter und damit ausgelöste Vorhaben zähmen diesen Lehreifer.

Erkunden
Erkunden meint Phänomen, Sache und Situation aktiv befragen, ihnen auf den Leib rücken. Dabei ist häufig eine vorausgehende Begegnung und die Entwicklung von Methoden Voraussetzung der Arbeit (siehe Beitrag «Methoden» im gleichen Band). Der Begriff ist bescheidener als «experimentieren» oder «erkennen», enthält aber Tendenzen dieser beiden Arbeitsweisen und Leistungen. Ziel dieser Arbeit ist es, in Ansätzen kundig werden, das heißt so beeindruckt sein und soweit um den Gegenstand wissen, dass er Spuren hinterlässt, an denen sich weitere Erlebnisse, Beobachtungen, Fühlprozesse, Erfahrungen, Informationen, Zweifel ... wie in einem Kristallisationsvorgang anlagern können. Diese aktive Tätigkeit des Erkundens ist mit Nachdruck zu unterscheiden von der Kunde (Heimatkunde), die von einem Kundigen (s. o.) verkündet wird. Kundig werden ist ein Grundbedürfnis der Schülerinnen und Schüler. Sie wollen Ordnung erkennen und herstellen. Sie wollen Zusammenhänge erkennen. Dieses Bedürfnis gilt in besonderem Maß für ihre soziale Situation in der Schule. Sie wollen andere kennenlernen, sich selbst erproben und erfahren, wo sie stehen, wie sie sich zeigen.

Auch dazu ein Beispiel: Einige Kinder aus einer dritten Klasse haben einen gemeinsamen Schulweg. Sie kommen mehrfach zu spät zum Unterricht und berichten zur Frage nach dem Grund, dass zur Zeit an ihrem Weg unter dem Bahndamm hindurch ein großes Loch gegraben wird und Röhren verlegt werden. Den Sinn dieser erstaunlichen Bauarbeit können sie sich nicht erklären. Gegen Ende eines Vormittages besucht die Klasse nach vorheriger Absprache die Baustelle. Der Bauleiter erklärt an einem Plan, dass die neue Siedlung auf der anderen Seite der Bahn eine «dicke», neue Abwasserleitung brauche, damit diese Häuser überhaupt gebaut werden können. Diese erste Auskunft führt zur Frage, woher und wie die Häuser mit Wasser versorgt werden und was mit dem Abwasser geschieht, das dann in dem dicken Rohr unter der Bahn hindurch abgeleitet werden soll. Sich kundig machen entwickelt sich hier

- durch eine fruchtbare Situation – die Baustelle am Bahndamm.
- Sie wird konstruktiv weiter geführt durch Planung – Hingehen und «die Männer» befragen.
- Sich kundig machen ist mit weiterer Planung und Arbeit verbunden – Nachforschen, wie die Siedlung versorgt und entsorgt wird.

Dieses Tun, sich kundig machen, erhält eine neue Dimension, als an Hand eines Prospektes der städtischen Wasserversorgung zur Sprache kommt, wie wertvoll Wasser ist und wie sorgfältig wir damit umgehen sollten. Diese Sichtweise wird konkret, als die Kinder, ausgestattet mit einem entsprechenden Brief an die Eltern daheim erkunden, wieviel Wasser ihre Familie in einer Woche verbraucht und was dafür und für das Abwasser zu bezahlen ist.

Gestalten
Gestalten hat in unseren Zusammenhang zwei Dimensionen, die ineinander übergehen, hier aber zum Zweck der Darstellung getrennt werden.

Erste Dimension: Gestalten der sozialen Situation
Die Struktur des Unterrichts muss so entwickelt werden, dass sich den Schülerinnen und Schülern die Möglichkeit bietet, ihre soziale Situation zu gestalten. Sie müssen während der gemeinsamen und individuellen Arbeit in wechselnden Gruppierungen Gelegenheit haben, miteinander auszuhandeln, wie sie arbeiten wollen. Dieses soziale Gestalten gilt auch für Pausen und informelle Zeiten, in denen den Kindern Gelegenheit zu geben ist, unterschiedliche Situationen zu wählen. Von besonderer Bedeutung sind für die soziale Gestaltung die hier so genannten «informellen Zeiten». Das sind kurze oder längere Zeitabschnitte, in denen anscheinend «nichts los ist», in denen ein Wechsel zwischen Arbeitsabschnitten oder, wenn das sein muss, zwischen Unterrichtsstunden stattfindet. Während der Arbeit und in diesen Zeiten müssen die Kinder ihre Situation gestalten können. CHAREL MAX weist in diesem Band darauf hin, wie wichtig der soziale Zusammenhang (Kontext) für die Kinder während der Arbeit und für die Entwicklung ihres Wissens ist. HANNS PETILLON hat mit seiner Forschungsarbeit gezeigt, dass die Kinder ihre Position in der Schule, von der ihr Wohlbefinden wesentlich abhängt, vor allem aus ihrer sozialen Situation heraus beurteilen. Damit die Schülerinnen und Schüler Gelegenheit haben, diese soziale Situation zu gestalten, muss sie variabel sein, müssen sie Gelegenheit haben, sich in

wechselnden Situationen zu begegnen. Der Sachunterricht bietet durch den Reichtum der sehr verschiedenen Gegenstände und durch die notwendige Variabilität der Arbeitsformen sehr günstige Möglichkeiten zur wechselnden Gestaltung der sozialen Situation. Auch dazu ein *Beispiel*:

Von der Baustelle am Bahndamm ausgehend, hat sich für die ganze Klasse das Thema Wasser als Anliegen entwickelt. Nachdem die Arbeit abgeschlossen ist, gibt es in einer Ecke einen Werkstatttisch, an dem Kinder, die noch nicht gesättigt sind, zum Beispiel in der Freien Arbeit an diesem Thema weiterarbeiten können. Hier finden sich Kinder mit gleichen Interessen zusammen, die sonst kaum miteinander arbeiten. Sie vereinbaren ihre Arbeit, machen miteinander Erfahrungen und arbeiten an einem Vorhaben, das sie auch der Klasse vorstellen, als es eine respektable Form erreicht hat.

Zweite Dimension: Gestalten der Arbeit und der Arbeitsergebnisse
Diese Dimension wurde mit dem vorhergehenden Beispiel schon angedeutet. Auch für die Gestaltung der Arbeitsweise bietet Sachunterricht reiche Möglichkeiten, da man den verschiedenen Gegenständen auf verschiedene Weise zu Leibe rücken muss und zu Leibe rücken kann. Die Darstellung der Arbeitsergebnisse ist eine besondere Herausforderung, da die wesentlichen Informationen, Entdeckungen, Meinungen auf eine bildkräftige und rationelle Weise so dargestellt werden müssen, das sie das Wesentliche fassen und andere Nicht-Kundige nicht überfordern. Dazu ein *Beispiel*:

Zwei Gruppen haben sich am Thema Wasser intensiver mit dem Wasserverbrauch befasst und «durch Rechnen herausbekommen» wie sie sagen, dass unheimliche Mengen verbraucht werden. Einhundertundfünfzig Liter verbraucht ein Mensch bei uns (!) an einem Tag. So ganz können sich die anderen Mitglieder der Klasse das nicht vorstellen. Ein Liter – klar, zehn Liter – ein Eimer, so?, achtzig Liter – eine Badewanne voll? nicht mehr klar, dreihundert Liter Verbrauch bei uns daheim – nicht fassbar. Im Schulgarten wird zu der Zeit am Regenfallrohr ein Wassertank aus Kunststoff aufgestellt, der dreihundert Liter fasst. Am Ende der Pause versammelt sich die Klasse auf Vorschlag der beiden Expertengruppen dort, sieht sich den Tank an. Der Hauch einer Vorstellung taucht auf, wieviel dies ist, dreihundert Liter – und soviel verbrauchen zwei Menschen am einem Tag bei uns.

Das folgende *Beispiel* zeigt Gestaltung von der sozialen und sachlichen Seite: Im vierten Schuljahr entsteht ein Prospekt über die Gemeinde, der auch «Rückseiten» hat, wie die Kinder sagen, die auf weniger erfreuliche Zustände und Erfahrungen hinweisen. Die gesammelten Materialien und Arbeitsideen werden übersichtlich ausgebreitet und von den «Erfinderinnen» dargestellt. Jetzt sollen sich die Mitglieder der Klasse einer Arbeitsgruppe zuordnen, d. h. eine Arbeitsgruppe zu einem Thema bilden. In der

Anfangsphase ist die Sache zweitrangig, entscheidend ist, wer eine bestimmte Arbeitsidee wählt, mit wem man daher «in die Gruppe geht» oder keinesfalls zusammenarbeiten möchte. Die Beobachtung der sich entwikkelnden Szenen zeigt, wie soziale, sachliche und methodische Prozesse, Arbeitsschritte und Fragen ineinander greifen. Ein kleiner Kosmos der Situationen miteinander und gegeneinander entsteht. Die Schülerinnen und Schüler begegnen sich gegenseitig in der gewählten Aufgabe.

Handeln als Ziel
Handeln hat als Verkündigung Konjunktur. Kein Schülerband zum Sachunterricht, der nicht feststellt, dass mit seinem Material Handlung gefördert und gefordert wird. Kein Verlagsprospekt, der nicht zahlreiche handlungsorientierte Materialien anbietet. Kein Lernbereich oder Fach, das nicht eine spezielle Variante des Handelns für sich in Anspruch nimmt. Gegen diese Inflation der scheinbaren Leichtigkeit ist zu setzen: Handeln ist ein originäres Vermögen des Menschen, zu dem Materialien nur einen relativ bescheidenen Beitrag leisten können. Unterricht in seiner vielfach reproduzierten Standardform bietet kaum Handlungschancen. Eine Unterrichtsstruktur gestalten, die zuverlässig Handlungsmöglichkeiten bietet, ist eine Aufgabe des organisatorischen, strukturellen und mentalen Wandels. «Schule mit festen Öffnungszeiten» bietet von der Organisation und Struktur her günstige Voraussetzungen. Das zentrale Problem liegt in der Mentalität, der wirksamen Auffassung von Unterricht.

Dagegen entwickelt sich Handeln in Lebenssituationen außerhalb der Schule ständig. Die dabei entstehenden Lernprozesse sind eindrucksvoll und ergiebig.

Dazu ein *Beispiel*: Beobachtet von einem günstig gelegenen Gartenplatz aus, entwickelt sich an einem Ferientag im Sommer diese Szene: Ein Mädchen und ein Junge sind einen Gartenweg entlang unterwegs. Beide tragen etwas in der geschlossenen Faust, das für sie offensichtlich wichtig ist. (Dass dies sich erst aus einer gleich folgenden Szene für den Beobachter erschließt, ist im Zusammenhang mit der Frage: «Was ist Handeln?» von Bedeutung.) Die beiden unterhalten sich intensiv, mit deutlicher Spannung in Körper und Stimme. Um ihren Weg abzukürzen, vermutlich auch um sich zu erproben, balancieren sie über das schräg angelegte, große Gitter eines Wassereinlaufs, der zu einem Regenrückhaltebecken führt. Dem Jungen fällt in diesem Augenblick etwas aus der Hand. Das Es verschwindet hinter dem Gitter, unerreichbar eingeschlossen, wie man an den fast verzweifelten Bemühungen der beiden sieht. Sie balancieren auf den Gitterstäben hin und her, suchen und bringen Stöcke, stochern in den Raum hinter dem Gitter. Vergebens sind die Versuche, das sieht man an ihren Mienen, ihrem Reden. Das Gespräch ist intensiv, das Ziel klar, die Methoden wechseln ohne

Erfolg. Nach einiger Mühe verschwinden die beiden Kinder und kommen etwa zehn Minuten später wieder. Mit ihnen erscheint ein Gemeindearbeiter, der gut gelaunt und etwas gönnerhaft ein Bügelschloss aufschließt, das Gitter und Rohr miteinander verbindet. Die drei klappen das schwere Gitter hoch, das Mädchen kriecht hinein. Zurück aus dem Rohr, das Gitter wird wieder geschlossen, die beiden Kinder verschwinden mit freudigem Hüpfen.

Handeln? Sie hatten eine Absicht, eine offensichtlich sehr drängende Absicht. Ein Problem trat auf. Sie suchten nach einer Lösung, probierten diese und verwarfen jene. Sie aktualisierten Wissen. (Man kennt einen Gemeindearbeiter und weiß, wo er zu finden ist.) Sie schätzten die eigenen Möglichkeiten richtig ein, wussten sich dann in diesem Fall durch Hilfe zu helfen und kamen zum Ziel. So wurde und wird gehandelt. (Welch ein Traum, wenn wir in der Schule dazu beitragen könnten, dass sich Situationen dieser Art ohne didaktischen Krampf entwickeln.)

Überblick: Was die Episode am Gitter zeigt

Situation und Verhalten	typischer Zustand oder Vorgang
Die beiden Kinder hatten etwas vor, sie waren von einem Motiv geleitet.	etwas «vor haben» ein Vorhaben angehen ein Motiv haben
Ein Problem ergab sich, das sie lösen wollten.	Fragestellungen oder auch Probleme sehen, erfahren, entwickeln
Die Kinder suchten mit verschiedenen Ansätzen nach einer Lösung.	Lösungen suchen, probieren ...
Nachdem die beiden nicht zum Ziel kamen, entwickelten sie einen Plan.	Planen, Wissen und Methoden auf die Situation und den Lösungswunsch hin aktualisieren
Sie begannen diesen Plan auszuführen. «Wir holen den Wassermiller.»	Den Plan ausführen, bei Bedarf auch in der Situation verändern, vielleicht auch «fallen lassen», verschieben ...

Die Rettung der Kostbarkeit war gelungen.	Erfolg haben oder nicht, aufschieben,
Die Szene hätte sich auch anders wenden können.	Wieder neu ansetzen und vor allem daraus lernen.

Eigentlich könnte jetzt direkt die Nutzanwendung folgen, mit der die Unterscheidung der Gegenstände, die beschriebenen Arbeitsweisen mit ihren Beispielen und das Ergebnis der Episode am Einlaufgitter auf Sachunterricht, Auswahl der Gegenstände und auf das Ziel Handlungsorientierung angewandt werden. Aber der Leserin oder dem Leser wird ein kurzer Exkurs über Handeln zugemutet, von dem erhofft wird:

- Dass sich ein weiteres Nachdenken über Handeln und vielleicht weiterführende Lektüre ergeben könnten (siehe Exkurs über Handeln).
- Dass Nachdenklichkeit über unsere Unterrichtsmentalität entsteht (siehe Nachdenkliches über Unterricht).

Exkurs über Handeln

HANNAH ARENDT unterscheidet in ihrem Werk «Vita activa oder Vom tätigen Leben» (München 1981², insbesondere S. 180ff.) zwischen Herstellen und Handeln. Mit «Herstellen» bezeichnet sie Tätigkeiten, durch die etwas erzeugt wird. Dazu notwendig sind Werkzeuge, Materialien und Methoden. Der Vorgang der Herstellung entwickelt sich dabei in bestimmten Schritten, die weitgehend vorgezeichnet sind durch das Können und die Erfahrung des herstellenden Menschen, durch Werkzeug, Material, durch das gewollte Produkt. Notwendig sind bestimmte Methoden, die im Zusammenwirken mit den beteiligten Komponenten zu einem eindeutig bestimmten Produkt führen. Handeln dagegen, so HANNAH ARENDT, ist ein komplexer Prozess, in den Menschen durch ihre Interessen und Motive so eingebunden sind, dass nicht im vollen Sinn vorher bestimmt werden kann, wie sich der Vorgang entwickeln, wie er enden wird. Diese Unwägbarkeit kommt zustande, weil auch andere Menschen sich einbringen, mitwirken und der Situation jenes Element der nicht vollständigen Bestimmbarkeit geben, die sich erst im Rückblick löst, wenn man weiß, wie es wurde. Aber gerade dass handelnde Menschen nicht im vollen Sinn wissen, wie die Handlung sich entwickelt, wie sie ausgehen wird und wie sie sich aus dem Rückblick zeigt, unterscheidet von «herstellen», bei dem bestimmte Schritte in der Regel zu bestimmten Ergebnissen führen. Dies aber, dass wir im Handeln als Tätigkeit nicht wissen, wie sich die Handlung gestalten wird und wie sie enden wird, macht Leben und Handlung aus, hält den Menschen am Leben. Wenn wir wüssten, wie es werden wird, würde uns das Motiv zu handeln fehlen. Auch wird im Blick auf Herstellen verständlich, warum Kinder und wir diese Tätigkeit so schätzen. Sie kann ärmer an Konflikten sein, es entsteht mit relativ hoher Sicherheit ein Ding oder eine Standardsituation (?), die man gebrauchen kann und von der man sagen kann: «Das habe ich, das haben wir gemacht.» (Geben Sie den Schülerinnen und Schülern sehr oft und auch in freien Situationen Gelegenheit etwas herzustellen. Stellen Sie selbst als Gegengewicht gegen das Risiko der pädagogischen Unterrichtsarbeit etwas her, das sich anschließend zeigt und von dem Sie sagen können, «das habe ich gemacht».)

Nachdenkliches über Unterricht

Die Leserinnen und Leser werden um Geduld gebeten, wir werden zu den beiden Kindern am Gitter zurückkehren. Die folgende Nachdenklichkeit wird auch nur angedeutet, damit Sie diese selbst weiterentwickeln und auf ihren Unterricht anwenden können. Nimmt man diese Unterscheidung von Herstellen und Handeln auf und befragt damit unser Mühen um Unterricht, so lässt sich feststellen: Viel Mühe wird in den Versuch investiert, Unterricht zu einem Herstellungsvorgang zu machen. Welch ein Traum: Ich werde als Unterrichtender so und so tätig und dies kommt mit Sicherheit als Produkt dabei heraus. Der Traum hat eine Rückseite – die Schülerinnen und Schüler. Werden sie so manipuliert, dass Unterricht und seine Ergebnisse hergestellt werden, dann können sie immer nur reagieren und kleine Steinchen für das gedachte Mauerwerk des Unterrichts liefern. Sie sind in einen Herstellungsprozess verstrickt, von dem sie häufig nicht wissen, was dabei produziert werden soll. Sie sind Dienende (Objekte) eines Herstellungsprozesses, den sie in Weg und Produkt beinahe nicht mitbestimmen können. Sie werden sich in dieser Situation häufig vom Unterricht verabschieden oder den Versuch unternehmen, den Unterricht zu verändern. Wie soll sich Wissen und Einsicht entwickeln in solchen Prozessen? Wie soll sich entwickeln, was für JOHN DEWEY das Sinnzentrum seiner Projekt-«Methode» war, die Erziehung zur Demokratiefähigkeit?

Verständlich ist diese Tendenz zur Herstellung von Unterricht. Das Risiko, Schülerinnen und Schüler handelnd in die Entstehung der Prozesse hineinzunehmen, ist auch für professionelle Unterrichter oder gerade für sie schwer zu ertragen. Einmal fordert dies sehr viel psychische und physische Kraft, insbesondere Witz, Wissen, Methode, Verstand, Bildung. Dann fordert die Gesellschaft von uns und den Schülern in ihrer industriellen Mentalität die Erzeugung von genormten Lernprodukten, die wir wegen der «Widerständigkeit» und den verschiedenen Differenzen zwischen den Schülerinnen und Schülern sowieso nicht liefern können. So gesehen ist die Tendenz zur Herstellung von Unterricht verständlich. Dieser Tendenz, diesem Schulmeistertraum ist im Blick auf den Sachunterricht entgegenzuhalten:

- Kindern und Heranwachsenden ist auch in ihrer Rolle als Schülerinnen und Schülern das Bedürfnis nach Handlung als Wesensmerkmal eingeschrieben.

- Schülerinnen und Schüler sind Menschen, die sich nicht dazu eignen, an ihnen Lernprozesse als Prozesse der Herstellung so zu exerzieren, dass ein festgelegtes Produkt entsteht.

- Unterricht ist unter anderem so wenig wirksam, weil Lernende als Komponenten eines Herstellungsvorganges behandelt werden.

- Lernprozesse werden nur im vollen Sinn wirksam, wenn lernende Menschen, Schülerinnen und Schüler, Gelegenheit haben, sich sachlich, methodisch und sozial in den Prozess einzubringen, selbst zu handeln.

- Kinder und Heranwachsende wollen sich in Gemeinsamkeit und auch gegen andere erproben, Phänomenen begegnen, Sachen erkunden, Situationen gestalten.

- Angebunden an die vielfältigen Impulse der Wirklichkeit (siehe die Bauarbeiten am Bahndamm) und an die Erfahrungen der Kinder, bietet Sachunterricht mit seinem an Phänomenen, Sachen und Situationen reichen Arbeitsfeld eine sehr günstige Ausgangssituation zur handlungsorientierten Gestaltung von Unterrichtsarbeit.

Wegmarken zur Gestaltung handlungsorientierten Unterrichts

Ohne Zweifel handelt es sich bei der Zielsetzung, Unterricht gegen «Herstellen» und für «Handeln» zu gestalten um einen hohen Anspruch. Die zentrale Hemmung gegen diese Zielsetzung ist nicht fehlende Zeit, fehlendes Wissen, fehlendes Material ... Das zentrale Hemmnis ist das tief empfundene Risiko, die Kinder könnten «irgend etwas machen» und es könnte (im Sinne der fordernden Öffentlichkeit) «nichts dabei herauskommen», wenn man sich auf Handeln einlässt, also die Schülerinnen und Schüler im vollen Sinn in die Gestaltung des Unterrichts einbindet, sie an der inhaltlichen, methodischen und sozialen Gestaltung beteiligt.

Um die Möglichkeiten einer konstruktiven, handlungsorientierten Arbeit abschließend zu skizzieren, noch einmal zurück zu den beiden Kindern am Einlaufgitter des Regenrückhaltebeckens! Die typischen Schritte und inneren Zustände ihrer Handlung waren:

- ein Motiv entwickeln; ein Vorhaben angehen
- Fragen aufwerfen; Probleme sehen, Probleme erfahren
- Lösungen suchen, Lösungen erproben
- Wissen und Methode für die Lösung aktualisieren
- Schritte planen
- die geplanten Schritte ausführen und in der Situation verändern
- hartnäckig an der Sache bleiben
- immer wieder nachdenken, weitere und neue Handlungsschritte entwerfen
- weitere Ideen erproben oder auch fallen lassen
- wieder planen und erproben
- Erfolg haben oder auch nicht
- wieder neu ansetzen
- daraus lernen und das Gelernte auf sich ändernde Weise in andern Situationen einsetzen

Die hier aufgelisteten, sich wiederholenden Schritte und Zustände eines Prozesses zeigen typischerweise eine sehr nahe Verwandtschaft zu den Entwicklungsschritten eines Projektes, wie sie JOHN DEWEY formuliert hat. Die Grundlage der folgenden Wegmarken sind:

- Intensive, gemeinsam geleistete und ständige Erziehungsarbeit, die dazu führt, dass der größte Teil der Kinder das vorhandene Handlungsbedürfnis auch in der Situation tatsächlich diszipliniert umsetzen kann.

- Die ständige Möglichkeit und Selbstverständlichkeit erarbeiten (Erziehung), dass Kinder in wechselnden Konstellationen zusammen arbeiten und auch außerhalb der Unterrichtsarbeit kommunizieren können (müssen?).

- Zusammenarbeit mit Kolleginnen und Kollegen zur gegenseitigen Anregung, Stärkung, Stabilisierung, Kontrolle und zum rationellen Austausch von Ideen, Methoden, Situationen und Materialien.

- Änderung der Unterrichtsmentaliät, die von drei Komponenten bestimmt wird. Die sind:

  - Wende zu einem selbstverständlich werdenden, aber für die meisten Lehrenden nur mühsam zu erwerbenden Vertrauen in Interesse und Leistungsbereitschaft der Kinder.

- Wandlung der «Absicht lehren» in die Absicht «mit den Schülerinnen und Schülern gemeinsam erarbeiten».
- Bewusste Befreiung vom Produktionszwang gegen das Motto: Der Unterrichtsfleiß zeigt sich in der Abarbeitung möglichst vieler Themen mit möglichst vielen Dokumenten.

Auf dieser Grundlage lassen sich diese Wegmarken formulieren:

- Befreien Sie sich gerade im Sachunterricht vom Stoffzwang. Unterscheiden Sie schon bei der Jahresplanung zwischen Themen, die ihnen aus sachlichen, situativen und methodischen Gründen als wichtig und ergiebig erscheinen.

- Prüfen Sie die Bedeutung und Ergiebigkeit der Themen auch im Blick auf die Handlungsmöglichkeiten, die sich anbieten.

- Prüfen Sie kritisch die Ergebnisse und Zwänge synchroner Stoffplanung für mehrere Klassen eines Jahrgangs.

- Sehen Sie während dieser Planungsarbeit und im gesamten Zusammenhang den Sachunterricht als Chance, aus dem Produktionszwang aus-zu«steigen», der dem falschen Motto gehorcht: «viel Stoff, viel Qualität».

- Bleiben aus Ihrer Sicht nicht vermeidbare Pflichtthemen, so reduzieren sie diese auf zentrale Strukturkomponenten.

- Prüfen Sie, ob sich diese Themen in einen weiteren Arbeitszusammenhang einbinden lassen. Nicht selten ergeben sich in einem Thema der Wahl Nebenaspekte, die solchen Themen einen anderen Sinn, eine andere Sicht verschaffen.

- Nutzen Sie grundsätzlich die Möglichkeit, Themen zu integrieren und in einen größeren Zusammenhang einzubinden, der sich zum Beispiel in mehreren Intervallen über das Jahr erstreckt.

- Legen Sie ihre thematische Planung für das Jahr den Schülerinnen und Schülern offen und bieten Sie ihnen mehrere Wochen, für die sie ein gemeinsames oder verschiedene Themen wählen können.

- Legen Sie mit den Kindern einige Wochen vor Beginn der jeweiligen thematischen Arbeit an großen, gewählten Themen eine Sammlung von Materialien, Fragen und Arbeitsideen an und behalten Sie die Stücke, die ihnen zur Verfügung bleiben.

- Legen Sie zu den Themen eine Materialkiste und ein Verzeichnis der Literatur auch mit Kindertexten an, die sich als reich und handlungsträchtig erwiesen haben.

- Suchen Sie mit den Kindern außerhalb des Lehrplanes Themen die interessieren, die in «der Luft oder Umgebung liegen», die plötzlich auftauchen. Glas zum Beispiel ist ein spannendes Thema, Transport ist spannend und reich an Aspekten.

- Bestimmen Sie mit den Kindern ein Generalthema, das sie gemeinsam entwickeln und über längere Zeit hindurch eingebunden bearbeiten. Beispiele: Umwelt, Geschlechter, «was wir gelernt haben und können», Jahreszeiten, Werkzeuge, Methoden ....

- Planen Sie mindestens einmal im Jahr eine Woche des Sachunterrichts, eine Woche des integrierten Themas. In dieser Woche wird unter verschiedenen Aspekten nur und mit viel Zeit und Phantasie an diesem Thema gearbeitet.

- Bearbeiten Sie mit den Schülerinnen und Schülern ganz bewusst auch die Frage der geeigneten Methoden (siehe Beitrag Methoden in diesem Band).

- Fördern Sie die Interessen der Kinder, die sich mit einem Thema noch länger befassen wollen, durch:
  - Eine Sammlung von thematisch gebundenen Materialien, Arbeitsvorschlägen und Arbeitsproben für die Freie Arbeit. Titel: «Wenn du noch daran arbeiten willst.»
  - Eine Sammlung von Werkzeugen und Rohmaterialien, die für verschiedene Zwecke zu nutzen sind.
  - Einen Werkstatttisch, an dem man zum Thema und allgemein «werkeln» kann.
  - Eine Sammlung von Literatur, die auch über das vermutete Niveau der Kinder hinausgehen kann.
  - Eine Sammlung von Ausstellungsstücken zum Thema.
  - Die Aufnahme von thematischen Komponenten aus diesem «Interessensthema» (Formulierung von Kindern) in weitere Themen.
  - Die sorgfältige Beachtung der Arbeiten, die von den Kindern aus freien Stücken erarbeitet wurden.

- Beziehen Sie mit Hilfe der Kinder Situationen außerhalb, Expertinnen und Experten und interessante Materialien mit ein, die sich in der Umgebung finden.

- Reservieren Sie viel Zeit für die Darstellung der Arbeitsergebnisse, an der sich die Kinder mühen müssen. Oft entwickelt sich Einsicht gerade bei der Darstellung. Bewahren Sie diese Darstellung auf, um sie wieder bewusst mit den Kindern in die Arbeit einzuführen.

- Tauschen Sie Ideen und Materialien mit anderen Klassen.
- Nutzen Sie die Möglichkeiten von Wochenplan, freier Arbeit, Werkstatttisch, Vorhaben, Arbeitsgemeinschaft ...

Beispiel Wochenplan:
Vorbereitung eines Themas durch Pflichtaufgaben. Arbeitsvorschläge geben Gelegenheit, sich mit einem Thema vertraut zu machen. Pflichtaufgaben betonen einen bestimmten Aspekt während der laufenden Unterrichtsarbeit. Wahlaufgaben unter anderen bieten die Möglichkeit, sich nach der gemeinsamen Arbeit noch mit dem Thema zu befassen.

Beispiel Freie Arbeit:
Materialtisch. Werkzeug, Buch mit Experimenten, Literatur, Arbeitsproben geben Gelegenheit, sich mit einer Sache zu befassen.

Beispiel Werkstatttisch:
Materialien, Rohmaterialien, Geräte, Werkzeuge, Anleitungen stehen zur Verfügung und Mitglieder der Klasse sind genannt («Könnerkartei»), die sich mit dieser Sache schon befasst haben und gut auskennen.

Genug der Wegmarken, zurück zur Ausgangsfrage:
Wie sollen, was sollen Schülerinnen und Schüler wozu im Sachunterricht lernen?

Wie sollen die Schülerinnen und Schüler im Sachunterricht lernen?
Angestrengt und intensiv sollen die Schülerinnen und Schüler arbeiten. In einem bewussten Wechsel zwischen gemeinsamer und individueller Zuwendung sollen sie Phänomenen begegnen, Sachen erkunden und Situationen gestalten. Dazu nötig ist gelassene Zeit (Wandel der «Lehr»mentalität), Zurückhaltung des Lehreifers, reicher Bestand an Sach- und Strukturwissen. Nicht die Menge des Stoffes, der bearbeitet wurde, sondern die Intensität der selbst geleisteten Begegnung, Erkundung, Gestaltung, steht im Mittelpunkt.

Was sollen Schülerinnen und Schüler lernen?
Sie sollen sich gemeinsam und individuell in angestrengter Arbeit ihre Inwelt und Umwelt in Ansätzen erschließen. Dazu notwendig ist sachliches Wissen erwerben, nachdenken und nachfühlen, Methode erarbeiten, die Umwelt bewusst aufnehmen, Phänomene entdecken. Zusammenhänge erkennen, Haltungen entwickeln.

Wozu sollen Schülerinnen und Schüler lernen?
Weil es für Menschen lebensnotwendig ist, interessiert zu lernen. Weil dieser Arbeitsbereich die Gelegenheit gibt, die Inwelt und Umwelt gemeinsam und individuell reicher zu machen, in Ansätzen Ordnungen und Zusammenhänge zu erkennen, sich verantwortlich zu machen für das Sein und Gedeihen von Sache, Phänomen und Situation.

Zum Schluss an Sie gewandt: Ihre Aufgabe ist endlich und es steht ihnen zu, sich gelassen in diese faszinierende Aufgabe ein Berufsleben lang einzuarbeiten. Es handelt sich nicht um einen Produktionsvorgang, sondern um ein handelnd entstehendes Kunstwerk.

Henning Unglaube

Fachübergreifendes Arbeiten im Sachunterricht
– ein altes Konzept im neuen Gewand?

Mittlerweile gilt die fachübergreifende Gestaltung des Unterrichts als ein Qualitätsmerkmal unter anderen für zeitgemäßen Grundschulunterricht. Dass dem so ist wird nicht zuletzt durch die Tatsache unterstrichen, dass dem fachübergreifenden oder fächerintergrierenden Unterricht in Rahmenrichtlinien oder Lehrplänen für die Grundschulen neueren Datums Nachdruck verliehen wird. So ist beispielsweise im Hessischen Rahmenplan für die Grundschulen von 1995 zu lesen: «Für fächerübergreifende Unterrichtsvorhaben bietet sich eine breite Palette von Möglichkeiten. (...) Bei vielen Unterrichtsvorhaben lassen sich die Aufgaben und Inhalte mehrerer Einzelfächer miteinander verbinden; so ist Sachunterricht immer zugleich auch Deutschunterricht; spielerische Orientierungsübungen in Raum und Zeit verbinden Mathematik und Sport, Rollenspiele und Aufführungen können die Fächer Musik, Kunst und Deutsch miteinander verknüpfen» (DER HESSISCHE KULTUSMINISTER 1995, S. 288).

Dem liegt die Einsicht zugrunde, dass die Aufsplitterung des Unterrichts in einzelne Fächer eine künstliche ist, die mehr dem Zweck der Systematisierung der Lehre dient, als der Abbildung von Wirklichkeit. Die mit der Fachperspektive zwangsläufig verbundenen Ausgrenzung und Verengung für die Betrachtung und Interpretation der Realität ist für Kinder fremd. Sie sehen die Welt nunmal nicht durch die Brille der Fächer, sondern nehmen diese ganzheitlich, ungefächert wahr. Anliegen des fächerübergreifenden Unterrichts ist somit die Zusammenführung unterschiedlicher Fachaspekte auf der Ebene des Unterrichts mit dem Ziel, Probleme des Alltags und Umweltphänomene aus den verschiedenen Aktivitätsbereichen der Kinder zu bearbeiten und in für sie überschaubare, verständliche Sinnzusammenhänge zu stellen.

Da der Sachunterricht den Alltag der Kinder und deren Lebenssituation zum Gegenstand hat, kommt der Forderung nach fachübergreifendem Unterricht hier eine besondere Bedeutung zu.

In der Auseinandersetzung mit ihrer Umwelt sollen die Kinder lernen ihre Lebenswirklichkeit zu verstehen und Handlungsfähigkeit in ihr zu erlangen. Um diesen Anspruch zu verwirklichen, muss der Sachunterricht neben seinen inhaltlichen Zielen den Kindern geeignete Methoden an die Hand geben und Fähigkeiten und Fertigkeiten vermitteln, die geeignet sind Fragen und Problemstellungen sachgerecht zu bearbeiten. Dabei greift der Sachunterricht notwendigerweise immer wieder auf bei den Mädchen und Jungen vorhandene Qualifikationen zurück, deren Erarbeitung nicht Gegenstand des Sachunterrichts ist. Muss im Unterricht ein Text gelesen werden, um Informationen zu einem Thema zu gewinnen, oder wird ein Versuch protokolliert, so ist das Fach Deutsch beteiligt, wird gewogen und gemessen, so bezieht der Sachunterricht die Arbeitsergebnisse des Fachs Mathematik ein, ebenso wie die ästhetische Erziehung in die Gestaltung einer Wandzeitung eingehen kann. Indem der Sachunterricht die anderen Fächer miteinbezieht, unterstützt er gleichermaßen auch deren fachliche Ziele.

Dem Anspruch nach fachübergreifendem Arbeiten in der Grundschule wird in der Praxis in unterschiedlicher Weise entsprochen. Hier scheint es so, dass die Forderung nach fachübergreifender Unterrichtsgestaltung bei einer Anzahl von Kolleginnen und Kollegen Erinnerungen an gesamtunterrichtlichen Konzeptionen wachrufen, die den Grundschulunterricht bis in die sechziger Jahre hinein maßgeblich prägten. «Fachübergreifender Unterricht wird stark propagiert und auch in Lehrplänen gefordert, läuft aber vielfach nur auf eine Addition unterschiedlicher fachlicher Aspekte hinaus» (HILLER/POPP 1994, S. 95). Diesem Fehlverständnis von fachübergreifendem Unterricht liegt die Annahme zugrunde, dass «Gesamtunterricht» und «fächerübergreifender Unterricht» nur verschiedene Begriffe für dieselbe oder doch zumindest für verwandte methodische Konzeptionen seien. Dabei sind bei genauerer Betrachtungsweise, sofern man von der übereinstimmenden Grundannahme der ungefächerten Weltsicht des Kindes absieht, die Gemeinsamkeiten nur vordergründig. Die entscheidende Frage in der Unterscheidung gesamtunterrichtlicher Unterrichtskonzepte von solchen, die als fachübergreifend bezeichnet werden können, liegt in der Bedeutung der Fächer und deren Aufgabe bei der Bearbeitung eines unterrichtlichen Themas. Hier aber gehen der Gesamtunterricht und der fächerübergreifende Unterricht getrennte Wege.

Gesamtunterricht bei BERTHOLD OTTO

Es wäre gegenüber der historischen Bedeutung des Gesamtunterrichts, die er für die Schulgeschichte besitzt nicht gerecht, seine Beurteilung ausschließlich an seinen Ausprägungen der fünfziger und sechziger Jahre zu beurteilen. Diese Entwicklungslinien, die damals das pädagogische Profil der Grundschulen prägten, standen kaum noch mit dem ursprünglichen reformerischen Ansätzen BERTHOLD OTTOS in Verbindung.

Der Begriff «Gesamtunterricht» wurde zuerst zu Beginn dieses Jahrhunderts von ihm verwandt. Er bezeichnete damit einen Unterricht, der in bewusster Anlehnung an Gespräche am Familientisch gestaltet war. «*So ist der Gesamtunterricht, den ich in meiner Schule erteile, seiner ganzen Entstehung nach unmittelbare Fortsetzung des geistigen Verkehrs, den ich vorher schon mehr als anderthalb Jahrzehnte mit meinen eigenen ältesten fünf Kindern gepflegt habe*» (OTTO 1984, S. 192).

Kernstück des Gesamtunterrichtes war das freie Gespräch. Zu diesem Zweck versammelten sich alle Schülerinnen und Schüler sowie alle Lehrer der Schule einmal am Tag für die Dauer einer Stunde. In dieser Zusammenkunft hatten alle Beteiligten die Gelegenheit, zur Sprache zu bringen was sie bewegte, was ihnen wichtig oder mitteilenswert erschien. Es gab keinerlei thematische Festlegung oder Beschränkung auf Fächer – «*Gesamtunterricht ist eine Lehrform, die sich bemüht, alles Trennende zu meiden, das durch Begriffswillkür Getrennte nach Möglichkeit durch begriffliche Bearbeitung wieder zusammenzubringen, in seinem organischen Zusammenhang zu erkennen und zu erfühlen und in dieser Weise jeden teilnehmenden einzelnen wie die Gesamtheit der Teilnehmenden sich in diese Gesamtheit einleben, sich als ihre Glieder fühlen zu lehren*» (OTTO a. a. O., S. 191). Der Begriff der «Gesamtheit» speist sich für seinen Urheber aus zwei Quellen. er bezieht sich sowohl auf die «Gesamtheit der Schulgemeinde", die durch ihre Teilnahme den Rahmen der Veranstaltung bildet als auch auf die «Gesamtheit der Welt» und die Erlebnisse, die man in ihr hat, Fragestellungen, die sie uns aufgibt und Probleme, die in der Auseinandersetzung mit ihr tagtäglich entstehen.

Die Inhalte des Gesamtunterrichtes waren eher zufällig und bestimmten sich nach den Interessen der Beteiligten oder folgten der Aktualität der Ereignisse. Es war ein Gelegenheitsunterricht, der keine thematische Festlegung kannte, noch war er vorausgeplant.

Für BERTHOLD OTTO diente er dem Zweck, dem kindlichen Mitteilungs- und Fragebedürfnis Raum zu geben und damit eine Brücke zwischen der Schule und dem Leben der Kinder zu schlagen sowie durch die freie Rede das Ausdrucksvermögen der Mädchen und Jungen zu verfeinern.

Ein Auszug aus einem Unterrichtsprotokoll ist geeignet eine Vorstellung zum Gesamtunterricht OTTOS zu geben.

«*Montag, den 23. April. Das allgemeine Gespräch nahm seinen Ausgang von meiner Frage: ob nicht jemand in den letzten Tagen irgend etwas Neues erlebt oder gesehen hätte. Das führte ganz natürlich zu der Machnower Schleuse, die auch das Neuste ist, was ich selber gesehen hatte. Alfred (10 Jahre) gab eine fast ganz richtige Erklärung der Schleuse. Er äußerte sich nur nicht über die Höhe des Wasserstandes zwischen den beiden Schleusentoren. (....) Wir kamen dann auch auf das Zuschwemmen tiefer gegrabener Kanäle und Flussbette zu sprechen, und dadurch auf die Herkunft des Sandes aus dem Gebirge. Es wurden ferner noch verschiedene Wissensgebiete durchgesprochen. (...) Auch auf Flotte und Militär kamen wir zu sprechen. Vom Begriff der Linienschiffe und Linientruppen kamen wir auf die Schlachtlinie der Römer, und während ich die Lücken in dieser Schlachtlinie erklären wollte, kamen wir auf die Leicht-Bewaffneten und dadurch auf die Technik des Schleuderns, wobei ich erzählte, dass die Erde ebenso von der Sonne herumgeworfen werde, wie der Stein vom Schleuderer vorm Fliegen. Ich erzählte dann auch noch, dass unsere Erde, wenn die Sonne einmal plötzlich losließe, ebenso in den Weltenraum geschleudert würde, wie der Stein in der Luft. Ich wurde dann auf die Gefahr aufmerksam gemacht, dass die Erde dann eine der Sonnen treffen könnte, und erklärte dann, die Gefahr sei eigentlich gering, da die Sonnen immer recht weit auseinander liegen (...)* (OTTO 1963, S. 106).

Das Zusammenkommen aller Kinder unterschiedlicher Jahrgangsstufen – heute sprechen wir von «jahrgangsübergreifendem Arbeiten» – diente vor allem sozialerzieherischen Absichten.

Die Versammlung und das gemeinsame Gespräch aller der Schule zugehörigen Personen stellten eine besondere Möglichkeit zur Weckung und Entwicklung gemeinschaftsbildender Kräfte durch den geistigen Umgang miteinander dar. «*Sie* (diese Art des Gesamtunterrichts, Anm. d. Verf.) *bereitet auch darauf vor, dass die Menschen verschiedene Interessen haben und dass eine gewisse Toleranz, eine gegenseitige Achtung und Duldung geübt und, wo sie nicht vorhanden sein sollte, gelernt wird. Darin erziehen die Kinder sich hier in der Gesamtunterrichtsstunde gegenseitig*» (OTTO a. a. O., S. 128).

BERTHOLD OTTO forderte keineswegs die Auflösung der Fächer. Der Gesamtunterricht war für ihn lediglich eine Lehrform unter anderen, die auf täglich eine Stunde begrenzt war und insbesondere das Interesse der Kinder für die Fächer fördere. «*Der Gesamtunterricht lenkt also nicht etwa von dem Interesse für einzelne Fächer ab, sondern im Gegenteil, er bringt dieses Interesse hervor oder er stärkt es jedenfalls da, wo es vorhanden war, und er stellt sich dann zu den Fächern nur so, dass er jedem einzelnen seinen Platz innerhalb der großen Gesamtheit der Erkenntnis, innerhalb des ganzen Weltbildes anweist*» (OTTO a. a. O., S. 131).

Vieles von dem was heute zum festen Bestand der Grundschulen zählt wie der tägliche Morgenkreis oder als Innovation wieder entdeckt wurde wie die Versuche zur jahrgangsübergreifenden Unterrichtsgestaltung war bereits in BERTHOLD OTTOS gesamtunterrichtlichen Konzept angelegt. Indem er die Fragen und Interessen der Mädchen und Jungen zum Ausgangspunkt des Unterrichts machte, wirken seine reformerischen Absichten bis heute in die Arbeit der Grundschulen.

Der Gesamtunterricht nach dem 1. Weltkrieg

Eine Veränderung erfuhr der Gesamtunterricht in der Zeit des ersten Weltkrieges und den Jahren danach. Durch die Initiativen des «Leipziger Lehrervereins», der seinerzeit beträchtlichen Einfluss auf die Lehrerschaft besaß und Teile der reformpädagogischen Bewegung wurde der Gesamtunterricht als ungefächerter Unterricht in den zwanziger Jahren an ausgewählten Versuchsschulen erprobt.

«Unter Gesamtunterricht verstehen wir einen Unterricht, der im Gegensatz steht zu der heutigen Spaltung der täglichen Schularbeit in eine Anzahl meist äußerlich und innerlich von einander geschiedener Fächer. Er stellt sich dar als eine Konzentration um die Sacheinheit, die der Natur des Kinder der Unterstufe entsprechend eine konkrete, in der unmittelbaren Anschauung gegeben sein muss. Das, was bisher voneinander abgeschiedenen Systemen folgte, gliedert sich organisch ein, sei es als Hilfsmittel der Sachdurchdringung (Lesen, Rechnen), sei es als Mittel des Ausdrucks (Sprechen, Schreiben, Rechtschreibung, Gesang, Malen und Formen). Dadurch wird ein zielbewusstes, systematisches Aufbauen in den einzelnen Tätigkeitskategorien nicht ausgeschlossen, ja da, wo es in unbedingter Reinheit am ehesten erforderlich ist, wie im Rechnen, soll es in besonderem Maße erfolgen; aber – und das ist der Unterschied – es wird immer seinen Impuls, seinen Ausgangspunkt in der Sacheinheit suchen, wie es auch in sie zurückmünden wird» (Leipziger Lehrerverein 1982, S. 82).

Unter der Vermeidung der Auffächerung sollte der Unterricht um bestimmte Themen oder Stoffe konzentriert werden. Dem liegt die Kritik des nach Fachaspekten gegliederten Unterrichts als «Häppchen-Pädagogik» zugrunde, der eine selbständige Auseinandersetzung mit den Lehrinhalten verhindere und zu einem «Intellektualismus des Unterrichts» führe und damit eine «ganzheitliche Bildung» des Menschen verhindere. Die Abwertung des Fachlichen führte in der Praxis zum einem Unterricht, der sich weitgehend in der Bildung verbaler Assoziationsketten erschöpfte. Die enge Vorausplanung des Unterrichtsgeschehens, sowohl inhaltlich als auch methodisch, ließ den im Ursprung fortschrittlichen Ansatz BERTHOLD OTTOS, Schülerfragen zum Ausgangspunkt des Unterrichts zu machen, verloren gehen.

«Am 10. Mai werden Maikäfer beobachtet in der Klasse unter lebhafter Teilnahme. Das bekannte Verschen erklingt, man spricht vom ‹faulen und vom fleißigen Maikäfer›. Am Tulpenbeet fällt eine ganz kleine Tulpe auf. Der Holunder duftet so. Ein Gang an der Straße hin lenkt die Aufmerksamkeit auf die verschiedenen hohen Zäune. Die Beobachtungen werden rasch und sicher getan, die Antworten sind kurz und klar. In der Klasse Stäbchenlegen: der Zaun; Querleisten sind Wurstspeiler, Klebmittel ist Plastilina. Es erfolgen

Zählübungen am Stäbchenzaun, zugleich als Zählprobe zur Statistik der Klasse» (Leipziger Lehrerverein 1988, S. 98).

Gesamtunterricht und Heimatkunde in den 50er und 60er Jahren

Seinen endgültigen Durchbruch erlangte der Gesamtunterricht erst in der Zeit nach dem zweiten Weltkrieg mit der Etablierung der Heimatkunde als dem Zentrum des Grundschulunterrichts. So verfügten beispielsweise die hessischen Bildungspläne aus dem Jahr 1957: «*Die Heimatkunde ist der Mittelpunkt des Unterrichts in der Grundschule. Ihr entspricht methodisch der Gesamtunterricht*» (HESSISCHER MINISTER FÜR ERZIEHUNG UND VOLKSBILDUNG 1957, S. 162). Als integraler Bestandteil der sogenannten «volkstümlichen Bildung» stellte die Heimatkunde in ihrer Verknüpfung mit dem gesamtunterrichtlichen Prinzip in der Folge das Kernstück der Bildungsarbeit der Grund- und Volksschulen in den fünfziger und sechziger Jahren dar. Diese «volkstümliche Bildung» war klar getrennt von der eigentlichen «höheren Bildung». Begründet durch die einfache Denk- und Sichtweise der Welt der einfachen Menschen einerseits und als altersspezifische Bildung für Grundschüler andererseits, wurde sie als adäquate Unterrichtsform der Bearbeitung von Wirklichkeit verstanden.

«*Es ist vor allem die Denkweise des schlichten Menschentums, wie sie sich in den konkreten Lebenssituationen, in bestimmten Fällen des Alltags äußert, in denen sich der handelnde, schaffende oder denkende Mensch mit der Umwelt auseinandersetzt, sie meistert, beherrscht und gebraucht. Hier werden die Gegenstände nicht mehr in jener neutralen Objektivität erkannt und genommen, sie sind nur Objekte in einem jeweiligen Sinn- und Bedeutungszusammenhang, in einer konkreten Sinnhaltung. Wir finden diese Art der Umwelt- und Lebensbegegnung vor allem bei den einfachen Menschen, beim Handwerker, Arbeiter, Bauern ...*» (STÖCKER 1957, S. 80).

Mit der Heimatkunde als Zentrum des Unterrichts bestimmte der Gesamtunterricht weitreichend die inhaltliche Arbeit der Grundschulen. «*Die Heimatkunde ist heute unbestrittenes Zentralfach der Grundschule. Und damit ist der maßgebende Inhalt dieses Gesamtunterrichts die kindliche Heimat, d. h. ihr wachsender Raum von der Stubenheimat zur Dorf- und Stadt-, ja Stammesheimat. Hier liegt der Kristallisationskern, an dem sich die anderen Unterrichtsstoffe brechen*» (STÖCKER a. a. O., S. 184).

Der Zusammenhang von Heimatkunde und Gesamtunterricht begünstigte in der Praxis die Entwicklung eines Unterrichts, der das «Nichtfachliche» zum Prinzip erhob. Die thematische Konzentration war zufällig und eher vom Ideenreichtum des einzelnen Lehrers, denn durch Sachstrukturen bestimmt. Durch assoziatives Arbeiten wurden strukturfremde Inhalte verbal miteinander in Beziehung gesetzt, die ein wirklichkeitsfremdes Bild der tatsächlichen Zusammenhänge auf Seiten der Mädchen und Jungen entstehen ließ. Ein in diesem Zusammenhang gern zitiertes Unterrichtsbeispiel findet sich in RUDOLF MÜCKES Buch «Der Grundschulunterricht» aus dem Jahr 1966.

«Uhrzeit	Phase	Unterrichtsgeschehen
9.55	I	1. L knüpft an ‹Heiners› Erlebnisse an und lässt den Text des letzten Diktates an der Wandtafel vorlesen.
9.57		2. ‹Heiners› Schulweg wird besprochen. Dabei berichten SSS über Gefahren auf der Straße und über Möglichkeiten sie zu meiden (Ampeln, Zebrastreifen; erst links dann rechts schauen)
10.00		3. Die Klasse singt das Lied von der Ampel ‹Bei Rot bleib stehen›.
10.02		4. Auf dem Weg zur Schule muss auch ein Park mit Spielplatz durchquert werden. SSS berichten nun a) über die Möglichkeiten, sich auf dem Spielplatz und in dem Park zu vergnügen, und b) über die Gefahren, die den Kindern durch Spielgeräte und Menschen drohen.
10.05	II	1. L erzählt eine merkwürdige Geschichte von ‹Heiner›, der ganz allein im Park ist und es in einem Gebüsch rascheln hört. SSS vermuten, Was ‹Heiner› so gebannt haben kann.
10.07		2. Ein vorbereitetes Tafelbild ‹Vogelnest mit Vogelmutter und -jungen› wird als Fortsetzung der Lehrergeschichte und als Antwort auf die Schülervermutungen gezeigt. SSS betrachten es und erzählen dazu.
10.10		3. Die SSS fassen die Tätigkeiten der Vogelmutter und der -kinder in kurze Sätze und schreiben sie in Spaltenanordnung an die Tafel.
10.23		4. Der Tafeltext wird von den SSS vorgelesen.
10.25	III	1. Fortsetzung der Lehrererzählung von Phase II,1 unter Verwendung eines Gedichtes aus dem

		Lesebuch. L trägt das Gedicht ‹Knabe am Vogelnest› frei vor. Dabei erfolgen an drei Stellen Unterbrechungen durch den L, an denen er zur Situationserhellung mit den SSS ein Gespräch führt.
10.27	IV	Leseübungen am Gedicht. Die einzelnen Schritte der Übung sind: 1. L liest das Gedicht aus dem Buch vor.
10.28		2. Stilles Lesen aller SSS im Buch.
10.30		3. Lautes Vorlesen je einer Strophe durch Einzelschüler. Die SSS lesen still in ihren Büchern mit.
10.32/33		4. 2 SSS lesen den Gesamttext im Einzelvortrag vor.
10.35		5. Zweimaliges Lesen des Gesamttextes durch die geschlossene Klasse unter Lehrerführung.
10.37/38		6. Hausaufgabe wird gestellt.
10.38	V	Als Abschluss wird das Lied ‹Alle Vögel sind schon da› gesungen – 2 Strophen.
10.40		Ende»

(MÜCKE 1966, S. 54)

In der Absicht der ganzheitlichen Darstellung des Lerngegenstandes werden unterschiedliche Aspekte assoziativ verknüpft, die in ihrer Vielzahl eine wirkliche Auseinandersetzung mit der Sache verhindern. Die rein verbale Beschäftigung mit den unterschiedlichen Problemstellungen lässt wirkliche Lösungsansätze der Kinder nicht zu. Bevor sich das Kind ein Problem zu eigen gemacht hat, folgt ein Wechsel, der ein neues Problem in den Mittelpunkt stellt. MÜCKE, der sich zu seiner Zeit durchaus in kritischer Distanz zum Gesamtunterricht bewegt hat, schreibt zu obigem Unterrichtsbeispiel selbst: «Der Wechsel wird aber vorwiegend in der Weise herbeigeführt, dass z. T. strukturdivergente und der Lehrabsicht gegenüber strukturfremde Unterrichtsfelder und -vorgänge eingesetzt werden (...). Die einzelnen Unterrichtsfelder werden beim Gesamtunterricht unbeschadet ihrer Strukturdivergenz in der Manier der äußeren Klebekonzentration zu allseitigen ‹Ganzheitserhellung› herangezogen. Hierbei verschwimmt nicht nur die

Eigenstruktur eines jeden Lernanlasses, sondern es werden auch keine struktureigenen Unterrichtsfelder aufgebaut, die später zum Fachunterricht überleiten können, da ja alles als für alles verwendbar erlebt wird» (MÜCKE a. a. O., S. 64).

«Das, was Schüler so als – sicher nicht gewünschten und geplanten – Nebeneffekt lernen, bedeutet, dass es notwendig ist, sich ständig neu auf die Anforderungen anderer einzustellen, eigenes Denken und eigenes Fragen zu vergessen, sich nur für Dinge zu interessieren, die ein anderer für lern-wichtig hält. Die Sache selbst gerät dabei völlig aus dem Blick. Problemlösen findet nicht statt, denn das einzige Problem, um das es für Schüler geht, ist möglichst schnell herauszufinden, was der Lehrer jetzt beabsichtigt» (BECK/CLAUSSEN 1976, S. 58).

Die Kritik am gesamtunterrichtlichen Prinzip und an der Heimatkunde führte schließlich in der Diskussion um die Reform der Grundschule in den siebziger Jahren zum Sachunterricht.

Fachübergreifendes Arbeiten heute

Wenn wir heute von fachübergreifendem Unterricht sprechen, so meinen wir etwas anderes. Kinder erfahren ihre Wirklichkeit als ein äußerst komplexes, manchmal sogar undurchschaubares Ganzes, dem sich je nach dem Standpunkt oder dem Interesse des Einzelnen verschiedene Sichtweisen und Fragestellungen abgewinnen lassen. Diese ermöglichen jedem Menschen unterschiedliche Zugriffe und Zugangsmöglichkeiten auf den jeweiligen Sachverhalt. Welche für den einzelnen Menschen die Wesentliche ist, wird durch die individuellen Veranlagungen, Erfahrungen und nicht zuletzt durch bevorzugte Lern- und Arbeitsweisen bestimmt.

Die begrenzte Perspektive des einzelnen Faches findet durch die Verknüpfung mit weiteren Fachaspekten eine Erweiterung. Indem der Lerngegenstand in seinen vielfältigen Beziehungen dargestellt und die verschiedenen Möglichkeiten der Ausseinandersetzung mit ihm offen gehalten werden, entstehen für die Kinder Sinnzusammenhänge, die in Bezügen zu ihren Aktivitätsbereichen und Erfahrungsmöglichkeiten stehen.

Die Gegenstände des Sachunterrichts lassen sich oft nur unter der Beteiligung unterschiedlicher Fachaspekte für die Kinder sinnvoll erschließen. Sie eröffnen unterschiedliche Zugangsweisen und lassen unter verschiedenen Perspektiven Besonderheiten hervortreten.

So wäre in einer Sachunterrichtseinheit zum Thema «Bäume» einer Einbeziehung der Arbeitsweisen und Inhalte anderer Fächer in folgender Weise denkbar.

- *Deutsch*
  sich aus Sachbüchern über Bäume informieren
  ein eigenes Baumlexikon erstellen
  ein Baumtagebuch über einen längeren Beobachtungszeitraum führen
  aber nicht: Gedichte über Bäume lesen
- *Mathematik*
  Umfang messen, Höhe ermitteln, Arbeit an Jahresringen
  aber nicht: Rechengeschichten mit Bäumen erfinden lassen
- *ästhetische Erziehung*
  zur differenzierten Erfassung unterschiedlicher Baumgestalten Bäume zeichnen
  Frottagen von Baumrinden oder Holzmaserungen erstellen
  sinnliche Erfassung des Baumes durch Tasten, Riechen und Betrachten
  aber nicht: Rindenschiffchen basteln
- *Religion*
  über Bäume als Teil der Schöpfung sprechen
  von der Bedeutung von Bäumen in Naturreligionen erfahren
  über den Baum als Symbol des Lebens nachdenken
  aber nicht: die Geschichte von Josef auf dem Maulbeerbaum lesen

Auch wenn die gewählten Beispiele der gesamtunterrichtlichen Einbeziehung von anderen Fachanteilen zugegebenermaßen übertrieben sind, so sind sie geeignet, den Unterschied zwischen assoziativen Verknüpfungen und sachlichen Zusammenhängen deutlich zu machen.

Fachübergreifendes Arbeiten bedeutet also nicht «Alles mit Allem» zwanghaft zu verbinden. Die Einbeziehung anderer Fächer nimmt deren Fachperspektive zu Hilfe, wo sie mit ihren spezifischen Arbeitsweisen und Erkenntnismethoden zur Erhellung eines Problems, zum Verständnis eines Sachverhaltes oder zur Realisation eines bestimmten Ziels dienlich sind. Fachübergreifendes Arbeiten bedeutet aber nicht den Wechsel der Perspektive der Beliebigkeit oder dem Zufall zu überlassen. Aus diesem Grund behält das Fach oder der Lernbereich, aus dem die Aufgabenstellung oder das Thema gewonnen wurde – in unserem Fall der Sachunterricht – eine führende oder leitende Rolle.

Nicht immer werden alle Fächer sich in gleicher Intensität einbinden lassen. Manche werden unter Umständen gar nicht berührt sein.

Der Hinweis, dass Sachunterricht zugleich auch immer Deutschunterricht ist oder dass sich in zahlreichen Unterrichtsvorhaben die Aufgaben und Inhalte mehrerer Einzelfächer verbinden lassen, mag banal erscheinen. Diese Verknüpfungspunkte ergeben sich mehr oder weniger zwangsläufig, ohne dass ihnen im Alltag besondere Bedeutung geschenkt wird. Die Planung fachübergreifenden Unterrichts dagegen, nimmt solche Verknüpfungspunkte der Fächer bewusst wahr und nutzt sie für die Umsetzung themenbezogener Vorhaben. Die Planung fachübergreifenden Unterrichts erlaubt, mit der Bearbeitung eines Unterrichtsvorhabens Ziele verschiedener Fachpläne zugleich anzustreben. Fachübergreifender Unterricht bewegt sich damit im Spannungsfeld zwischen fachbezogenen Zielsetzungen und übergeordneten Zielen, die das einzelne Fach nicht isoliert anstreben kann.

Auch hier ist ein Beispiel aus der Praxis am besten geeignet, die Implikationen fachübergreifenden Arbeitens im Sachunterricht deutlich zu machen.

(Das folgende Beispiel wurde schon einmal in anderem Zusammenhang veröffentlicht in einer Publikation des HESSISCHEN LANDESINSTITUTS FÜR PÄDAGOGIK, Wiesbaden 1997.)

An der Astrid Lindgren-Schule in Aarbergen-Kettenbach wird seit mehr als 10 Jahren eine regelmäßig erscheinende Schülerzeitung herausgegeben. Diese Zeitung wird immer von einem vierten Schuljahr für die gesamte Schule erarbeitet. Da sie von den anderen Klassen im Unterricht genutzt wird, wird sie kostenlos an die Schülerinnen und Schüler verteilt. Wie eine richtige Zeitung enthält sie feste Rubriken, die die inhaltliche Struktur bestimmen:

- Aktuelles Thema
  Hier werden Ereignisse, die in ihrer Bedeutung über die Schule hinausragen, aber auch Begebenheit aus dem Schulbezirk dargestellt (z. B. Golfkrieg, Fußball-WM, 1100 Jahrfeier in Kettenbach, usw.).

- Schulgeschehen
  Diese Seiten sind der Berichterstattung über das Schulleben vorbehalten (z. B. Umgestaltung des Pausenhofs und des Schulgeländes, Autorenlesungen an der Schule, Interviews mit neuen Kolleginnen und Kollegen, usw.).

- Berichte aus den Ortsteilen
  Da Schülerinnen und Schüler aus sieben verschiedenen Dörfern die Schule besuchen, werden an dieser Stelle Informationen aus den einzelnen Ortsteilen gegeben (z. B. Katzenfänger in Michelbach, Warum man aus dem Sauerbrunnen nicht mehr trinken darf, Feuerwehrfest in Panrod, usw.).

- Die Seite für das 1. Schuljahr
  Diese Doppelseite befindet sich immer in der Mitte der Zeitung. Sie zeigt

den jüngsten, dass sie mit zur Schulgemeinschaft gehören und ist ihrem Lese- und Leistungsvermögen angepasst (z. B. Bilderrätsel, Suchbilder, Bildgeschichten, usw.).

- Neues aus der Bücherei
  Die Astrid Lindgren-Schule besitzt eine umfangreiche Schülerbücherei. Für jede Klasse gibt es eine feste Büchereistunde in der Woche. Neuanschaffungen werden regelmäßig in der Schülerzeitung besprochen.

- Tiere vorgestellt
  Kinder besitzen an Tieren ein besonderes Interesse. Dieser Tatsache wird an dieser Stelle der Schülerzeitung Rechnung getragen.

- Umwelttipps
  In dieser Rubrik finden sich Hinweise zum umweltgerechten Verhalten und vermitteln Sachinformationen zum Umweltschutz (z. B. Wassersparen zu Hause und in der Schule, Schädlingsbekämpfung im Garten ohne Gift Batteriesammelaktion, die «Rote Tonne» kommt, usw.).

- Anzeigen und Leserbriefe
  Hier kann sich die Leserschaft zu Wort melden.

- Rätsel und Witze
  Unterhaltung darf in keiner Zeitung fehlen.

Die Herstellung der Schülerzeitung erfordert eine genaue zeitliche Planung, denn auch hier spielt die Aktualität eine große Rolle. Von der ersten Redaktionssitzung bis zur fertigen Zeitung sind eine Vielzahl von Handlungsschritten und Arbeitsphasen notwendig.

Die Themen für die einzelnen Rubriken werden auf einer Redaktionskonferenz, an der die ganze Klasse teilnimmt, festgelegt. Die Mädchen und Jungen des vierten Schuljahres bringen Themenvorschläge ein, die dann abgestimmt werden. Verantwortlichkeiten und der Termin für die nächste Redaktionskonferenz werden festgelegt.

Die folgende Zeit, in der Regel eine Woche, dient zum Recherchieren und der Erarbeitung erster Artikelvorschläge.

In der nächsten Redaktionssitzung werden die Entwürfe zu den Artikel diskutiert, verabschiedet oder mit Änderungsvorschlägen an die jeweilige Gruppe zurückgegeben.

Von den verabschiedeten Artikeln müssen Reinschriften angefertigt werden, dabei ist zu bedenken, dass die Zeitung für alle Jahrgangsstufen lesbar sein muss, was eine besondere Anforderung an die Handschrift stellt. Darüber hinaus müssen die Artikel auf die jeweilige Seitenvorgabe abgestimmt werden. Oft sind Kürzungen notwendig. Fertiggestellte Seiten werden mit

einer Randverzierung versehen, Zeichnungen und Illustrationen müssen angefertigt werden.
Zum Abschluss dieses Arbeitsschrittes müssen alle Seiten Korrektur gelesen werden.
Liegen alle Seiten in der Reinschrift vor muss der Umbruch, die eigentliche Druckvorlage, erstellt werden.
Die fertige Druckvorlage wird an die Druckerei gegeben, die die Zeitung im Offset-Verfahren ausdruckt.
Wenn die Zeitung von der Druckerei, meist nach zwei Tagen, zurück kommt, muss die Zeitung gefaltet und geheftet werden.
Klassenlisten mit den Schülerzahlen müssen besorgt, die Zeitungen abgezählt und an die Klassen verteilt werden.

Das Erscheinen der Schülerzeitung als regelmäßig wiederkehrendes Ereignis im Schulleben stellt zunächst einmal ein Konzeptelement der Schule dar. Besondere Bedeutung haben in diesem Zusammenhang die «Berichte aus den Ortsteilen». Um Informationen zu erhalten, müssen die Kinder eigenständig Kontakt zu Personen, Verbände, Vereinen und Institutionen aufnehmen. Darüber hinaus besitzt die Zeitung mittlerweile eine Leserschaft, die weit über die Schulgemeinde hinausgeht.
Die Redaktionskonferenz als entscheidendes Gremium über den Inhalt der Schülerzeitung, gewährt den Mädchen und Jungen die Mitgestaltung des Unterrichts im hohen Maße. Da Einigung über die Inhalte der Zeitung immer wieder verlangt wird, sind demokratische Entscheidungsprozesse notwendig.
Die Herausgabe einer Schülerzeitung ist ein komplexes Vorhaben. Sie lässt alle bisher erworbenen Fähigkeiten und Fertigkeiten sowie Kenntnisse der Schülerinnen und Schüler zusammenfließen und bringt sie in durch das Ziel bestimmt in einen sinnvollen Handlungsablauf, der sich in einem konkreten Ergebnis niederschlägt. Das angestrebte Ziel lässt sich nur realisieren, wenn die Fächergrenzen durchbrochen werden. Je nachdem welches Vorhaben fächerübergreifend bearbeitet werden soll, kann das Gewicht der einzelnen Fächer unterschiedlich sein. Oft steht ein Fach im Mittelpunkt und nicht immer lassen sich alle Fächer oder Lernbereiche einbeziehen. Der Anteil der einzelnen Fächer tritt erst im Rahmen einer Bilanzierung deutlich hervor.

Deutsch
Beim Beispiel der Schülerzeitung sind die Anteile des Deutschunterrichts besonders hoch.

Erzählen und Geschichten schreiben
Erarbeitung und Anwendung unterschiedlicher Erzählformen (Bericht, In-

terview, Sachtexte, Handlungsanleitungen usw.)
Kritik üben und Kritik annehmen

Informationen beschaffen und auswerten
mit Hilfe von Medien veröffentlichen
Berichte von Experten, komplexere Nachschlagewerke, Zeitungen, Sachtexte kritisch einschätzen
sich eine eigene Meinung zu einem Thema bilden
verschiedene Textsorten verfassen

Lesen und mit Literatur umgehen
entwickeln der Fähigkeit zur selbständigen Literaturauswahl
sich über das Literaturangebot informieren
themenbezogen Literaturauswahl zusammenstellen
Kennenlernen vielfältiger Textsorten

Sprache untersuchen und richtig schreiben
Fehlersensibilität entwickeln
Wortschatzerweiterung
im Wörterbuch nachschlagen

Sachunterricht
Bezeichnend für den Sachunterricht ist, dass er neben der inhaltlichen Arbeit, die auf Wissenszuwachs ausgerichtet ist, den Erwerb fachlicher Qualifikationen gleichermaßen anstrebt.

Fachliche Qualifikationen
Mit anderen umgehen
Absprachen treffen
parlamentarische Regeln anwenden

Sich in Zeit und Raum orientieren
Mit Zeit kalkuliert umgehen
Zeitplanungen selbständig erarbeiten

Probleme lösen und kritisch denken
bei sozialen Fragen Kompromisslösungen erkennen und abwägen

Informationen sammeln, ordnen, weitergeben,
Informationen finden und vergleichen
Informationen zusammenstellen und veröffentlichen

Planen und Projektieren
kleine Vorhaben verwirklichen
über das eigene Tun reflektieren

Inhaltliche Ziele
Je nach der thematischen Ausrichtung der in der Zeitung enthaltenen Artikel können unterschiedliche inhaltliche Ziele des Sachunterrichts berührt werden. Davon abgesehen werden allein durch die Erarbeitung der Zeitung folgende Ziele in besonderer Weise angesprochen:

Zusammenleben
demokratische Spielregeln einüben

Öffentliches Leben
sich mit öffentlichen Ereignissen beschäftigen
zur eigenen Information und Veröffentlichung unterschiedliche Medien nutzen
auf aktuelle Ereignisse eingehen

Arbeit
einen Produktionsablauf planen und durchführen

Zeit
längere Vorhaben planen und durchführen

Mathematik
Sachrechnen und Umwelterschließung
Seitenkalkulationen durchführen
(Die Anzahl der Seiten muss immer durch 4 teilbar sein)
den Seitenumbruch vornehmen
(eine Din 4 Seite = 4 Druckseiten,
die Nachbarseite der Seite 1 ist die Seite 24)
benötigte Papiermengen berechnen
(Die Zeitung erscheint in einer Auflage von 350 Exemplaren)
die Herstellungskosten ermitteln
(für eine Klasse, für eine Zeitung, für eine Seite)

Umgang mit Zeichengeräten

ästhetische Erziehung
zeichnen
Illustrationen zu Artikel
Gestaltung der Zeitung
Schrift und Schreiben
ästhetische Gestaltung der Schrift
Collage und Montage
Montage der Druckvorlage

Medienerziehung
durch die Gestaltung eigener Medien diese besser verstehen und durchschauen

Wie aus dem obigen Beispiel deutlich wird, kann fachübergreifendes Arbeiten nicht zum durchgängigen Unterrichtsprinzip erhoben werden. Es ist vielmehr eine Möglichkeit der Unterrichtsorganisation, die sich in Abhängigkeit zum Unterrichtsgegenstand bewegt und an seine Struktur gebunden ist. Unterrichtsreihen, die sich eindeutig auf die Erarbeitung fachlicher Ziele beziehen – z. B. die Einführung der Wortarten – sind für fachübergreifende Arbeitsweisen nicht geeignet. Dagegen ist das fachübergreifende Arbeiten dann sinnvoll, wenn es sich um die Umsetzung kleinerer oder größerer themenbezogener Vorhaben handelt, deren Realisierung nur durch die Einbeziehung der Arbeitsweisen und Fachaspekte unterschiedlicher Fächer möglich ist. Dabei ist die Beteiligung der Fächer nicht additiv, sondern integrierter Bestandteil einer auf das Thema oder Vorhaben bezogenen Bearbeitung. Dies ist bei der Vorbereitung einer Klassenfahrt ebenso denkbar, wie bei der Organisation eines Schulfestes, der Planung und Durchführung einer Ausstellung, der Führung einer Klassenkorrespondenz oder der selbständigen Erschließung komplexer Zusammenhänge durch die Kinder. Eine besondere Bedeutung für das fachübergreifende Arbeiten besitzt der Projektunterricht. In ihm werden die bereits erworbenen Könnensbestände der Kinder aus unterschiedlichen Fächern in einen sinnvollen Handlungsablauf gebracht, um ein gemeinsam gesetztes Ziel zu erreichen. Damit werden sie einer neuen Qualität zugeführt. Das konkrete Ergebnis am Abschluss des Unterrichtsvorhabens steht als vergegenständlichter Ausdruck der von den Kindern in der Schule erworbenen Fähigkeiten, Fertigkeiten, Wissensbestände und Verhaltensweisen. Es übt damit sinnstiftende Wirkungen auf die Mädchen und Jungen aus. Der Stolz und die Befriedigung, ein gemeinsam gestecktes Ziel erreicht zu haben, aber auch die Verwertbarkeit dessen, was in der Schule gelernt wurde, lässt schulisches Lernen in einen gänzlich anderen Zusammenhang treten.

Literatur

BECK, G./CLAUSSEN, C.: Einführung in Probleme des Sachunterrichts. Kronberg 1976.
GÖTZE, B.: Zur Problematik des fächerübergreifenden Unterrichts. Bad Heilbrunn 1973.
HESSISCHER KULTUSMINISTER (Hrsg.): Rahmenplan Grundschule. Wiesbaden 1995.
HESSISCHES LANDESINSTITUT FÜR PÄDAGOGIK (Hrsg.): Planen – aber wie? Impulse zur Arbeitsplanung in der Grundschule, Wiesbaden 1997.

Hessischer Minister für Erziehung und Volksbildung (Hrsg.): Bildungspläne Hessen, IIB, Wiesbaden 1957.
Hiller, G./Popp, W.: Unterricht als produktive Irritation- oder: Zur Aktualität des Mehrperspektivischen Unterrichts. In: Dunker, L./Popp, W.: Kind und Sache, Weinheim u. München 1994.
Leipziger Lehrerverein (Hrsg.): Gesamtunterricht im 1. und 2. Schuljahr. Zugleich ein Bericht über die Leipziger Reformklassen. In: Bäuml-Rossnagel, M.-A.: Sachunterricht: Bildungsprinzipien in Geschichte und Gegenwart. Bad Heilbrunn 1988.
Leipziger Lehrerverein (Hrsg.): Gesamtunterricht im 1. und 2. Schuljahr. In: Flitner, W./Kudritzki, G.(Hrsg.): Die deutsche Reformpädagogik – Ausbau und Selbstkritik. Stuttgart 1982.
Mücke, R.: Der Grundschulunterricht. Bad Heilbrunn 1967.
Otto, B.: Der Gesamtunterricht. In: Flitner, W./Kudritzki, G. (Hrsg.): Die deutsche Reformpädagogik – Die Pioniere der pädagogischen Bewegung, Stuttgart 1984
Otto, B.: Geistiger Verkehr mit Schülern im Gesamtunterricht. In: Otto, B.: Ausgewählte pädagogische Schriften. Paderborn 1963.
Otto, B.: Gesamtunterricht. In: Otto, B.: Ausgewählte pädagogische Schriften. Paderborn 1963.
Stöcker, K.: Volksschuleigene Bildungsarbeit. München 1957.

Charel Max

Verstehen heißt Verändern
‹Conceptual Change› als didaktisches Prinzip des Sachunterrichts

Kinder haben, bevor sie im Rahmen des Sachunterrichts zum ersten Mal mit Sachthemen in Kontakt kommen, bereits eigene Vorstellungen, Konzepte und Erklärungsmodelle gebildet, die nur selten mit den geläufigen wissenschaftlichen Erklärungsansätzen übereinstimmen. Im Rahmen des Unterrichts äußern sich diese Vorstellungen oft als bizarre, schwer interpretierbare Kombinationen von inhaltlichem Wissen und eigenwilligen Denkschlüssen. Allzu schnell übergeht man solche Vorstellungen im Glauben, dass sie sowieso durch die im Unterricht angebotenen sachlich 'korrekten' Darstellungen berichtigt werden und muss des öfteren irritiert feststellen, dass sie trotz eines gut strukturierten Unterrichts hartnäckig von den Kindern weiter vertreten werden.

Seit Ende der siebziger Jahre befassen sich Forschungsarbeiten unter dem Paradigma des ‹conceptual change› (Übers. in WEIL-BARAIS 1994; EINSIEDLER 1997) mit dem Entstehen, den Merkmalen und Veränderungsmöglichkeiten solcher Schülervorstellungen. Die Ergebnisse dokumentieren die vielfältigen Schwierigkeiten, mit denen Schüler bei der Konstruktion von Wissen im Bereich des Sachunterrichts konfrontiert werden.

Im Folgenden wollen wir zunächst näher auf die Charakteristika der kindlichen Vorstellungen eingehen und danach Merkmale eines Unterrichtskonzepts aufzeigen, das solche Vorstellungen weiterentwickeln will.

1. Wie entwickeln Kinder Wissen und Vorstellungen ihrer Umwelt

Kinder konstruieren ab ihrer Geburt und parallel zur Entwicklung ihrer sensumotorischen Fähigkeiten in lange andauernden Prozessen einerseits kognitive Erkenntnisstrukturen, mit denen sie in der Lage sind die Realität zu ‹bewältigen›, und andererseits Wissen und Vorstellungen («conceptions») zu den Phänomenen und Sachverhalten ihrer Umwelt. Ergebnisse der neueren Säuglingsforschung belegen erstaunliche mentale Aktivitäten von Säuglingen, die in einem krassen Widerspruch zu ihren eingeschränkten motorischen Performanzen stehen.

Die Art und Weise, wie Wissen in einer Situation aufgebaut wird, beeinflusst auch die Memorisierung im Gedächtnis bzw. die Mobilisierung in Anwendungssituationen. Die aktuelle Forschung betont dabei u. a. die Repräsentation des Wissens in Form mentaler Modelle, die in vielen unterschiedlichen Situationen aufgebaut und ausdifferenziert werden. Sie setzen sich aus Erfahrungen der bisherigen Aneignungsversuche zusammen, die vom Kind in einen Bedeutungszusammenhang gebracht werden. Neben sprachlichen Begriffen sie ebenfalls visuelle Vorstellungen, welche die Repräsentationen des Wissens modellieren (d. h. eine geistige Repräsentation eines Zusammenhangs nach den Termini und Strukturen eines bekannten Modells konstruieren). Bei einer festgestellten Unzulänglichkeit des eigenen Erklärungsmodells werden entweder neue Informationen in das Modell integriert oder fundamentale Restrukturierungsprozesse vorgenommen, so dass es zu einem kontinuierlichen Aufbau des Wissens kommt.

Die Wahrnehmung, ein aktiver Prozess

Erkenntnisse der Gedächtnisforschung belegen, dass dem Kind, wie auch dem Erwachsenen, nicht erst bei der Informationsverarbeitung, sondern bereits bei der -aufnahme eine aktive Rolle zukommt (LECUYER 1996). Betrachten wir das Verhalten von Kindern, die fasziniert ein Objekt, ein Phänomen oder einen Vorgang über längere Zeit beobachten:

Ausgangspunkt ist oft die zufällige Begegnung, das Entdecken eines neuartigen, interessanten Aspektes oder Vorgangs. Rasch entwickelt sich aber aus dem Wahrnehmen eines äußeren Reizes ein aktives Beobachten, bei dem die Kinder eine suchende, fragende Haltung einnehmen. Dies findet vor allem dann statt, wenn Kinder bestimmte *Erwartungen an das Phänomen haben*, eigene Gedanken oder Fragestellungen überprüfen möchten. Sie wollen etwas entdecken, was für sie bedeutsam und wichtig erscheint und mit etwas ihnen schon Bekanntem vergleichen. Sie nehmen zusätzliche Eingriffe vor um sich weitere Klarheit zu schaffen.

Ein Mensch nimmt die an ihn herangetragenen Informationen nicht ‹original getreu› auf, sondern selektioniert und strukturiert sein aktuelles Wahrnehmungsfeld gemäß seinen momentanen Bedürfnissen und Interessen. Sein Vorwissen, seine persönlichen Modelle, sowie seine bisher entwickelten Denkmuster bilden eine Art ‹Suchraster›, nach dem er die vielfältigen Sinnesreize auswählt und mit den bereits aufgenommenen und verarbeiteten Informationen vergleicht (LANDWEHR 1995, S. 35).

Die Repräsentationssysteme eines Menschen dürfen demnach nicht als passive Speicher, sondern als aktive, das Verhalten steuernde Elemente, aufgefasst werden. Wie selektiv man die Vorgänge um sich herum wahrnimmt, bezeugen die zum Teil widersprüchlichen Schilderungen eines gemeinsam wahrgenommenen Erlebnisses oder das Abschotten gegenüber störenden Umweltreizen beim Versinken in eine hoch motivierende Tätigkeit.

Unsere Wahrnehmungen sind also keine Abbilder der Wirklichkeit, sie hängen von unseren persönlichen Suchrastern und Interpretationstheorien ab, die uns erlauben den Phänomenen der Objekt- und Personenwelt eine Bedeutung und einen Sinn beizumessen, im Sinne von: «What we see is an output of our personal theory, not an input of it» (CLAXTON 1986).

Entsprechend ihrer individuellen Suchraster nehmen Schüler Aktivitäten und Vorgänge unter anderen, vielfältigeren Gesichtspunkten wahr als der Lehrer dies im Rahmen der Unterrichtsaktivitäten zur Kenntnis nimmt. Kindliche Wahrnehmungen sind nach CARRE/OVENS (1994, S. 11) in verschiedenen Fällen komplexer und reichhaltiger als ihre oft stärker kontrollierten Äußerungen und späteren Antworten. Aus ihren Untersuchungen folgern die beiden Autoren, dass Kinder je nach Situation ganz unterschiedlich in der Lage sind feinste Details, Unterschiede und Gemeinsamkeiten festzustellen, je nachdem, ob der Zweck, der Sinn ihnen klar ist. Als Problem erweist sich demnach nicht das Wahrnehmungsvermögen der Kinder, sondern ihre eigenen, willkürlichen Ordnungskategorien, welche das Zentrieren auf das, was man aus Lehrersicht als wesentlich und relevant erachtet, erschweren.

Erwachsene Beobachter sprechen hinsichtlich der eigenwilligen Betrachtungsweise der Kinder oft von der Unfähigkeit des Kindes zwischen wesentlichen und unwesentlichen Eigenschaften einer Situation, eine Objekts oder eines Problems zu unterscheiden. Die Aufgabe der Trennung und Gruppierung, sowie der Verwandtschaftsbestimmung von Situationen und Phänomenen fällt allerdings allein dem Ausführenden und nicht dem Beobachter zu. Nur der Ausführende kann seine Beziehung zu der Situation hinsichtlich seiner Projekte, seiner momentanen Interessen und Besorgnisse festlegen.

In solchen Situationen muss man laut PERRENOUD (1996) von einer doppelten konstruktivistischen Annäherung ausgehen:

- der Schüler konstruiert die Situation entsprechend seiner Wahrnehmung, seiner Vorstellungen, aktuellen Bedürfnisse und Interessen, und nur er allein kann ihr einen Sinn verleihen;

- die Kategorie, welcher der Schüler eine Situation zuordnet, ist ebenfalls eine persönliche Konstruktion (ibid, S. 165).

Das folgende Beispiel illustriert eine solche Zuordnung:

«So sagt uns unserer Theorie über Lebewesen, dass Menschen, Tiere und Pflanzen aufgrund gemeinsamer biologischer Funktionen (z. B. Stoffwechsel, Wachstum, Reproduktion) zur Kategorie der Lebewesen gehören. Wenn wir jedoch den Bereich der Lebewesen nicht nach biologischen Kriterien, sondern nach dem Kriterium der Verhaltensähnlichkeit abgrenzen, dann kommen wir zu einer völlig anderen Definition der Kategorie ‹Lebewesen›: Dieser würden dann wohl Menschen und solche Tiere angehören, die dem Menschen im Verhalten relativ ähnlich sind, nicht jedoch Pflanzen»
(aus SODIAN 1995, S. 632).

Vom punktuellen Detail zum organisierten Wissen

Die anfänglichen Beobachtungen der Kinder orientieren sich vor allem an Details. Dies erscheint verständlich, sind diese doch auffälliger, konkreter, anschaulicher und leichter zu erfassen als gemeinsame, aus der Fülle der Einzelinformationen erarbeitete übergeordnete Merkmale. Beachtet wird, was außergewöhnlich ist, was Eindruck macht, was neuartig und vor allem anders ist. Für WAGENSCHEIN beginnt Lernen mit Verwunderung. Das Staunen, die Beunruhigung durch etwas Unerwartetes ist der Motor des Lernens und die Betroffenheit löst beim Schüler Bemühungen aus diese Beunruhigung zu überwinden.

Angesichts der Vielfalt an Sinnesreizen entwickeln die Kinder übertragbare ‹Schemata› bzw. ‹Muster›, welche die Auseinandersetzung mit der Welt steuern. Ein Schema beinhaltet, was mehreren ähnlichen Wahrnehmungen oder Erfahrungen gemeinsam ist. Es hilft uns, Erfahrungen auf neue Situationen zu übertragen, und entlastet uns davor, Situationen immer wieder von Grund auf neu bestimmen zu müssen. Schemata fällt somit eine wichtige Entlastungsfunktion zu (LANDWEHR 1995, S. 36). Mit solchen geistigen Werkzeugen versuchen die Kinder der Fülle an anfallenden Informationen zu begegnen, indem sie diese untereinander verbinden, zusammenfassen und ordnen.

Bei der Entwicklung von übergreifenden Konzepten zu Detailinformationen differenzieren DE VECCHI/CARMONA-MAGNALDI (1996) zwischen

- *punktuellem Wissen,* das auf dem Entdecken einer Information, eines Objekts, eines Phänomens beruht, das man ausgehend vom realitätsgebundenen Einzelfall im Detail beschreibt;

- einer *Notion,* die auf der Definition der Struktur bzw. der allgemeinen

Ideen beruht, welche das betreffende Objekt oder Phänomen charakterisieren (faktische Kenntnisse werden verbunden und lediglich Wesentliches wird behalten);

- einem *Konzept,* das auf der Erstellung einer abstrakten, allgemeinen Definition basiert, die aus dem Vergleich mit anderen, ähnlichen Fällen beruht und die sich durch ihren Namen materialisiert. Ein Konzept wird einer Kategorie von konkreten (Mensch, Tier …) oder abstrakten (Freiheit, Spannung, …) Objekten zugeordnet, die gemeinsame Kriterien und Attribute aufweisen. Es geht über die näher betrachteten Einzelfälle hinaus und wird auf neue Fälle übertragen um zu sehen, ob sie der erstellten Definition entsprechen (dem Konzept angehören oder nicht). Konzepte sind Instrumente um die Welt anzugehen, sie zu repräsentieren und gedanklich auf sie einzuwirken (ibid. S. 153).

Die Autoren stellen punktuelles und konzeptuelles Wissen tabellarisch einander gegenüber:

punktuelles Wissen	konzeptuelles Wissen
Summe faktischer, meistens konkreter Elemente	intellektuelle (abstrakte) Strukturen
existieren in großer Anzahl	existieren in kleiner Anzahl
durch ein eher analytisches Vorgehen angesammelt	werden durch ‹In Beziehung Setzen› konstruiert
sofort memorisierbar	erfordern eine vorausgehende Elaborierung, die zeitaufwendig ist
eher statisch	dynamisch (können evoluieren)

Tabelle aus DE VECCHI/CARMONA-MAGNALDI *(1996, S. 153)*

Detailinformationen und übergreifende Konzepte ergänzen sich gegenseitig, denn Konzepte entwickeln sich auf der Basis von Detailinformationen, die als Konstruktionsmaterial allgemeiner Ideen betrachtet werden können.

Wichtig ist, dass Kinder sich ihre Konzepte selbst konstruieren und sie nicht einfach übernehmen. Im letzten Fall stellen sie diese zum Teil auf die gleiche Stufe mit punktuellen Informationen und verwenden sie anschließend auch entsprechend, was die Ursache einer Vielzahl skuriler Schüleraussagen ausmacht, die jedem Lehrer bestens vertraut sind.

Mit der Zeit verbinden sie diese Konzepte untereinander zu zusammenhängenden, bedeutsamen, theorie-ähnlichen Gebilden, welche die weitere

Konstruktion des Wissens steuern. VOSNIADOU/BREWER (1992) haben in Untersuchungen zu einer intuitiven kindlichen Astronomie gezeigt, dass die Vorstellungen der Kinder nicht aus einer Ansammlung fragmentierter, unzusammenhängender Wissenselemente bestehen, sondern aus theorie-ähnlichen Strukturen, die ein kohärentes System von Überzeugungen sind und die gegen punktuelle Veränderungen resistent sind. Einzeldaten, die sich nicht in solche Netzwerke integrieren lassen werden schnell wieder vergessen oder entwickeln sich zu Stereotypen bzw. zu isolierten Wissensbeständen.

Sozio-kulturelle Modellierung der kindlichen Vorstellungen

Die eigenwilligen Klassifikationskategorien der Kinder sind nicht unbedingt originale Kreationen der Kinder. Sie konstruieren ihre Vorstellungen nicht in einer isolierten, rein individuellen Auseinandersetzung mit der Realität, sondern entwickeln diese in einem sozialen und kulturellem Umfeld, in wechselnden Interaktionen mit Erwachsenen und Kindern.

Nach BRUNER (1991) stellt die Kultur den Rahmen bereit für menschliches Denken und Handeln. Sie liefert das notwendige symbolische Werkzeug, mit dem der Mensch seine kognitiven Prozesse realisiert oder seine Anpassungsschemata gestaltet. Er weist auf die situierte und geteilte Natur des Wissens hin: «Um erklärbar zu sein, muss eine Handlung situiert sein; sie muss als Kontinuum mit einem kulturellen Milieu aufgefasst werden. Die Realitäten, welche die Menschen konstruieren sind soziale Realitäten, die mit anderen Lernpartnern aushandelt und geteilt werden, d. h. von ihnen ebenfalls anerkannt werden» (a. a. O., S. 115).

Besonders hinsichtlich der Entwicklung von Einsicht und Verstehen in Sachzusammenhänge liefert die Kultur (einer Gemeinschaft) eine Vielzahl an Darstellungen, Kategorien und Modellen, welche die kindlichen Repräsentationen der Realität strukturieren und modellieren.

Ein Modell, wie z. B. der Bauplan einer Pflanze, der Querschnitt durch ein Objekt, usw. ist laut WEIL-BARAIS (1994):
1. immer sachgebunden, durch die Phänomenologie und die entsprechende spezifische Fragestellung bestimmt;
2. mit einer gewissen Anzahl von mentalen Operationen verbunden, welche der Schüler systematisch aktivieren muss, wenn er das Modell verwendet;
3. durch eine bestimmte Anzahl von Konzepten definiert und durch ihre Vernetzung untereinander;
4. in unterschiedlichen Symbolsystemen (grafischen, schriftlichen, ...) darstellbar.

Besonderheiten der kindlichen Vorstellungen

WEIL-BARAIS (1994) qualifiziert die Vorstellungen der Kinder als meistens *implizit und wenig bewusst*. Sie sind sehr oft *lokal begrenzt,* weil sie sich nur auf wenige ihnen vertraute Situationen beziehen, z. B. ein Objekt fällt zur Erde, weil es schwer ist und fliegt, weil es leicht ist. Sie orientieren sich an den *Eigenschaften und Funktionen* der Objekte, z. B. Objekte üben Kräfte aus, Elektrizität dient zum Heizen, zum Betreiben der Apparate ... Solche Vorstellungen unterscheiden sich ganz erheblich von den wissenschaftlichen Modellen, die explizit und sozial geteilt sind, sowie einen hypothetischen Status besitzen.

Bei den Vorstellungen der Schüler müssen wir demnach zwischen einem *externen und internen* Anteil unterscheiden. Äußerlich konkretisieren sich die Vorstellungen in einer Schülerproduktion in Form von Fragen, Vermutungen, Behauptungen, Erklärungen, Überlegungen, Verbindungen, Urteilen, ... aber auch in Form von Passivität, Stille oder Anspannung.

Der innere, tiefergehende Ursprung der Vorstellung liegt in den *zugrundeliegenden Denkweisen und -strukturen.* Diese Strukturen bestimmen das Denken im betreffenden Bereich und orientieren die Fragestellung, unter der die Kinder die Realität angehen. Sie sind hauptsächlich verantwortlich für das häufig registrierte hartnäckige Weiterbestehen der kindlichen ‹misconceptions› über die Unterrichtsarbeit hinaus.

Spezifische Schwierigkeiten die Vorstellungen der Kinder zu verändern

Nach Ansicht bereichsspezifischer Theorien der kognitiven Entwicklung kann eine Weiterentwicklung der Vorstellungen nur über eine langfristige Veränderung der spezifischen Denkweisen erfolgen. SODIAN (1995) beschreibt diese Veränderungen u. a. wie folgt:

1. Kinder müssen einen *Prozess des Theoriewandels* vornehmen, d. h. eine Veränderung komplexer begrifflicher Systeme. Dabei erfordert die Differenzierung zentraler Begriffe und das Klären ihrer Stellung im Gesamtsystem der Theorie eine ‹Übersetzungshilfe›. Die Notionen und Konzepte der Kinder entsprechen nicht den spezifischen Begriffen, die Erwachsene zur Erklärung des entsprechenden Phänomens verwenden. Die Erläuterung einzelner Begriffe erfordert oft das Heranziehen anderer nicht weniger komplexer Begriffe aus dem System;
2. Die kindlichen Vorstellungen können weder durch Belehrung, noch durch Aneinanderreihung von isolierten Wissensbestandteilen behoben

werden. Bestenfalls übernimmt der Schüler einige Bruchstücke der Lehrererklärungen in seine ‹Eigenvorstellung›. Die Richtigstellung zusammenhängender Systeme von Überzeugungen setzt eine *Korrektur des gesamten Denkens innerhalb einer Disziplin voraus;*
3. Die Veränderung des kindlichen Interpretationsrahmens ist demnach ein *langwieriger Prozess*, der offenbar mehrere Jahre in Anspruch nimmt;
4. Das Übertragen von intuitiven physikalischen Vorstellungen in wissenschaftsnahe Sichtweisen erfordert auch *Einsicht in den Prozess des Wissenserwerbs selbst*, wie z. B. Interpretation von Theorien, Hypothesenbildung, Natur der wissenschaftlichen Aussagen ...

Die bisherigen Ansätze zur Veränderung der Schülervorstellungen beruhen nach WEIL-BARAIS (1994) zum Teil auf Ausradierungsversuchen der Kindervorstellungen bzw. auf der Konfrontation ihrer Vorstellungen mit objektiven Sichtweisen.

Bei der *Ausradierung* werden die Initialvorstellungen der Schüler als ‹falsch› gewertet, welche die Schüler folglich aufgeben und durch wissenschaftlich ‹richtige› ersetzen müssen. Ein solches Vorgehen zielt auf die Vermittlung von fachspezifischen Kenntnissen und Vorgehensweisen ab.

Bei der *Konfrontation* erfahren die Schüler die Validitätsgrenzen ihrer eigenen Vorstellungen, so, dass ein Bedürfnis nach neuem Wissen entsteht. Die vom Lehrer vorgestellten neuen Konzepte werden mit den Vorstellungen der Schüler konfrontiert, nicht aber aufeinander bezogen und ohne tieferes Verständnis memorisiert.

Beide Vorgehensweisen setzen voraus, dass Kinder fähig sind die ausgearbeiteten, wissenschaftlichen Modelle aufzunehmen und selbständig mit ihren eigenen Erklärungsmodellen zu vergleichen, ähnlich wie Wissenschaftler dies tun würden. Die Unterschiede, zwischen den vorgeschlagenen Modellen und den eigenen Initialvorstellungen, sind allerdings meistens so groß, dass
- formalisiertes und intuitives Wissen nicht aufeinander bezogen werden;
- es tiefgreifender Umbrüche in den Denkmodi bedarf um die neuen Modelle zu verstehen, was nur über längere Zeit realisierbar ist.

Das Weiterbestehen der Initialvorstellungen der Schüler in beiden Fällen führt zu einem Nebeneinander unterschiedlicher Wissenskonstruktionen, zu einem *Schisma des Wissens,* das dem Schüler allerdings nur selten als Widerspruch erscheint. Unterrichtswissen und Alltagswissen werden fortan als zwei getrennte Bereiche interpretiert und in den entsprechenden Kontexten verwendet. Das Wissen aus schulischen Lernprozessen bekommt einen künstlichen Charakter und verliert durch den nicht erkennbaren Alltagsbezug an Sinn und Bedeutsamkeit für den Schüler.

WEIL-BARAIS (1994) schlägt ein Vorgehen vor, bei dem die kontinuierliche Weiterentwicklung des kognitiven Systems der Schüler progressive interne Restrukturierungen in einem Bereich bewirkt, welche auf kurz oder lang ihre Vorstellungen und ihr Vorgehen beeinflussen. Ein solches *evolutives, etappenmäßiges Vorgehen über einen langen Zeitraum* ist notwendig, da das bereichsspezifische Denken der Kinder und die an wissenschaftliche Modelle gebundenen Denkmodi so weit auseinanderliegen, dass es wiederholter, abgestufter Brüche und zwischenzeitlicher Anwendungsphasen bedarf um die beiden einander anzunähern. Die Aufeinanderfolge der einzelnen Etappen entspricht der Verwendung von Konzepten und Modellen, die jeweils Vorläufer späterer konzeptueller Konstruktionen sind. Die Aufeinanderfolge dieser Vorläufer entspricht einer *Entwicklungslogik in der Situation und nicht der historischen Evolution des wissenschaftlichen Wissens.*

Neues Wissenschaftsverständnis

Laut DE VECCHI/CARMONA-MAGNALDI (1996) ist der Konstruktionsprozess ein Fortbewegen von einem Ort des Vertrauten hin zu einem Ort des Unsicheren und des Unbekannten, verbunden mit dem Aufgeben von bewährten Gewohnheiten. Eine Veränderung der persönlichen Vorstellungen, verbunden mit dem Aufgeben bewährter Denkmuster, ist stets mit Unsicherheit verbunden und kann, wenn sie vom Schüler als beängstigend bzw. bedrohlich erlebt wird, seine Resistenz zum angebotenen Lerninhalt nach sich ziehen.

So liegt die Rolle des Lehrers u. a. darin, das Vertrauen des Schülers in die eigenen Fähigkeiten zu bewahren, ihn zugleich aber zu bewegen, die Überzeugung der Angemessenheit seiner Vorstellungen weniger auf persönliche, erfahrungsbezogene Plausibilität zu basieren, sondern sie, den von Erwachsenen vertretenen Sichtweisen, ein Stück weit anzunähern. Das Gelingen diese Vorhabens erfordert vom Lehrer einerseits die Anerkennung der Legitimität sowie das Verstehen-Wollen der individuell ausgeformten Initialvorstellungen des Schülers und setzt andererseits eine Auffasssung wissenschaftlichen Wissens voraus, wie sie z. B. CLEMINSON (1990) vertritt:

1. Wissenschaftliches Wissen ist ein Versuch und sollte niemals mit Wahrheit gleichgesetzt werden. Es hat nur einen temporären Status;

2. Es gibt keine scharfe Unterscheidung zwischen Beobachtung und Inferenz. Unsere Beobachtungen sind nicht objektiv, sondern werden durch unsere Erfahrungen regiert; wir sehen die Welt durch theoretische Brillengläser (vergleichbar mit dem bereits erwähnten ‹Suchraster› oder ‹Informationsrahmen›), die früheres Wissen ausgeformt hat.

3. Neue wissenschaftliche Erkenntnisse werden durch kreative Imaginationsakte produziert in Verbindung mit Methoden wissenschaftlichen Untersuchens. Als solches ist Wissenschaft eine persönliche und ungemein menschliche Aktivität. Sie ist nicht wertfrei.
4. Der Erwerb von neuem wissenschaftlichen Wissen ist problematisch und niemals leicht. Gehegtes Wissen aufzugeben, das widerlegt wurde, ist gewöhnlich mit Widerstreben verbunden.
5. Wissenschaftler studieren eine Welt von der sie selbst ein Teil sind, und nicht eine Welt gegenüber der sie eine Außenstellung einnehmen. Es gibt einen sozialen Kontext und eine soziale Verantwortlichkeit der Wissenschaft ‹accountability to science›.

Flexibles Wissen als Konstruktion in der Situation

Die schnelle Verbreitung und die Fülle an wissenschaftlichen und technischen Kenntnissen in Folge der Informatisierung und Vernetzung führen nicht zu einer ständig lückenloser werdenden Ansammlung von Wissenselementen und zu mehr Klarheit. Sie bewirken paradoxer Weise eine größere Komplexheit, das Einbeziehen unterschiedlichster Aspekte, das Aufwerfen neuer Fragen, eine steigende Verunsicherung verbunden mit einem ständigen Bedarf an zusätzlichen Informationen.

Angesichts der Informationsflut kann man nicht mehr von einem enzyklopädischen Ideal ausgehen, sondern muss verstärkt die Kompetenz des Kindes entwickeln in sich ständig verändernden Situationen flexibel und angemessen zu handeln. Angesichts einer zu bewältigenden Situation muss es fähig sein, den Einfluss der unterschiedlichen Faktoren zu analysieren und die verfügbaren Ressourcen in der Optik eines angemessenen Eingreifens kurzfristig zu mobilisieren. Wissen und Können einer Person sind angesichts einer solchen *Konstruktion in der Situation* (Le Boterf 1994) nicht nur im Kopf gespeichert, sie sind integriert in ein Netz von persönlichen Verbindungen zu anderen Menschen, sowie zu sämtlichen ihr bekannten Informationsquellen. Den metakognitiven, kommunikativen und kooperativen Kompetenzen des Subjekts kommt somit eine grundlegende Bedeutung zu. «Die Kompetenz eines Subjekts hängt ab von den Wissensnetzen, denen es angehört» (a. a. O., S. 41).

Das Bestreben nach einer systemischeren Betrachtungsweise der Zusammenhänge und Vernetzungen einer Situation wird den Kindern zusätzlich durch eine gesellschaftliche praktizierte ‹Unkultur des Details› erschwert. Detail- und Faktenwissen in unterschiedlichen Wissensbereichen wird zum Teil in der Öffentlichkeit (TV- und Radioshows; Anerkennung relevanter Dritter ...) immer noch als Idealtypus eines gebildeten Menschen verbreitet und genießt eine hohe soziale Anerkennung.

2. Grundlegende Elemente einer neuen Lernkultur

Unterricht, der das Verständnis der Schüler in wesentlichen Sachbereichen fördern will, muss sich auf ein *prozessorientiertes Stoffverständnis* und auf ein *erkenntnispsychologisches Lernverständnis* (Integration des neuen Wissens in die kognitive Struktur der Lernenden und Ausbilden von transferierbaren

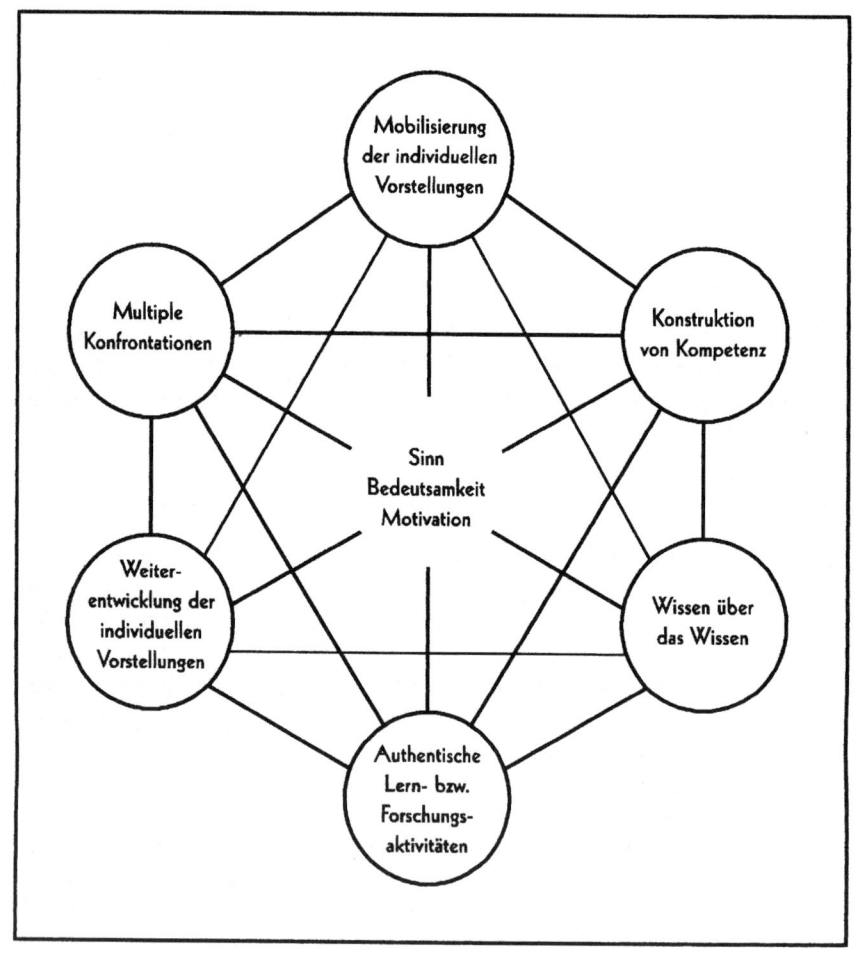

Grundlegende Elemente einer neuen Lernkultur

Denk- und Handlungsschemen) stützen (LANDWEHR 1995, S. 39). Nicht der inhaltliche, sondern der funktionale Aspekt des Wissens muss in den Mittelpunkt der Unterrichtskonzeption rücken. Verstehen muss verstärkt als Erwerbsprozess übergeordneter kognitiver und sozialer Kompetenzen aufgefasst werden, die im lernenden Umgang mit einem Sachverhalt vom Schüler selbst erworben werden und die es ihm erlauben, auch in neuen Situationen kompetent zu handeln.

Fördern kann man als Lehrer einen solchen Lernprozess, wie folgt: «Nicht mehr die mögliche gedächtnisfreundliche d. h. anschauliche und kleinschrittige Darbietung der Unterrichtsinhalte steht im Zentrum des Vermittlungsprozesses, sondern sie Schaffung eines inhaltlichen und methodischen Arrangements, das zur Aktivierung und Evaluierung des subjektiven Wissens geeignet ist ... Die Lehrpersonen sind in dieser Auffassung Prozessbegleiter, welche die aktive, problemorientierte Auseinandersetzung fördern und unterstützen, indem sie im Rahmen des mehrstufigen Prozesses der Wissenserzeugung (...) geeignete Hilfestellungen geben» (a. a. O., S. 40f.).

Die wesentlichen Faktoren, die in einem solchen Lernarrangement auf systemische Art und Weise zusammenwirken, verdeutlicht das folgende Schema. Die einzelnen Faktoren stehen dabei in einem gegenseitigen Zusammenhang bei dem die affektiv-motivationalen Parameter eine zentrale Stellung einnehmen. Parallel zur Weiterentwicklung der Schülervorstellungen muss Sachunterricht auch eine Veränderung der Einstellungen und Verhaltensweisen der Schüler anstreben, auf die wir im vorliegenden Artikel aber nicht näher eingehen.

a. Sinn, Bedeutsamkeit und Motivation des Schülers

Lernaktivitäten im schulischen Kontext werden von den Schülern unterschiedlich wahrgenommen, entsprechend ihrer individuellen Interpretationsrahmen, unter denen sie die Realität angehen, und nach denen sie Aktivitäten Sinn und Bedeutsamkeit beimessen (vgl. Teil 1). Lernaktivitäten im Rahmen des Sachunterrichts verlangen vom Schüler ein kognitives Engagement und zeichnen sich durch eine verstärkte Handlungsorientierung sowie den engen Alltagsbezug aus. Die Motivation eines Schülers kann dabei genau so stark durch die Aktivitäten an sich als durch den spezifischen Sachinhalt beeinflusst werden.

Nach VIAU (1994) wird die Motivation des Schülers durch drei determinierende Faktoren bestimmt: die Wahrnehmung des Wertes (persönlicher Nutzen, Zukunftsperspektive) der auszuführenden Aktivität; die Einschätzung der eigenen Fähigkeit sie erfolgreich ausführen zu können sowie das Gefühl der Kontrollierbarkeit der Situation. Die drei Faktoren stehen dabei in einem multiplikativen Zusammenhang, so dass der Nullwert eines Faktors die Motivation zum Erliegen bringt.

Angesichts einer Veränderung seiner Vorstellungen muss der Schüler

- einerseits Interesse an einer Neumodellierung verspüren und den Sinn, die Bedeutsamkeit und den persönlichen Nutzen erfassen. Dies erfolgt am ehesten wenn er einer *gewichtigen, redundanten und konvergenten Gegenaussage* gegenübersteht und sich von ihrer *Wirksamkeit* überzeugen kann. Die Übernahme erfolgt nur, wenn er ausreichend *Zeit und Gelegenheit* erhält mit der veränderten Denkstruktur zu arbeiten

    Erst wenn die neuen Modelle sich gefestigt haben und das Kind die größerer Wirksamkeit getestet hat, ist es eventüell bereit seine Initialvorstellungen aufzugeben. Zwischenzeitlich ist die Verunsicherung zu groß. In diesem Zeitraum können auch zwei Vorstellungen gleichzeitig existieren, von denen dann die eine nach einiger Zeit aufgegeben wird (GIORDAN u. a. 1997, S. 8).

- sich andererseits zutrauen, die notwendigen Schritte dieses verunsichernden Veränderungsprozesses auszuführen und zu kontrollieren.

b. Mobilisierung der individuellen Vorstellungen und Vorgehensweisen

Neues Wissen entsteht zum einen in ‹Verlängerung› mit den jeweiligen Vorkenntnissen, die den Frage-, Bezugs- und Bedeutungsrahmen stellen mit dem Schüler sich angebotenen Aktivitäten nähern. Lernen entwickelt sich vom Bestehenden aus, das bei diesem Prozess verändert, verfeinert und erweitert wird. Bestehendes Wissen (A) und neu einfließende Informationen (n) stehen dabei in einem *reziproken Veränderungsprozess* wie es NOVAK (1976) anschaulich dargestellt hat:

$$A+n \rightarrow A'n'$$

Die Darstellung zeigt, dass:

- Wissen konstruieren mit Umstrukturierungsprozessen verbunden ist, bei denen sowohl die bestehenden als auch die neuen Wissenselemente im Vergleich zu ihrem Initialzustand verändert werden;

- es sich dabei nicht um einen kumulativen Prozess handelt, bei dem sich einzelne Wissensteilchen zu einem Ganzen addieren, sondern dass bei dem Prozess ein völlig neues Wissensprodukt entsteht;

Wissen ist vergleichbar mit dem Resultat einer internen Aushandlung, die in uns selbst stattfindet, eines Kompromisses aus dem bestehendem Wissen in einem bestimmten Referenzfeld und dem, in einer Unterrichtsaktivität angebotenen, ‹objektivierten› Wissen (DE VECCHI/CARMONA-MAGNALDI 1996, S. 70).

Entscheidend für den Prozess der Wissensaneignung ist nach LANDWEHR (1995, S. 37) nicht die Menge der neuen Informationen die jemand aufnimmt, sondern die Bedeutung die eine Information für die Weiterentwicklung der bereits vorhandenen Wahrnehmungs- Denk- und Handlungsmuster besitzt. «Wissen ist in diesem Verständnis nicht das, was von außen als Information an das Subjekt herangetragen wird, sondern das, was sich im Verlauf des aktiven und kreativen Auseinandersetzungsprozesses im lernenden Subjekt – aufbauend auf der vorhandenen Wissensbasis – herausbildet und für die künftigen Assimilationsprozesse zur Verfügung steht» (ibid, S. 39).

Die Konstruktion neuen Wissens darf nicht nur als Aneignung neuer Kenntnisse, sondern auch *als Klärung, als bessere Organisation der Bestehenden* verstanden werden, indem bestehende Vorstellungen aufgegriffen werden und anders, neu miteinander verknüpft werden. Lernen heißt dabei genau soviel unangemessenes Wissen zu beseitigen als sich neues anzueignen. DE VECCHI & CARMONA-MAGNALDI (1996, S. 70) sprechen dabei von ‹Revelation›, von Sichtbar machen im Sinne der Entwicklung eines Fotos, von Enthüllen und ‹Sich Offenbaren›.

Die Einsicht in die Interessen und Anspruchsebenen der Schüler, die individuellen Denkweisen, die bereits entwickelten Konzepte mit ihren individuellen Bedeutungen, Abgrenzungen und Konnotationen, erweist sich als unumgänglich um

- die Fragestellung der Kinder und ihre eventuellen Schwierigkeiten im Sachbereich zu verstehen und sie den Kindern auch selbst, als Basis einer Weiterentwicklung, bewusst zu machen;

- die Kluft zwischen den Schülervorstellungen und den wissenschaftlichen Erklärungsmodellen einzuschätzen;

- die Gestaltung der Lernaktivitäten im Sinne einer stufenweisen Weiterentwicklung der Denkweisen der Schüler zu konzipieren.

Kinder haben oft Probleme ihre Vorstellungen angemessen auszudrücken und verwenden viele Begriffe in sehr unterschiedlichen Bedeutungen. In Klassendiskussionen empfiehlt es sich deshalb im Sinne einer wirksameren Kommunikation, die individuellen Formulierungen und Begriffe auf einfache, für alle verständliche Termini zu vereinbaren z. B. ‹drücken› und ‹ziehen› für die Umschreibung des Begriffes ‹Kraft› bei Versuchen zu Fortbewegungsvarianten von Fahrzeugen.

Die Mobilisierung des Vorwissens muss auch die individuellen Verarbeitungs- und Vorgehensprozesse des Schülers umfassen, sie den Schülern bewusst machen und ihnen anschließend Gelegenheiten anbieten, sie weiter zu entwickeln (siehe Punkt d).

c. Multiple Konfrontationen

Jedes neue Wissen steht nicht nur in ‹Verlängerung› mit den jeweiligen Vorkenntnissen, sondern auch, aus einer veränderten Fragestellung heraus, in einem gewissen *Bruch zum bisherigen Interpretationsrahmen*. Wissen konstruieren ist mit einer Reihe von Anpassungsprozessen und teilweise sprunghaften Veränderungen des bestehenden Wissens verbunden. Auslöser ist dabei ein kognitiver Konflikt, der entsteht, wenn der Schüler Aussagen gegenübersteht, die in Widerspruch mit seinen eigenen Vorstellungen stehen bzw. die er mit seinen Denkschemata nicht bewältigen kann.

Auf individueller Ebene erlebt der Schüler einen Konflikt durch:

- einer Nicht-Übereinstimmung von Erwartungen (Antizipationen) und Beobachtungen ablaufender Prozesse, wie z. B. beim Durchführen eines Versuchs mit überraschendem Ausgang

- einem inneren Missklang zwischen widersprüchlichen Auffassungen, die er wahrnimmt aber nicht in ein gemeinsames Konzept oder Modell integrieren kann.

Ein solcher Konflikt kann ebenfalls durch Interaktionen, der an einer gemeinsamen Aktivität kooperierenden sozialen Partner (Lehrer und Mitschüler) ausgelöst werden. Die Dissonanz der Auffassungen, die unterschiedlichen Perspektiven und Zentrierungen, die individuellen Lösungsvorschläge, Vermutungen, Aussagen, Erklärungsversuche ... im Hinblick auf die Erarbeitung eines gemeinsamen Produktes prallen in Gruppendiskussionen aufeinander und lösen einen *soziokognitiven Konflikt* aus. Jeder muss seinen Standpunkt erläutern, was mit einem distanzierten Überdenken der eigenen Position einhergeht.

Arbeiten zum soziokognitiven Konflikt haben die wichtige Rolle der sozialen Interaktionen für die kognitive Entwicklung und die Konstruktion von Wissen aufgezeigt (vgl. DOISE/MUGNY 1997). Die soziale Interaktion zwischen Lernpartnern allein genügt allerdings nicht um signifikante Lernfortschritte zu erzielen, wichtig ist, dass bei den Schülern ein Bedürfnis entsteht, eine Zone (VYGOTSKI spricht von der ‹Zone der nächsten Entwicklung›, wo sie über das bisher Gelernte hinausgehen können.

Um Schüler zu Veränderungen ihrer bestehenden Konzepte und Vorstellungen zu bewegen, muss der Lehrer im Rahmen des Sachunterrichts verstärkt Lernsituationen arrrangieren, die solche Konfrontationen und kognitiven Konflikte in abgestuftem Maße herbeiführen. Die vorgeschlagenen Unterrichtsaktivitäten induzieren dabei die Reorganisation eines bestehenden Wissens, das durch neue Begegnungen gestört wird.

Die Kenntnis der Initialvorstellungen der Schüler erweist sich als wesentlich, denn diese Methode stößt auf Schwierigkeiten, wenn

- die Kluft zwischen den Initialvorstellungen und den Unterrichtsmodellen zu groß ist, so dass die Schüler sie nicht mehr aufeinander beziehen können;

- Alltagsbegriffe der Kinder mit gleichlautenden spezifischen wissenschaftlichen Konzepten in Konflikt geraten, wie z. B. Kraft, Energie, Druck, ... Kinder können nicht einfach von der Alltagsbedeutung zur wissenschaftlichen Bedeutung hin- und zurückwechseln ohne eine entsprechende Übersetzungs- und Interpretationshilfe.

Das Bewusstwerden der Unzulänglichkeit der eigenen Vorstellungen und der Notwendigkeit sie aufgeben zu müssen, kann *den Widerstand des Schülers* zum angebotenen Inhalt nach sich ziehen. Dies passiert auf heftige Art und Weise wenn diese Konfrontation als Provokation, als Angriff auf die eigene Persönlichkeit erlebt wird, so z. B. beim bewussten Erfahren der eigenen Unwissenheit und der Begrenztheit seiner Kenntnisse. Hier weitet sich die Infragestellung auf das Selbstvertrauen und die individuelle Kompetenz aus. Jegliche Veränderung wird vom Schüler als Bedrohung erlebt und zur Aufrechterhaltung seines eigenen Selbstwertgefühls werden die bisherigen Vorstellungen hartnäckig weitervertreten.

Damit die Schüler angesichts der erlebten Verunsicherung ihrer Denkmuster nicht die Gegenevidenz verdrängen bzw. meiden, muss jede Veränderung ihrer Vorstellungen in einem absichernden und nicht als bedrohlich empfundenen Unterrichtsklima stattfinden. In diesem Zusammenhang müssen Kinder ebenfalls lernen Konflikte allein auf der kognitiven Ebene auszutragen und nicht auf die Ebene der Persönlichkeit auszuweiten, was zugleich die Förderung von Argumentationsfähigkeit und empathischem Vermögen umfasst.

d. Wissen über das Wissen

Sachunterricht, der das Verstehen der Kinder in wichtigen Sachbereichen fördern will, darf sich laut STEBLER u. a. (1994) nicht nur auf die äußere Ebene der Sachverhalte und Verfahren beschränken, sondern muss auch die innere Ebene der geistigen Prozesse des Schülers im Umgang mit diesen Objekten als Gegenstand des Verstehens auffassen. Unterricht muss Kinder zum selbständigen Lernen befähigen, indem sie ihre Lernprozesse bewusst (mit-)steuern, dadurch dass sie sich Ziele setzen, ihr Vorgehen planen und laufend überwachen, Denkprozesse und Handlungsweisen reflektieren und für ihr Lernen Verantwortung übernehmen.

Unterricht muss den Kindern Einsichten in ihr eigenes Vorgehen ermöglichen, wobei er sich verstärkt an ihren ‹natürlichen› Vorgehensweisen, Erfahrungen und Strategien, an ihren intuitiven Theorien über ihr eigenes Lernen anlehnt und diese verstärkt in das Zentrum des Unterrichtsgeschehens setzt (siehe auch Punkt g). Das Bewusstsein des eigenen Vorgehens ist den Kindern allerdings eher intuitiv, denn explizit, logisch und artikuliert. Deshalb muss Unterricht in einer *ersten Phase den Kindern ihr Vorgehen bewußt* machen und ein metakognitives Bewusstsein heranbilden, eine Einsicht in das eigene Lernen nach dem Prinzip: Sich selbst verstehen als Voraussetzung zum ‹Eigenständig-Werden›.

In einer *zweiten Etappe* müssen sie dann die persönlichen Vorgehensweisen weiterentwickeln, im Sinne *einer Geisteshaltung,* wie DE VECCHI/CARMONA-MAGNALDI (1996, S. 132) es formulieren: «Die wissenschaftliche Vorgehensweise darf nicht als bereichsspezifische Methode angesehen werden, sondern als Geisteszustand, als ein universelles Instrument, das uns ermöglicht, die Probleme, egal welcher Natur, besser anzugehen.» Dies fördert die Einstellung eigene Ideen, Überzeugungen und Äußerungen kritisch zu hinterfragen. «Kritikbereitschaft und -fähigkeit, einschließlich der Bereitschaft zur Selbstkritik» ist eine von fünf grundlegenden Einstellungen und Fähigkeiten, die KLAFKI (1994, S. 63) bei der notwendigen Konzentration auf Schlüsselprobleme unserer Zeit hervorhebt.

Selbstbeobachtung bzw. -erfahrung sind wichtige Voraussetzungen für die Selbsterkenntnis als Lerner. Deshalb müssen Schüler Gelegenheit haben, ihr eigenes Handeln festzuhalten und zu reflektieren. Bewährt hat sich dabei die *Redaktion eines Lernjournals in Form eines Tagebuchs*, in welches das Kind im Verlauf des Lernprozesses Eintragungen in Wort und Bild zu seinen Projekten, seinem persönlichen Vorgehen, gewonnenen Einsichten und Erkenntnissen, ausstehenden Fragen und Problemen, erlebten Emotionen und sozialen Erfahrungen macht. Ausgehend von diesen Aufzeichnungen wird der Vorgehensprozess anschließend gemeinsam mit einem Lernpartner (Mitschüler, Lehrer, Eltern …) reflektiert und diskutiert. Dabei werden erfolgreiche Ansätze hervorgehoben, ungelöste Probleme und Schwierigkeiten besprochen und Ausblicke für zukünftige Lernaktivitäten erstellt.

Als weitere Schwierigkeit der Kinder ihre intuitiven Theorien zu restrukturieren und weiter zu entwickeln wird ihre mangelnde Einsicht in den Prozess des Wissenserwerbs selbst (metakonzeptuelles Verständnis) erwähnt, so z. B. Wissen zur Konstruktion von Konzepten, sowie zum Prozess der Bildung und Revision von Theorien.

Dabei ist ihr Verständnis des wissenschaftliches Vorgehens nicht nur kaum ausgebildet, es wird ebenfalls oft vom Lehrer in einem reduzierten Sinn dargestellt als ‹Hypothese aufstellen, sie im Versuch überprüfen, Schlüsse ziehen und verallgemeinern›. Der Prozess ist wesentlich komplexer, da das Überprüfen von Vermutungen meist auf neue Hypothesen und auf andere Probleme verweist und ein häufiges Hin und Her, Vor- und Zurückwechseln umfasst, das mit vielen Umwegen verbunden ist. Man muss also von einem *netzartigen, statt einem linearen Vorgehen* sprechen. Auch der *Interpretationskonflikt,* der aufgrund wissenschaftlicher Aussagen entsteht, sowie die damit verbundenen Gesichtspunkte und neuen Fragestellungen sind den Kindern meist nicht bewusst.

e. Authentische Lern- und Forschungsaktivitäten

Im Sachunterricht bieten sich viele Gelegenheiten schulische Lernumgebungen zu konzipieren, welche die Schüler zu Verantwortlichen ihres eigenen Lernprojekts machen. Sie müssen sich dabei verstärkt an die Charakteristika außerschulischer Lernsituationen anlehnen, die für den Schüler von einer gewissen *Authentizität* sind. Sie charakterisieren sich durch ihre Handlungs- Erfahrungs- und Sinnbezogenheit und finden vorwiegend in Interaktionsgemeinschaften mit oft wechselnder Rollenverteilung statt. Der Konzeption vielfältiger Kommunikationskontexte fällt somit eine entscheidenden Rolle zu (vgl. STEBLER u. a. 1994).

Sachliche Problemstellungen, die zur Induktion kognitiver Konflikte eingesetzt werden, müssen zum Nachforschen anregen und dürfen sich nicht auf Fragestellungen mit punktuellen Antwortmöglichkeiten beschränken. Sie müssen sich stärker an die Alltagsbedeutung eines Problems anlehnen, das aufgefasst wird als eine unstabile, unsichere Situation, die eine Entscheidung erfordert. Eine solche Betroffenheit bedingt das Engagement einer Person das Hindernis zu präzisieren, es im Sinne einer persönlichen Herausforderung zu überwinden und aus dieser Konfrontation gestärkt und mit gesteigertem Vertrauen in die eigenen Fähigkeiten hervozugehen. Entsprechend gestaltete lebensnahe Problemsituationen sind gleichbedeutend mit *Bedeutsamkeit* aus der Sicht des Schülers.

Andererseits müssen produktive Fragestellungen das Aufsuchen von Beziehungen und Zusammenhängen provozieren, nicht nur als Verbindung des Neuen und des Vorwissens des Schülers, sondern auch hinsichtlich der Zusammenhänge zwischen den unterschiedlichen Facetten des Lerngegenstandes.

Der starke Alltagsbezug vieler Sachthemen bietet ausgiebig Gelegenheit die wissens- und vorgehensbezogenen Erfahrungen der Schüler als bedeutsame und authentische Verankerungspunkte neuer Begebenheiten einzubeziehen und zudem *Alltags- und Schulwissen enger aufeinander zu beziehen.*

f. Weiterentwicklung der individuellen Vorstellungen

Eine Weiterentwicklung der individuellen Vorstellungen kann nur in einem längerfristigen etappenweisen Prozess erfolgen (vgl. Teil 1). In einer ersten Phase werden zunächst eine Reihe von Aktivitäten angeboten um die verschiedenen kognitiven Register zu artikulieren. Anschließend bereiten andere Aktivitäten die Schüler darauf vor, Vorschläge und Aussagen zu akzeptieren, die nicht mit ihren gewohnten Denkschemata übereinstimmen bzw. andere Perspektiven gewichten und die das Bedürfnis einer Neustrukturierung induzieren. Vielfältige Lernaktivitäten, bei denen individuelle und kooperative Sozialformen alternieren, helfen den Schülern sanft und abgestuft die notwendigen Brüche vorzunehmen. Sie räumen ihnen genügend Zeit ein, die veränderten Denkweisen auszuprobieren und progressiv ihre Vorstellungen zu reorganisieren. Irrtümer und Umwege sind dabei wichtige Bestandteile des Elaborationsprozesses der Erkenntnis.

Wissen kontextualisieren, dekontextualisieren und rekontextualisieren

Lernprozesse sind stets in spezifische Situationen eingebettet, sie sind *kontextualisiert,* d. h. Lernende erwerben nicht nur Wissen, sondern erfahren auch gleichzeitig die besonderen Charakteristika, Zielsetzungen und Bedingungen des Anwendungskontextes. Diese ‹Situiertheit› des Wissens beeinflusst die Anwendung des Wissens in Situationen, die eine große Ähnlichkeit mit dem Lernkontext haben, erschwert und behindert allerdings eine Übertragung auf andere Kontexte.

Die Vorstellungen der Kinder sind, wie bereits erwähnt, sehr oft auf einige vertraute Situationen begrenzt. Um die Lernenden aus dieser Abhängigkeit von den situativen Bedingungen ein Stück weit zu lösen, müssen die Schüler sowohl Erkenntnisse als auch Prozeduren *dekontextualisieren,* d. h. aus dem Aneignungskontext herauslösen.

Dabei wenden die Schüler das Wissen in anderen Situationen an, die sich ständig weiter vom originalen Lernkontext entfernen. Durch ein intensives Vergleichen fallen unwesentliche Attribute nach und nach weg und invariante Gemeinsamkeiten treten aus der Vielzahl der Umgebungen und Einkleidungen hervor. Ist ein Konzept einmal angeeignet, wird es verfügbar und kann reinvestiert und wiederbenutzt werden.

Geschieht die Übertragung auf andere Kontexte zu abrupt, so kann der gemeinsame Bezug abreißen; die Gemeinsamkeiten zwischen zwei Situationen oder Problemen werden nicht erkannt. Der Schüler muss daher das Gefühl haben die Situation zu kennen und doch muss er etwas Neues darin vorfinden. Es kommt so zu einer progressiven Ausdifferenzierung seines Initialmodells, das sich auf eine ständig weitere Palette von Problemsituationen anwenden lässt.

Ein solches Vorgehen berücksichtigt auch die affektive Dimension der Kontextsituation, das. Sie verlagert sich vom situativen Erleben, das einen Vorgang partikularisiert, hin *zur Freude die Situation zu beherrschen und durch ein erklärendes Modell zu deuten.*

Die Konstruktion eines transferierbaren Wissen basiert bewusst auf *komplexen Lernsituationen*, bei denen die Schüler von Anfang an lernen viele Sichtweisen und Perspektiven bei der Bewältigung der Aufgabe mit einzubeziehen. Die Analyse einer Situation, die Mobilisierung der angemessenen Vorgehensweisen und Wissenselemente beruht dabei sowohl auf metakognitivem Bewusstsein als auch auf der Konstruktion von Kompetenz. Schulische Lernkontexte kommen allerdings oft nicht daran vorbei Aktivitäten ein Stück weit aus ihrem komplexen Alltagskontext heraus zu lösen und sie in einem didaktisch vereinfachten Rahmen zu beleuchten zwecks Strukturierung und Modellierung mittels der kulturellen Symbolsysteme (Sprache, Schemata, ...). Ein entsprechendes analytisches Herauslösen erfordert die anschließende *Rekontextualisierung* (als entgegengesetzte und komplementäre Operation zur *Dekontextualisierung*) der entwickelten Konzepte, Vorstellungen und Denkweisen. Wichtig ist, dass die Schüler diese Anwendungssituationen *selbständig aufsuchen.* Solange ein Schüler dies nicht zu leisten vermag, bleibt sein Wissen an den spezifischen Erwerbskontext gebunden. Lässt der Unterricht den Schüler mit der spontanen Anwendung des Gelernten allein, so findet sie bei einem großen Teil der Schüler nicht statt; das Wissen bleibt ‹träge› (= Wissen, über das man verfügt, das man aber nicht angemessen anwenden kann und das deshalb abstrakt bleibt). Unterricht darf sich nicht darauf beschränken, Wissen aufzubauen, das lediglich im schulischen Rahmen bedeutsam ist, nicht aber im Alltagskontext. Möglichkeiten bieten sich indem,

- die Schüler sich an andere, ihnen bereits *bekannte,* Situationen und Gegebenheiten erinnern die ähnliche Struktur-Indikatoren aufzeigen und die auch mit den gleichen Vorgehensweisen und Symbolsystemen bearbeitet werden können;

- sie gezielt nach neuen, bisher unbekannten Anwendungen des entdeckten Prinzips im Alltag suchen;
- sie Situationen und Probleme klassifizieren, die ein ähnliches Vorgehen verlangen;
- sie Fragestellungen aufsuchen, die eine ähnliche Antwort verlangen und die durch die entwickelten Denkinstrumente gelöst werden können;
- sie andere Phänomene entdecken, die mit dem gleichen Erklärungsmodell begründet werden können.

Bei der Konstruktion eines Konzeptes im Sachunterricht werden auch angrenzende Konzepte aktiviert, in Frage gestellt, verändert und neu vernetzt. Verschiedene Konzepte weisen dabei eine bereichsübergreifende Bedeutung auf, so dass ein Hineinwirken in andere Bereiche sich als lernförderlich oder lernhemmend herausstellen kann. In diesem Sinne muss der Lehrer im Rahmen der Vorbereitungen des Unterrichts *eine interdisziplinäre und plurikonzeptuelle Analyse des Sachthemas* erstellen und die Elemente, Notionen und Konzepte miteinbeziehen, auf die Schüler bei der Veränderung ihrer Vorstellungen zurückgreifen.

g. Konstruktion von Kompetenz

Im Sinne eines prozessorientierten Lernverständnisses haben wir bereits wiederholt hervorgehoben, dass die Qualität des konstruierten Wissens als zentrales Ziel des Sachunterrichts aufgefasst werden muss, im Hinblick auf die Aktualisierung unter neuen Gesichtspunkten, die Integration neuer, heterogener Elemente und den Transfer auf neue Kontexte.

Eine solche Mobilisierung sämtlicher Wissenressourcen im Hinblick auf die Bewältigung einer bestimmten Aufgabe bezeichnen wir als Kompetenz im Sinne von LE BOTERF (1994). Sie reduziert sich nicht auf ein festgelegtes, durch intensives Üben in unterschiedlichen Situationen automatisiertes Wissen oder Können. Sie realisiert sich erst in der Handlung, geht ihr aber nicht voraus. Die zu mobilisierenden Ressourcen machen demnach nicht die Kompetenz aus, sie sind lediglich Voraussetzungen, welche die Kompetenz ermöglichen. Damit sie den Kompetenzstatus erlangen, bedarf es eines Aktes der Umsetzung und Veränderung dieser Ressourcen in der Situation. Kompetenz besteht in diesem Mobilisierungsakt selbst; sie ist keine einfache Anwendung, sondern eine *Konstruktion in der Situation.*

Angesichts der ‹Situiertheit› der Kenntnisse geht Kompetenz über das rein individuelle Können und Wissen hinaus und erfordert einen permanenten Austausch mit anderen, so dass die Kommunikationssituation mit ihren möglichen Konfrontationen und Neukombinationen erst *Kompetenz kreiert*. Der Vielfalt der zugänglichen Wissensressourcen eines Menschen kommt dem zufolge eine zentrale Rolle zu:

«Die Kapazität des Subjekts ist Funktion seines Zugangsvermögens und seiner Verarbeitungskapazität bezüglich eines Wissensnetzes. Die Expertise eines Experten ist ebenso sozial wie individuell. Sein Gedächtnis ist ein Netzwerkgedächtnis. Es repräsentiert das, was er fähig ist an Kenntnissen zu mobilisieren, dort wo sie sich befinden. ... Die immaterielle Ressource der Intelligenz hängt nicht nur von den Neuronen des Hirns ab, sondern auch von *vielzähligen ‹sozialen Synapsen›*» (a. a. O., S. 41).

Die Entwicklung von Kompetenz, kann man aufgrund der Besonderheit der schulischen Situation nicht nur als isolierten individuellen Prozess der psychobiologischen Reifung betrachten. Man muss die Wissenskonstruktion im sozialen Kontext sehen und die Fähigkeit beim Kind entwickeln angemessene Antworten in einem gegebenen sozialen Kontext abzugeben. Der *Interaktion ‹Schüler-Aufgabe-Mitschüler›* mit ihren unterschiedlichen Charakteristika und Erfordernissen fällt dabei eine zentrale Rolle zu.

AMIGUES/ZERBATO-POUDOU (1996) betrachten die Klasse in diesem Sinne als eine kognitive Organisation, welche den Schülern erlaubt zu denken, durch sich selbst und mit anderen. In der Schule, als künstlichem Ort der Ansammlung von Wissen, befindet sich das anzueignende Wissen an unterschiedlichen Lagerplätzen, an materiellen, symbolischen, technischen, körperlichen und nicht körperlichen Orten. Das Aufdecken dieses Wissens hängt vom Gebrauch der unterschiedlichen kommunikativen Interaktionsmodi ab.

Darauf hat bereits VYGOTSKI (1985) hingewiesen, nach dem Wissensaneignung in der Interaktion stattfindet, die durch verschiedene kulturelle symbolische Instrumente über(ver)mittelt, und durch Dialoge unterschiedlichen Inhalts bestimmt wird. Wichtig dabei ist auch, dass dieser Übergang in zwei Phasen erfolgt: zuerst gemeinsam zwischen allen Individuen und danach als individuelle, persönlich Verinnerlichung.

Die Entwicklung der Kompetenz des Schülers hängt auch von der Kultur im Allgemeinen und von der Kultur der Lernumgebung im engeren ab. Letztere begünstigt oder verhindert Kompetenz, entsprechend

- der Schwerpunkte, die sie auf- oder abwertet;
- der Rollen und Funktionen, die sie vorsieht;
- der Informationsnetze, die sie ermöglicht und verwaltet;
- des zugestandenen Grades an Freiheit, an Selbstgestaltung und -verantwortung für die eigenen Lernprozesse.

Hinsichtlich der verstärkt im Sachunterricht geförderten Handlungsformen wie Beobachten, Konstruieren, Untersuchen, Experimentieren, ... erweisen sich viele Kinder als regelrechte Experten, da sie entsprechende Aktivitäten, Methoden und Strategien bereits ihr ganzes Leben über verwenden. Das verstärkte Einbeziehen dieser Vorgehensweisen in die schulischen Praktiken gibt den Kindern Gelegenheit

- Anerkennung ihrer bereits entwickelten Fähigkeiten zu erlangen;

- im außerschulischen Bereich angeeignete Fähigkeiten in schulischen Aktivitäten unter Beweis zustellen und sie in von allen anerkannte Fähigkeiten zu überführen;

- die im Rahmen schulischer Arbeiten weiterentwickelten Vorgehensweisen auch in anderen Bereichen erfolgreich anzuwenden.

Das Erfahren der Anerkennung des eigenen Fähigkeiten steigert die Bereitschaft für eine Weiterentwicklung der individuellen Vorgehensweisen. Interesse anderer am eigenen Handeln ist mit dem Gewinn größerer Sicherheit verbunden, was sich in einer verbesserten Wahrnehmung der eigenen Kompetenz und der Kontrollierbarkeit einer Handlung, als wichtige motivationale Faktoren, niederschlägt.

3. Phasenmodell eines möglichen Lernarrangements

Auch wenn die einzelnen aufgezeigten Parameter systemisch zusammenwirken, wollen wir zum Abschluss den Ablauf eines möglichen Lernarrangements in seinen wesentlichen Schritten kurz skizzieren. Im Sinne der von STEBLER u. a. (1994) beschriebenen Merkmale von Lehr-Lern-Arrangements charakterisiert es sich durch folgende Schwerpunkte: Integration von Alltagswissen und Fachwissen, prozess- und produktorientiertes Lernen, Wechsel zwischen individuellem und kooperativem Lernen, Alternierung zwischen Fremd- und Selbststeuerung, Aufbau von transferierbarem Wissen.

Im Sinne der Veränderungen der Schülervorstellungen muss ein solches Lehr-Lern-Arrangement vor allem darauf abzielen die Schüler zu befähigen

- sich ihr eigenes kognitives Vorgehen bewusst zu machen;

- mit Konflikten und Brüchen ihrer Denkweisen umgehen zu lernen;

- solche Veränderungen als Herausforderung in einem evolutiven Vorgehen über längere Zeit als persönliche Entwicklung zu bewerkstelligen.

Phase 1: Mobilisierungsphase

Ziel: Mobilisieren der Schülervorstellungen und ihres Interpretationsrahmens

Arbeitsform: freies Arbeiten an bereitgestelltem und von Schülern zusammengetragenem Material unterschiedliche und wechselnde Sozialformen

Schüler:
- Annähern an das Thema nach eigenem Interpretations- und Fragerahmen
- Bedürfnis verspüren über das bereits Bekannte hinauszugehen
- Motivation durch Erfahren eigener Wirksamkeit und autonomer Vorgehensmöglichkeiten
- Relevantes in persönliches Lernjournal eintragen

Lehrer:
- authentische, bedeutsame Lernaktivitäten anbieten
- Freiraum für persönliches Interesse und Mitgestaltung ermöglichen
- Interesse wecken das momentane Verstehen zu vertiefen
- Selbstverantwortung und -steuerung des Lernprozesses ermöglichen

Phase 2: Artikulationsphase

Ziel: Bewusstmachen der Vielfalt und Verschiedenheit der Schülervorstellungen,

Arbeitsform: gemeinsames Gesprächsforum zum Artikulieren der Vorstellungen und Fragestellungen

Schüler:
- Aufzeigen und Darstellen (an Material) der bisherigen Erkenntnisse und Fragestellungen
- Erfahren und Akzeptieren unterschiedlicher Meinungen, Aspekte, Deutungen, Erklärungen ...
- Reflektieren, Präzisieren und Infragestellen der eigenen Vorstellungen (erste Beunruhigung)
- gemeinsame Interessen und produktive Fragestellungen am Sachthema festlegen
- weiteres Vorgehen gemeinsam planen

Lehrer:
- Einsicht in Vorstellungen, Vorgehens- und Denkweisen der Kinder gewinnen
- eigentümliche Aussagen der Kinder interpretieren: Detailirrtümer, alternative Denkweisen, diffuse Konzepte
- Begriffe der Schüler klären und gemeinsame Begriffe im Sinne der Kommunikation anbieten
- Aufstellen einer kooperativen Verstehenskarte oder Vorgehenskarte (‹concept map›)
- Zielsetzungen und weitere Vorgehensweise zusammen mit den Schülern präzisieren

• Relevantes in persönliches Lernjournal eintragen	• Umfang und Ausmass der Veränderungen festlegen

Phase 3: Herausforderungsphase

Ziel: Vorstellungen weiterentwickeln, umstrukturieren ... durch Erfahren ihrer Unzulänglichkeit

Arbeitsform: Erkunden des Lerngegenstandes in 2er - 4er Gruppen

Schüler:	Lehrer:
• Bewältigen induzierter Hindernisse durch multiple Konfrontationen	• abgestufte Bruch- und Konfliktsituationen für weitere Lernaktivität konzipieren
• Dekonstruieren der Vorstellungen und Evaluierung anderer Sichtweisen	• Gegenbeispiele anbieten, Konflikte induzieren, angemessene Ressourcen und Material bereitstellen
• Einbeziehen vielfältiger ‹Wissensreserven› und Modelle	• Möglichkeiten zur De- und Rekontextualisation anbieten
• Rekonstruktion neuer Vorstellungen durch kooperative Forschungsaktivitäten	• Lernpartner in kooperativem Lernverhältnis
• Ausprobieren der Wirksamkeit der neuen Ansichten und Suchen von Evidenz	• Modell und Experte in Vorgehensweisen und Wissensfragen
• Vorgehen in Lernjournal dokumentieren	• Einfühlen in die Arbeits- und Denkweisen der Kinder und Verstehen eigenwilliger Erkundungswege entwickeln

Phase 4: Argumentationsphase

Ziel: Verstehensniveau und Validität der erarbeiteten Vorstellungen bewusst machen

Arbeitsform: unterschiedliche Möglichkeiten sowie Kombinationen der angegebenen Arbeitsformen:
Austausch der Gruppenprodukte mit gegenseitigem Begutachten, Diskutieren, Annotieren oder in Frage stellen. Rückgabe an die verschiedenen ‹Autorengruppen› zur weiteren Verarbeitung. Abschließendes gemeinsames ‹Hearing›.

‹*Puzzlespiel*›: Nachdem verschiedene Arbeitsgruppen sich intensiv mit Teilaspekten beschäftigt haben, werden neue Diskussionsgruppen erstellt, in der jeweils ein Mitglied der einzelnen Vorgruppen als Experte für seinen Teilbereich vertreten ist. Gemeinsames Bearbeiten einer zentralen Fragestellung mit anschließender Klassenkonferenz.
‹*reziprokes Lernen*›: verschiedene Gruppen bzw. Schüler übernehmen zwischenzeitlich die Leitung des Unterrichts und steuern die Klärung der Sachzusammenhänge.

Schüler:
- entwickelte Vorstellungen und neue Einsichten in Diskussionen vertreten
- Vergleich mit Vorstellungen und Vorgehensweisen anderer Gruppen bzw. der vom Lehrer vorgeschlagenen wissenschaftsnahen Modellen
- diskursive Aushandlung der definitiven Vorstellungen aus einer ‹Expertenposition› heraus
- Einsichten in den Prozess der Wissenskonstruktion erfahren
- Relevantes in persönliches Lernjournal eintragen

Lehrer:
- in wechselnden Rollen (Mitglied od. Leiter) an der Diskussion teilnehmen
- zwischen unterschiedlichen Darstellungen, Symbolsystemen und dem Realobjekt hin und herschalten
- unterschiedliche Modellierungen zu Konsens zusammenschließen
- mittels gezielter Aufgabenstellungen an gemeinsamem Material Solidität der Denk- und Vorgehensweisen überprüfen
- kooperatives Verstehen an gemeinsamer Konzeptkarte verdeutlichen
- den Prozess der Wissensgewinnung bewusst machen

Phase 5: Weiterführungsphase

Ziel: entwickelte Vorstellungen auf andere Situationen ausweiten

Arbeitsform: weiterführendes Suchen, Vertiefen, Erfinden, Gestalten, Anwenden, ... und evaluieren in Gruppen oder allein

Schüler:
- neue Vorstellungen in ausgewählten Aktivitäten anwenden und unter Beweis stellen
- Ausweitung auf persönlich bedeutsame Bereiche und Aktivitäten über den Rahmen des Sachunterrichts hinaus
- Wissen weiter de- und rekontextualisieren,

Lehrer:
- Einsicht in die Tiefe des entwickelten Verstehens und die Pertinenz der Vorgehensweisen
- Schüler zum Heranwagen an komplexere Sachverhalte oder Probleme ermutigen
- *Evaluierung* der einzelnen Lernprozesse anhand der erstellten

- Sicherheit im Gebrauch der neuen Denkweisen erlangen
- Validität und Grenzen der neuen Vorstellungen erkunden
- Auswertung des Lernjournals zusammen mit dem Lehrer oder einem Lernpartner
- Aufzeichnungen im Lernjournal
- Aufgreifen der bestehenden Schwierigkeiten als Ansatzpunkte für weiterführende Arbeit
- *Periodisches Wiederaufgreifen* und Weitentwicklung der aktuellen Vorstellungen und Denkweisen

Literatur

AMIGUES, R./ZERBATO-POUDOU, M.-Th.: Les pratiques scolaires d'apprentissage et d'évaluation. Paris 1996.
BRUNER, J. S.: Car la culture donne forme à l'esprit. Paris 1991.
CARRE, C./OVENS, C.: Science 7-11. Developing primary teaching skills. London 1994.
CLAXTON, G.: ‹The alternative conceivers conceptions›. Studies in Science Education, 13 (1986), pp. 123-130.
CLEMINSON, A.: ‹Establishing an epistemological base for science teaching in the light of contemporary notions of the nature of science and of how children learn science›, Journal of Research in Science teaching, 27, 5, pp. 429-445 (1990).
DE VECCHI, G./CARMONA-MAGNALDI, N.: Faire construire des savoirs. Paris 1996.
DOISE, W./MUGNY, G.: Psychologie sociale et développement cognitif. Paris 1997.
EINSIEDLER, W.: Probleme und Ergebnisse der empirischen Sachunterrichtsforschung. In: MARQUARD-MAU, B./KÖHNLEIN, W./LAUTERBACH, R.: Forschung zum Sachunterricht. Bad Heilbrunn 1997.
GIORDAN, A./GUICHARD, F./GUICHARD, J.: Des Idées pour apprendre. Nice 1997.
KLAFKI, W.: Neue Studien zur Bildungstheorie und Didaktik. Zeitgemäße Allgemeinbildung und kritisch-konstruktive Didaktik. 4., durchgesehene Auflage. Weinheim 1994.
LANDWEHR, N.: Neue Wege der Wissensvermittlung. 2. Auflage. Aarau 1995.
LE BOTERF, G.: De la Compétence. Paris 1994.
NOVAK, J. D.: ‹Understanding the learning process and effectiveness of teaching method in classroom›, Journal of Science Education, 60, 1976.
PERRENOUD, Ph.: Enseigner. Agir dans l'urgence, décider dans l'incertitude. Paris 1996.
SODIAN, B.: Entwicklung bereichsspezifischen Wissens. In: ÖRTER, R./MONTADA, L.: Entwicklungs-psychologie. 3., vollst. überarbeitete Auflage S. 622-653. Weinheim 1995.
STEBLER, R./REUSSER, K./PAULI, CH. : Interaktive Lehr-Lern-Umgebungen: Didaktische Arrangements im Dienste des gründlichen Verstehens. In: REUSSER, K./REUSSER-WEYENETH, M. (Hrsg.): Verstehen. Psychologischer Prozeß und didaktische Aufgabe. S. 227-261. Bern 1994.

VIAU, R.: La motivation en contexte scolaire. Bruxelles 1994.
VYGOTSKI, L. S.: Pensée et language. Paris 1985.
VOSNIADOU, S/BREWER, W. F.: Mental models of the earth: A study of conceptual change in childhood. In: Cognitive Psychology, 24, pp. 535-585 (1992).
WAGENSCHEIN, M.: Naturphänomene sehen und verstehen. 2., korr. Auflage. Stuttgart 1988.
WEIL-BARAIS, A.: Les apprentissages en sciences physiques. In: VERGNAUD, G. (Coord.): Apprentissages et didactiques, où en est-on? Paris 1994.

Rudolf Schmitt

Lehrerausbildung im Sachunterricht

Das Verhältnis zu den Realien ist seit der Weimarer Zeit ein deutlicher Indikator für den jeweiligen inneren Zustand der Grundschule bzw. für sich anbahnende Veränderungen in der Konzeption des Grundschulunterrichts gewesen. Wenn dieser Satz stimmt – vieles spricht dafür – dann kommt der Ausbildung für den Sachunterricht eine fundamentale Bedeutung zu. Es besteht ein seltsamer Widerspruch zwischen der Etabliertheit des Faches Sachunterricht in den Rahmenrichtlinien der Länder und der selbstverständlichen Handhabung dieses Faches in der Praxis des Grundschulunterrichts auf der einen Seite, und der defizitären Ausbildung der Studierenden für den Sachunterricht auf der anderen Seite. Der Analyse dieses Widerspruches ist dieser Beitrag gewidmet. Im zweiten Teil soll versucht werden, einen tragfähigen Vorschlag für die Ausbildung im Fach oder Lernbereich Sachunterricht an der Universität zu entwickeln und zu begründen.

Referendariat und Lehrerfortbildung sind nicht Inhalt dieses Beitrags. Die zweite und dritte Phase der Lehrerbildung profitiert bis zu einem gewissen Grad von der Etabliertheit des Faches Sachunterricht in der Grundschule, sodass der Problemdruck nicht so groß ist wie in der ersten Phase der Lehrerausbildung.

Sachunterricht in Schule und Studium

Neben Deutsch und Mathematik gehört der Sachunterricht zweifellos zu den «Hauptfächern» in der Grundschule. Rein quantitativ steht der Sachunterricht in den Stundentafeln der Länder nach Deutsch und Mathematik an dritter Stelle. In jedem Land gibt es mehr oder weniger ausführliche Rahmenrichtlinien oder Lehrpläne zum Sachunterricht, zum Heimat- und Sachunterricht, zur Heimat- und Sachkunde, zur Heimatkunde/Sachunterricht oder zur Sachkunde, wobei die Inhalte und Zielsetzungen trotz dieser unterschiedlichen Fachbezeichnungen zumindest in der letzten Lehrplangeneration der 90iger Jahre ziemlich ähnlich geworden sind. Alle Pläne sind themenorientiert aufgebaut und umfassen das gesamte Spektrum der sozialen und natürlichen Umwelt der Kinder. Beispielhaft könnte man den hessischen Rahmenplan «Grundschule» aus dem Jahr 1994 zitieren:

«*Der Sachunterricht soll den Kindern helfen, sich mit Sachverhalten aus ihrer sozialen, natürlichen und technischen Umwelt auseinandersetzen. Die Kinder sollen lernen, die individuelle und gesellschaftliche Lebenswirklichkeit zu verstehen und kompetent in ihr zu handeln. Diese Lernprozesse sind gekennzeichnet durch eine enge Wechselbeziehung zwischen Erfahren und Verarbeiten, Handeln und Nachdenken*» (S. 136). Als Lernfelder werden dort genannt: Zusammenleben, Öffentliches Leben, Medien, Spielen und Freizeit, Arbeit, Technik, Verkehr, Raum, Zeit, Naturphänomene, Wasser, Tiere, Pflanzen, Körper. An zentraler Stelle wird betont, dass der Sachunterricht die Grundlage für fächerübergreifendes Arbeiten liefert. Auch die fachdidaktischen Grundsätze, wie sie im Hessischen Rahmenplan aufgezählt werden, sind inzwischen grundschulpädagogisches Allgemeingut und finden sich so oder in ähnlichen Formulierungen in allen Sachunterrichtsrichtlinien:

«*Die Themen des Sachunterrichts sind aus der Umwelt der Kinder zu gewinnen.*
Die Themen des Sachunterrichts sind auf gesellschaftliche Schlüsselprobleme zu beziehen.
Der Sachunterricht orientiert sich an den Erfahrungen der Mädchen und Jungen.
In sachunterrichtlichen Lernsituationen werden Qualifikationen entwickelt und erweitert.
Die Lernfelder des Sachunterrichts werden sinnvoll miteinander verknüpft.
Der Sachunterricht berücksichtigt unterschiedliche Lernebenen.
Der Sachunterricht gestaltet und erschließt die Lernumwelt.
Das Lernen im Sachunterricht erfolgt in Situationen» (S. 137f.).

Auch die medialen Ressourcen des Sachunterrichts sind heute reichlich und differenziert vorhanden: Bilder, Filme, Bücher, Experimentiermaterial und vieles mehr.

Um so unbegreiflicher ist angesichts dieser didaktisch-methodisch «ausgereiften» Lage des Sachunterrichts in der schulischen Wirklichkeit, **der durchweg desolate Zustand der Erstausbildung im Fach oder Lernbereich Sachunterricht**. Eine **Übersicht über die quantitative Verankerung des Sachunterrichts** in der ersten Phase der Ausbildung gleicht einem **Offenbarungseid**. In der folgenden Tabelle wird zwischen dem integrativen Anteil der Sachunterrichtsausbildung und den Bezugsfächern unterschieden, die laut Studienordnung tatsächlich in die Sachunterrichtsausbildung einbezogen sind. Die Spalte «Bezugsfächer» ist **sehr heterogen, weil es sehr unterschiedliche Konzepte des Bezugs zu den Fächern gibt**. In diesem Bereich ist die **Qualität der Sachunterrichtsausbildung** zumeist **nicht strukturell gesichert**, sondern **in hohem Maße personenabhängig**, d. h. **Lehrende, die zufällig einen Bezug zur Grundschule haben, sorgen für eine entsprechende Sachunterrichtsausbildung.** Deshalb ist **der integrative Anteil allein normalerweise der eigentliche Garant einer angemessenen Sachunterrichtsausbildung.** Dieser liegt – wie aus der nebenstehenden Tabelle zu ersehen – mindestens bei zehn Ländern unter 12 Semesterwochenstunden während der gesamten Studienzeit.

Welches ist der Hauptgrund für die defizitäre Ausbildung im Fach Sachunterricht? **Verantwortlich ist zweifellos die an sich aus vielen Gründen begrüßenswerte Universitätsausbildung der Lehrerinnen und Lehrer. Der Sachunterricht passt nicht in das traditionelle Fächerschema der Universität. Er ist keine universitäre Disziplin im herkömmlichen Sinn.** Kein Fachstudiengang der Universität kann die Sachunterrichtsausbildung alleine übernehmen. **Interdisziplinäres Zusammenarbeiten wird zwar immer wieder gefordert, hat aber in der Struktur der deutschen Universität kein Fundament, wird nicht belohnt, sondern eher bestraft:** Verringerung der Anrechnung von Lehrdeputaten, kein Ansehen in der Forschung usw. Da die Fachdidaktiken der ehemaligen Pädagogischen Hochschulen – ebenfalls aus Gründen der Reputation – den Fächern zugeordnet worden sind, haben sich auch sachunterrichtsfreundliche Traditionen der Fächer in den ehemaligen Pädagogischen Hochschulen verflüchtigt.

Die Ausbildungsstruktur des Sachunterrichts ist in fast allen Ländern mehr oder weniger «universitätsgeschädigt». Das gilt z. B. für Bayern, das eine gezielte Sachunterrichtsausbildung für alle Studierenden im Umfang von nur 6 SWS im Rahmen des «Studiums der Didaktik der Grundschule» anbietet. Hinzu kommen noch je nach Wahl 8 SWS Didaktik der Erdkunde oder der Geschichte oder der Biologie usw., also lediglich eine Kurzausbildung in einem möglichen Bezugsfach des Sachunterrichts. Dazu wählen könnte man noch ein passendes Unterrichtsfach im Umfang von 42 – 52 SWS, wie Physik oder Biologie oder Erdkunde usw. Keines dieser Fächer hat aber unmittelbar etwas mit dem Sachunterricht zu tun.

Ähnlich ist die Situation in Nordrhein-Westfalen, wo das Sachunterrichtsstudium – noch dazu unterteilt in einen gesellschaftlichen und einen naturwissenschaftlich-technischen Lernbereich – im wesentlichen von den universitären Fachstudiengängen verantwortet wird. Stellvertretend für viele Studienordnungen der nordrheinwestfälischen Universitäten und Gesamthochschulen lässt das die Struktur des Lernbereichs Sachunterricht Naturwissenschaft/Technik an der Universität Bielefeld erkennen (s. S. 94). Das Übergewicht der Fächer – noch dazu in einer ungewöhnlichen Zerstückelung – tritt deutlich hervor. Dem integrativen Anteil des Sachunterrichts sind lediglich 8 SWS gewidmet.

Anteile des Sachunterrichtsstudiums

Land		Semesterwochenstunden (SWS)		
		integrativ	Bezugsfächer	insgesamt
Baden-Württemberg+	HF:	14	36	50
	NF:	12	22	34
Bayern		6	8	14
Berlin Lehrer I:		14	-	14
Lehrer II*:		8	-	8
Brandenburg		20	-	20
Bremen*		23	32	55
Hamburg*		8	-	8
Hessen				
Frankfurt/M		10	20	30
Gießen	HF:	-	40	40
	NF:	-	12	12
Kassel		40	-	40
Mecklenburg-Vorpommern*		9	6	15
Niedersachsen	HF:	30	-	30
	NF:	12	-	12
Nordrhein-Westfalen		8	38	46
Rheinland-Pfalz		18	-	18
Saarland		18	-	18
Sachsen		4	8	12
Sachsen-Anhalt				
III. Fach:		25	-	25
IV. Fach:		10	-	10
Schleswig-Holstein				
I. Fach:		-	30	30
II. oder III. Fach:		-	27	27
Thüringen		10	10	20

HF = Haupt- oder Wahlfach
NF = Nebenfach oder Didaktisches Fach
+ Baden-Württemberg hat als einziges Land noch Pädagogische Hochschulen
* Berlin für den Zweifach-Lehrer, Bremen, Hamburg und Mecklenburg-Vorpommern haben eine achtsemestrige Grundschullehrerausbildung; alle übrigen Länder bilden Grundschullehrerinnen und -lehrer in sechs Semestern aus.

Lernbereich Sachunterricht Naturwissenschaft/Technik an der Universität Bielefeld

Lehrveranstaltungen	SWS		
	fachlich	fächerüber-greifend	lernbereichs-didaktisch
22 *Grundstudium* Biologie Chemie Physik Geographie oder Hauswirtschafts-wissenschaft oder Technik	5 SWS 5 SWS 5 SWS 5 SWS 5 SWS 5 SWS		2 SWS
	20 SWS		
24 *Hauptstudium* Biologie oder Chemie als Leitfach oder Geographie oder Physik	8 SWS	10 SWS	6 SWS
Gesamtumfang des Studiums: 46 SWS			

Ganz extrem ist die Situation in Hessen. An den beiden Landesuniversitäten, in die die beiden Pädagogischen Hochschulen des Landes bereits Ende der 60er Jahre integriert worden sind, in Frankfurt und in Gießen, wird der Sachunterricht im Rahmen der Grundschullehrerausbildung gar nicht erwähnt, wenigstens bis vor kurzen. Vorgesehen sind 16 SWS «Allgemeine Didaktik der Grundschule» und zwei «Didaktiken der Grundstufeninhalte» von je 12 SWS, die nur unter folgenden Fächern gewählt werden können: Evangelische Glaubenslehre, Katholische Glaubenslehre, Deutsch, Englisch, Geschichte, Sozialkunde, Geographie, Mathematik, Physik, Chemie, Biologie, Kunsterziehung, Musik, Sport. Ein Fach muss Deutsch oder Mathematik sein, sofern nicht eines dieser Fächer als Wahlfach (40 SWS) gewählt wird. Als Wahlfach stehen übrigens in etwa die gleichen Fächer wie oben zur Auswahl. Damit schließt sich der Kreis der ausschließlichen Herrschaft der universitären Fächer, die für einen Lernbereich Sachunterricht keinen Platz lassen.

Seit Sommer 1997 gibt es in Frankfurt eine Sachunterrichtsstudienordnung, die für Abhilfe sorgen soll. Die 40 SWS «Allgemeine Didaktik der Grundschule» + zwei «Didaktische Fächer» sind zugunsten eines Sachunterrichtsstudiums neu aufgeteilt worden: Nur noch 10 SWS «Allgemeine Didaktik der Grundschule», dafür 10 SWS für den integrierten Sachunterricht, 10 SWS für ein sozialwissenschaftliches Fach (Arbeitslehre, Erdkunde, Geschichte oder Sozialkunde) und 10 SWS für ein naturwissenschaftliches Fach (Biologie, Chemie oder Physik). Diese Neukonstruktion bedeutet sicher einen Fortschritt, die Dominanz der Fächer ist jedoch weiterhin gross.

Hessen, Bayern und Nordrhein-Westfalen sind die ersten Länder gewesen, die die Pädagogischen Hochschulen in die Universitäten integrierten. Dies hat deutliche Spuren in der Sachunterrichtsausbildung hinterlassen: Wissenschaftliches Studium universitärer Fächer als Grundlage für ein Grundschulfach, das mit einzelnen universitären Disziplinen wenig gemeinsam hat.

In den Ländern, die die Integration von Pädagogischer Hochschule und Universität später vorgenommen haben, teilweise aber auch in den neuen Bundesländern, findet sich eine andere Tendenz, die jedoch für eine gedeihliche Sachunterrichtsausbildung ebenfalls nicht förderlich ist: **Beschränkung der Sachunterrichtsausbildung auf einen ziemlich reduzierten integrativen Anteil**, zumeist im Rahmen eines erweiterten Faches Grundschulpädagogik. Typisch für diesen Ansatz ist die Ausbildung in Rheinland-Pfalz, wo innerhalb des Faches «Grundschulpädagogik» von immerhin 56 SWS das Sachunterrichtsstudium im Umfang von **10 SWS als «Grundlegender Sachunterricht»** vorgesehen ist, der wahlweise durch ein Schwerpunktstudium in «grundlegendem Sachunterricht» von 8 SWS erweitert werden kann. Diese 18 SWS sind jedoch in Rheinland-Pfalz und auch im Saarland das Maximum der Sachunterrichtsausbildung – ohne wissenschaftliches Bezugsfach! Eine ähnliche Struktur hat die Sachunterrichtsausbildung in Sachsen, noch dazu eingeschränkt auf einen «Sachunterricht mit geographischem, historischem und sozialkundlichem Schwerpunkt» oder einen «Sachunterricht mit naturwissenschaftlich-technischem Schwerpunkt». Eingebaut ist diese Ausbildung mit nur 12 SWS in das «Studierte Fach» «Grundschuldidaktik», für das insgesamt 60 SWS (von 120 SWS!) zur Verfügung stehen.

Beispielhaft kann man diesen Studienansatz der **Dresdener Studienordnung** entnehmen:

Die Studierenden können wählen zwischen:

a) Sachunterricht mit geographischem, historischem und sozialkundlichem Schwerpunkt und
b) Sachunterricht mit naturwissenschaftlich-technischem Schwerpunkt.

Die Studienordnung des Faches unterscheidet in ihren Empfehlungen deshalb zwischen einem grundlegenden, schwerpunktübergreifenden Lehrangebot und Veranstaltungen zum gewählten Schwerpunkt.

Für den Studienbereich «Grundlegender Sachunterricht» stehen insgesamt **12 SWS** zur Verfügung.

Allgemeine Grundlagen   **4 SWS**

Alle Studentinnen und Studenten haben diese Vorlesungen und Seminare zu belegen:
- Geschichtliche und inhaltliche Entwicklungen
  des Sachunterrichts   2 SWS
- und Konzeption des Sachunterrichts   2 SWS

Veranstaltungen im geographischen, historischen und sozialkundlichen Schwerpunkt   **8 SWS**

Theoretischer Bereich/Seminare/obligatorisch
- Inhalte und Verfahren des geographischen, historischen und sozialkundlichen Sachunterrichts   2 SWS
- Integrativer Sachunterricht mit sozialwissenschaftlichem Schwerpunkt   2 SWS
- Planung und Begründung von Exkursionen und Projekten (Diese Lehrveranstaltung beinhaltet die verpflichtende Teilnahme an einer Exkursion)   2 SWS

Praktischer Bereich/Seminare/wahlobligatorisch je 1 Seminar:
- Interkulturelles Lernen   2 SWS
- Sexualerziehung und geschlechtsspezifische Interaktion   2 SWS
- Medienanalyse   2 SWS

Veranstaltungen im naturwissenschaftlichen Schwerpunkt   **8 SWS**

Theoretischer Bereich/Seminare/obligatorisch
- Inhalte und Verfahren des naturwissenschaftlich-technischen Sachunterrichts   2 SWS
- Integrativer Sachunterricht mit naturwissenschaftlich-technischem Schwerpunkt   2 SWS
- Planung und Begründung von Exkursionen und Projekten (Diese Lehrveranstaltung beinhaltet die verpflichtende Teilnahme an einer Exkursion)   2 SWS

Praktischer Bereich/Seminare/wahlobligatorisch je 1 Seminar:
- Gesundheitserziehung   2 SWS
- Umwelterziehung und Schulgartenarbeit   2 SWS
- Entdecken und Experimentieren   2 SWS

Auch die übrigen Länder bewegen sich in ihrer Ausbildungskonzeption für den Sachunterricht mehr oder weniger zwischen den beiden Extremen: Übergewicht der Bezugsfächer auf der einen Seite, Reduktion auf einen im Verhältnis zur Gesamtausbildung minimalen integrativen Anteil. Eine Ausnahme bilden lediglich Bremen und Kassel, eventuell auch Sachsen-Anhalt.

Grundsätze für das Studium des Lernbereichs Sachunterricht

1. Für den Lernbereich Sachunterricht **gelten die gleichen Standards wie für die übrigen Fächer, die an einer Universität im Rahmen eines Lehrerstudiums gewählt werden können.** Das gilt insbesondere für den Umfang der **Studienanforderungen**:

   - Bei 8semestrigem Zweifachstudium mindestens 55 SWS (wie z. B. in Bremen).
   - Bei 6semestrigem Zweifachstudium mindestens 40 SWS (wie z. B. in Kassel).
   - Bei Dreifachstudium mindestens 30 SWS.

   Auch die **Leistungsnachweise** und der **Umfang der schulpraktischen Studien** bemisst sich an den Anforderungen der übrigen Fächer (wie z. B. für Deutsch oder Mathematik).

2. Der Lernbereich Sachunterricht setzt sich **in etwa gleichen Anteilen aus integrativen und Bezugsfachveranstaltungen** zusammen. Bezugsfächer sind in der Regel: Gemeinschaftskunde/Politik, Geschichte, Geographie, Biologie und Physik. Die «**richtige Mischung**» ist ein **schwieriges Unterfangen**, das einer differenzierten Begründung bedarf.

3. Der **integrative Anteil** des Sachunterrichts umfasst auf jeden Fall **den Anfangsunterricht** und **die theoretischen und didaktisch-methodischen Grundlagen** des Sachunterrichts. Hierbei wird deutlich, wie der Sachunterricht das Lehren und Lernen in der Grundschule mitbestimmt.

In der **Bremer Studienordnung** hat der integrative Anteil folgende thematische Schwerpunkte:
- Sachunterricht im Anfangsunterricht
- Erste Erschließung der Umwelt
- Naturwissenschaftliche Perspektiven der Umwelt
- Erste Sozialerfahrungen

In der Regel eingebettet in Projekte werden folgende Fragen behandelt:
- Theoretische Grundlagen des Sachunterrichts
- Ziele, Aufgaben und Lehrpläne des Sachunterrichts
- Theorien der Wirklichkeitserschließung
- Thematische Integration der Vertiefungsfächer im Sachunterricht
- Didaktik und Methodik des Sachunterrichts einschließlich Sexualerziehung
- Sachunterricht im internationalen, insbesondere europäischen Vergleich

4. Das schwierigste Problem bei der Gestaltung des Lernbereichsstudiums (gilt auch für andere Lernbereiche, wie z. B. Ästhetische Erziehung mit den Bezugsfächern Kunst, Musik, Sport) ist die **Bestimmung der Rolle der Bezugsfächer**. Zum einen geht es um die Frage, ob **alle Bezugsfächer** in die Ausbildung einbezogen werden sollen oder **nur ein Bezugsfach**? Wenn mehrere Fächer einbezogen werden: **Wie sollen sie gewichtet werden**? **Welche Inhalte** sollen fachbezogen vermittelt werden? Inhalte, die für den Sachunterricht unmittelbar bedeutsam sind, oder sachunterrichtsunabhängig die «structure of a disciplin», also zumindest die Grundlagen des Faches?

In Bremen hat sich folgende «Philosophie» durchgesetzt:Jede Studierende bzw. jeder Studierende wählt ein Bezugsfach als Vertiefungsfach, das in einem Umfang von 24 SWS im entsprechenden Fachstudiengang studiert werden muss. Inhalte des Sachunterrichts spielen dabei keine primäre Rolle, wenn auch empfohlen wird, Lehrveranstaltungen zu wählen, die grundschulrelevant sein können, z. B. im Vertiefungsfach «Geschichte» die Geschichte der Hansestädte, im Vertiefungsfach «Geographie» die Landschaftsformen Norddeutschlands (Watt, Moor), im Vertiefungsfach «Biologie» die einheimische Fauna und Flora usw. Diese Inhalte sind jedoch nicht substanziell für das Fachstudium. Denn **Hauptziel** des Studiums eines Vertiefungsfaches ist das **Erlernen des wissenschaftlichen Erarbeitens und Begründens eines fachspezifischen Inhaltes**. Man erhofft sich eine **exemplarische Wirkung**, die den **Transfer auf die Inhalte anderer wissenschaftlicher Disziplinen** erlaubt. Konkret: Wenn jemand gelernt hat, Pflanzen wissenschaftlich exakt zu bestimmen, kann man erwarten, dass diese Person später als Lehrerin bzw. Lehrer in der Lage ist, sich wissenschaftlich exakt in das Gebiet der Elektrizität einzuarbeiten, falls dies bei der Bearbeitung eines entsprechenden sachunterrichtlichen Themas erforderlich ist.

Neben diesem sehr aufwendigen vertieften Studium eines Bezugsfaches als Vertiefungsfach (Biologie, Physik, Erdkunde, Geschichte, Gemeinschaftskunde) sind in Bremen **jeweils vierstündige Einführungen in die nichtgewählten Bezugsfächer** vorgeschrieben, wobei allerdings Biologie und Physik zu Naturwissenschaften bzw. Geschichte und Gemeinschaftskunde zu Gesellschaftswissenschaften zusammengefaßt werden (vorgeschrieben sind also Einführungen im Umfang von 8 SWS).
Immer wieder als problematisch erfahren werden von Studierenden die Vertiefungsfachveranstaltungen, wenn sie keinen Bezug zum Sachunterricht haben. Denkbar und wünschenswert wäre deshalb auch ein anderes Modell, wie es etwa in Mecklenburg-Vorpommern – allerdings unter der Prämisse einer viel zu geringen Stundenzahl – angeboten wird:

Auszug aus der **Studienordnung der Universität Rostock**:

Hauptstudium (a):		**insgesamt:**
Zwei Seminare aus folgenden Bereichen:		
Grundkurs Phänologie (einjährig)	2 SWS	
oder Ausgewählte Kapitel der Zoologie in		
grundschuldidaktischer Perspektive	2 SWS	
oder Geographie Norddeutschlands	2 SWS	4 SWS
oder Klima und Wetter	2 SWS	
oder Kenn- und Bestimmungsübungen an		
Pflanzen des heimatlichen Raums	2 SWS	
oder der Schulgarten als Erfahrungsfeld	2 SWS	

Hauptstudium (b):
Zwei Seminare aus folgenden Bereichen:
Entwicklung des Zeit- und Geschichts-
verständnisses im Kindesalter   2 SWS
oder
Politische Sozialisation im Kindesalter   2 SWS
oder
Ausgewählte heimat- und zeitgeschichtliche
Inhalte in grundschuldidaktischer Perspektive   2 SWS   4 SWS
oder
Ausgewählte sozialwissenschaftliche Inhalte
in grundschuldidaktischer Perspektive   2 SWS
oder
Konflikt und Konfliktbearbeitung bei
Erwachsenen und Kindern   2 SWS

Hauptstudium (c):
Ein Seminar aus folgenden Bereichen:
Gesundheits- und Geschlechtserziehung
im Grundschulalter   2 SWS
oder
Ausgewählte Fragen der Ökologie in
grundschuldidaktischer Perspektive   2 SWS
oder
Interkulturelle Erziehung im
Grundschulalter   2 SWS   2 SWS
oder
Ausgewählte Kapitel aus der Stadtgeographie
und der Geographie des ländlichen Raumes in
grundschuldidaktischer Perspektive
(einschließlich Karten und Kartenverständnis)   2 SWS

Insgesamt stehen in Rostock für die Sachunterrichtsausbildung nur 15 SWS zur Verfügung, sodass die Studierenden auch noch zwischen a) und b) wählen müssen. **Als Gesamtmodell** ist Mecklenburg-Vorpommern **deshalb nicht zu empfehlen,** aber die **Titel der oben genannten Lehrveranstaltungen sind sehr grundschulfreundlich.**

Grundsätzlich sollten zwei Wege des Umgangs mit den Bezugsfächern vermieden werden:

Zum einen die Tendenz, möglichst viele Bezugsfächer möglichst gleichmäßig ins Studium des Lernbereichs Sachunterricht einzubeziehen (wie z. B. in Baden-Württemberg). Dieser Weg lässt sich nur auf Kosten der Wissenschaftlichkeit der Lehrerausbildung beschreiten. Er widerspricht in jeder Hinsicht einer universitären Lehrerausbildung.

Zum anderen gibt es in einigen Ländern eine zweigeteilte Sachunterrichtsausbildung, nämlich entweder naturwissenschaftlich-technisch oder gesellschaftswissenschaftlich (z. B. in Berlin, Hamburg, Mecklenburg-Vorpommern, Nordrhein-Westfalen, Sachsen). In den meisten Ländern entsteht diese Zweiteilung unter dem Zwangsedikt einer viel zu geringen Stundenzahl für die Sachunterrichtsausbildung. Bei ausreichender Stundenzahl besteht kein Grund für diese Zweiteilung, weil die Behandlung aller Themen des Sachunterrichts sowohl naturwissenschaftlich-technische wie gesellschaftliche Kompetenz der Lehrenden voraussetzen.

Im übrigen sollte man bedenken, dass die **Integration der Fächer im Rahmen einer modernen Lehrerausbildung an der Universität kein sachunterrichtlich spezifisches Problem** ist. Hier bedarf es noch vieler Anläufe, Auseinandersetzungen und Erprobungen, **unter Einbeziehung der gesamten, auch der gymnasialen Lehrerausbildung**, bis die Universität ihre traditionelle Struktur ändert.

5. **Praxisbezug und Projektstudium**
Gerade die Vorbereitung der künftigen Sachunterrichtslehrerinnen und -lehrer auf einen themenzentrierten Sachunterricht bedarf angesichts der Komplexität der Ausbildungsstruktur integrierender Maßnahmen. Das sogenannte **Projektstudium als Verbund von Lehrveranstaltungen über mehrere Semester hinweg**, ermöglicht das **problemorientierte, fächerübergreifende und themenzentrierte Studieren**. Das Projekt bildet gleichzeitig die **Brücke zur schulischen Praxis**. Hospitationen in den Schulen über einen längeren Zeitraum, die Vorbereitung von Unterrichtseinheiten, deren Durchführung und Auswertung können theoriegeleitet im Rahmen eines Projektes begleitet werden. In Bremen und Kassel hat das Projektstudium eine inzwischen längere Tradition, nämlich seit der Gründung dieser Universitäten. Andere Universitäten bemühen sich zunehmend um die Einführung dieser Studienweise, die den Charakter einer Studienform weit überschreitet, weil sie inhaltliche Konsequenzen (Motivation, Integration, Perspektiven) impliziert.

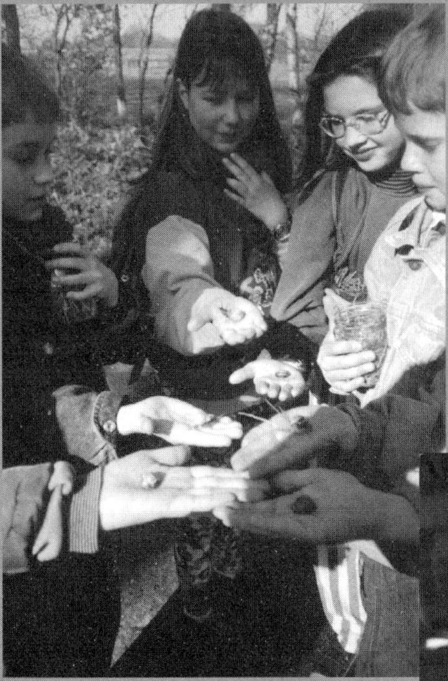
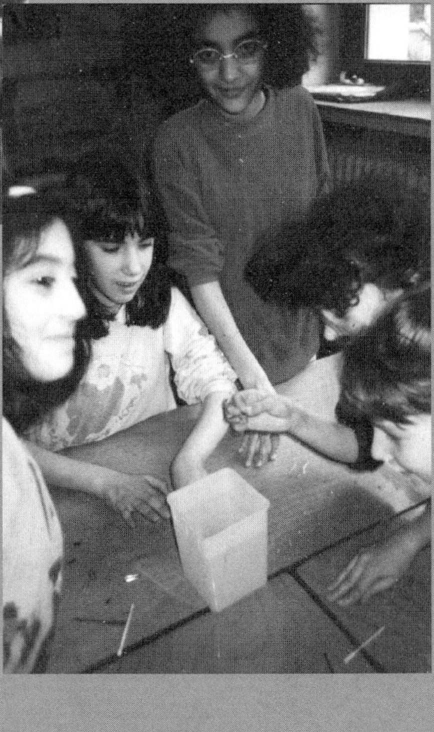

2

Didaktische Grundfragen

Angelika Speck-Hamdan

Soziales Lernen und die Bedeutung der Lerngruppe

Die Lebenszeit, die Kinder in der Schule verbringen (fünfzehntausend Stunden, wie MICHAEL RUTTER seinen bekannten Report über die Schule und das, was Kinder in ihr lernen, betitelt hat), ist angefüllt mit Erfahrungen unterschiedlichster Art. Nicht nur das, was auf dem Stundenplan steht, ist dabei von Bedeutung; vielleicht viel wichtiger sind jene Dinge, die mehr oder weniger «nebenbei» gelernt werden. Soziales Lernen gehört zu den Lektionen, die nicht oder selten auf dem Stundenplan zu finden sind, aber permanent zu bewältigen sind. Es findet immer da statt, wo soziale Situationen entstehen. Schule hält eine variationsreiche Palette solcher Situationen bereit.

Soziales Lernen meint in einer zunächst etwas allgemeinen Definition «Prozesse der individuellen Auseinandersetzung und Bewältigung von sozialen Ereignissen» (PETILLON 1993, S. 17). Es betont gegenüber dem ebenfalls häufig verwendeten Begriff der sozialen Erziehung stärker den eigenaktiven Anteil der Betroffenen. Die genauere Beschäftigung mit der Begrifflichkeit führt – wie bei vielen anderen pädagogischen Selbstverständlichkeiten – nicht geradewegs zur Klärung. Weil mit dem sozialen Lernen die gesamte Komplexität der Beziehungen zwischen einem Individuum und seiner (sozialen) Umwelt angesprochen ist, weil es sich um ein prozesshaftes Geschehen handelt, dem Veränderungen immanent sind, und weil es ein weites Spektrum von Handlungsfeldern öffnet, erhält der Begriff je nach dem Kontext, in welchem er thematisiert wird, eine spezifische Konnotation. Insgesamt bleibt er in gewisser Weise unscharf; trotzdem erlaubt er es, den von ihm bezeichneten Prozess zu identifizieren und über ihn zu kommunizieren.

Wiederentdeckung des sozialen Lernens

HANNS PETILLON schrieb im Vorwort zu seiner 1993 veröffentlichten Untersuchung zum Sozialleben von Schulanfängern, dass soziales Lernen nicht mehr in Mode sei. Der Begriff des Sozialen Lernens war in den achtziger Jahren aus der pädagogischen Diskussion verschwunden, was RAUSCHENBERGER 1985 öffentlich registrierte. Seit einigen Jahren erlebt er ein Revival.

PETILLONs Studie markiert den Anfang einer neuerlichen Beschäftigung mit dem sozialen Lernen in der Grundschule. In kurzer Folge erschienen verschiedene Bücher zum Thema (PETILLON 1993, BÖNSCH 1994, SCHÄFER 1994, BECK/SCHOLZ 1995).

Die neuere Kindheitsforschung hatte zuvor mit verschiedenen Einzelergebnissen auf eine Veränderung der Sozialerfahrungen von Kindern aufmerksam gemacht. Unter einer eher defizitorientierten Perspektive wurden negative Erscheinungen wie eine erhöhte Gewaltbereitschaft oder eine stärker ich-bezogene Haltung bei Kindern und Jugendlichen damit in Verbindung gebracht. Besonders markant wurden die Veränderungen der Familien- und Wohnstrukturen herausgearbeitet. Eine geringere Kinderzahl pro Familie sowie eine geringere Kinderzahl in der Gesamtbevölkerung haben zur Folge, dass Kontakte zwischen Kindern nicht nur rein rechnerisch seltener sind, sondern dass sie auch bewusster gepflegt werden müssen.

Bei abnehmender Geschwisterzahl verringern sich die Gelegenheiten, zu streiten, sich zu versöhnen, zu teilen, zu helfen, einander beizustehen, einander zu trösten, sich zu solidarisieren (gegen die Eltern), miteinander zu konkurrieren oder einander einfach nur zu ertragen. Eltern, die solchen Erfahrungen Bedeutung zumessen, versuchen dies vielfach durch ein ausgetüfteltes Arrangement verschiedener Kindergruppen zu kompensieren: Krabbelgruppe, Mutter-Kind-Gruppe, diverse Kurse wie Malen, Flöten, Sport ...

«Straßenkindheiten» (ZINNECKER 1979), «soziale Kinderkollektive» (ZEIHER 1989) oder einfach Nachbarschaftsgruppen sind durch individuell geknüpfte Netzwerke ausgewählter sozialer Kontakte ersetzt. Die wichtigen selbstregulativen Kräfte in Kindergruppen können sich aber hier kaum entfalten (KRAPPMANN/OSWALD 1989). In einer von der Kontrolle der Erwachsenen abgeschirmten Kinderwelt lernten Jungen und Mädchen früher, das Miteinander selbst zu regeln, Interessen auszuhandeln, sich in eine Gruppe einzuordnen und sich darin zu behaupten, sich Konflikten zu stellen und sie ohne die Hilfe Erwachsener zu lösen. Die neueren «Kindergeflechte» (KRAPPMANN/ OSWALD 1989) dagegen, die als bevorzugte Gesellungsform in der mittleren Kindheit beschrieben werden, besitzen einen gewissen Charakter der Unverbindlichkeit und der Flüchtigkeit. Sie geben aber auch den Rahmen für enge Kinderfreundschaften vor, die für die soziale, emotionale und moralische Entwicklung von entscheidender Bedeutung sind.

Die wichtigste Ausgangsbasis für Kindergeflechte und für Kinderfreundschaften liegt heute – im Gegensatz zu früher – in der Schule. Kinder lernen sich vornehmlich in Institutionen kennen. Selbst, wenn sie in derselben Straße wohnen, finden sie im allgemeinen nicht über die Nachbarschaft zueinander, sondern über die gemeinsam besuchte Schule. Daraus entwickeln sich dann u. U. nachbarschaftliche Kontakte am Nachmittag. Vorschulkinder freuen sich auch deshalb auf die Schule, weil sie dort Freunde finden können. Die Schule ist zum wichtigsten sozialen Ort für Freundschaftsbildung und Peer-Beziehungen geworden.

«Die Schule erhält verstärkt eine die aussterbende Geschwister- und Straßenkindervertrautheit kompensierende soziale Funktion», meint PREUSS-LAUSITZ (1990, S. 65) – und er fügt hinzu, dass dies die Lehrer noch nicht so recht gemerkt hätten. Ob die Schule genau die Sozialerfahrungen kompensieren kann, die früher im privaten Raum der Familie oder im selbstregulativen Kinderkollektiv gemacht werden konnten, kann bezweifelt werden, sind doch die Rahmenbedingungen in der Schule weitaus geregelter, formeller und kontrollierter. Die Beziehungen zwischen Erwachsenen und Kindern, aber auch zwischen Kindern und Kindern sind – in der Regel – distanzierter, weniger affektiv und spezifischer auf bestimmte Rollenerwartungen bezogen. Familie als private und Schule als öffentliche Institution stellen aufgrund ihrer unterschiedlichen Struktur je spezifische soziale Grunderfahrungen bereit. Auch die soziale Dynamik der Nachbarschaftsgruppe ist mit mit der einer Schulklasse nur zum Teil vergleichbar, da die Verantwortung eines Erwachsenen für die Gruppe deren inneres Kräfteverhältnis maßgeblich verändert. Kinder können Geschwistererfahrungen nicht ohne Geschwister, Straßenkindheitserfahrungen nicht ohne Straßenkindheit machen.

Aber über die Notwendigkeit sozialer Erfahrungen – vor allem mit Peers – besteht kein Zweifel. Ihre Bedeutung für die soziale, emotionale, kognitive und moralische Entwicklung von Kindern belegen zahlreiche Studien (PIAGET 1975, YOUNISS 1982, SELMAN 1984, DAMON 1984, KRAPPMANN/OSWALD 1987, 89, 91, VALTIN 1991, KELLER 1996, SCHAFFER 1996). Die Gleichaltrigenwelt stellt Entwicklungsaufgaben, die Beziehungen zu Erwachsenen nicht hervorrufen und auch nicht ersetzen können.

Bedeutung der Gleichaltrigengruppe

Kinder erwerben in symmetrischen Beziehungen, wie Beziehungen unter Gleichaltrigen im Gegensatz zu den komplementären Beziehungen zwischen Erwachsenen und Kindern gekennzeichnet werden können, grundlegende soziale Kompetenzen wie Verständigung und Kooperation. Das Verhältnis von Gleichheit und Wechselseitigkeit verlangt, dass die unterschiedlichen Ansichten, Erfahrungen, Handlungen im beiderseitigen Einverständnis koordiniert werden. Es muss kommuniziert und ausgehandelt werden. Dadurch entwickelt sich gegenseitiges Verstehen. Grundlage des sozialen Verstehens ist die Fähigkeit zur Perspektivenübernahme, die Fähigkeit, sich in eine andere Person hineinzuversetzen, die sich nach SELMAN (1984) in differenzierten Niveaustufen entwickelt und etwa im Grundschulalter einen entscheidenden qualitativen Sprung macht. Eine wichtige Rolle dafür spielen vielfältige Sozialerfahrungen mit Gleichaltrigen.

Zwischen guten Schulleistungen und dem Grad der sozialen Integration in der Schulklasse ist mehrfach ein positiver Zusammenhang nachgewiesen worden (KRAPPMANN/OSWALD 1991, PETILLON 1993). Es lässt sich aber aus dieser Korrelation nicht erkennen, ob die guten Schulleistungen zur Beliebtheit und Integriertheit der betreffenden Kinder geführt haben, oder ob umgekehrt ein hoher Grad an sozialer Kompetenz nicht nur eine bessere Integration, sondern auch gute Schulleistungen zur Folge hatte. KRAPPMANN/OSWALD interpretieren die Befunde als «Interdependenzrelation: Gute Schüler mögen es leichter haben, anerkannt zu werden und Freunde zu finden. Umgekehrt bedeutet aber der kompetente Umgang unter Freunden, dass sie sich günstigere und häufigere Entwicklungsimpulse bieten als Nicht-Feunde» (1991, S. 210). Gute und vielfältige soziale Beziehungen zu Gleichaltrigen sind demnach auch der kognitiven Entwicklung und damit der Schulleistung zuträglich.

Eine Erklärung für die positiven Wirkungen von Peer-Beziehungen auch auf die kognitiven Fähigkeiten bietet die Vorstellung der Ko-Konstruktion von Wissen. Als aktive Konstrukteure ihres Wissens werten Lernende alle in ihrer Umwelt vorfindbaren und als relevant wahrgenommenen Informationen aus. Von besonderer Bedeutung sind solche Informationen, die einerseits Anschluss an vorhandenes Wissen ermöglichen und andererseits über das vorhandene Wissen hinausführen, in die «Zone der nächsten Entwicklung» (WYGOTSKY) verweisen. Peers können sich gegenseitig aufgrund ihrer ähnlichen kognitiven Struktur und ihrer besonders unter Freunden vorherrschenden Empathie passende und wichtige Impulse geben. Sie stellen einander sozusagen ihre Wissenskonstruktionen zur Verfügung, um sie gemeinsam weiterzuentwickeln.

Auch für die Entwicklung der moralischen Sensibilität sind Erfahrungen in Beziehungen konstitutiv. Nach den Eltern-Kind-Beziehungen kommt den Freundschaftsbeziehungen eine spezifische Bedeutung zu. Freundschaft lässt sich nach KELLER «als eine moralisch herausgehobene Beziehung auffassen, in der sich Ideale des moralisch Guten verwirklichen lassen. Freundschaft beinhaltet ein Handeln, das am Wohlergehen des anderen orientiert ist» (1996, S. 37). Sie ermöglicht Erfahrungen, die für die moralische Entwicklung relevant sind, und bildet zugleich den Kontext, in dem moralisches Handeln gefordert ist. Verlässlichkeit beispielsweise wird auf der Grundlage von Wechselseitigkeit als interpersonal-moralische Norm erfahrbar und zur Selbstverpflichtung.

Auf den Unterschied zwischen Peer-Beziehungen und Freundschaftsbeziehungen wird vielfach hingewiesen. KRAPPMANN (1991) betont die eigenständigen Muster beider Konzepte von Beziehungen, die im Lauf der Entwicklung in die Freundschaftsbeziehungen einerseits und die kollegialen Beziehungen unter Erwachsenen andererseits einmünden. Die positiven Effekte von Beziehungen unter Gleichaltrigen – sei es auf die soziale, kognitive oder moralische Entwicklung – entfalten sich primär in Freundschaftsbeziehungen. Unterrichtsbeobachtungen von Oswald und Krappmann (1991) in der Grundschule zeigten, dass Hilfesituationen unter nicht-befreundeten Kindern sowohl von Geber- als auch von Nehmerseite her häufiger «problematisch», d. h. in nicht einfühlsamer Weise, gestaltet wurden. Ebenso waren befreundete Kinder bei Gruppen- oder Partnerschaftsaufträgen erfolgreicher als nicht-befreundete Kinder. Mit zunehmendem Alter konnten allerdings auch solche problematischen Situationen besser geregelt werden.

Die Bedeutung der Peer- und der Freundschaftsbeziehungen besteht unabhängig von Institutionen. Wenn sich aber Kontakte unter Gleichaltrigen vornehmlich in Institutionen ergeben, wenn die Schule zum zentralen Ort von Gleichaltrigenbeziehungen geworden ist und wenn sie für Schülerinnen und Schüler das wichtigste soziale System neben der Familie darstellt, so muss dies Konsequenzen für die Gestaltung von Schule und Unterricht haben. Der Grundschulverband forderte anlässlich des Bundesgrundschulkongresses 1989 in seinem Frankfurter Manifest: *«Grundschule heute muss in stärkerem Maße als bisher die Aufgabe erfüllen, Stätte sozialer Begegnung und gemeinsamer Grunderfahrungen zu sein.»* Soziales Lernen in der Grundschule hat daher heute zentrale und neue Bedeutung.

Soziales Lernen in der Grundschule

Soziales Lernen findet in Schule und Schulklasse ständig statt, – auch wenn Lehrerinnen und Lehrer sich dies nicht zum Ziel setzten. Der Ruf nach sozialem Lernen ist genau besehen eine Forderung nach *mehr* sozialem Lernen und nach bewussterem sozialen Lernen. Wie mit allen Forderungen, die an die Schule herangetragen werden, setzt man sich auch mit dieser dem Vorwurf aus, man trage weiter zur Überforderung, Überlastung und letztendlich zur Hilflosigkeit von Lehrerinnen und Lehrern bei. In der Tat laufen Veränderungsbestrebungen, die nur von außen eingebracht oder von oben verordnet werden, oft ins Leere. In ihrer Analyse scheiternder Reformideen in der Praxis kommen Opp und Freytag (1997) zu dem Schluss, schulische Reformanstrengungen müssten von vornherein als gemeinsame und systemische Prozesse aufgefasst werden, in denen Schüler, Lehrer, Schulleiter, Schulverwaltung. Eltern und der Geist, das Klima oder der «Ethos» und nicht zuletzt die verfügbaren Ressourcen der lokalen Schule als Einflussfaktoren wirksam sind. Schule kann ihrer Auffassung nach nur dann erfolgreich verändert werden, wenn Schulreform als kollektiver Prozess in einer «lernenden Schule» aufgefasst wird.

Die Forderungen nach einer stärkeren Beachtung des sozialen Lernens richten sich deshalb nicht nur an die einzelnen Lehrerinnen und Lehrer, denen aber eine Schlüsselstellung im Veränderungsprozess zukommt. Sie zielen vor allem darauf, die einzelne Schule als soziales System zu begreifen und durch gemeinsame Reflexion die Ansatzpunkte für eine Verbesserung der sozialen Lernmöglichkeiten herauszufinden. Diese inneren Reformen führen dazu, dass einzelne Schulen ihr spezifisches pädagogisches Profil und ihren eigenen «Ethos» entwickeln können. Nicht zuletzt besteht so auch für Lehrerinnen und Lehrer die Chance, neue und anregende soziale Erfahrungen zu machen.

Aus der Vielfalt von möglichen Ansatzpunkten seien drei herausgegriffen, die entsprechend der an dieser Stelle nur übergreifend möglichen Sicht einen relativ hohen Grad an Allgemeinheit haben:

- die aufmerksame Wahrnehmung des sozialen Lebens der Kinder in der Schule,
- die bewusste Bereitstellung von sozialen Erfahrungsmöglichkeiten,
- die gezielte Vorbereitung, Durchführung und Reflexion von Gruppenlernsituationen.

Vor Ort wird man selbstverständlich auch andere und spezifischere Faktoren berücksichtigen, beispielsweise die Beziehung der Schule zu ihrem lokalen Umfeld, die Beziehung zwischen Eltern und Schule, Vorstrukturierungen durch Schulhaus- oder Hofarchitektur, einzelne Ereignisse im Schulleben usw.

Die aufmerksame Wahrnehmung des sozialen Lebens der Kinder in der Schule

PETILLON (1993) berichtet aus einer Befragung von 444 Lehrern, dass den meisten soziales Lernen als wichtig erschien, dass aber 57,9 % davon die im Lehrplan verbindlichen sozialen Lernziele nicht oder nur teilweise im vergangenen Schuljahr hatten bearbeiten können. Über das Sozialleben ihrer Schulkinder befragt, offenbarten die Lehrerinnen und Lehrer ein äußerst lückenhaftes Wissen. Sie nahmen in der Regel nur das wahr, was mit den üblichen schulischen Aufgaben in Zusammenhang stand. Auch KRAPPMANN (1987) konnte oft ein Erschrecken der Lehrerinnen und Lehrer feststellen, wenn sie mit den Beobachtungen der Forschergruppe konfrontiert wurden. Bestimmte Bereiche des Soziallebens ihrer Schulkinder konnten Lehrerinnen und Lehrer aus ihrer Wahrnehmung ausblenden, obwohl sie viele Stunden am Tag Gelegenheit zur Beobachtung hatten.

Die Komplexität einer Unterrichtssituation erfordert ohne Zweifel Reduktionen, damit Handlungsfähigkeit erhalten bleibt. Es ist allerdings zu fragen, ob Reduktionen in dieser Weise nicht am Ende kontraproduktiv wirken. Die aufmerksame Wahrnehmung des sozialen Geschehens in der Klasse kann Konflikten vorbeugen, kann die Gestaltung von Gruppenlernprozessen vorbereiten und deren Misserfolg verhindern, kann das Klassenklima durch die damit verbundene Zuwendung positiv beeinflussen und kann schließlich zu einem tieferen Verständnis der Lehrerin für die Probleme und Sorgen der Kinder beitragen. Durch eine bewusste Hinwendung der Aufmerksamkeit auf das Sozialleben der Kinder wächst bereits dessen Bedeutung. Es wird in Unterricht und Schulleben stärker beachtet und gestaltet werden.

Die bewusste Bereitstellung von sozialen Erfahrungsmöglichkeiten

GERTRUD BECK und GEROLD SCHOLZ (1995), die Gelegenheit hatten, in einem ethnographisch angelegten Projekt über vier Jahre das Sozialleben einer Grundschulklasse zu beobachten, beschreiben sehr deutlich, wie Schule gestaltet werden kann, wenn soziales Lernen in ihr einen hohen Stellenwert hat. Nicht nur die Einrichtung des Klassenzimmers in verschiedene Arbeits- und Ruhebereiche, auch die Rhythmisierung des Tages in Phasen gemeinsamer und individueller Arbeit, die feste Installierung von Sitzkreisen und die Einbeziehung des Spiels schaffen Möglichkeiten, unterschiedliche soziale Erfahrungen zu machen. An einem Arbeitstisch kann in einer Freundesgruppe konzentriert an einem Problem geknobelt und experimentiert werden. Auf dem Sofa kann gemütlich zu zweit gelesen oder erzählt werden. Im Sitzkreis ist der Blick auf alle Kinder gerichtet, es müssen Gesprächsregeln eingehalten werden. Beim gemeinsamen Frühstück können Erfahrungen zwanglos miteinander ausgetauscht werden. Das Rollenspiel gibt die Möglichkeit, sich in andere hineinzuversetzen.

Um die fruchtbaren Impulse, die Peers einander geben können, zu ermöglichen, bedarf es vieler verschiedener Situationen. Jede Situation stellt je eigene Anforderungen an die sozialen Fähigkeiten. Ob kommuniziert werden soll, ob kooperiert werden soll, ob Regeln eingeübt werden sollen, ob Sensibilität oder Toleranz gefordert ist – um nur einige Ziele sozialen Lernens zu nennen –, ein reichhaltiges und erfahrungsoffenes Arrangement von Unterricht und Schulleben schafft die Voraussetzungen zu deren Realisierung. Ihrer produktiver Nutzung aber steht oft ein Zwang zur Eile entgegen. Soziales Lernen braucht ausreichend Zeit, weil Zuwendung Geduld erfordert. Eine *verlässliche Halbtagsgrundschule* wäre eine gute Basis auch für diese Aufgabe.

Die gezielte Vorbereitung, Durchführung und Reflexion von Gruppenlernsituationen

Es ist immer wieder erstaunlich, wie hoch das Lernen in Gruppen geschätzt wird und wie wenig es in den Schulen – auch in den Grundschulen – praktiziert wird. Das kann nicht nur damit zusammenhängen, dass es zeitaufwendiger als frontal instruierender Unterricht ist. Vielfach berichten Lehrerinnen und Lehrer, sie hätten Versuche damit gemacht, aber wieder aufgegeben. Die positiven Effekte von Gruppenlernsituationen werden neben den bereits ausgeführten vor allem darin gesehen, dass Schülerinnen und Schüler höher motiviert, stärker am Lernen beteiligt sind und auch mehr Anstrengung aufwenden. Die Erfahrung zeigt jedoch, dass sich manchmal nicht alle Kinder im gleichen Maß beteiligen, dass es zwischen den Gruppenmitgliedern keine Zusammenarbeit gibt und dass kein nennenswertes Ergebnis zustandekommt. Der Grund dafür kann sein, dass im Vorfeld den sozialen Prozessen zu wenig Aufmerksamkeit geschenkt wurde und die Kinder mit dem Arbeitsauftrag «Arbeitet zusammen» überfordert waren.

Das Lernen in Gruppen muss sorgfältig und Schritt für Schritt eingeübt werden. WEINSTEIN und MIGNANO (1993) geben in ihrem pragmatischen Ratgeber im Kapitel «Managing Groupwork» klare und ausführliche Anweisungen zum Problembereich «Designing Successful Groupwork»: Entscheide dich für einen Gruppentyp und für die Gruppengröße, teile die Schüler in Gruppen ein, gliedere die Aufgabe klar, setze ein Gruppenziel oder einen Gruppenpreis, stelle individuelle Verantwortlichkeit sicher und lehre die Schüler zusammenzuarbeiten. An die Gruppenlernsituation sollte sich auf jeden Fall eine Phase der Metakommunikation anschließen, um nicht nur das Lernergebnis, sondern auch den gemeinsamen Weg dorthin noch einmal zu reflektieren. Klare Strukturen sind nicht nur für Grundschulkinder, sondern auch für Lehrerinnen und Lehrer eine Stütze in der komplexen Unterrichtssituation.

Unter dem Aspekt der Ko-Konstruktion unter Peers sind vor allem jene Gruppenlernsituationen interessant, die als kollaborativ bezeichnet werden (LINN/BURBULES 1993, SCHAFFER 1996). Kollaborative Gruppenarbeit (peer collaboration) geht über Helfersysteme (peer tutoring) und einfache Gruppenarbeit (cooperative learning) hinaus, weil hier bewusst die Unterschiedlichkeit individueller Problemlösungsversuche genutzt wird. In einem wechselseitigen Verhältnis von Gleichheit, unter Anerkennung unterschiedlicher Sichtweisen eines Problems, können neue Problemlösungen entdeckt werden. «Having to interact with someone who has a different view of the problem challenges children to examine their own ideas, and as a result a new approach may emerge which is more appropriate as a solution than the children's individual conceptions» (SCHAFFER, 1996, S. 329). Dieser Typ von Gruppenarbeit ist mit Sicherheit der anspruchvollste. Er eignet sich auch nur für bestimmte Situationen. Der Sachunterricht bietet sie in besonderer Weise.

Literatur

BECK, G./SCHOLZ, G.: Soziales Lernen. Kinder in der Grundschule. Reinbek: Rowohlt Taschenbuch 1995.
BÖNSCH, M.: Grundlegung sozialer Lernprozesse heute. Verhaltenssicherheit und Demokratiefähigkeit. Weinheim und Basel: Beltz 1994.
DAMON, WILLIAM: Die soziale Welt des Kindes. Frankfurt am Main: Suhrkamp 1984.
KELLER, MONIKA: Moralische Sensibilität: Entwicklung in Freundschaft und Familie. Weinheim: Beltz, PsychologieVerlagsUnion 1996.
KRAPPMANN, L.: Kinder lernen mit und von Gleichaltrigen – auch in der Schule? Die Grundschulzeitschrift, H. 2/1987, S. 42-46.
KRAPPMANN, L.: Sozialisation in der Gruppe der Gleichaltrigen. In: HURRELMANN, K./ULICH, D. (Hrsg.): Neues Handbuch der Sozialisationsforschung. Weinheim: Beltz 1991, S. 355-375.
KRAPPMANN, L./OSWALD, H.: Freunde, Gleichaltrigengruppen, Geflechte. Die soziale Welt der Kinder im Grundschulalter. In: FÖLLING-ALBERS, M. (Hrsg.): Veränderte Kindheit – Veränderte Grundschule. Frankfurt/M.: Arbeitskreis Grundschule e. V. 1989, S. 94-102.
LINN, M. C./BURBULES, N. C.: Construction of Knowledge and Group Learning. In: Tobin, K. (Hrsg.): The Practice of Constructivism in Science Education. Hillsdale: Lawrence Erlbaum Associates 1993, S. 91-119.
OPP, G./FREYTAG, A.: Warum LehrerInnen nicht tun, wozu sie von allen Seiten aufgefordert werden. Gibt es Auswege aus dem Dilemma schulischer Reformen? In: HEIMLICH, U. (Hrsg.): Zwischen Aussonderung und Integration. Neuwied: Luchterhand 1997, S. 270-281.
OSWALD, H./KRAPPMANN, L.: Der Beitrag der Gleichaltrigen zur sozialen Entwicklung von Kindern in der Grundschule. In: PEKRUN, R./FEND, H. (Hrsg.): Schule und Persönlichkeitsentwicklung. Ein Resümee der Längsschnittforschung. Stuttgart: Ferdinand Enke 1991, S. 201-216.
PETILLON, H.: Soziales Lernen in der Grundschule. Anspruch und Wirklichkeit. Frankfurt/M.: Diesterweg 1993.
PIAGET, J.: Das moralische Urteil beim Kinde. Stuttgart: Klett 1975.
PREUSS-LAUSITZ, U.: Kinder zwischen Selbständigkeit und Zwang. Widersprüche in der Schule. In: PREUSS-LAUSITZ, U. u. a. (Hrsg.): Selbständigkeit für Kinder – die große Freiheit? Weinheim: Beltz 1990, S. 54-68.
RAUSCHENBERGER, H.: Soziales Lernen – Nutzen und Nachteil eines Ausdrucks. Zeitschrift für Pädagogik, H. 3/1985, S. 301-320.
SCHAFFER, H. R.: Social Development. Oxford: Blackwell Publishers 1996.

SELMAN, R. L.: Die Entwicklung des sozialen Verstehens. Entwicklungspsychologische und klinische Untersuchungen. Frankfurt/M.: Suhrkamp 1984.

SCHÄFER, G. E. (Hrsg.): Soziale Erziehung in der Grundschule. Rahmenbedingungen, soziales Erfahrungsfeld, pädagogische Hilfen, Weinheim und München: Juventa 1994.

VALTIN, R.: Mit den Augen der Kinder. Freundschaft, Geheimnisse, Lügen, Streit und Strafe. Reinbek: Rowohlt Taschenbuch 1991.

WEINSTEIN, C. S./MIGNANO, A. J., Jr.: Elementary Classroom Management. Lessons from Research and Practice. New York u. a.: McGraw-Hill, Inc. 1993.

YOUNISS, J.: Die Entwicklung und Funktion von Freundschaftsbeziehungen. In: EDELSTEIN, W./KELLER, M. (Hrsg.): Perspektivität und Interpretation. Frankfurt/M.: Suhrkamp 1982, S. 78-109.

ZEIHER, H.: Modernisierungen in den sozialen Formen von Gleichaltrigenkontakten. In: GEULEN, D. (Hrsg.): Kindheit. Neue Realitäten und Aspekte. Weinheim: Deutscher Studien Verlag 1989, S. 68-85.

ZINNECKER, J.: Straßensozialisation. Zeitschrift für Pädagogik, H. 5/1979, S. 727-746.

Richard Meier

Im Sachunterricht der Grundschule:
Methoden entdecken, Methoden entwickeln, mit Methoden arbeiten

Zielsetzung und Zusammenhang des Beitrages

Diese Skizze zur Bedeutung und Entwicklung von Arbeits- und Lernmethoden steht in direktem Zusammenhang mit dem Beitrag «Sachunterricht wohin?» im gleichen Band. In diesem Beitrag zur Frage «wohin?» werden aus der Sicht des Autors grundsätzliche Probleme diskutiert und notwendige Entwicklungen beschrieben. Beide Beiträge sind an dieser Position orientiert:

- Sachunterricht bietet besonders wirksame Möglichkeiten, Unterricht mit den Schülerinnen und Schülern handlungsorientiert zu gestalten.
- Diese Handlungsorientierung bietet die Möglichkeit, den Unterricht an Handlungskompetenzen der Schülerinnen und Schüler anzubinden, die sie außerhalb von Schule und Unterricht erworben haben. Dadurch erfahren die Lernenden einen weiterführenden, auf Welt gerichteten Sinn des Lernens.
- Damit bietet sich im Sachunterricht die Möglichkeit, Handlungskompetenz über Unterricht hinaus zu fördern.

Auf diese Position aufbauend, konzentriert sich der folgende Beitrag auf die Frage nach der Bedeutung und Entwicklung der Methoden im Sachunterricht. Ausgegangen wird dabei von der Auffassung, dass der mit der Folge «entdecken, entwickeln, verwenden» angedeutete Prozess der Arbeit an und mit Methoden unverzichtbar ist. In integrativer Verbindung mit anderen Komponenten der sachunterrichtlichen Arbeit kommt der bewussten Pflege von Methoden in der Annäherung an die Aufgabe der Handlungsorientierung im Unterricht und bei der Entwicklung von Handlungskompetenz über Unterricht hinaus eine wesentliche Bedeutung zu. Für die Frage nach den konzeptionellen Grundlagen der Arbeit und im Blick auf die Forderung nach Handlungsorientierung wird auf den Beitrag «Sachunterricht wohin?» verwiesen.

Methoden

Mit «Methoden» werden hier Verfahrensweisen bezeichnet, die als Tätigkeit oder Folge von Tätigkeiten so sicher beherrscht werden und so zweckvoll gestaltet sind, dass sie mit hoher Erfolgsausicht und rationell zu einem gewünschten Ergebnis führen. Zwei Beispiele aus Alltag und Unterricht geben weiteren Aufschluss.

Beispiel 1 aus dem Alltag:
Wer häufig Gelegenheit hat, einen Apfel zu schälen, wird sich eine Methode «zulegen», mit der er die gewünschten Endprodukte (mit/ohne Schale, mit/ohne Kernhaus, dicke/dünne «Schnitze») sicher und immer wieder in guter Qualität erzeugen kann. Soll das Ergebnis wie gewünscht gut werden, spielt neben der Methode auch das Werkzeug (hier Messer) und das Objekt (hier Apfel) eine wesentliche Rolle. Studiert man Methoden des Alltages in ihrer Entwicklung, dann ist festzustellen:

- Sie werden in aller Regel im Ernstfall, mit der Absicht etwas für den Gebrauch herzustellen genutzt, dabei eingeübt und weiter bis zur Perfektion entwickelt.

- Ändern sich Ziel, Objekt und Werkzeug noch im Zusammenhang (hier: «einen Apfel schälen»), wird die Methode elastisch der neuen Lage angepasst.

- Ist das Ziel eine komplexere Leistung, werden häufig mehrere Methoden miteinander kombiniert und in Teilkomponenten ineinander integriert benutzt.

- Gekonnte Methoden entlasten den tätigen Menschen, so dass er sich auf andere, neue Anforderungen der Aufgabe und Situation konzentrieren kann.

Beispiel 2 aus dem Unterricht:
Bei der Herstellung einer Vogelkartei hat jedes Mitglied einer vierten Klasse drei Karteikarten zu erarbeiten, auf denen jeweils eine Vogelart nach einem gemeinsam erarbeiteten Schema vorgestellt wird. Einige Schülerinnen und Schüler arbeiten an dieser Aufgabe nach Erledigung der Pflicht in der freien Arbeit weiter, sie erzeugen neue Karten. Dabei entwickeln sie den Ehrgeiz, ihre Karten reicher auszustatten. Während der Arbeit stellen sie fest, dass zwei bestimmte Bücher für sie besonders ergiebig sind, weil sie in bewusster Beschränkung und klarer Gliederung wesentliche Information und gutes Bildmaterial bieten. Die Grundinformation beziehen die Mitglieder der «Karteigruppe» aus diesen Bänden. Die Kinder stellen aber auch

fest, dass andere, etwas «schwierigere» Bücher weiterführende Information und interessante Schilderungen zur Lebensweise der Vögel enthalten. Daher prüfen die Vogelspezialisten jeweils diese weitere Literatur, wenn das Grundgerüst der Karte erstellt ist und ergänzen dann mit diesem interessanten Material, wenn sie etwas finden. An diesem Beispiel zeigt sich:

- Methoden entwickeln sich häufig aus einer Situation, in der eine bestimmte, klar beschriebene Anforderung (Aufgabe) gestellt wird.

- Hilfreich sind Muster, die vorgegeben oder gemeinsam erarbeitet werden.

- Sicher gehandhabt wird die Methode nur, wenn sie mehrfach bis vielfach in ihrer Grundform angewandt und damit eingeübt wird.

- Wird die Grundform oder das gegebene Muster auf Dauer nur in dieser und keiner anderen Form genutzt, entwickelt sich die Methode nicht weiter.

- Sind gegebene Aufgaben so gestellt, dass sie freier gestaltet werden können, entwickelt sich auch die Methode durch diesen Impuls weiter.

- Die Beherrschung einer Methode bietet den Schülerinnen und Schülern eine «Sicherheit des Werkzeuges», die sie ermutigt, neue Wege zu erkunden, andere Aufgaben und Phänomene mit der gleichen oder einer variierten Methode zu bearbeiten.

- Die bewusste Förderung von Varianten und Weiterentwicklungen motiviert die Lernenden, sich auch methodisch weiter zu entwickeln.

- Schülerinnen und Schüler werden in ihrem Lernverhalten selbständiger, sie entwickeln mehr Selbstvertrauen, wenn sie in einem ständigen und bewußt gestalteten Prozess Gelegenheit haben, Methoden zu entdecken, zu entwickeln, einzuüben und bewusst anzuwenden.

Das zweite Beispiel aus dem Unterricht unterscheidet sich wesentlich vom Alltagsbeispiel.
Im Sinne von HANNAH ARENDT, die Herstellen und Handeln unterscheidet (s. «Sachunterricht wohin?», S. 37), handelt es sich bei der Produktion der Karten zur Vogelkartei um Herstellen. Nach einem bekannten Muster wird in bekannten Schritten ein, zumindest zu Beginn auch dieser weiteren Arbeit, standardisiertes Ergebnis produziert. Es zeigen sich im Lauf der Zeit wesentliche Unterschiede zum Beispiel «einen Apfel schälen» und zur Produktion der Standardkarte:
- Die Mitglieder der Spezialistengruppe stellen sich selbst (!) Aufgaben mit einem erweiterten Anspruch, indem sie die Karten sachlich anreichern und anders gestalten.

117

- In dieser Situation stellt sich auch immer wieder die Frage, ob sie zueinander in Konkurrenz treten.
- Wollen sie gemeinsam arbeiten, müssen sie ihr Vorhaben untereinander abstimmen.
- Dabei stellen sich diese Aufgaben: sachliche Ergänzungen aushandeln und begrenzen, Gestaltungsfragen erörtern und die Gestaltung vereinbaren, Qualitätsfragen diskutieren und sich auch bei dieser Frage einigen.
- Sie müssen die Arbeit organisieren und so zusammenführen, daß eine gemeinsame Leistung entsteht.
- Sie können dafür sorgen, dass ihre Arbeit von den anderen Kindern zur Kenntnis genommen und vielleicht genutzt wird.

Dieser gemeinsam gestaltete Prozess weist eine neue Qualität aus, die mit Hannah Arendt als Handeln gekennzeichnet werden kann, da eigene und fremde Motive in einem Prozess der sozialen Reaktion und Aktion abgestimmt werden müssen. Dadurch lässt sich das Produkt nicht in einem Herstellungsvorgang erarbeiten, es muss durch Handlung gemeinsam entwickelt werden.

Exkurs: Methoden umfassender gesehen

An dieser Stelle erscheint es sinnvoll, für einen kurzen Abschnitt aus der Konzentration auf Unterricht herauszutreten und eine erweiterte Sichtweise einzunehmen. Auch Sachunterricht ist dem stofflich-sachlichen Ergebnis verpflichtet. Dies ist bis zu einem gewissen Grad auch sinnvoll. Die ständige, fordernde Kontrolle der Öffentlichkeit und die in der Gesellschaft wirksame, sehr einfache Sicht auf Unterricht (viel Stoff – viel Qualität) fördern den Zwang, sich fast ausschließlich auf das hergestellte Produkt, den kurzen Weg und den möglichst großen Umfang des bearbeiteten Stoffes zu konzentrieren. Gleichzeitig und im Gegensatz zu dieser Auffassung besteht in den Kreisen derer, die sich mit der Entwicklung der Lebens- und Arbeitsanforderungen in unserer gesellschaftlichen Situation befassen, relativ weitgehend Einigkeit, dass von den kommenden Generationen vor allem die Fähigkeit gefordert wird, sich in wechselnde Situationen und sachliche Anforderungen schnell und wirksam einzuarbeiten. Deutlich ist, dass diese Anforderung nicht mit einer totalen, fast mechanischen Beherrschung vieler Stoffe erreicht werden kann. Methoden dagegen, als Werkzeug, auch als komplex und variabel gestaltete Sicherheit im Umgang mit Arbeits- und Lernsituationen sind hilfreich, da sie sich auf verschiedenste Situationen und Aufgaben anwenden und dafür variieren lassen. Dies ist ein Grund zur bewussten Entwicklung und dauernden Bearbeitung von Methoden. Der andere Grund ist dieser: Neben der Erwerbsarbeit, die im guten Fall Lebensgestaltung ist, haben viele Menschen das Bedürfnis, selbst Situationen zu gestalten, indem sie außerhalb ihrer Arbeitswelt und ohne Erwerbsorientierung herstellen und handeln. Dadurch erfahren sie sich und andere (nicht gebunden an den engen Zweck der Erwerbsarbeit) als lebende, gestaltende Menschen. Hier sind Methoden, auch oft unkonventionelle Methoden, die man sich erwirbt und die manchmal zu erstaunlichen Leistungen beitragen, von hoher Bedeutung, Für professionelle Unterrichtsgestalterinnen und -gestalter provozierend ist die Tatsache, dass in diesen privaten, außerschulischen Bereichen Kinder und Jugendliche zu faszinierenden, auch methodisch originellen Leistungen kommen, die wir in der Schule nur selten erreichen.

Methoden im Sachunterricht

Von dieser ersten Orientierung am einfachen und komplexeren Beispiel zurück zu den Möglichkeiten, die Sachunterricht in besonderer Weise bietet. Gerade dieser Lernbereich ist mit der möglichen Konzentration auf
- Phänomenen begegnen
- Sachen erkunden
- Situationen gestalten
  (s. dazu den Beitrag «Sachunterricht wohin?» in diesem Band)

vorzüglich geeignet, mit den Schülerinnen und Schülern Arbeitssituationen zu gestalten, in denen Methoden von hoher Bedeutung sind. Die gemeinsame Arbeit muss Gelegenheit geben, auch an der Frage der geeigneten Methoden zu arbeiten. Bei der Anwendung einer im Blick auf Sache und Frage bestimmten Methode muss auch ihre Brauchbarkeit und ihr Ergebnis geprüft werden. Zu sehen ist, dass sich Methoden von einfachsten Techniken über schon mehrere Teilfertigkeiten und Wissen beanspruchende Tätigkeitsprofile zu den komplexeren Verfahren steigern, die im Sachunterricht häufiger gefragt sind.

Dazu drei Beispiele mit sich entwickelnder Komplexität und steigendem Anspruch:

Beispiel: einen Klebestreifen abreißen (einfache Technik)

In einer Klasse ist eine Eckwerkstatt aus zwei Tischen aufgebaut. Verschiedene Materialien, Werkzeuge und Geräte stehen zur Verfügung. Als Angebot der freien Arbeit können die Kinder besonders wertvolle Bücher der

Klassenbücherei einbinden. Die Kinder sind sehr verschieden geübt in der Benutzung eines Gerätes, auf dem eine Rolle Klebstreifen technisch funktionell gelagert ist. Manche Kinder ziehen das Gerät über den Tisch, während sie einen Streifen abzureißen versuchen. Sie holen sich oft Hilfe von einem anderen Kind, das die Aufgabe hat, «das Ding» festzuhalten. Andere haben eine spezielle Methode entwickelt, indem sie den Streifen steil nach unten und etwas zur Seite ziehen. Das Gerät bleibt stehen, der Streifen reißt wie gewünscht ab. Erscheint dieses Beispiel zu banal, sei daran erinnert, dass selbst überzeugende Leistungen selbständigen Handelns immer auch davon abhängig sind, dass einfachere Techniken und Methoden sicher beherrscht werden. Techniken und Methoden dieses Zuschnitts entstehen in aller Regel in der Situation, in der sie notwendig werden. Teilweise werden sie in Nachahmung übernommen (diese Lernweise wird zu wenig beachtet und in ihrer Wirkung unterschätzt), teilweise werden sie persönlich neu erfunden, indem die Absicht, die Vorstellung «das will ich erreichen», mit einem zweckmäßigen Körpergefühl zusammenwirkt, aus dem sich die wirksame Tätigkeit ergibt. Ein Teil der Kinder hat diese Übung am Fall und das entsprechend sinnvolle Tun noch wenig entwickelt, da sie wenig Gelegenheit haben im Alltag durch Mithilfe, Basteln, Bauen, Probieren, Spielen entsprechende Erfahrungen zu machen. Sie sind daher versucht, die Aufgabe abzulehnen, weil ihnen das notwendige persönliche Werkzeug der Technik und Methode fehlt.

Beispiel: ein Buch einbinden (Anforderung an Zusammenarbeit und genaues Arbeiten)

Das Einbinden der Bücher wurde an einem bestimmten Verfahren demonstriert. Einige Kindern konnten «das schon», weil sie daheim helfen mussten (durften?), oder in zwei Fällen diese Aufgabe auch selbst übernehmen mussten. Drei etwas abweichende Methoden standen nach den weiteren Vorführungen der Expertinnen und Experten zur Verfügung. In dieser Situation erhielt jedes Kind mit dem Wochenplan die Aufgabe, ein Buch in Zusammenarbeit mit einer Partnerin oder einem Partner einzubinden. Die Mühe, der Anweisung auf einem Plakat zu folgen, die Aufgabe, sich gegenseitig im Zusammenwirken abzustimmen, die Pflicht, langsam und genau zu arbeiten, war den meisten Kindern ins Gesicht geschrieben. Während einige sich die Aufgabe und Methode zu eigen machten und freiwillig weitere Bücher «einschlugen», wollten sich andere Kinder «nie mehr» mit «dem Zeug» befassen. Besonders interessant war hier zu sehen, wie verschieden die Zusammenarbeit gestaltet wurde. Handeln, so HANNAH ARENDT, ist im Gegensatz zu Herstellen dadurch bestimmt, dass sich Menschen an einer Aufgabe abstimmen und zweckvoll und meist im Kompromiss zusammen arbeiten müssen. Daher ist neben dem Gelingen auch immer das Scheitern an der Aufgabe Normalität. «Mit dem mach ich das nie mehr» ist keine seltene Äußerung, wenn Aufgabenstellungen und Arbeitsangebote im Sachunterricht so gestaltet werden, dass Kinder zusammen arbeiten müssen, worauf aus verschiedenen Gründen nicht zu verzichten ist.

Beispiel: Wie die Kugel beim Löwenzahn entsteht (um eine Methode ringen)

Eine Klasse hatte sich ein Jahr lang unter verschiedenen Aspekten mit dem Thema Jahreszeiten befasst. Unter anderen Aufgaben, aus denen die Kinder wählen konnten, hatte sich eine Gruppe (eine eigene Idee) der Frage verschrieben, wie einige ausgewählte Pflanzen «durch das Jahr kommen». Anspruchsvoll waren verschiedene Teilaufgaben in dieser Arbeit:

- Zuerst stellte sich die Aufgabe, genau hinzusehen und immer wieder zu warten, bis sich der Zustand der Pflanze merklich verändert hatte.

- Dann gelang es nicht immer befriedigend, die Ergebnisse der Untersuchung und Beobachtung so festzuhalten, dass sie mit dem nächsten, aufgenommenen Zustand der Pflanze vergleichbar waren.

- Daher mussten verschiedene Methoden des Festhaltens und Darstellens bewusst entwickelt werden.

Die Aufgabe, das Vorhaben und seine sachlichen wie methodischen Probleme entwickelten sich am Beispiel der Pusteblume so: Der Löwenzahn, das war verwirrend, blühte nach einer Hochkonjunktur im April und Mai mehrfach durch das Jahr in «kleineren Portionen» immer wieder. Die strahlenden Kugeln der beschirmten Samen waren eines Tages anscheinend «einfach da». Erst die hartnäckige Aufforderung der Lehrerin, genauer und wiederholt hinzusehen, brachte dieses Ergebnis:
 «Wenn die Blüten ausgeblüht haben, machen sie sich zu. Dann drücken sich die grünen Blätter aufwärts. Das sieht dann aus wie ein Topfkuchen. Oben fallen braune Stückchen ab. Darunter sieht man schon die weißen Fäden, es sieht aus wie ein eingewickelter Pinsel. Wenn es trocken und warm ist, klappt der grüne Hut einfach auf. Dann falten sich die Schirme aus und die Kugel ist da.»
 Der auf den ersten Anschein simple Text enthält eine von der Zähigkeit und bildkräftig-sprachlichen Unterstützung der Lehrerin getragene Leistung der Kinder, die von sorgfältiger Beobachtung, lebendiger Anteilnahme und intensiver Mühe der Darstellung zeugt. Solche Leistungen werden nur möglich, wenn über Jahre hinweg Methoden bewusst entwickelt und direkt bearbeitet werden. Getragen ist die Entwicklung auch durch eine

elastisch-zielbewusste Erziehungsarbeit der Lehrerin und durch ihr Interesse an Sache und Arbeitserfolg der Schülerinnen und Schüler.

Methoden systematisch fördern

Methodisches Können fällt nicht vom Himmel. Es muss erarbeitet werden. Dazu ist systematische Planungs- und Umsetzungsarbeit notwendig, die verhindert, dass Methoden sich nur nebenher entwickeln und nicht in die bewusste Aufmerksamkeit der Schülerinnen und der Erwachsenen gelangen. Auch dazu zwei Beispiele:

Methodenarbeit systematisch einplanen – Aufgabe der Lehrerin:

Die Lehrerin eines dritten Schuljahres stellt fest, dass es den Kindern schwer fällt, sachliche Texte zu lesen und daraus gefragte Informationen zu entnehmen. Während der Arbeit am Thema «Wasser ist wertvoller als Gold» werden Zeitungsartikel, Druckschriften verschiedener Verbände und Sachbücher herangezogen. Immer wieder droht die Arbeit zu erliegen, weil Lesen und Auswerten der Texte lange dauerte, die Leserinnen und Leser sehr anstrengte. Hier plante die Lehrerin einen nebenher laufenden und in besonderen Arbeitsabschnitten (Wochenplan) gestalteten Kurs ein, in dem kurze Texte zum Thema gelesen und ausgewertet wurden. Dabei sollten Vorgaben wie diese helfen: «In diesem Text gibt es eine Antwort zu unserer Frage, wie lange Regenwasser braucht, bis es im Grundwasser angekommen ist.» Die Anforderung steigerte sich mit dieser Hilfe oder Aufgabe: «In diesem Text wird aufgezählt, wie der Wasserverbrauch zugenommen hat. Schreibe die Ergebnisse in eine Tabelle. Sie hat in beide Richtungen vier Abschnitte.» Vorausgegangen war hier die mehrfache Nutzung (lesen) und Herstellung einfacher Tabellen. Auch hier wieder eine Methode (Tabellen darstellen), die mit steigendem Anspruch systematisch geübt und entsprechend genutzt wird.

Bewusst entdecken, üben, entwickeln, anwenden – Aufgabe der Schülerinnen und Schüler:

Das Wachstum verschiedener Blütenpflanzen war eine andere Aufgabe im Rahmen des gleichen Vorhabens. Die Sonnenblumen hatten es den Mitgliedern dieser Gruppe besonders angetan, weil sie nach einer langsamen Anfangsperiode erstaunlich schnell unglaublich groß wurden. Wie sollte man das Wachstum festhalten? Gestern so groß und heute schon so groß und erst am nächsten Montag nach der Pause des Wochenendes? Vier Schritte führten zur Methode der Wahl:

- *Bedarf:* Notwendig war eine Methode, mit der man sicher, genau und eindrucksvoll festhalten und zeigen konnte, wie die Pflanzen wuchsen. Messen musste man sie, mit einem Meterstab, den musste man daneben stellen.

- *Entdeckung oder Idee*: Einen Meterstab auf einen kräftigen Pfosten festnageln und diesen neben der Sonnenblume in die Erde rammen.

- *Übung* zur Verlässlichkeit des Ergebnisses: Wie musste der Stab angebracht sein? Mit seinem Beginn dort, wo die Pflanze aus der Erde kam, und er durfte auf keinen Fall verschoben werden. Hier wurde deutlich und übte sich ein, Messen ist eine genaue Angelegenheit, da kann man nicht einfach so ungefähr ...

- *entwickeln*: «Wird die Pflanze auch dicker? Natürlich, man kann es doch sehen.» Das muss genau gemessen werden! Wie macht man das? «Mit einem weichen Maßband, das man rumwickeln kann, meine Mutter hat so eins.» Und das Ergebnis: «Rundherum misst die Pflanze (wo, ja wo? auch dies muss «ausgemacht werden») am Anfang dieser Woche 3,5 und am Anfang der nächsten Woche 3,7 Zentimeter. Kommentar während der Messung: «Du musst schon ganz genau messen, du kannst nicht einfach so hinhalten!»

- *anwenden*: Eigentlich ist das Messen des Umfanges schon eine Anwendung. In den nächsten Monaten zeigte sich, dass diese Idee und Erfahrung «Messen» ihre Wirkung getan hatte. Immer wieder wurde gemessen, wenn sich die Gelegenheit bot, wenn dies sinnvoll erschien oder wenn es das Bedürfnis nach Ordnung oder der Spaß an der Funktion nahe legten. Besonders eindrucksvoll war das am Bericht einer Schülerin zu erleben, die mehrfach von ihrem kleinen Bruder berichtete, der erst wenige Monate alt war und so schnell lernte und wuchs. «Miss den doch mal und schreib uns eine Tabelle», fasste ein Mitschüler verschiedene methodische Erfahrungen in einem Vorschlag zusammen.

Für die Entdeckung und Entwicklung der Methoden entscheidend und wirksam sind solche prägnante Situationen wie sie das Beispiel Sonnenblume zeigt. Die Situation und Frage muss so gestaltet sein, dass eine Methode «her muss», weil sie zum Gelingen des Vorhabens notwendig ist. Aus solchen prägnanten Situationen heraus muss die Gewohnheit gefördert werden, selbst nach Methoden zu fragen, sie zu bedenken und bewusst anzuwenden. Immer wieder sollten in den gemeinsamen Unterricht und die individuelle Arbeit Phasen eingebaut werden, in denen sich die Aufmerksamkeit auf die Frage der Methode richtet. Die Frage «Wie hast du das gemacht und was hast du dabei gedacht?» muss zum systematischen Bestand der eigenen Didaktik werden. Verfügen die Schülerinnen und Schüler über ein wachsendes Repertoir an Methoden, so beginnen sie diese auf andere Fälle zu übertragen und situationsgerecht miteinander zu kombinieren. Dass mit diesem sich erweiternden Repertoir die Sicherheit und das Selbstvertrauen steigen ist ein wichtiger Effekt im Blick auf Freie Arbeit, Selbständigkeit und das wirksame Selbstbild der Schülerinnen und Schüler. Die Gestaltung von «offenem Unterricht» wird nur konkret, wenn sich die Kinder mit dem Werkzeug Methode ausstatten können und wenn sie förderliche Erfahrungen mit ihrem eigenen Können machen. Wie Methoden übernommen werden, wie sie sich weiter entwickeln, dazu ein weiteres Beispiel:

In einer Klasse steht seit einem halben Jahr ein Aquarium, in dem Warmwasserfische gehalten werden. Jede Woche sind drei Kinder für Fütterung, Pflege und Beobachtung zuständig. Ein Kind ist dabei freiwillig «Experte», weil es in der vorhergehenden Woche schon dieser Aufgabe verpflichtet war. Die beiden weiteren Kinder arbeiten sich ein und können entscheiden, ob sie auch für eine Woche die Aufgabe Experte übernehmen wollen. Die Methode «Experte» wird nach dieser Erfahrung von den Kindern in einer anderen Situation immer wieder vorgeschlagen, wenn es darum geht, über längere Zeit möglichst selbständig eine Aufgabe zu übernehmen. Auch in anderen Zusammenhängen werden Expertinnen und Experten eingesetzt. So zum Beispiel schlägt ein Mädchen vor, ihre Schwester aus einer anderen Klasse einzuladen, die «sich mit Briefmarken sehr gut auskennt», wie sie sagt.

Die variable und sinnvolle Weiterentwicklung einer Methode zeigt diese Episode:

In der gleichen Situation (Pflege des Aquariums) beobachten die Pflegerinnen und Pfleger, dass die Fische zu einer ganz bestimmten Stelle kommen, wenn man an das Aquarium herantritt. Sie entwickeln zwei Methoden, mit denen sie diese Konditionierung prüfen. Einmal nähern sie sich sehr vorsichtig und stellen fest, dass die Fische auch dann sofort in die Futterecke kommen. Dann füttern sie einige Tage auf der anderen Seite, an die sich die Tiere sehr schnell gewöhnen. Als nächsten Vorschlag formuliert eine Expertin: «Jetzt müssen wir genau gleich (zur gleichen Zeit) auf beiden Ecken gleich viel Futter hineinstreuen.»
Neben der Entwicklung solch spezieller Methoden für die spezielle Situation und Fragestellung sind es vor allem vielfältig zu nutzende Basismethoden, die im Sachunterricht durch «prägnante Situationen» bewusst entdeckt, gefördert, geübt und variiert werden sollten. Solche Methoden werden zum Schluss benannt und mit kurz skizzierten Beispielen belegt:

- *sammeln:* Kinder einer Klasse sammeln zahlreiche Steine zur Vorbereitung des Themas.

- *ordnen:* Diese Steine werden nach eingehendem Gespräch auf verschiedene Weise geordnet und gruppiert. Als besonders interessant erweist sich die Ordnung «von der Natur gemacht; von Menschen gemacht.»

- *suchen:* Mit dem Thema Fahrzeuge kommt die Frage auf, wann es die ersten Automobile gab, die mit einem Elektromotor ausgestattet waren. In der Schulwerkstatt finden sich ein Buch mit der Abbildung eines Brauereifahrzeuges (Stadtwagen), der Anfang der zwanziger Jahre mit einem elektrischen Antrieb und einer sehr großen Batterie ausgerüstet war.

- *ausprobieren:* Das Thema Luft bietet in der freien Arbeitsphase den Kindern unter anderen Angeboten Gelegenheit, Fallschirme zu bauen. Sie bauen verschiedene Muster und lassen sie jeweils unter gleicher Belastung die gleiche Strecke nach unten sinken.

- *prüfen:* Die Bemerkung eines Kindes, in der Steinzeit hätten die Menschen Backöfen benutzt, wird durch einen Anruf in einem Museum geklärt. Tatsächlich, aus der Jungsteinzeit wurden Backöfen gefunden, die als Lehmkuppel über einem Rutengeflecht gebaut wurden.

- *darstellen:* Diesen Backofen bauen drei Kinder im Modell nach, nachdem sie eine plastische Zeichnung gefunden haben.

- Experte sein, beobachten, pflegen, ausrechnen, messen, wiegen, besprechen, planen, diskutieren ...

Finden Sie andere Methoden, die im Sachunterricht sinnvoll, notwendig und wirksam sind. Für die angedeutete und notwendige Wirksamkeit unverzichtbar ist, dass sie bewusst aufgenommen, in ihrer Wirkung geprüft, in die Planung von Arbeitsschritten eingeplant, weiter entwickelt, dargestellt und immer wieder am Ernstfall genutzt und geübt werden.

Bernhard Thurn

Planen und Bilanzieren im Sachunterricht

Die Begriffe «Planung» und «Bilanzierung» scheinen kaum in ein Buch über kindgerechtes, lebendiges Lernen im Sachunterricht der Grundschule zu passen, zu sehr erinnern sie an betriebswirtschaftliche Zusammenhänge, an öde Zahlenkolonnen und ihre vergleichende Gegenüberstellung. Andererseits taucht vor allem der Begriff der «Bilanzierung», wie jener der «Bestandsaufnahme», vermehrt in der pädagogischen Diskussion auf, insbesondere dort, wo es um die Entwicklung von «Schulkonzepten» oder «Schulprogrammen» geht. Mit Recht wird gefordert, dass der erste Schritt auf dem Weg zur Entwicklung eines der Einzelschule angemessenen Schulprogramms die Vergewisserung dessen sein muss, was sich an Standards, an Traditionen, an gemeinsamen Elementen der praktischen Arbeit über viele Jahre hin ausgebildet hat, eine Sichtung also, verbunden mit der kritischen Prüfung, was erhaltenswert ist und fortgeschrieben werden sollte. «Bilanzieren» bedeutet immer, Rückschau zu halten und das Gewordene mit dem Gewollten zu vergleichen – mit dem Ziel, den Ausgleich, die «Balance» herzustellen.

Der vorliegende Beitrag will zeigen, dass das veränderte Wissen über das Lernen der Kinder ebenso wie die den Sachunterricht betreffende curriculare Diskussion zu gewandelten Vorstellungen von dem führen, was wir unter «Planung» verstehen, und dass «Bilanzieren» in diesem Verständnis ein notwendiger Teil des Planungshandelns der Lehrenden und Lernenden ist.

Zur curricularen Frage

Bei meinen Überlegungen gehe ich von zwei Voraussetzungen aus:

1. Schule und Unterricht sind zweckrationale Veranstaltungen, d. h.: Lernen erfolgt hier nicht irgendwie und nebenbei, sondern bewusst und zielgerichtet und ist allerlei ökonomischen und zeitlichen Zwängen unterworfen, die eine Planung auf unterschiedlichen Ebenen erforderlich machen.
2. «Sachunterricht» – und damit muss keine Festlegung dieses eher unschönen Namens verbunden sein – hat die Dignität eines eigenen (nicht: iso-

lierten) Fachs – besser: Lernbereichs – und eröffnet den Kindern einen spezifischen Weg der Welterschließung, der sich zumindest schwerpunktmäßig von denen unterscheidet, die andere Fächer oder Lernbereiche anbieten können. Somit verfügt auch der Sachunterricht über ein eigenes Curriculum und hat eigene Aufgaben und Zielsetzungen.

Bleiben wir bei der zweiten Voraussetzung. So einfach, wie es hier gesagt wurde, liegen die Dinge offensichtlich nicht. Mit dem überfälligen Abschied von der «Heimatkunde» ging auch ein klar konturiertes Inhaltsfeld verloren; im Zeichen der «Wissenschaftlichkeit» geriet der Lernbereich in der darauf folgenden Entwicklung in Gefahr, in kleine, den späteren Unterricht in der Sekundarstufe fachlich vorbereitende Fächer zu zerfallen: die Minibiologie, -physik, -sozialkunde oder -geschichte. Deren Inhalte und die der jeweiligen Fachdisziplinen sollten das Curriculum bestimmen.

Durchgesetzt haben sich solche Vorstellungen in der Praxis nicht. Ein Blick auf die heutige sachunterrichtliche Wirklichkeit an den Schulen wie auch auf die unterschiedlichen Lehrpläne vermittelt jedoch das Bild großer Planungsunsicherheit. Viele Lehrkräfte stützen sich gerne auf Bücher, auf vorgefertigte Materialien, auf Kopiervorlagen u. ä. Die Themen beziehen sich auf die Jahreszeiten oder auf Zusammenhänge, die durch die Arbeit in anderen Fächern entstehen; oft sind sie fächerübergreifend gemeint, verbleiben aber eigentlich doch in den einzelnen Fächern und verknüpfen diese lediglich durch oberflächliche assoziative, gesamtunterrichtlich anmutende Unterrichtseinheiten. Nicht selten könnte man auch den Eindruck gewinnen, als verkümmere der Sachunterricht zum bloßen Themenlieferanten, damit das Lernen der Kinder in anderen Fächern «in Zusammenhängen» erfolgen kann. Eine Bilanzierung ergäbe wohl ein buntes Bild: Von der alten Heimatkunde bis zur Verkehrserziehung, vom Magnetismus bis zur Wasserwerkstatt. Da wird einerseits mit Materialien gearbeitet, die ein ausschließlich rezeptives Lernen geradezu herausfordern, auf der anderen Seite lernen Kinder selbständig an Stationen und machen erste Erfahrung mit Hypothesenbildung, mit Erfragen, Beobachten und Experimentieren.

Planungssicherheit kann nur eine schlüssige Theorie des Sachunterrichts geben, die die curriculare Frage beantwortet. Konsensfähig scheinen Konzeptionen, die das Curriculum des Sachunterrichts als das Curriculum der in diese Welt hineinwachsenden Kinder verstehen. Ihre Neugierde, ihre Fragen, ihre Motive und Forschungsinteressen sollen den Lernbereich konstituieren; dabei sollen die Lehrenden helfen, dass die Kinder aus ihrer natürlichen Haltung des forschend-entdeckenden Lernens heraus behutsam wissenschaftsorientierte Arbeitsweisen kennenlernen. Andererseits sollen die Pädagoginnen und Pädagogen bei der Orientierung der Fragestellungen helfen und dafür Sorge tragen, dass kulturell bedeutsame Wirklichkeits-

ausschnitte repräsentiert sind. Die Autorinnen und Autoren des Arbeiskreisbändchens «Die Zukunft beginnt in der Grundschule» heben zwei Aspekte hervor, um die es im Sachunterricht, für den sie den Namen «Welterkundung» vorschlagen, gehen sollte:
- die Bewältigung des Verhältnisses des Menschen zur belebten und unbelebten Natur und
- die Bewältigung des Zusammenlebens der Menschen untereinander» (FAUST-SIEHL u. a. 1996, S. 63).

Als Suchraster für gesellschaftlich bedeutsame Inhalte schlagen sie vier Kategorien vor: «Epochaltypische Schlüsselfragen der Menschheit», «Entwicklungstypische Schlüsselfragen von Grundschulkindern», «Epochemachende Errungenschaften der Menschheit» und «Methoden der Rekonstruktion und Darstellung von Wirklichkeit» (S. 73). Lehrerinnen und Lehrer sollen bemüht sein, «im Rückgriff auf unser Suchraster, das sie im ‹Hinterkopf› haben sollten, den Kindern behutsam Bezüge zu jenen Themen, Fragestellungen und Lösungsvorschlägen aufzuzeigen, die die Menschheit für die Fragen der Kinder schon entwickelt hat und auf die die Kinder ohne die Hilfe und Anregung ihrer Lehrer vermutlich nicht kommen würden» (S. 72). Wenn man davon absieht, dass die genannten Kategorien in ihrer umfassenden Charakteristik und in ihrem hohem Abstraktionsniveau kaum Praxisrelevanz gewinnen können und das Deduktionsproblem weder lösen können noch wollen, scheint hier ein Weg vorgezeichnet, der dem Sachunterricht in seiner formalen wie materialen Bestimmung neue Konturen geben kann. Aufgabe von Lehrplänen wäre es dann, auch aus Gründen der Vergleichbarkeit, Kategorien repräsentativer Weltausschnitte als Planungsraster zu bestimmen, die eine Orientierung geben, ohne zu Unterrichtsthemen zu verpflichten.

Offene Planung als Voraussetzung für eigenverantwortliches Lernen

Der innere Zusammenhang von «Planen» und «Bilanzieren» wird nur verständlich, wenn von einem offenen Planungsbegriff ausgegangen wird. Die Tradition sieht eher anders aus. Den in der Vergangenheit entwickelten Modellen zur Unterrichtsplanung, sei es die didaktische Analyse (KLAFKI), seien es die Überlegungen zur Interdependenz der Bedingungsfaktoren (HEIMANN, OTTO, SCHULZ) oder die Lernzieltaxonomien (BLOOM), die jeweils großen Einfluss auf die Lehrerausbildung hatten, war eines gemeinsam: Sie betrachteten Planung als einen vorwiegend vor dem Unterricht und hauptsächlich durch die Lehrenden gewissenhaft zu leistende Aufgabe – und dies galt nicht nur für längerfristige Pläne, sondern eben auch für die Gestaltung der einzelnen Unterrichtsstunde. Das mit diesen Planungsmodellen verbundene Unterrichtskonzept betrachtete das Unterrichtsgeschehen als ein Ereignis, dessen Lenkung und fast dramaturgischer Aufbau bis hin zu differenzierenden Maßnahmen der Lehrerin oder dem Lehrer oblag.

Dabei bleibt festzuhalten, dass die gewonnenen Erkenntnisse nach wie vor bedeutungsvoll sind, das gilt für die Prinzipien des «Fundamentalen» wie des «Exemplarischen» ebenso wie für die Berücksichtigung sozio-kultureller und anthropogener Voraussetzungen und die Einsicht, dass Lernen zielgerichtet verlaufen sollte. Es gibt aber heute viele Gründe, Unterricht und Planung erweitert und prozesshafter zu verstehen. Einerseits ist stärker ins Bewusstsein gerückt, dass Lernen ein eigenverantwortlicher, aktiver Prozess ist und individuell höchst unterschiedlich verläuft, andererseits stoßen Lehrerinnen und Lehrer in der Praxis immer wieder an Grenzen, wenn sie dem Anspruch der individuellen Förderung jedes einzelnen Kindes nachkommen wollen, und schließlich werden die so oft konstatierten Veränderungen der Kindheit vor Ort hautnah erfahren und verursachen das Gefühl, «an diese Kinder nicht mehr heranzukommen». Die notwendige Folgerung, Kinder in der Verantwortung für ihr Lernen zu stärken und diese Verantwortung durch das Unterrichtsarrangement zuzulassen, setzt eine offene Planung voraus.

Wenn wir Kindern zutrauen, sich mit bestimmten Themen zu befassen, warum sollten sie nicht auch dort beteiligt werden, wo es um Vorüberlegungen zu diesen Themen und um ihre Auswahl geht? Dabei bleibt die Aufgabe der Lehrenden ungeschmälert. Sie sind nicht nur Anwalt des Kindes, sondern auch Sachwalter der Kultur und tragen Sorge dafür, dass die ausgewählten Themen den allgemeingültigen Kategorien (wie sie oben beipielhaft beschrieben sind) entsprechen. Es ist ihre Aufgabe, zu sichern, dass die Arbeit an Themen auf die Erweiterung des kindlichen Horizontes zielt, und dass nicht etwa belangloses Gerede an die Stelle des Lernens und Eindringens in die Sache tritt. Die Lehrerin oder der Lehrer tut dies in den Planungsgesprächen mit den Kindern; erst in diesen kommunikativen Situationen kann sie oder er entscheiden, wo die Hilfe stärker strukturierend und leitend wird und wo es gilt, eigene Anregungen und Angebote einzubringen und die konkreten Erfahrungen der Kinder in größere Zusammenhänge einzubetten.

Lehrkräfte sind auch an die jeweiligen Lehrpläne und Richtlininien gebunden. In diesem Beitrag soll nicht verglichen werden, wie offen die einzelnen Lehrpläne der Bundesländer gehalten sind und inwieweit sie sich auf eine Orientierungsfunktion beschränken. Ausgehend von offenen Konzeptionen soll vielmehr die Frage danach gestellt werden, ob eine Planung als Voraussetzung für bewusstes, zielgerichtetes Lernen noch möglich und sinnvoll ist, wenn viele der Themen, an denen Kinder arbeiten, unmittelbar aus dem Unterricht selbst erwachsen. Werden möglicherweise Assoziationen und Zufälle zu konstituierenden Prinzipien des sachunterrichtlichen Curriculums? Wird der Inhalt des Unterrichts beliebig?

Hier gilt es zunächst, zwischen «Thema» und «Inhalt» zu unterscheiden. Ein Thema steht immer exemplarisch für einen bestimmten Inhalt; damit ist es ein Stück weit austauschbar mit anderen Themen, die diese Aufgabe auch erfüllen könnten. Austauschbar sind aber nicht die Inhalte, die durch die Themen repräsentiert werden. Sie sind in unterschiedlichem Abstraktionsgrad in Lehrplänen und den längerfristigen Planungen der Lehrkräfte enthalten. Dadurch soll gesichert werden, dass der Sachunterricht kulturell bedeutsame Wirklichkeitsabschnitte berührt. Aber auch die Arbeit an Themen kann nicht «beliebig» sein. Sie wäre es, wenn die Themen der Kinder nur verbalisiert würden als subjektive Erfahrungen und wenn sie nicht Anlass wären zu Reflexion und Erweiterung der Erfahrung durch Lernen (vgl. dazu DUNKERT/POPP 1993). Auch dem Gedanken der Systematik, des «Lernaufbaus» ist keinesfalls abgeschworen. Bei der vorgeschlagenen curricularen Bestimmung kann sich ein Lernaufbau allerdings nicht an der Struktur von Disziplinen und auch nicht in der Abfolge der einzelnen Themen manifestieren, sonst wäre die Vorgabe von Themen im Sinne eines Spiralcurriculums unvermeidlich. Der Lernaufbau zeigt sich vielmehr darin, wie das einzelne Kind sich mit der jeweiligen «Sache» befasst, wie es Erfahrungen mit bestimmten Arbeitsweisen macht und diese darauf aufbauend erweitert und vertieft und die gewonnenen Einsichten auf andere Zusammenhänge übertragen kann.

Die Entstehung von Themen: Planen und Bilanzieren als Teil des Unterrichtsprozesses

Festzuhalten bleibt, dass Themen des Sachunterrichts im Unterricht selbst entstehen. Dafür sind vielfältige didaktische Situationen denkbar:

- Themen erwachsen aus Gesprächen im Kreis.
- Themen erwachsen aus Projekten.
- Themen erwachsen aus der Arbeit in anderen Fächern/Lernbereichen.
- Themen erwachsen durch die Beschäftigung in freien Arbeitsphasen.
- Themen erwachsen durch Angebote der Lehrkräfte.

Anlass für jede Themenfindung ist immer die Neugier, das Forscherverhalten, das einer «Sache», die unbekannt ist, die aber in dieser Welt offensichtlich eine bedeutsame Rolle spielt, auf den Grund gehen will, mehr über sie erfahren will. Die Lehrerin und der Lehrer werden zu Begleitern, zu Mitforschern. Auch sie stellen Fragen, zweifeln, wo allzuschnell Gewissheit einkehren will, und helfen, wenn es um größere Zusammenhänge geht.

Diese Form der Planung wird zu einem Teil des Unterrichts selbst; sie wird nicht vorweg und allein von der Lehrkraft geleistet, sondern von Kindern und Lehrkräften gemeinsam entwickelt.

Wie die Arbeit an den Themen im einzelnen organisiert ist, kann sehr unterschiedlich aussehen. So könnte ein Projekt entstehen, das in den dafür am Schulvormittag zur Verfügung gestellten Zeiträumen mehrere Tage oder gar Wochen verfolgt wird. Es kann aber auch die Forscherarbeit des einzelnen Kindes sein, das aus eigenem Antrieb, vielleicht gebunden an einen Auftrag der ganzen Lerngruppe, einem Sachverhalt nachgeht und zu gegebener Zeit über die Ergebnisse Auskunft gibt.

Die Organisationsform ist abhängig vom Gegenstand selbst, aber auch davon, ob das Thema zum «Pflichtprogramm» für eine ganze Lerngruppe/ Klasse wird – diese Entscheidung trifft die Lehrerin oder der Lehrer im Blick auf die Bedeutsamkeit vor dem Hintergrund des Lehrplans und der längerfristigen Planung (vgl. unten) – oder ob es als «Kür» für einzelne Kinder zu verstehen ist. Zwischen «Pflicht» und «Kür» sind vielerlei Zusammenhänge denkbar. Z. B. kann die gemeinsame Arbeit am Thema in spezialisierter Weise von einzelnen Kindern auf ihren besonderen Interessengebieten fortgesetzt werden.

Der Sachunterricht sollte aber auch Zeiten dafür bereitstellen, dass Kinder in freien Arbeitsphasen durch eine von ihrem Interesse gesteuerte Beschäftigung selbst zu Themen finden, an denen sie allein oder mit anderen arbeiten.

Die Entscheidungen über obligatorische oder freigestellte Arbeiten fallen im Unterricht selbst, in den sich regelmäßig wiederholenden Planungsgesprächen, die zwischen Lehrkräften und einzelnen Kindern, vor allem aber im gemeinsamen Sitzkreis der ganzen Lerngruppe/ Klasse stattfinden.

Das Organisationsmodell für einen solchen Unterricht kann nicht mehr die 45-Minuten-Stunde sein. Erforderlich sind

- Zeiten für die gemeinsame Arbeit der ganzen Gruppe etwa in Projekten, aber auch in lehrgangsmäßigen Phasen

- Zeiten für differenzierte und spezialisierte Arbeiten, die dem gemeinsamen Thema gelten und die im Wochenplan verankert werden können

- Zeiten für selbständiges Entdecken und Forschen in freien Arbeitsphasen.

Damit solche Zeiten eingeräumt werden können, bedarf es der rhythmisierten Einteilung des Schulvormittags in kleinere und größere Zeiteinheiten, die einen Wechsel von fachbezogener und fächerübergreifenden Arbeitsweisen, von individueller und gruppenbezogerer Arbeit ermöglicht.

Wenn der Schwerpunkt der Themenplanung im Sachunterricht bei den Kindern liegt und die Lehrkräfte aus ihrem kulturellen Wissen heraus Orientierungshilfen geben, dann wird die *Bilanzierung* zum notwendigen Bestandteil der Planung und des Unterrichts überhaupt. Sie dient der gegenseitigen Verständigung bei unterschiedlichen Arbeitsvorhaben in freien Arbeitsphasen ebenso wie der Reflexion über bisher Gelerntes – auch bezogen auf die Lehrpläne und schul- oder klasseneigene Arbeitsprogramme.

«Bilanzieren» heißt dann für die Lerngruppe und die Lehrkraft, innezuhalten und Fragen zu stellen, etwa: Sind wir mit den Ergebnissen dieser oder jener Themenaufarbeitung zufrieden? Ist unsere Neugierde, unser Forscherinteresse befriedigt? Wünschen wir uns mehr Zeit zur Weiterarbeit? Warum ist dieses oder jenes nicht gelungen? An wen könnten wir uns wenden? Wo stehen wir, wenn wir unser Gesamtprogramm betrachten? Welche Themen sollten wir zunächst bearbeiten? Wie und was können einzelne von uns für die Gesamtgruppe erarbeiten? Von wem wünschen wir nachhaltigere Berichte über seine Tätigkeit und Ergebnisse? usw. Eine Fülle von Fragen tut sich auf. Alle haben sie eines gemeinsam: Sie dienen der Metakommunikation über das Lernen, sie bilanzieren das Erreichte und führen zu neuen, weiteren Planungen der Arbeit.

> *Planen im Sachunterricht* ist die von Kindern und Lehrkräften gemeinsame vorgenommene Festlegung individueller oder gruppenbezogener Arbeiten an Themen.
> *Bilanzieren im Sachunterricht* ist die von Kindern und Lehrkräft gemeinsam vorgenommene Vergewisserung über den Stand der individuellen wie gruppenbezogenen Arbeiten. Sie beendet sie, indem sie zur Veröffentlichung der Ergebnisse beiträgt, oder mündet ein in neue, erweiterte Planungen zu diesen oder weiteren Themen.

Sicherung von Aufgaben und Zielen: Die längerfristige Arbeitsplanung

Damit Einseitigkeiten, Verkürzungen vermieden werden, bedarf es des Überblicks, des Wissens um Kategorien, die im Sachunterricht im Verlauf eines bestimmten Zeitraums, vielleicht eines Schuljahres, hauptsächlich Berücksichtigung finden, und darum, welche methodenorientierten Arbeitsweisen wie «Beobachten», «Vergleichen», «Messen» usw. angewendet und geübt werden. Eine längerfristige Arbeitsplanung kann dafür nur Pflöcke einschlagen, Essentials nennen. Dennoch ist sie unverzichtbar, denn sie hilft, die Vielfältigkeit der Aufgaben und Ziele des Sachunterrichts in Form eines Orientierungsrahmens im Blick zu behalten und diese auf einen bestimmten Zeitraum bezogen schwerpunktmäßig und etwas konkreter zu bestimmen (vgl. THURN/RONTE-RASCH/UNGLAUBE/NEIDHARD 1997). Sie wird dadurch zu einem Instrument, das Kindern und Lehrkräften bei der Auswahl von Themen regulierend zur Seite steht und über die Lernstände gemessen an der Planung Auskunft zu geben vermag.

Solche mittel- bis langfristigen Arbeitsplanungen – die nicht mit herkömmlichen Stoffverteilungsplänen zu verwechseln sind – orientieren sich an den Lehrplänen der einzelnen Bundesländer. Dieser Zusammenhang soll hier am Beispiel des Hessischen Rahmenplans Grundschule verdeutlicht werden. Der Plan für den Sachunterricht unterscheidet bei den «Inhalten» zwischen «Lernfeldern» und «Qualifikationen». Die Lernfelder repräsentieren «Bereiche aus der natürlichen und sozialen Umwelt der Kinder»: Genannt werden «Zusammenleben», «Öffentliches Leben», «Spielen und Freizeit», «Arbeit», «Technik», ,«Raum», «Zeit», «Naturphänomene», «Wasser», «Pflanzen», «Tiere» und «Körper». Qualifikationen bezeichnen «Fähigkeiten, Fertigkeiten und methodenorientierte Verhaltensweisen». Aufgeführt werden: «Mit anderen umgehen», «Sich in Zeit und Raum orientieren», «Beobachten», «Vergleichen/ Unterscheiden/ Messen», «Experimentieren/ Untersuchen/ Konstruieren», «Probleme lösen und kritisch denken», «Informationen sammeln, ordnen, weitergeben» und «Planen/ Projektieren». Das Lernen im Sachunterricht soll in Situationen erfolgen, indem thematische Schwerpunkte aus den Lernfeldern mit den zu ihrer Bearbeitung notwendigen Qualifikationen verknüpft werden.

Die Aufgabe einer längerfristigen Arbeitsplanung wäre es nun, für einen bestimmten Zeitraum Lernfelder und mit ihnen verbundene mögliche Arbeitsschwerpunkte und Qualifikationen zu planen, ohne die thematische Realisierung vorwegzunehmen. Von Zeit zu Zeit kann dann verglichen werden: Sind die bearbeiteten Themen geeignet, diesen Vorüberlegungen zu entsprechen? Auf welche Themen muss bei der gemeinsamen Planung mit den Kindern besonders geachtet werden? usw.

Planung im Sachunterricht ist die Erstellung einer längerfristigen Arbeitsplanung für einen bestimmten Zeitabschnitt, etwa für ein Schuljahr. Diese Planung nennt auf einem mittleren Abstraktionsniveau Inhaltsbereiche einschließlich methodenorientierter Verhaltensweisen, die bearbeitet werden sollen, ohne dass in der Regel eine terminliche Vorgabe erfolgt. Die Planung soll aber angemessen sein und die zur Verfügung stehenden Zeitressourcen realistisch einschätzen.

Bilanzierung im Sachunterricht ist der Vergleich der bearbeiteten Themen mit der längerfristigen Arbeitsplanung. Sie sichert, dass die durch die Arbeitsplanung für einen bestimmten Zeitabschnitt fokussierten und konkretisierten Aufgaben und Ziele des Sachunterrichts durch die Themen repräsentiert sind, indem sie Einfluss auf Planung und Auswahl dieser Themen nimmt.

Fächerübergreifende Planung: Die Entwicklung von Bausteinen und Projekten

Sachunterricht findet – nicht nur im Projektlernen – oft in fächerübergreifenden Zusammenhängen statt. In thematischen Einheiten, die zunächst aus anderen Fächern oder Lernbereichen erwachsen sind, werden von den Schülerinnen und Schülern Klärungen inhaltlicher Zusammenhänge oder auch methodenorientierte Verhaltensweisen erwartet, die den Zielsetzungen des Sachunterrichts entsprechen, etwa das Messen oder die Orientierung in Raum und Zeit in mathematischen Zusammenhängen oder das Sammeln und die Weitergabe von Informationen in Projekten, die im Deutschunterricht entstanden sind. Solche Zusammenhänge können nur teilweise in den längerfristigen Planungen mitbedacht sein. Sie sollten aber bei Bilanzierungen nicht vergessen werden. Schon deshalb nicht, weil der Überblick für Lehrerinnen und Lehrer Entlastung bewirken kann. Das Gefühl des Zeitdrucks, das – nicht zuletzt angesichts anspruchsvoller Lehrpläne – im Schulalltag als besonders belastend erlebt wird, kann vielleicht etwas abgemildert werden, wenn sich Lehrkräfte verdeutlichen, dass sich die Schülerinnen und Schüler mit weit mehr Inhalten und Qualifikationen des Sachunterrichts befasst haben, als bei einem nur isolierten Blick auf die formal für den Sachunterricht ausgewiesene Zeit in der Woche zu konstatieren wäre. Neben solchen Einsichten wirkt das Wissen um sachunterrichtliche Bezüge auf die Planung innerhalb des Lernbereichs selbst zurück, denn es hilft, die Voraussetzungen für die Bearbeitung von Themen zu klären und Entscheidungen über Vertiefungen und Wiederholungen zu treffen.

Planung im Sachunterricht lässt Freiräume und setzt voraus, dass Ziele des Sachunterrichts auch in fächerübergreifendem Arbeiten Berücksichtigung finden.
Bilanzierung im Sachunterricht prüft die sachunterrichtlichen Anteile bei fächerübergreifendem Arbeiten. Die Ergebnisse dieser Prüfung beeinflussen die weitere Planung.

Häufig wiederkehrende Ereignisse im Leben einer Grundschule lassen sich eng mit sachunterrichtlichen Themen verbinden. Statt den Besuch des Schulzahnarztes, die Einschulungsfeier, den Besuch der Kindergartenkinder, das Sommerfest usw. als zwar notwendige, aber eher das Lernen und den Unterricht störende Elemente des Schullebens zu betrachten, können Lehrerinnen und Lehrer Termine dieser Art auch curricular wirksam werden lassen. Es bietet sich an, aus Anlass solcher Ereignisse fächerübergreifend und jahrgangsübergreifend thematische Einheiten zu entwickeln, die bestimmte Konturen festlegen, Materialiensammlungen, Themenvorschläge u. ä. enthalten können und in der gebotenen offenen Form zu curricularen Bausteinen des jeweiligen Schulprogramms werden. Der Planungsaufwand wird auf diese Weise bei der praktischen Realisierung deutlich verringert. Die Entwicklung solcher «Bausteine» ist eine längerfristige Aufgabe, die sich dem ganzen Kollegium einer Schule stellt.

Da ein Schuljahr von vielerlei Terminen und Ereignissen betroffen ist, kann ein übersichtlicher Terminplan für die Schule wie auch für die einzelne Klasse hilfreich sein. Ausgehängt im Klassenraum unterstützt er Kinder nicht nur bei der Entwicklung ihres Zeitbewusstseins, sondern hilft auch bei der zeitlichen Planung der Arbeit an den einzelnen Themen. Ein solcher Terminplan wird dann zu einem Instrument der Bilanzierung und unterstützt Schülerinnen und Schüler sowie Lehrkräfte bei der Reflexion der Lernprozesse.

Planen und Bilanzieren im Sachunterricht sind immer auch Gegenstand der Metakognition. Kinder erfahren, dass ihr Lernen in zeitlich begrenzten Zeiträumen erfolgt, dass Themen daher bewusst ausgewählt werden müssen und dass bei der Arbeit der Umgang mit der Zeit verantwortlich gehandhabt werden muss.

Bilanzierung und Information

An dieser Stelle soll noch ein weiterer Zusammenhang verdeutlicht werden. Die Bilanzierung im Sachunterrricht dient der Planung, der Dokumentation und Evaluation des erfolgten Lernens im Sachunterricht. Darüber hinaus leistet sie Beiträge zur Information für nicht unmittelbar am Lernprozess Beteiligte, für Kolleginnen und Kollegen und für Eltern. Insbesondere bei letzteren entsteht ein hohes Informationsbedürfnis, wenn der Unterricht sich nicht nach einem Lehrbuch ausrichtet oder vielfach in fächerübergreifenden Arbeitsvorhaben verläuft. Während sich die Lernprozesse im Mathematikunterricht oder in Deutsch viel eher nachvollziehen lassen, bleibt der Lernbereich Sachunterricht leicht im Dunkel von Vermutungen oder persönlichen Erinnerungen. Der Nachweis darüber, mit welchen Themen, in welcher Weise und mit welchen zeitlichen Anteilen die Ziele des Sachunterrichts aufgegriffen wurden, dient nicht nur der gegenseitigen Verständigung, sondern auch der Legitimation des Lernbereichs.

> *Bilanzierung im Sachunterricht* dient auch der Dokumentation der Lernprozesse und der Information Außenstehender.

Planen und Bilanzieren auf unterschiedlichen Ebenen

Wir stellen fest: Planen und Bilanzierung im Sachunterricht findet in unterschiedlichen Formen zu unterschiedlichen Zeitpunkten und auf unterschiedlichen Ebenen statt:

- auf der Ebene des Unterrichts, wenn es um die Entwicklung der Themen geht
- auf der Ebene des Teams der Lehrkräfte, wenn es um längerfristige Arbeitsschwerpunkte geht
- auf der Ebene des ganzen Kollegiums einer Schule, wenn es um übergreifende Projekte oder thematische Bausteine geht, die zu einem Element des Schulprogramms geworden sind oder werden.

Die Schülerinnen und Schüler sind schwerpunktmäßig bei der Planung und Bilanzierung auf der Unterrichtsebene beteiligt; das schließt nicht aus, dass sie auch an den anderen Planungsvorgängen teilhaben können und sollen. Projekte entwickeln, Erkundigungen einholen, das Lernen der anderen vorbereiten und vorstrukturieren und anderes mehr: Schulen, die das eigenverantwortliche Lernen der Kinder wirklich stärken wollen, bietet sich eine Fülle von Möglichkeiten.

Offene Planungsverfahren, die sich mit einem offenen curricularen Konzept des Sachunterrichts verbinden, erfordern Mut an unterschiedlichen Stellen,
- bei den Bildungsverwaltungen, damit auf kleinschrittige Vorgaben verzichtet wird und das Postulat der Vergleichbarkeit für die übergreifenden Inhalten, nicht aber für die konkreten Themen erhoben wird
- bei den Eltern, dass sie für ihre Kinder die Bedeutsamkeit eines Sachunterrichts, der sich nicht als «Sachkunde» versteht, erkennen
- bei den Lehrkräften, dass sie die Motive, Fragen und Neugier der Schülerinnen und Schüler und die daraus entstehenden Themen zulassen
- bei den Schülerinnen und Schülern, dass sie mit Selbstvertrauen die Chancen zum selbständigen Arbeiten wahrnehmen.

Literatur

Dunker L., Popp, W.: Der schultheoretische Ort des Sachunterrichts, in: Haarmann, D. (Hrsg.): Handbuch Grundschule, Band 2, Weinheim und Basel 1993.
Faust-Siehl, G., Garlichs A., Ramseger, J., Schwarz, H., Warm, U.: Die Zukunft beginnt in der Grundschule. Epfehlungen zur Neugestaltung der Primarstufe, Arbeitskreis Grundschule, Frankfurt a. M. 1996.
Rahmenplan Grundschule, Hessisches Kultusministerium, Wiesbaden 1995.
Thurn, B., Ronte-Rasch, B., Unglaube H., Neidhardt, U.: Planen – aber wie? Hessisches Landesinstitut für Pädagogik, Wiesbaden 1997.

Hanna Kiper

Perspektivität im Sachunterricht
Zur Berücksichtigung kollektiver Erfahrungen von Ethnizität und Geschlecht

Vom Ernstnehmen der Perspektiven der Schülerinnen und Schüler

Spätestens seit den sechziger Jahren wird in didaktischen Überlegungen auf die Notwendigkeit einer Bedingungsanalyse als Voraussetzung für effektiven Unterricht abgehoben, die die sozio-ökonomischen, sozio-ökologischen und sozio-kulturellen Voraussetzungen der Schülerinnen und Schüler erfasst (MEYER-WILLNER 1992). Gegenüber der Diskussion in den siebziger Jahren, in der die Aufmerksamkeit vor allem auf «Arbeiterkinder» und Kinder aus strukturschwachen ländlichen Gebieten gerichtet war, wurden in den achtziger und neunziger Jahren behinderte Kinder, Minderheitenkinder und Mädchen mit ihren besonderen Erfahrungen, Lernvoraussetzungen und Sichtweisen entdeckt (vgl. KIPER 1987; PREUSS-LAUSITZ 1993; PRENGEL 1995).

- Bezogen auf die **Minderheitenkinder** wurden Migrationserfahrung, Sozialisationsbedingungen im Herkunfts- wie im Aufnahmeland, sprachliche Voraussetzungen, Religion und Kultur und deren Veränderungen durch Migration und das Leben in der Minderheitensubkultur diskutiert (KIPER 1987).

- Bezogen auf die **Mädchen** und Jungen wurden Fragen der Geschlechterrollenstereotype, der geschlechtsspezifischen Sozialisation, des heimlichen Lehrplans der Geschlechterdiskriminierung in der Schule kritisch erörtert (vgl. KIPER 1997).

JOACHIM KAHLERT hat die Forderung nach einem integrativen, fächerübergreifenden und verschiedene Dimensionen zusammenführenden Zuschnitts des Sachunterrichts so konkretisiert, dass ‹die Sache› als konstruierte sichtbar zu machen sei. Sie werde «nach Maßgabe der herangetragenen Dimensionen und nach Art ihrer Verknüpfungen immer wieder neu geschaffen»

(1994, S. 73). Er fragt nicht mehr danach, was Kinder lernen sollen, sondern wie Sachunterrichtslehrerinnen und -lehrer dazu beitragen können, die Perspektiven der Kinder beim Blick auf die Welt auszudifferenzieren und ihre «Unterscheidungsfähigkeit» zu schärfen.

«Schaffe Lernarrangements, an denen die Schüler erfahren, dass ihr Blick auf die Dinge, ihre Sichtweise eines Problems, ihre bisherigen Deutungen und Interpretationen weitere Fragen anstoßen und nicht die einzig möglichen Sichtweisen sind» (1994, S. 79 f.).

Die Hinführung zu einer Fragehaltung bewirke eine permanente Suche nach neuen Einsichten und verhelfe zum «Überschreiten von Grenzen, seien es die von Disziplinen, Kulturen, vertrauten Sichtweisen» (1994, S. 82).

In der Grundschulpädagogik ist Individualität von Kindern in den letzten zehn Jahren vor allem unter dem Aspekt der Berücksichtigung von Heterogenität durch Binnendifferenzierung in der Schulklasse diskutiert worden. Unterricht sei so zu organisieren, dass «in einer Schulklasse Kinder auf verschiedenen Leistungsniveaus, in verschiedenen Lerntempi, auf verschiedenen Lernwegen, mit verschiedenen Lernmitteln und in verschiedenen Lernstilen arbeiten können» (PRENGEL 1996, S. 188).

Offen blieb weitgehend die Frage, wie die Anerkennung «heterogener Kollektivität» (PRENGEL 1996, S. 195 f.) zu praktizieren sei. Begreift man Kinder als Subjekte im Lernprozess, dann muss Unterricht nicht nur unter Berücksichtigung ihrer Voraussetzungen durch die Lehrkraft geplant werden; auch ihre Sichtweisen und Deutungsmuster sind einzubeziehen. Diese können auch von Geschlecht und Ethnizität beeinflusst sein. Dabei muss differenziert werden, ob «Geschlecht» und «Ethnizität» den Kindern als Konstruktion durch spezifische Formen der Unterscheidung durch die Lehrkraft einsozialisiert werden (Wie siehst du ‹die Sache› als «Mädchen»/«Junge»? Wie siehst du ‹die Sache› als «türkisches» Kind?) oder ob in die Sichtweisen der Kinder ihre Erfahrungen als Mädchen bzw. Jungen bzw. als Angehörige von Minderheiten als Form kollektiven Erlebens eingehen.

Didaktische Analyse, Sachunterricht und Perspektivität

Sachunterrichtslehrerinnen und -lehrer, die die Deutungsmuster der Kinder berücksichtigen wollen, dürfen auch darüber nachdenken, inwiefern «heterogene Kollektivität» (PRENGEL 1996, S. 195 f.) zu berücksichtigen ist. Fragen nach kollektiven Erfahrungen in Abhängigkeit von Geschlecht und Ethnizität können bei der didaktischen Analyse mit durchdacht werden. Dies sei unter Aufnahme der von KLAFKI (1986) vorgelegten Fragestellungen aufgezeigt:

- Welche Bedeutung hat das Thema für Mädchen und Jungen der Schulklasse? Welche Bedeutung hat es für Kinder der Minderheiten und der Mehrheit?

- Welche Bedeutung hat das Thema für die Zukunft der Kinder? Welche Bedeutung hat es unter Antizipation je unterschiedlich denkbarer Zukünfte? Welche Bedeutung hat es beim Nachdenken über die Gestaltung des Zusammenlebens der Mehrheits- und Minderheitsangehörigen und der Geschlechter?

- Wie ist ein Aufschließen des Themas aus verschiedenen Perspektiven möglich? Wie kann die jeweilige Perspektive auf das Thema mit anderen Perspektiven kontrastiert, relationiert, aber auch vermittelt werden? Wie kann die Erkenntnis von Differenz in einen Bezug zum «Allgemeinen» gesetzt werden?

- Welche Struktur hat das Thema unter Berücksichtigung verschiedener Perspektiven?

- An welchen Handlungen, Fähigkeiten, Erkenntnissen zeigt es sich, ob die angestrebten Lernprozesse erfolgreich waren?

- Durch welche Handlungen, Erfahrungen, Erlebnisse, Situationen, Spiele und Medien erhalten die Schülerinnen und Schüler einen Zugang zum Thema? Werden diese den beiden Geschlechtern und Minderheiten- und Mehrheitskindern gerecht? Wie können Kinder dafür gewonnen werden, sich auf jeweils neue Perspektiven als Chance für Erkenntnis einzulassen?

- Welche Unterrichtsmethoden sind dem Thema, den Zielen, den Jungen und Mädchen, den Minderheiten- und Mehrheitskindern und der Sozialstruktur der Klasse angemessen?

Durch die Berücksichtigung unterschiedlicher individueller und kollektiver Erfahrungen beim Erschließen eines Themas (wobei diese kollektive Heterogenität unter Beachtung von vielerlei Gesichtspunkten konstruiert werden kann (vgl. VAN DEN BROEK 1988)), kann das Allgemeine nicht mehr naiv gesetzt werden; es wird – über einen Durchgang und eine Verständigung über gemeinsame und verschiedene, über kollektive und individuelle Erfahrungen – in neuer Weise konstruiert (vgl. KIPER 1987).

FAUST-SIEHL und andere (1996) schlugen vor, den Sachunterricht als «Welterkundung» neu zu strukturieren. Die forschende Auseinandersetzung des lernenden Kindes mit seiner es umgebenden Welt soll im Zentrum stehen. Das Kind kann eigenen Fragen nachgehen und dabei die Interpretations- und Darstellungsmuster der Erwachsenen für die von ihm untersuchten Probleme kennenlernen. Neben die «Aneignung von Kulturtechniken» durch forschend-entdeckendes Lernen tritt eine Auseinandersetzung mit «Kultur‹gütern››». Dazu entfalteten sie ein «Suchraster für bedeutsame Unterrichtsinhalte». In diesem werden folgende Fragerichtungen unterschieden:

- Welches sind die entwicklungstypischen Schlüsselfragen von Grundschulkindern?
- Welches sind die epochaltypischen Schlüsselfragen der Menschheit?
- Was sind die epochemachenden Errungenschaften der Menschheit, mit denen Kinder schon im Grundschulalter vertraut gemacht werden können?
- Welche Methoden der Rekonstruktion und Darstellung der Welt können schon Grundschulkinder kennen- und anwenden lernen?

Interkulturelles Lernen als Beitrag zur Entwicklung von Unterscheidungsfähigkeit

In den Schulen der Bundesrepublik Deutschland lassen sich Kinder der Mehrheit, Kinder der Inländer ohne deutschen Pass, also Kinder, die in Deutschland geboren, jedoch ohne deutsche Staatsbürgerschaft sind, finden. Daneben werden Kinder der Aussiedler aus Ost-, Ostmittel und Südosteuropa, Kinder der Übersiedler aus der ehemaligen DDR und manchmal auch Kinder der Flüchtlinge beschult. Diese Kinder werden oft in Vorbereitungsklassen, die sie von den Kindern der Mehrheit isoliert, zusammengefasst oder sie werden gemeinsam mit den Kindern der Mehrheit unterrichtet, ohne dass man hinreichend ihre besonderen Bedürfnisse berücksichtigte. Interkulturelle Pädagogik formuliert eine Kritik an Separation und Assimilierung. Auf der Grundlage eines Engagements für eine gemeinsame Beschulung von Kindern der Mehrheit und der Minderheiten wird nach Ansätzen gesucht, wie das gemeinsame Lernen entfaltet werden kann. Unter «interkulturellem Lernen» wird das gemeinsame Lernen von Menschen unterschiedlicher ethnischer Herkunft verstanden. Es nimmt Bezug auf die jeweiligen Erfahrungen, orientiert auf Gemeinsamkeiten auf der Basis der Akzeptanz von Unterschieden und auf gleichberechtigte Beziehungsformen. «Kulturelle Vielfalt und Komplexität bezogen auf Werte und Lebensformen wie Arbeit, Lernen, Spiel, Essen, Kleidung, Wohnen, Musik, Religion, Erziehung, Moral und Kommunikationsstrukturen werden (...) als Anstoß zur Entwicklung neuer Lebensformen und Lernmöglichkeiten (erlebt)» (DEUTSCHES INSTITUT FÜR FERNSTUDIEN 1983, S. 22).

Ich möchte Ansätze interkulturellen Lernens in das von FAUST-SIEHL u. a. entwickelte Suchraster (1996) einfädeln, indem ich den verschiedenen Fragerichtungen didaktische Überlegungen zum interkulturellen Lernen zuordne.

- **Entwicklungstypische Schlüsselfragen** von Grundschulkindern begleiten den Prozess der Autonomieentwicklung und Konstituierung von Identität. Diese können im Kontext biographischen Lernens bzw. eines Lernens durch Selbsterfahrung aufgegriffen und unter Berücksichtigung eigener Migrationserfahrungen resp. Erfahrungen mit Ethnizität beantwortet werden. Aspekte der eigenen Lebensgeschichte werden bedeutsam. Die Frage nach der eigenen Geschichtlichkeit («Wo komme ich her?») vergegenwärtigt eigene Migrationserfahrungen bzw. solche von Familienangehörigen. Die Frage nach der Primärgruppe («Wo gehöre ich hin?») hilft dabei, das Leben in ethnisch unterschiedlich zusammengesetzten Gruppen zu berücksichtigen. Das Nachdenken über Freundschaft und Ablehnung ermöglicht das Besprechen von Selbst- und Fremdwahrnehmung, Freund- und Feindbildern, Prozessen der Ein- und Ausgrenzung. Fragen nach der persönlichen und sozialen Identität, nach dem Selbst- und Anderssein zielen auf das Vergegenwärtigen von Wert- und Unwertgefühlen.

- **Epochaltypische Schlüsselfragen** der **Menschheit** sind (nach KLAFKI) z. B. Möglichkeiten der Vermeidung von Krieg und die Sicherung des Friedens, das Verhältnis der Menschen zur Natur, Probleme und Folgen der gesellschaftlich hergestellten Ungleichheit, das Verhältnis der Geschlechter und der Generationen zueinander, Folgen des rapiden Wachstums der Weltbevölkerung und Möglichkeiten und Gefahren der neuen Informationstechnologien. Diese Schlüsselfragen stellen sich für die Angehörigen verschiedener Länder unterschiedlich dar. Zugleich werden von verschiedenen Kulturen unterschiedliche Lösungsvorschläge entfaltet.

- Als **epochemachende Errungenschaften** werden Ideen der Menschen, die noch nicht realisiert sind oder um deren Verwirklichung immer wieder gerungen werden muss, genannt, so die Ideen der Freiheit, Gleichheit, Brüderlichkeit, des Weltfriedens, der Demokratie und Gerechtigkeit etc. Die epochemachenden Errungenschaften stellen wohl das Kernstück des Lehrplans dar; sie transportieren die transzendentalen Ideen, die «großen Erzählungen» (POSTMAN) Europas. Sie müssen in ihrem Gehalt allen Schülerinnen und Schüler vorgestellt und verständlich gemacht werden.

- **Unter Methoden** der **Rekonstruktion** und Darstellung der Wirklichkeit diskutieren FAUST-SIEHL u. a. (1996) Fähigkeiten, Techniken und Ausdrucksformen, mit denen sich die Kinder die Welt erschließen und ihre Erkenntnisse darstellen können (Hypothesen bilden, Theorien erörtern, Beobachtung, Befragung, Experiment, Modellvorstellungen entwikkeln etc.). Als Methoden einer solchen Rekonstruktion in interkultureller Absicht können

* Formen der **Spurensuche** nach dem Zusammenleben von Mehrheit und Minderheiten in Geschichte und Gegenwart begriffen werden. Spuren von Minderheiten und ihrer Kinder werden recherchiert, um deren Unsichtbarkeit zu überwinden. Geschichte, Lebenswelt und die politischen, kulturellen und religiösen Ausdrucksformen der Minderheiten werden entdeckt. Darüber hinaus wird die Geschichte des Zusammenlebens von Minderheiten und Mehrheiten nicht nur in Zeiten des Austauschs, der Kooperation, des friedlichen Nebeneinanders in den Blick genommen; auch Erfahrungen der Unterdrückung, Verfolgung und Vernichtung von Minderheiten sind zum Thema zu machen. Unter Rückgriff auf ethnische Literatur, Theaterstücke, Filme und Musik kann nicht nur den Mehrheitsangehörigen ein Spiegel vorgehalten werden, sondern zugleich die Kultur in der Bundesrepublik in ihren polyethnischen Dimensionen sichtbar gemacht werden.

* Bei einer Aufklärung über Vorurteile kommen sowohl die der Mehrheits- wie der Minderheitenangehörigen in den Blick. Vorurteile werden nicht mehr auf der Grundlage der Eigenschaften der Minderheiten erklärt, sondern es werden die Mechanismen bewusst gemacht, die in den Mehrheitsangehörigen selbst Vorurteile verursachen. Einer Besinnungslosigkeit, die dazu führt, dass an Schwächeren Hass, Angriffslust, Verfolgung, Gewalt und Totschlag blind agiert wird, soll pädagogisch entgegengewirkt werden (vgl. ADORNO 1971, S. 90).

* In ideologiekritischer Absicht wird die Nichtsichtbarkeit oder Abwertung von Menschen anderer Hautfarbe, Kultur, Sprache und Religion in und durch die europäische Kultur aufgedeckt. Dabei wird die hierarchische Einordnung von Menschen problematisiert. Die Dichtotomien des Denkens, des Einteilens der Menschen in ‹wir› und ‹die anderen›, in ‹überlegen› und ‹unterlegen›, in ‹gut› und ‹böse›, in ‹Mehrheits-› und ‹Minderheitenangehörige›, kurz des Grenzziehens durch bestimmte Formen des Kategorisierens werden verändert. Formen des rassistischen und ethnozentristischen Denkens kommen als Normalbestandteile der Kultur kritisch in den Blick (vgl. LORBEER/WILD 1991). So wird zu einer Sensibilisierung der Wahrnehmung, zum Überprüfen des eigenen Denkens und Sprechens und zum Bewusstsein über die Möglichkeit

der Konstruktion und Rekonstruktion der Welt aus verschiedenen Perspektiven beigetragen.

Wenn Interkulturelles Lernen einen Beitrag leistet zu Unterscheidungsfähigkeit (vgl. Kahlert 1994), ist es zugleich ein radikal individualisierendes Lernen. Es ermöglicht, je unterschiedliche Erfahrungen von Kindern in den Unterricht einzubringen, aufzunehmen und zu berücksichtigen und sie mit verschiedenen Traditionen zu vermitteln. Kinder lernen, unterschiedliche Perspektiven zu kontrastieren, zu relationieren, zu vermitteln oder sie als sich ausschließende partiell auszuhalten. Ziel dabei ist es auch, ihnen bei der Erarbeitung einer Metaperspektive zu helfen, die ihnen ermöglicht, über ihre Kommunikation, über Hintergründe für Missverständnisse und Konflikte kritisch nachzudenken (vgl. Kiper 1994).

Nachdenken über Mädchen und Jungen als Beitrag zur Entwicklung von Unterscheidungsfähigkeit

Die pädagogische Forschung unter Berücksichtigung der Kategorie Geschlecht hat verdeutlicht, dass diese nicht ignoriert werden sollte, will man nicht die besonderen Lernaufgaben von Mädchen und Jungen aus dem Blick verlieren. Bezogen auf den Sachunterricht und das entfaltete Raster kann die Kategorie «Geschlecht» hilfreich sein, um die entwickelten Unterscheidungsfragen auszudifferenzieren.

- Die **entwicklungstypischen Schlüsselfragen** von Grundschulkindern sind auf dem Hintergrund einer Reflexion der geschlechtsspezifischen Sozialisation zu bestimmen. Durch biographisches Lernen und Übungen zur Selbsterfahrung kann die Einsozialisation in die Geschlechterrollen erörtert und darüber nachgedacht werden, ob man mit diesen Rollen einverstanden ist oder nach anderen Handlungsmöglichkeiten suchen will. Chancen und Schwierigkeiten der jeweiligen Rollen und der ihnen implizite physische und psychische Preis, den beide Geschlechter für die Aufrechterhaltung des Geschlechterverhältnisses zahlen müssen, kann zum Thema werden. Die Verhaltensoptionen für Mädchen und Jungen werden dadurch erweitert, dass den Rollenvorbildern aus Geschichten und Medien größere Handlungsmöglichkeiten zugeschrieben und diese spielerisch ausprobiert werden. Ein Nachdenken über Lebenspläne und Berufswünsche kann schon frühzeitig im Unterricht stattfinden.

- Zu den **epochaltypischen Schlüsselfragen** der Menschheit zählt Klafki die Gestaltung des Geschlechterverhältnisses.

Schon im Grundschulalter kann die gesellschaftliche Arbeitsteilung zwischen den Geschlechtern, die Verteilung von Armut und Reichtum, Formen der Gewalt gegen Mädchen und Frauen, Mechanismen des Ausschlusses von Frauen von interessanten gesellschaftlichen Positionen, die Delegation der Haus- und Kinderarbeit an Mädchen und Frauen verdeutlicht und in Formen der Gegenwehr einsozialisiert werden. Dazu gehört auch, Formen des Sexismus und der institutionellen Diskriminierung zu kritisieren und Ansätze zur ihrer Veränderung aufzuzeigen. Darüber hinaus können Schlüsselfragen der Menschheit daraufhin befragt werden, ob und inwiefern sie mit der konkreten Ausgestaltung des Geschlechterverhältnisses zusammenhängen und ob vorgeschlagene Problemlösungen einseitig die Perspektiven, Situationen und Interessen von Männern berücksichtigen und wie Problemlösungen unter Berücksichtigung von Mädchen und Frauen aussehen könnten.

- Als eine der **epochemachenden Errungenschaften** der **Menschheit** ist sicherlich die Utopie vom gleichberechtigten Zusammenleben der Geschlechter zu begreifen. Wenn sich der Fortschritt einer Gesellschaft am Stand der Frauenemanzipation festmachen lässt, dann sind die utopischen und sozialen Gehalte der Frauenbewegung wichtig zu nehmen und in den Unterricht einzubeziehen.

- **Methoden der Rekonstruktion** und **Darstellung der Welt** können – ähnlich wie beim interkulturellen Lernen durch Spurensuche, Aufklärung über Vorurteile und Ideologiekritik – die besondere Situationen und Erfahrungen von Mädchen und Frauen aufnehmen.

Gefahren und Chancen von Perspektivität

Das Einüben in «Unterscheidungsfähigkeit» leistet einen Beitrag zu einem neuen Denken, das durch einen permanenten Perspektivenwechsel charakterisiert ist. Dabei wird die Perspektive der einen Seite transzendiert und die komplementäre Disposition der Gegenseite mit in den Blick genommen. Es ist Ausdruck eines systemischen Denkens, das korrespondierende Empfindlichkeiten und Verhaltensweisen mehrerer Seiten mitzubetrachten sucht. Es erfordert Kommunikation statt Konfrontation, gegenseitige Anerkennung und Bedürfnisbefriedigung und eine Praxis der gegenseitigen Verständigung. Perspektivität unter Berücksichtigung von Ethnizität oder Geschlecht verhilft zu einer Erweiterung und Modifikation der Bildungstheorie. Die Anwesenheit der «Anderen», der «Fremden» wird dafür genutzt, die eigene Bildungstradition neu, nämlich als interkulturelle, dialogisch entfaltete und europäische in den Blick zu nehmen und sich der ethnozentristischen und patriarchalen Implikationen bewusst zu werden. Interkulturelles Lernen und Lernen unter Berücksichtigung der Kategorie Geschlecht steht in der Tradition demokratischer Pädagogik. Beide haben das Ziel, durch die Beförderung der Autonomie als Kraft zur Selbstreflexion und Selbstbestimmung einen Beitrag zur Fortsetzung des Projektes der Moderne zu leisten. WALDENFELS plädiert für ein Wissen und Handeln, «das sich Fremden aussetzt, ohne es einzugemeinden» (1990, S. 59). Nur so könne eine neue und paradoxe Gemeinschaft entstehen, «eine Gemeinschaft von Fremden, die einander in dem Maße akzeptieren, wie sie sich selbst als Fremde erkennen. Die multinationale Gesellschaft wäre somit das Resultat eines extremen Individualismus, der sich aber seiner Schwierigkeiten und Grenzen bewusst ist (...)» (KRISTEVA 1990, S. 213).

Beim Ausbalancieren des extremen Individualismus gegenüber kollektiven Erfahrungen ist immer wieder zu fragen, inwiefern sich in «Ethnizität» und «Geschlecht» kollektives Erleben und gemeinsame Erfahrungen ausdrücken, die dabei helfen, die eigene Situation eben nicht als individuelle allein, sondern als gemeinsame und damit gesellschaftlich bedingte und veränderbare zu begreifen. Zugleich sollte der Durchgang und die Berücksichtigung dieser Erfahrungen eine Befähigung zur individuellen Mündigkeit durch eigenes Denken bewirken. Durch ein falsches und zu häufiges Einbringen der «Ausländer - und/oder Geschlechterthematik» in den Unterricht können ‹doing gender› und ‹doing ethnicity› praktiziert und kontraproduktive Effekte hervorgerufen werden. Daher ist es immer wieder nötig, mit Kindern in eine Auseinandersetzung um individuelle Lebenserfahrungen, Lebenspläne, Zukunftsentwürfe, kurz: um persönliche Identität einzutreten (vgl. DIEHM 1997).

NEIL POSTMAN hat auf die Chancen und Gefahren von Perspektivität hingewiesen. Er unterscheidet «kulturellen Pluralismus» von «Multikulturalismus».

- Beim «kulturellen Pluralismus» werden Geschichte, Literatur und Traditionen verschiedener Minderheitengruppen als Teil der «großen Erzählung» eines Landes gelehrt. So kann ein genaueres Bild der Geschichte und Kultur einer Gesellschaft und ihres dynamischen Wesens gewonnen, Vorurteile überwunden und die Religion und Tradition anderer Menschen kennengelernt werden (POSTMAN 1995, S. 31 f.).

- Der «Multikulturalismus» dagegen betone die kulturellen Unterschiede. Er ziele darauf, die Geschichte der Weißen einzig als Geschichte der Unterdrückung und des Rassismus (unter Leugnung der transzendentalen Idee) vorzustellen. Er verzerre und trivialisiere die Idee einer öffentlichen Erziehung, ziele auf Ablehnung des schulischen Kanons und führe zu einer «‹Balkanisierung› der öffentlichen Schule», zur Privatisierung des Denkens, zu Vergeltung, Entzweiung, Trennung und Hass (vgl. POSTMAN 1995, S. 69 ff.).

Er fordert, die falschen Götter (der ökonomischen Nützlichkeit, des Konsums, der Technologie und des Multikulturalismus) abzulösen und «große Erzählungen» anzubieten, die Lernen sinnvoll machen, nämlich die vom Menschen als Hüter der Erde, von der Geschichte der (amerikanischen) Gesellschaft als «Experiment» und von der «Vielfalt», die Vitalität und Kreativität der Menschen bedinge und Standards für zivilisierte Menschen setze. Er betont die Aufgabe der Schule, an der Herstellung einer Öffentlichkeit mitzuwirken, die das Projekt «Moderne» als Prozess verstehe und fortsetze und ein Verständis für den transzendentalen Gehalt der «großen Erzählungen» bewahre. Ähnlich argumentiert ANDREAS FLITNER: «Ich meine, wir sollten nicht im Zweifel darüber sein, dass wir eine Schule betreiben auf der Grundlage der europäischen Aufklärung und Überlieferung. Zu dieser Aufklärung gehört eine große Neugier, gehören ‹offene Fenster› zu anderen Kulturen, gehört ein ernsthaftes Interesse für die Kinder, die bei uns leben (...). (...) Sie sollte aber nicht verwechselt werden mit der Aufgabe der Schule, die Kinder zu beheimaten in einem gemeinsamen Bereich kultureller Inhalte, Bilder und Geschichten» (FLITNER 1996, S. 279 f.).

Diesen gemeinsamen Bereich kultureller Inhalte, Bilder und Geschichten zu erweitern und zu ergänzen, ist die Aufgabe des interkulturellen Lernens und des Lernens unter Berücksichtigung der Geschlechterperspektive.

Literatur

ADORNO, T. W.: Erziehung nach Auschwitz. (1966) In: ders.: Erziehung zur Mündigkeit. Frankfurt/M 1971, S. 88-104.
VAN DEN BROEK, L.: Am Ende der Weißheit. Vorurteile überwinden. Berlin 1988 (1. Auflage Amsterdam 1987).
DEUTSCHES INSTITUT FÜR FERNSTUDIEN AN DER UNIVERSITÄT TÜBINGEN (Hrsg.): Fernstudium Erziehungswisssenschaft: Ausländerkinder in der Schule. Gemeinsames Lernen mit ausländischen und deutschen Schülern. Tübingen 1983.
DIEHM, I.: Gilt das Prinzip der Individualisierung auch für die Arbeit mit Migrantenkindern? In: Die Grundschulzeitschrift 106/1997, S. 43-47.
FAUST-SIEHL, G./GARLICHS, A./RAMSEGER, J./SCHWARZ, H./WARM, U.: Die Zukunft beginnt in der Grundschule. Reinbek 1996.

FLITNER, A.: Zukunft für Kinder. Gedanken zur Grundschule. In: Arbeitskreis Grundschule/GEW/VBE (Hrsg.): Bundesgrundschulkongress 1995 in Berlin. Zukunft für Kinder – Grundschule 2000. Bonn, Frankfurt/M 1996, S. 272-288.

KAHLERT, J.: Ganzheit oder Perspektivität? Didaktische Risiken des fächerübergreifenden Anspruchs und ein Vorschlag. In: LAUTERBACH, R. u. a. (Hrsg.): Curriculum Sachunterricht. Kiel 1994, S. 71-85.

KIPER, H.: ‹... und sie waren glücklich›. Alltagstheorien und Deutungsmuster türkischer Kinder als Grundlage einer Analyse didaktischer Materialien und Konzeptionen am Beispiel des Faches Sachunterricht. Hamburg 1987.

DIES.: Interkulturelles Lernen im Sachunterricht der Grundschule. In: DUNCKER, L./POPP, W. (Hrsg.): Kind und Sache. Zur pädagogischen Grundlegung des Sachunterrichts. Weinheim und München 1994, S. 131-144.

DIES.: Jungen und Mädchen in der Grundschule. In: S-W-Z 26 Jg. (1997) Nr. 7, S. 5-9.

KLAFKI, W.: Die bildungstheoretische Didaktik im Rahmen kritisch-konstruktiver Erziehungswissenschaft. In: GUDJONS, H. u. a. (Hrsg.): Didaktische Theorien. Hamburg 1986, S. 10-26.

DERS.: Allgemeinbildung in der Grundschule und der Bildungsauftrag des Sachunterrichts. In: LAUTERBACH, R. u.a. (Hrsg.): Brennpunkte des Sachunterrichts. Kiel 1992, S. 11-31.

KRISTEVA, J.: Fremde sind wir uns selbst. Frankfurt/M 1990 (1. französische Ausgabe 1988).

LORBEER, M./WILD, B. (Hrsg.): Menschenfresser. Negerküsse. Das Bild vom Fremden im deutschen Alltag. Berlin 1991.

MEYER-WILLNER, G.: Zur Bedingungsanalyse des Unterrichts. In: HOOF, D. (Hrsg.): Didaktisches Denken und Handeln. Eine Einführung in die Theorie des Unterrichts. Braunschweig 1992, S. 30-44.

POSTMAN, N.: Keine falschen Götter mehr. Das Ende der Erziehung. München 1995.

PRENGEL, A.: Pädagogik der Vielfalt. Opladen 1995 (2. Auflage).

PRENGEL, A.: Homogenität versus Heterogenität in der Schule – Integrative und interkulturelle Pädagogik am Beispiel des Anfangsunterrichts. In: MELZER, W./SANDFUCHS, U. (Hrsg.). Schulreform in der Mitte der neunziger Jahre. Opladen 1996, S. 187-196.

PREUSS-LAUSITZ, U.: Die Kinder des Jahrhunderts. Weinheim und Basel 1993.

WALDENFELS, B.: Der Stachel des Fremden. Frankfurt/M 1990.

Gabriele Faust-Siehl

Leistung und Leistungsbeurteilung im Sachunterricht

Auffassungen von Lehrerinnen und Lehrern

A: «*Ich halte die Leistungsbeurteilung im Grunde für nicht notwendig. Kinder selbst brauchen keine Leistungsbeurteilung, weil sie sich selbst in ihrer Leistung einschätzen können.*» – «*Die meisten Kinder sind motiviert, auch ohne Leistungsbeurteilung zu lernen und sich Mühe zu geben.*»

B: «*Leistungsbeurteilung ist Zwang unserer Leistungsgesellschaft. Sie dient in der Schule als Messgrad für die weiterführenden Schulen und wird von diesen sowie von Eltern und der Gesellschaft vorgelebt und gefordert.*» – «*Durch Leistungsbeurteilung sollte keinesfalls Druck ausgeübt und eine negative Schuleinstellung bewirkt werden, v.a. in der Grundschule nicht. Lernen in der Grundschule sollte sehr lustbetont sein und Freude am Lernen wecken.*»

C: «*Die Leistung der Schüler beurteilen zu müssen ist für mich die unangenehmste Aufgabe im Lehrerberuf.*» – «*Es gibt vor der Leistungsbeurteilung kein Entrinnen, weil wir in einer Leistungsgesellschaft leben*» (KRETSCHMAR 1997, S. 79ff.).

Diese Äußerungen von Lehrerinnen stammen aus offenen Interviews zur Leistungsbeurteilung in der Grundschule, die im Rahmen einer Examensarbeit geführt und ausgewertet wurden. Sie werden hier wiedergegeben, weil sie mir typisch für Haltungen von Lehrerinnen und Lehrern in der Grundschule gegenüber Leistung und Leistungsbeurteilung erscheinen:
- Leistungsbeurteilung ist nicht notwendig. Vor allem der Anreiz- bzw. Motivierungseffekt wird in der Grundschule nicht benötigt (A).
- Leistungsbeurteilung ist schädlich (B).
- Leistungsbeurteilung ist dem Lehren und Lernen äußerlich (C).

In der Konsequenz dieser Auffassungen liegt es, Leistungsbeurteilungen nach Möglichkeit zu vermeiden. Diese Problematik betrifft den Sachunterricht besonders. In der Hierarchie der schulischen Lernbereiche ist der Sachunterricht in der Wahrnehmung von Eltern und Lehrerinnen und Lehrern Deutsch und Mathematik gegenüber nachgeordnet. Die zum Teil in

Lehrplänen vorhandenen offenen Formulierungen bzgl. der Themen und Zielsetzungen begünstigen in der Praxis ein Fehlverständnis gegenüber den Verbindlichkeiten des Sachunterrichts. Dieser Einstellung leistet außerdem der eigentlich begrüßenswerte Umstand Vorschub, dass benotete schriftliche Lernkontrollen für dieses Fach in vielen Bundesländern nicht vorgesehen sind (z. B. in Baden-Württemberg und Hessen).

In der Konsequenz dieser ambivalenten Haltung gegenüber der Leistung und der Leistungsbeurteilung im Sachunterricht liegt es denn auch, dass dieser Lernbereich in den verbalen Beurteilungen kaum, (ULBRICHT 1993, S. 244) und wenn, dann häufig global und undifferenziert erwähnt wird. («Hat mit Freude mitgearbeitet.», «Folgt dem Sachunterricht mit Interesse.» «Hat viel Material mitgebracht.»)

Wenn solcherart die Verbindlichkeiten des Sachunterrichts gering geschätzt werden, gefährdet dies den Aufbau der grundlegenden Bildung für die Kinder in diesem Bereich.

Die prinzipielle Ambivalenz bleibt auch dann erhalten, wenn ab Klasse 3 Noten erteilt werden müssen. Zum Beispiel ist es umstritten, ob diese Leistungen herangezogen werden sollen, wenn die Schule Übergangsempfehlungen für weiterführende Schulen ausspricht. In Baden-Württemberg werden dazu nur die Noten für Deutsch und Mathematik berücksichtigt, in Bayern zählt auch die Note für Sachunterricht.

«Ist es sinnvoll, im Sachunterricht Leistungen zu bewerten? «Prinzipiell ja, denn zu jedem ordentlichen Lernen gehört auch die Lernkontrolle» (so SCHEILKE 1994, S. 167, in bezug auf den Religionsunterricht).

Allerdings muss auch hinsichtlich des Sachunterrichts darüber nachgedacht werden, welche Klippen in der Leistungsfeststellung und -bewertung liegen und welche Bedingungen bei einer hilfreichen Handhabung erfüllt sein sollten.

Leistung im Sachunterricht

Die erste Frage bezieht sich auf die Art der Leistungen, die im Sachunterricht festgestellt und beurteilt werden sollen. Hierzu finden sich bei BARTNITZKY/ CHRISTIANI schon 1987 (S. 119) erste Antworten. Prinzipiell solche, die mit den zentralen Intentionen dieses Lernbereichs übereinstimmen, nämlich:

- Umwelterfahrungen der Schüler aufnehmen, klären, ordnen;
- bewussteres Auffassen von Erscheinungen und Vorgängen in der Umwelt durch erste Versuche einer Theoriebildung;
- Entfaltung der Wahrnehmungs- und Denkweisen von unterschiedlichen Perspektiven/Aspekten aus.

- Handelnd Probleme lösen (s. MEIER, Sachunterricht wohin? in diesem Band).

Im Zusammenhang mit der Diskussion geeigneter Prüfverfahren weisen BARTNITZKY/CHRISTIANI im gleichen Text (1987, S. 120) auf mehrere Schwierigkeiten der Leistungsfeststellung und -beurteilung im Sachunterricht hin:

- Sachunterricht zielt weniger auf abfragbares Wissen als auf schwerer zu beurteilendere, weil komplexere Leistungen wie Neugierverhalten, Frage- und Problemlösefähigkeiten.
- Viele Leistungen sind langfristig angelegt.
- Viele Leistungen zielen auf außerschulisches Verhalten und sind in der Schule kaum festzustellen und zu beurteilen; möglicherweise können die Kinder davon berichten, oder man kann mit Vorsicht Elterngespräche dazu heranziehen (HESTER, 1993).
- Viele Leistungen werden nicht individuell, sondern in Gruppen erbracht, was mit der individuellen Anlage der schulischen Leistungsbewertung in Widerspruch steht.
- Die schulische Beurteilungspraxis überbewertet das Verbalisieren und Notieren. In diesen Hinsichten weniger befähigte Kinder können sich weniger vorteilhaft darstellen und werden leicht unterbewertet.

Hinzuzufügen ist noch, dass zahlreiche sachunterrichtliche Ziele, z. B. Einbringen von Kenntnissen oder Mitbringen von Büchern und Materialien, durch Unterstützungsleistungen der Elternhäuser gefördert werden. Die unterschiedlichen Voraussetzungen der Mädchen und Jungen für die aktive Mitarbeit im Sachunterricht auf der materiellen Ebene werden oftmals unreflektiert von Lehrerinnen und Lehrern hingenommen oder gar vorausgesetzt. Kinder aus bildungsfernen Elternhäusern haben dadurch schlechtere Ausgangsbedingungen. Das gemeinsame Aufsuchen von Lernorten, die Einrichtung von Schul- und Klassenbibliotheken wirken diesen Benachteiligungen entgegen.

Leistungsbeurteilung als Teil des Lernprozesses

Ein modernes Lernverständnis belässt die Verantwortung für das Lernen nicht ausschließlich beim Lehrenden, sondern versucht, die Lernenden soweit wie möglich einzubeziehen. Dies bedeutet für den Sachunterricht, dass von Beginn an ein Bewusstsein der Eigenart und der Ziele dieses Lernbereichs geschaffen werden sollte: Was macht dieses Arbeiten aus? Mit welchen Themen und Fragen befassen wir uns im Sachunterricht?

«Leistungserziehung zielt auf die Eigenverantwortung. Die Schule muss Kinder dabei unterstützen, ihre Fähigkeiten einschätzen zu lernen, sich selbständig Ziele zu setzen und eigene Lernwege zu gehen. Sie richtet ihr Augenmerk nicht allein auf das «Was» des Lernens, sondern auch auf das «Wie», d. h. auf den aktiven Vorgang des Lernens und die Einstellungen zum Lernen in ihrer Bedeutung für die Entwicklung der Ich-Identität» (RAHMENPLAN GRUNDSCHULE HESSEN, 1995, S. 293).

Das hier vorausgesetzte Verständnis von Leistung, Leistungserziehung und Lernen bezieht diese in das Lernen selbst ein und macht sie zum Gegenstand der Reflexion. Das Nachdenken über das eigene Lernen und dessen bewusste Steuerung kennzeichnet auch den Ansatz der Metakognition.

Metakognition sieht Lernen als einen Kreisprozess, der mit dem Festlegen von Anforderungen beginnt, sich sodann auf das bewusste Sich-Anleiten und Organisieren des Lernprozesses bezieht und mit dem Beurteilen und Bewerten der Lernergebnisse abschließt (WEINERT/KLUWE 1984).

Formen der Leistungsfeststellung im Sachunterricht

In den siebziger Jahren wurden im Sachunterricht zur Leistungsfeststellung informelle Tests gepflegt. Diese enthielten gebundene und offene Antwortmöglichkeiten. Viele Lehrerinnen und Lehrer sahen insbesondere Aufgaben vor, die nonverbal – durch Zeichnungen – zu lösen waren. Sie glaubten dadurch, andere Anforderungen an Kinder zu stellen und den Kindern, die schriftliche Lernkontrollen in Deutsch und Mathematik nur mit Mühe bewältigten, andere Leistungsmöglichkeiten anzubieten. (Beispiel, s. nebenstehende Abbildung). Diese Tests konnten überhaupt nur deshalb entwikkelt werden, weil in dieser Zeit der Unterricht noch weithin auf Lernziele hin ausgerichtet war. Die Testaufgaben waren mithin als Überprüfung der Lernziele angelegt. Eines der Probleme dieser Art der Leistungsfeststellung bestand darin, Kenntnisse gegenüber komplexeren Denkleistungen überzubewerten. Diese Überprüfungen degenerierten häufig zum reinen Abfragen von Wissensbeständen («Wer erfand das Thermometer?» – «Bei wieviel Grad siedet Wasser?»)

Seitdem ist diese Auffassung des Unterrichts und des Lernens überholt worden. Für die Grundschule der achtziger und der neunziger Jahre sind demgegenüber kennzeichnend:

> ① * Von welchem Tier stammt unsere Hauskatze ab?
>
> ② * Streiche den falschen Satz durch!
> Katzen fühlen sich bei Wärme wohl.
> Katzen fühlen sich bei Kälte wohl.
>
> ③ * Kreuze an, was richtig ist!
> ○ Katzen sind Allesfresser.
> ○ Katzen sind Fleischfresser.
> ○ Katzen sind Pflanzenfresser.
>
> ④ * Welches ist das Gebiß der Katze? Kreuze an!
>
> ⑤ * Zeichne die Pupille der Katze ein!
> Katzenauge bei Tag | Katzenauge bei Nacht

Beispiel eines informellen Tests — mit gebundenen...

... und freien Antwortmöglichkeiten

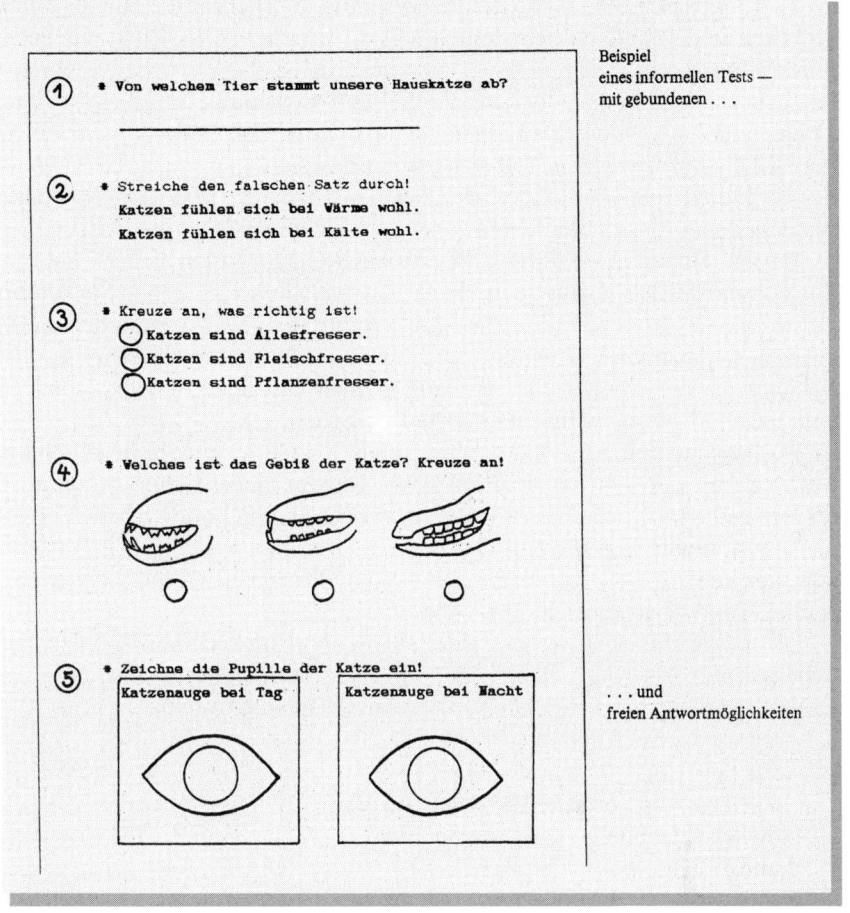

aus: BARTNITZKY / CHRISTIANI 1987, S. 121

die Einsicht in die Langfristigkeit, Komplexität und Individualität von Lernprozessen, sowie die Heterogenität von Lerngruppen.

«*Nur eine ganzheitliche Beschreibung der individuellen Lernprozesse, die Erfassung von Lernfortschritten, die Darstellung und Analyse von Lernschwierigkeiten in bezug auf die Unterrichtsanforderung geben einen differenzierten und umfassenden Einblick in die vielfältigen Fähigkeiten, die Leistungsbereitschaft und das Leistungsvermögen jedes Kindes*» (RAHMENPLAN GRUNDSCHULE HESSEN, 1995, S. 293).

Infolgedessen werden heute andere Formen der Leistungsfeststellung bevorzugt:

Es gehört zum Standard, dass Lehrerinnen und Lehrer die Kinder kontinuierlich und gründlich beobachten sollen. Angesichts der Ziele des Sachunterrichts, die in wesentlichen Teilen anspruchsvolle Prozessziele darstellen, erscheint dies besonders angebracht und notwendig. Neugierverhalten, Frage- und Problemlösefähigkeiten sollten in ihrer Entwicklung beim einzelnen Kind erfasst werden. Dabei ist zu berücksichtigen, dass die Themen des Sachunterrichts auf unterschiedliches Interesse bei den Kindern stoßen und von daher diese Fähigkeiten sich unterschiedlich ausprägen lassen.

Raster können Anregungen für Beobachtungskriterien liefern, sind jedoch grundsätzlich abzulehnen, da sie die Vielfalt der Ziele des Sachunterrichts unzulässig einengen und dazu verführen, den individuellen Lernprozess der Kinder letztendlich doch über einen Kamm zu scheren. Die Subjektivität der eigenen Beobachtung ist nicht nur unvermeidbar, sondern eine notwendige und wünschenswerte Bedingung.

Die Beobachtungen erhalten ihre Validität, indem sie dem betreffenden Kind offengelegt werden und in einem gemeinsamen Gespräch darüber nachgedacht wird, was davon festgehalten werden soll und welche Vereinbarungen für die Fortsetzung des Lernens getroffen werden. Die Lehrerin bzw. der Lehrer sollte sich dafür offenhalten, dass das Kind möglicherweise seine Lernprozesse ganz anders sieht.

Die Beobachtungen werden durch eine sorgfältige Dokumentation der Arbeiten, die das Kind alleine oder mit anderen angefertigt hat, gestützt. Diese Sammlung wird gleichfalls in das Gespräch einbezogen.
Gesammelt werden können:

Unterlagen für Vorträge (Beispiel, s. S. 156),
Individuelle Notizen, z. B. Themenhefte,
Wandzeitungen,
evtl. Fotos,
Ergebnisse von Gruppenarbeiten.

Im Sinne der Selbstverpflichtung sollten diese Gespräche regelmäßig stattfinden, d. h. am Anfang und am Ende des Schulhalbjahres (HESTER 1993). Werden sie in dieser Weise zu einer Institution, können sich auch die Kinder darauf vorbereiten, indem sie ihre eigenen Beobachtungen festhalten und Arbeiten sammeln.

Leistungsbewertung im Sachunterricht

Solange verbal beurteilt werden kann, können die Aufzeichnungen in die Lernentwicklungsberichte eingehen. Je gründlicher die Lernprozesse beobachtet und je sorgfältiger die Gespräche mit den Kindern vorbereitet werden, desto differenziertere Aussagen können zum Sachunterricht in den verbalen Beurteilungen getroffen werden. Dies bedeutet zwar ein Mehr an Arbeit, wertet aber die Stellung des Sachunterrichts im Gefüge der Lernbereiche der Grundschule auf und gibt ein zutreffenderes Bild des Anspruchs in diesem Lernbereich.

Unlösbare Probleme entstehen, wenn die individuell erbrachten und festgehaltenen Leistungen in eine Ziffernzensur gebracht werden müssen: Wie z. B. sollen Vorträge und Gruppenarbeit gegeneinander aufgewogen werden? Was ist höher zu bewerten: Kooperationsfähigkeit oder eine liebevoll gestaltete Mappe zu einem Thema? Wie geht die Fähigkeit ein, Fragen zu stellen und sich mit Problemen auseinanderzusetzen? Aus diesen Dilemmata wäre nur dann ein Ausweg zu finden, wenn auch in Klasse 3 und 4 als Regel verbal beurteilt werden könnte. Von der Komplexität der Leistungen des Kindes im Sachunterricht und dem hier zugrundegelegten Leistungsbegriff aus betrachtet, wäre eine solche Veränderung der Beurteilungspraxis nur folgerichtig. Nur verbale Beurteilungen verdeutlichen mit ausreichendem Informationsgehalt, worauf sich die Beurteilungen begründen.

Solange Ziffernzensuren erteilt werden müssen, werden die Lehrerinnen und Lehrer ihre eigenen «Umrechnungen» nicht messbarer Leistungen in Noten weiterhin finden müssen. Hier hilft wohl nur Verzicht auf Scheinobjektivität, Offenlegung der Maßstäbe gegenüber Eltern und Kindern sowie Großzügigkeit und Anerkennung der engagierten und oft auch inhaltlich bewundernswerten Leistungen von Kindern.

> Während der Abschlussfahrt mit meiner letzten 4. Klasse schlugen einige Kinder vor, dass ich meine neue Tätigkeit in der Lehrerbildung doch schon mit ihnen beginnen könnte («Unterrichten lernen, das können wir auch, wir haben vier Jahre Erfahrung mit Schule»): Sie wollten Stunden halten. Ich machte eine «Unterrichtsvorbereitung» und die Besprechung von Thema und Ablauf mit mir zur Bedingung. Noch während der Fahrt hatten einige Kinder ihr Thema gefunden: Georg wollte eine Stunde über den Menschen halten, Christoph über Computer, Miriam und Anna darüber, wie man Tiere malt.
> Nach dem Wochenende brachte Georg umfangreiche schriftliche Materialien für seine Klassenkameraden, fachmännisch auf Matrize geschrieben, mit und legte los. Ich setzte mich an das Ende des Klassenraums und hörte ihm fasziniert zu. Er sprach unter anderem über das Gehirn, das Herz und den Magen des Menschen. Nach der

> ### Der Mensch
>
> **Das Gehirn**
> Das Gehirn hat 11 Milliarden Zellen und kann durchschnittlich bis zu 1,4 kg wiegen.
>
> **Die Blutbahnen**
> Die Arterien sind die Blutbahnen, die vom Herz weggehen, und die Venen sind die, die zum Herz führen. Zusammen bilden sie eine Länge von 100 000 km. Das ist 2,4 x um die Welt.
>
> **Der Magen und der Mund**
> Der Mund und der Speichel verdauen die Nahrung vor. Im Magen sondert der Magen Salzsäure aus und verdaut die Nahrung fast vollständig.
>
> [Skizze: Magen mit Salzsäure und Nahrung]

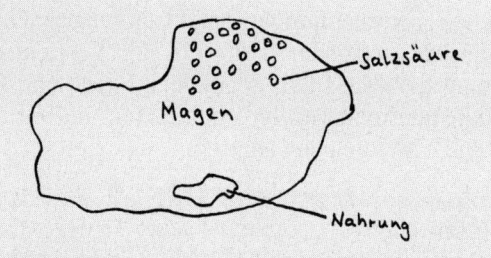

Georgs Unterlagen bei seinem Vortrag (handout für die Klasse)

> Stunde fragte er die anderen: «Wie fandet ihr meinen Vortrag?» Die Klasse äußerte zunächst ihre Bewunderung: «Wie hast du dir nur so viel merken können?» «Woher weißt du das überhaupt alles?» Dann merkte eine Mitschülerin vorsichtig an: «Du hast uns über das Gehirn, das Herz und den Magen erzählt. Du hättest uns auch nur über das Gehirn erzählen können.» Diese taktvolle Kritik verletzte Georg nicht und leuchtete ihm ein.

Im Nachhinein tat es mir leid, die Institution der Vorträge nicht früher eingeführt zu haben. Wenige Tage später war das Schuljahr zu Ende und die Klasse löste sich auf, indem die Kinder zunächst in die Ferien und danach auf die jeweils empfohlenen weiterführenden Schulen gingen. Georg hatte ein benachbartes Gymnasium gewählt. Vor meinem Arbeitsbeginn an einer pädagogischen Hochschule nahm ich noch zusammen mit den Kolleginnen an den Besuchen in den neuen Klassen unserer ehemaligen Schülerinnen und Schüler teil. In Georgs neuer Klasse fiel mir eine Schülerarbeit mit mehreren Vulkanen an den ansonsten noch kahlen Wänden auf. Der neue Klassenlehrer bestätigte meine Vermutung, dass Georg dieses Bild von sich aus mitgebracht hatte. Ich versuchte den Kollegen dazu anzuregen, auch die anderen Fähigkeiten Georgs und der anderen Kinder in den Unterricht der Klasse 5 einzubeziehen.

Leider greifen die weiterführenden Schulen bislang noch viele Fähigkeiten, die die Grundschülerinnen und -schüler im Sachunterricht erworben haben, nicht auf. Dabei könnten alle Schulformen auf den anspruchsvollen Haltungen und Fähigkeiten des Fragens, Informationen-Sammelns und Problemlösens aufbauen und diese weiter entwickeln.

Literatur

BARTNITZKI, H./CHRISTIANI, R.: Zeugnisschreiben in der Grundschule, Heinsberg 1987.

HESSISCHES KULTUSMINISTERIUM (Hrsg.): Rahmenplan Grundschule Hessen. Frankfurt 1995.

HESTER, H. with SUE ELLIS and MYRA BARRS: Guide to the Primary Learning Record. CLPE Centre for Language in Primary Education (London Borough of Southwark) Webber Row London ES1 8 QW, 1993.

KRETSCHMAR, MARION: Zur Fragwürdigkeit der Zensurengebung: Kritik und Alternativen. Examensarbeit zur 1. Prüfung für das Lehramt an Grundschulen. Frankfurt 1997.

SCHEILKE, CH. TH.: Leistungsbeurteilung im Religionsunterricht der Grundschule. In: SCHWEITZER, F./FAUST-SIEHL, G. (Hrsg.): Religion in der Grundschule. Religiöse und moralische Erziehung. Beiträge zur Reform der Grundschule, Bd. 92/93. Frankfurt 1994, S. 167-179.

ULBRICHT, H.: Wortgutachten auf dem Prüfstand. Eine empirische Untersuchung zur verbalen Beurteilung in der 1. und 2. Klasse der Grundschule mittels Elternbefragung und Zeugnisanalyse. Münster/New York 1993.

WEINERT, F. E. / KLUWE, R.H. (Hrsg.): Metakognition – Motivation und Lernen. Stuttgart 1984.

Kurt Meiers

Sachunterricht im Anfangsunterricht

Ausgangssituation

Darstellungen zu Zielen, Aufgabenfeldern, Gestaltungsmöglichkeiten des Sachunterrichts (SU) im Rahmen des Anfangsunterrichts (AU) sind Mangelware.

In den einschlägigen Werken zum Schulanfang und Anfangsunterricht werden die spezifischen Lernbereiche Sprache, Sache, Mathematik, Kunst, Sport, Religion meist nur am Rande erwähnt, nicht aber im Gesamtzusammenhang des Anfangsunterrichtskonzepts behandelt. Dies ist umso verwunderlicher, als immer wieder das fächerverbindende Prinzip betont wird. Eine Ausnahme macht das Werk «Grundschule» von Ilse Lichtenstein-Rother und Edeltraud Röbe (1982), in dem am Erstlesen die «Grundlegung schulischen Lernens unter pädagogischer und didaktischer Perspektive» verifiziert wird. Auch in den Gesamtdarstellungen neueren Datums zum SU wird dem spezifischen Aspekt des AU keine Beachtung geschenkt. Speziell zum «Sachunterricht mit Schulanfängern» hat sich m. W. nur Hildegard Kasper (1981, S. 51ff.) in systematischer Weise geäußert; die Zahl der Publikationen, die sich rein auf die Behandlung von Sachunterrichtsthemen im ersten und zweiten Schuljahr aus praktischer Sicht beziehen – auch alle Unterrichtswerke zum Sachunterricht schließen das erste und zweite Schuljahr mit je eigenen Heften ein –, ist dagegen beträchtlich.

Die Behandlung der Thematik wirft die Frage nach dem theoretischen Bezugsrahmen auf, von dem auszugehen ist. Ist der SU danach zu befragen, was er zum AU beitragen kann, oder ist vom AU her zu fragen, was der SU zu dessen Gestaltung einbringen soll? Da es weder eine Theorie des AU noch des SU gibt, bleibt wohl nur der pragmatische Weg, auf einige allgemein anerkannte Aufgaben und Prinzipien des AU zurückzugreifen und von diesen ausgehend unter Einbeziehung der für den Schulanfang und die erste Zeit danach (ob ein Jahr oder zwei Jahre soll hier offen bleiben) konstitutiven Fakten den Themenkomplex zu strukturieren

Aufgaben und Prinzipien des Anfangsunterrichts (AU)

Die wesentliche Aufgabe des AU besteht – verkürzt gesagt – darin, Kinder an die durch Schule und Unterricht gesetzten Bedingungen des Lernens heranzuführen. Diese Bedingungen werden für die Kinder in erster Linie in der Erfahrung mit Unterricht deutlich, denn Unterricht haben die Kinder bisher nicht gehabt. Es geht für die Kinder dabei u. a. um die Erfahrung mit der Planmäßigkeit (Stundenplan, Lehrplan, Arbeitsplan), um das Erlebnis mit der stabilen Großgruppe, um die Pflicht der Aufgabenerfüllung, um die Bewertung der geleisteten Arbeit, um den Erwerb einer Fülle von Arbeits- und Lerntechniken und um die Begegnung mit dem Phänomen, sich mit Dingen befassen zu sollen, an denen sie grundsätzlich oder im Augenblick nicht interessiert sind (vgl. MEIERS 1984a; 1984b; 1987; 1994). Vielleicht kommt das Neue des Unterrichts für viele Kinder darin am stärksten zum Ausdruck, dass die Befassung mit den Dingen nicht mehr ausschließlich spielerisch und selbstgeleitet erfolgt, die Sprache nicht mehr «einfach» nur gebraucht wird, sondern (im Zusammenhang mit dem Lesen- und Schreibenlernen) zum Objekt wird, dass man nicht mehr reden kann, wie einem der Schnabel gewachsen ist, sondern Normen unterworfen wird. Kurz: Das Kind erlebt Herausforderungen, auf deren Erfüllung von der Lehrperson bestanden wird, es erlebt im Vergleich mit den anderen Kindern die Grenzen seiner eigenen Leistungsfähigkeit und auch seiner Wünsche.

Die äußeren Lernbedingungen, auf die das Kind mit der Einschulung trifft, sind durch die Institution Schule (Lehrplan, Jahrgangsklasse...) und die Strukturmerkmale des Unterrichts (Planmäßigkeit, Objektorientierung, Leistungserwartung, Beherrschung von Lern- und Arbeitstechniken...) vorgegeben. Von ihrem Wesen her sind sie normativer, inhaltlicher, organisatorischer, methodischer, sozialpsychologischer Art. Der SU im AU wird durch sie mitbestimmt.

Die Aufgaben des AU resultieren, so kann man zusammenfassend sagen, aus der Differenz der Institution Schule gegenüber Kindergarten und Elternhaus, was bereits von FRÖBEL (1785-1852), dem Begründer des Kindergartens, erkannt worden ist und in seiner Idee der «Vermittelungsschule» seinen Niederschlag gefunden hat; mit ihr versuchte er die Härte des schulischen Unterrichts (im Jahre 1850!) für die Kinder abzufedern und einen Übergang zu schaffen, der für die Kinder «angenehmer» und erfolgreicher sein sollte. Diese Idee FRÖBELS ist historisch gesehen der Ansatz zur Entwicklung des AU zu Beginn dieses Jahrhunderts und bis heute als zentraler Kern geblieben.

D. h.: Anfangsunterricht ist zwar bereits Unterricht, aber noch nicht Unterricht in seiner Hochform; Schule kommt noch nicht voll zur Entfaltung, weil man den Kindern die Möglichkeit eröffnet, die schulischen und unterrichtlichen Bedingungen zunächst einmal kennen zu lernen, um auch unter diesen Bedingungen effizient lernen zu können. Insofern ist es nicht verfehlt, wenngleich überspitzt, wenn der AU zuweilen als Versuch zur Entschulung der Schule bezeichnet und in die Nähe der «Kuschelpädagogik» gerückt wird.

Es treffen nämlich mit der Einschulung die Subjekt-Seite mit ihren Interessen, Fragen, Wünschen, Erwartungen, sachstrukturellen Voraussetzungen und die Objekt-Seite mit ihren Aufgaben, Zielen, Verbindlichkeiten, Herausforderungen, Ansprüchen aufeinander. Unter pädagogischem Aspekt geht es deshalb darum, auch für den SU dieses Bedingungsgefüge zu erkennen und ihn so zu gestalten, dass die Forderungen der Schule so bemessen werden, dass sie eine Förderung der Entwicklung allgemein und der Leistungsfähigkeit und Leistungsbereitschaft speziell jedes Kindes bewirken.

Diese Grundaufgabe des AU verlangt zwingend die Beachtung einer Reihe von Prinzipien, die in der Literatur längst behandelt sind und deshalb hier eigentlich nur erwähnt zu werden brauchen (vgl. u. a. FAUST-SIEHL/ PORTMANN 1992; PORTMANN 1988; MEIERS 1987). Auf drei soll dennoch näher hingewiesen werden.

1 Kinder sind Individuen mit eigener Persönlichkeitsstruktur; sie kommen zur Schule mit der Erfahrung, dass in der Familie – vor allem bei Einzelkindern – und im Kindergarten ihrer Individualität in relativ hohem Maße entsprochen worden ist. *Der Respekt vor der Individualität verlangt seitens der Schule differenzierende Maßnahmen.* Jedes Kind ist anders, darum können nicht alle Kinder gleich behandelt werden. Temperament, Wissen, Erfahrung, Intelligenz, Neugier, Sozialverhalten, Können wollen speziell beachtet werden. In diesem Bemühen stößt jede Lehrperson aber umso schneller auf Grenzen, je größer die Klasse ist. Darum kann es keinen total individualisierenden Unterricht in der Schule geben, sondern nur einen Unterricht, der die Relativierung der Anforderungen in quantitativer und qualitativer Hinsicht für jedes Kind ermöglicht. Der Unterricht muss deshalb in seinem Ablauf so gestaltet und in seinen inhaltlichen Anforderungen so bemessen werden, dass jedes Kind einen Freiraum hat, in dem es die Passung von sachbedingten Herausforderungen und sachstrukturellen Voraussetzungen selbst herstellen kann, um erfolgreich zu sein. Jeder Versuch, das hohe Ziel der Differenzierung und Individualisierung ohne aktive Beteiligung der Kinder erreichen zu wollen, muss bei der Lehrperson langfristig zum didaktischen Herzinfarkt führen.

2 Kinder haben bereits eine Biographie, die ungebrochen eine Fortsetzung finden sollte. *Das Prinzip der Kontinuität oder «die Fortsetzung des Lebens und Lernens vor dem Schuleintritt» spielt darum an der Nahtstelle von Kindergarten/Familie einerseits und Schule andererseits eine wichtige Rolle.* Sie darf aber nicht naiv verstanden werden im Sinne eines «Weiter-wie-bisher» (die Fortsetzung des Kindergartens wollen die Kinder nicht), sondern sollte vorhandenes Wissen miteinander verbinden, bereits erworbenes Können weiter ausdifferenzieren, weiterführends Neues vermitteln, um lähmenden Stillstand zu verhindern (vgl. MEIERS 1991). Kontinuität ist die Bedingung der weiteren Identitätsfindung und -stabilisierung des Kindes (vgl. ERIKSON 1994, 123ff).

3 *Sätze wie «Der kompetente Säugling» weisen auf die Fähigkeit zum selbstgeleiteten Lernen des Kindes hin, die sich im Spiel z. B. ausdrückt und mit dem Eintritt in die Schule nicht versiegt.* Diese Fähigkeit zum selbstgeleiteten Lernen wird jedoch von der Schule trotz der modernen Unterrichtskonzepte (Freiarbeit, Offener Unterricht...) immer noch nicht genügend beachtet und gefördert. Dringend geboten scheint die Entwicklung einer Mathetik als Komplement zur Didaktik, also einer Theorie, die ihren Ausgangspunkt im Lernen des Kindes hat und das Lehren darauf bezieht (mathetischer Ansatz; s. MONTESSORI) statt nur oder vorrangig nach Formen des Lehrens zu suchen, die optimales Lernen bewirken (didaktischer Ansatz). Das Prinzip der Förderung des selbstgeleiteten Lernens von Anbeginn an unter Berücksichtigung der sach- und fachgemäßen Bedingungen ist ein weiteres zentrales Prinzip des AU.

Zusammenfassend lässt sich festhalten: Der AU versucht das einzelne Kind unter Berücksichtigung seiner individuellen Verfassung (Prinzip der Differenzierung) so zu fordern, dass er es in Weiterführung seiner Biographie (Prinzip der Kontinuität) dahingehend fördert, dass es seine Lern- und Bildungsprozesse unter den Bedingungen von Schule und Unterricht erfolgreich und zunehmend selbständiger (Prinzip des selbstgeleiteten Lernens) gestalten kann.

Ziele und Aufgaben des Sachunterrichts (SU)

«Aussagen über die zentralen Aufgaben des Sachunterrichts sind nicht unbedingt einfach zu treffen. Dies liegt mit Sicherheit sowohl an der Historie als auch an der Breite des Faches – eine Breite, die aufgrund der Integrationsmöglichkeiten, die sie bietet, auch nicht geopfert werden darf und soll» (HARTINGER 1997, S. 30). Sie sind noch schwieriger zu treffen, wenn SU im Rahmen des AU gesehen wird. In allgemeinster Form können Ziele und Aufgaben so umschrieben werden:

> Sachuntericht ist eine Veranstaltung der Schule, in der es darum geht, Kindern zu helfen,

- den bereits vor Eintritt in die Schule begonnenen und neben dem Schulunterricht weiterlaufenden Prozeß
  der handelnden Erfahrung,
  sinnlichen Erfassung und
  geistigen Verarbeitung ihrer Welt

- mit wissenschaftlich begründeten Methoden systematisch fortzusetzen

- unter besonderer Berücksichtigung
  der Interessen,
  Lebenssituationen und
  Fragen der Kinder

- und mit dem Ziel
  einer kategorialen Bildung und
  ethisch orientierten Erziehung (vgl. MEIERS 1994, S. 11f.).

In diesem Definitionsversuch sind bereits eine Reihe von Elementen des AU (s. o.) enthalten (Kontinuität, selbstgeleitetes Lernen durch Fragen; Differenzierung); dennoch gelten auch für den ersten Sachunterricht die allgemeinen Ziele: Grundlegung der Bildung, Vorbereitung auf die systematisch angelegten Fächer der weiterführenden Schule, Verstehen der Phänomene, kompetentes Handeln im öffentlichen und privaten Bereich, sachgemäßer Umgang mit den Dingen; mit der Trias Selbst-, Sozial- und Sachkompetenz versuchte man eine Bündelung der Ziele in einer griffigen Formel. Mit der stetigen Veränderung der Lebensbedingungen der Kinder rücken immer wieder neue Aspekte – wie z. B. der soziale – stärker in den Vordergrund und führen zu Schwerpunktverlagerungen (vgl. KAISER 1996, S. 171f.; DUNCKER/POPP 1994). Was den SU im AU entscheidend prägt, ist zum einen, dass die Kinder zunächst noch nicht lesen und schreiben können, so dass das Buch nur als Buch mit Bildern verwendet werden kann, zum andern, dass die subjektive Sicht der Welt fern jeglicher Systematik beim Kind dominiert; das Noch-nicht-beherrschen einer Kulturtechnik und der Entwicklungsstand des Kindes sind entscheidende Determinanten.

Kind und Sache

Es verwundert, dass der entwicklungspsychologische Aspekt in den einschlägigen Werken zum SU kaum oder nur eine geringe Rolle spielt, dies umso mehr, als die negativen Erfahrungen mit den Konzepten eines wissenschaftsorientierten SU um 1970 darauf aufmerksam gemacht haben, dass lern-, motivations- und entwicklungspsychologische Theorien und Erkenntnisse bei der Konzipierung des SU zu beachten wären. Vor allem WAGENSCHEIN/BANHOLZER/THIEL (1973) zeigen an zahlreichen Beispielen, wie Kinder an Naturphänomene herangehen und deren Geheimnissen nachspüren, ihre kognitiven Konflikte zu lösen versuchen, Theorien entwickeln. MARGARET DONALDSON (1991) plädiert dafür, das spezifische Denken der Kinder aus ihren Lebensbezügen heraus zu verstehen, um ihnen bei der Bewältigung der Aufgabe, ihre Welt zu verstehen und in ihr zu einem sinnvollen Handeln zu kommen, zu helfen. Den Vorbehalten von WALTER POPP (1994, S. 58f.) vor allem gegenüber der Entwicklungspsychologie ist insoweit zuzustimmen, als hier Positionen kritisiert werden (die Vernachlässigung individueller Varianzen und der soziokulturellen Bedingtheit von Entwicklungsverläufen, die Tendenz zu normativen Vorgaben, das Gleichheitspostulat, die Verhinderung von weiterreichenden Erkenntnissen durch die methodisch bedingte Eliminierung von Beobachtungen), die zu Schlußfolgerungen führten, durch die die Realität verzerrt bzw. nur begrenzt wahrgenommen werden. Die Vorbehalte sollten nicht als Ablehnung der Entwicklungspsychologie, sondern als Herauforderung zu einer «besseren» verstanden werden.

Ansätze dazu sind vorhanden (vgl. KLEWITZ 1989; MÖLLER 1991; KAISER 1997; HARTINGER 1997), um zu einer Gesamtdarstellung zu kommen, die wissenschaftlich fundiert und zugleich für die Praxis fruchtbar sein könnte. Ein anthropologisch breit fundierter Ansatz könnte einer vorschnellen Blickverengung vorbeugen, die verstärkte Beobachtung des Kindes hinsichtlich seiner Tätigkeiten der Welterfassung könnte die Bausteine für einen am Kind orientierten SU im AU liefern (vgl. DUNCKER/POPP 1994, S. 57ff.; MEIERS 1994, S. 31ff.).

Zwischenbemerkung

Die bisherigen Ausführungen skizzieren den Bezugsrahmen mit einigen Bestimmungsgrößen (Anfangsunterricht; Sachunterricht; Kind), von denen her in Form einiger Thesen ein Entwurf versucht werden kann, wie SU im AU praktisch aussehen könnte.

In Form von Thesen sollen einige Leitgedanken formuliert und erläutert werden, die zu einer kindgemäßen Gestaltung des Lernens im Sachunterricht mit Schulanfängern beitragen.

Sachunterricht mit Schulanfängern

These: Im Sinne der Kontinuität der bisherigen Biographie der Kinder sind
- deren Fragen ernst zu nehmen,
- deren Interessen zu kultivieren,
- deren selbstgeleitetes Lernen zu fördern.

«Ohne die unermüdliche Fragelust würden sie (sc. die Kinder; d. Verf.) dumpfe und unnütze Geschöpfe bleiben», schrieb LOCKE bereits vor mehr als 300 Jahren. Der Umgang mit den Fragen der Kinder ist eine Thematik, die bis zum heutigen Tag nichts an Aktualität verloren hat (vgl. FINK 1986; POPP 1989; GÖTZ 1991; RITZ-FRÖHLICH 1992; MEIERS 1994).

Wann das Fragen beim Kleinkind beginnt, ist nur schwer auszumachen; mit dem Zeigen und dem Ausstoßen irgendwelcher Laute deutet es sich schon an, bevor es im Alter von ca. drei Jahren auch in verbaler Form auftritt und von der Umwelt dann eindeutig als solches erkannt wird. Mit dem Fragen zeigen die Kinder, dass sie etwas wissen wollen und ihre Aufmerksamkeit einer Sache zuwenden; die Frage ist allgemein Ausdruck einer Motivation zur näheren Beschäftigung mit etwas, ein Zustand, der im späteren Unterricht in der Regel oft erst mühsam hergestellt werden muss.

«Fragen dürfen und Antworten erhalten» vermitteln den Kindern die Gewissheit, dass die Schule ein Ort ist, der sie in ihrer Neugier, ihrer Spontaneität bestätigt und damit ihre Persönlichkeit stärkt.

HARTINGER (1997) weist in seiner Studie überzeugend die Bedeutung der Pflege des Interesses für den Sachunterricht nach. «Interessen aufgreifen oder fördern?» (S. 36) fragt er und macht damit auf eine Kernfrage aufmerksam, die sich mit dem Aufeinandertreffen der Interessen der Kinder und den lehrplanmäßig festgelegten Vorgaben ergibt; im Sinne von JOHANN FRIEDRICH HERBART (Allgemeine Pädagogik 1806, 2. Buch, Kap. 2 u. 3) fordert er, dass die Interessen der Kinder sowohl aufzugreifen als auch durch Impulse und Anregungen zu fördern sind. Im Unterricht mit Schulanfängern kommt dem Aufgreifen der Interessen der Kinder Vorrang zu. Diese zeigen ihre Interessen noch sehr freimütig durch Erzählen und Mitbringen von Dingen, die ihnen wichtig sind. Der Ausstellungstisch ist darum im Anfangsunterricht ein wichtiger Ort, an dem die Interessenwelt der Kinder transparent wird und von dem ein Unterricht nach dem Prinzip MARTIN WAGENSCHEINS ausgehen kann: «Mit dem Kind von der Sache aus, die für das Kind die Sache ist» (WAGENSCHEIN 1973, S. 11).

Das selbstgeleitete Lernen drückte sich vor der Schule im Freispiel, einer ungehemmten Entdeckerfreude, einem furchtlosen Zugriff auf auch gefährliche Dinge aus. Die spontanen Tätigkeiten des Fragens, Wunderns, Vergleichens, Staunens, Sammelns, Gestaltens und Machens (vgl. MEIERS 1994,

S. 41ff.) sollten im Anfangsunterricht nicht vorschnell dem gelenkten, fremdbestimmten Unterrichtetwerden geopfert werden. Die disziplinierte Freiarbeit auf ein schemenhaft vorgegebenes Ziel hin ist ein Fernziel, das nicht durch das Ausblenden der spontanen freien Aktivitäten erreicht werden sollte.

These: Wenn Kinder zur Schule kommen, verfügen sie noch nicht über jenes schulspezifische Können und Wissen wie Ranzen einpacken, auspacken, schulische Fachtermini, Arbeits- und Lerntechniken, Kooperationsformen, die Kulturtechniken, Wochenplanarbeit usw., die zur Bewältigung des Unterrichts generell notwendig sind.

Diese «natürlichen» Defizite heißen für den SU mit Schulanfängern dreierlei. Zum einen bleibt das Buch zunächst noch im Hintergrund (s. o.), zum andern ist im Unterricht bei jedem Thema darauf zu achten, welche sachadäquaten Arbeitstechniken den Kindern im konkreten Fall vermittelt werden können, zum dritten fordern die Defizite der Kinder die Lehrperson heraus, ihren Wissens- und Könnensvorsprung komplementär einzubringen.

Zu letzterem ein Beispiel aus dem ersten Schuljahr (nach fünf Monaten Unterricht): Die Kinder spielen einzeln oder gemeinsam mit Magneten und prüfen, welche Dinge magnetisch sind. Sie «erfinden» Versuche (z. B. sich eine Stahlkugel gegenseitig zurollen und mit dem Stabmagneten einfangen), versuchen zu erklären («Holz ist nicht magnetisch, weil in den Bäumen kein Magnet ist»), erzählen, was sie von Magneten wissen, wo es Magnete gibt und wozu man sie braucht. Die Lehrperson beobachtet, hört zu, macht Notizen und gestaltet ein Buch mit einer kleinen Skizze auf der einen Seite und einem Satz von einem oder zwei Kindern auf der anderen Seite. Von jedem Kind steht etwas im Buch (vgl. Abbildung S. 166).

Kein Arbeitsblatt mit zu lösenden Aufgaben, kein Ergebnissicherungsblatt, überhaupt keine Lese-Schreibaufgaben für die Kinder, aber eine Fülle von individuell durchgeführten spielerischen Versuchen, eine für alle Kinder erfassbare Präsentation ihres Bemühens in Wort und Bild, eine Anerkennung ihrer Arbeit durch die Lehrperson, ein Produkt, das zum Betrachten und Lesen in den nächsten Wochen und Monaten je nach Leselernfortschritt herausfordert.

Für den Sachunterricht im Anfangsunterricht ergibt sich allgemein formuliert die zentrale Aufgabe der Grundlegung und Entfaltung des arbeitsmethodischen Entwicklungsstandes (vgl. DRUNKEMÜHLE u. a. 1985, S. 26) unter besonderer Berücksichtigung der «Vermittlung sachgemäßer und fachgerechter Arbeitsverfahren und Arbeitstechniken», wie sie MAYER im einzelnen darlegt (1985, S. 51ff.).

Michaela sagt: „Holz ist nicht magnetisch, weil in den Bäumen kein Magnet ist."

These: Auch ein jüngeres Kind ist zu erstaunlichen geistigen Leistungen fähig, unter der Bedingung, dass die «Aufgaben in einen Alltagszusammenhang gestellt werden, der für das Kind überschaubar ist, und dass sie ferner in eine für es verständliche sprachliche Form gekleidet sind» (DONALDSON 1991, S. 8).

Die Einbettung von Aufgaben in den Zusammenhang der konkreten Lebenssituation oder die Hervorhebung (nicht die Los- oder Ablösung!) von Aufgaben im Kontext solcher Situationen sind althergebrachte Verfahren der Didaktik und – je nach Epoche – mit unterschiedlichen Begriffen (Anschauung, Heimat, Ganzheit, Erlebnisprinzip, situativer Ansatz, u. a.; vgl. zusammenfassend KAISER 1996) bezeichnet worden. Der Gesamtunterricht war das geschlossenste Konzept, das von diesem an sich richtigen Grundgedanken aus entwickelt worden ist; es war allerdings eine von der Lehrperson her weitgehend konstruierte Gesamtheit, die dem Kind Rezeptivität abverlangte; das Konzept des offenen Unterrichts gibt dem Kind dagegen die Möglichkeit, sich wesentlich stärker aktiv einzubringen und doch im Kontext konkreter Lebenssituationen zu verbleiben. Das Spannungsgefüge von Lehrplan und offenem Unterrichtskonzept ist aber ein noch weiterhin offenes nicht nur praktisches Problem (s. u.). Was die sprachliche Seite betrifft, ergänzen sich die empirisch gewonnene Einsicht von DONALDSON mit der reflexiv im Kontext von Alltags- und Wissenschaftssprache gewonnenen Einsicht von WAGENSCHEIN, dass die Umgangssprache die Sprache des Verstehens, die Wissenschaftssprache die des Verstandenhabens ist (Wagenschein 1968, S. 129ff.). Von dieser Erkenntnis ausgehend ist der sprachlichen Seite im SU von Anbeginn an große Aufmerksamkeit zu widmen. Ein SU ohne Reflexion seiner sprachlichen Bedingungen und Möglichkeiten manövriert sich selbst in die Zone der Unergiebigkeit und Ineffektivität, denn Sprache ist als Prozess der Verarbeitung von Wirklichkeit unabdingbar, ferner ermöglicht sie die symbolisch vermittelte Interaktion (vgl. WEISGERBER 1983, S. 220f.).

These: Die Spannung zwischen den der individuellen Lebenswelt der Kinder entspringenden Lernbedürfnissen und den mit der staatlichen Bildungsplanung vorgegebenen Aufgaben ist für Sachunterricht mit Schulanfängern ein noch weithin bestehendes Problem.

Es geht nicht darum, Ziele und Inhalte von Lehrplänen grundsätzlich in Frage zu stellen; das Problem reicht tiefer, weil der lernwillige Schulneuling durch die schulische Disziplinierung zu schnell die Selbststeuerung des Lernens und die Eigeninitiative zum Erforschen seiner Umwelt aufgeben muss; wo dies eintritt, wird das Bildungsziel der Grundschule – Grundlegung der Bildung als Fundament der Selbstbildung – langfristig in Frage gestellt.

Der SU mit Schulanfängern muss darum primär das Kind im Blick behalten mit dem Ziel, es in einer Atmosphäre der Bestätigung und Ermutigung zum Einsatz seiner kognitiven und kreativen Fähigkeiten und zum Kundtun seiner Interessen zu bewegen.

These: Sachunterricht mit Schulanfängern heißt aber auch, Kinder anregen und hinweisen, führen und aufmerksam machen.

Der scheinbare Zaubertrick, der beim Kind einen kognitiven Konflikt auslöst, die Erzählung der wunderbaren Leistungen von Tieren und Pflanzen, die Bewunderung hervorrufen, das prächtige Bild und der die Wirklichkeit per Zoom und Teleobjektiv vergrößernde Film, der Handwerker, der seine Kunst im Raum der Schule vorführt – dies und mehr sind Dimensionen des didaktischen Arrangements, um Kinder zum Denken und Forschen zu aktivieren und ihre Interessen zu erweitern. Kindorientierung wäre falsch verstanden, würde man dem Kind abverlangen, stets aus sich heraus aktiv sein zu müssen.

These: Der Sachunterricht im Anfangsunterricht ist das inhaltliche Zentrum des gesamten Unterrichts und damit das Fundament der lehrgangsrelevanten Aktivitäten.

Es ist die Aufgabe der Schule, die Kinder durch Systematisieren zur Systematik und zum systematischen Lernen zu führen, nicht aber die Systematik zur Bedingung des Lernens und als strukturierendes Prinzip ihrer Angebote von Anbeginn an zu erheben. Das Systematische ist immer noch zu dominant im AU, wenngleich viele positive Ansätze zu seiner Überwindung festzustellen sind. Hier darf auf den Lehrplan von Baden-Württemberg (ohne ihn damit jeglicher Kritik entziehen zu wollen) verwiesen werden, auch die zunehmende Akzeptanz der Spontanschreibungen der Kinder trotz deren orthografischen Mängel ist Ausdruck für die Möglichkeit, existentiell Wichtiges und lehrgangsmäßig Relevantes nach dem Prinzip der individuellen Passung aufeinander zu beziehen.

Ausblick

Trotz einiger kritischer Anmerkungen zur Praxis des SU im Rahmen des AU und dem Bedauern, dass seine Bedeutung im Vergleich zum Sprachunterricht in den einschlägigen Werken zum AU nicht hinreichend herausgehoben wird, darf dennoch festgehalten werden, dass der SU seit der Reformpädagogik sich grundsätzlich am Kind zu orientieren bemüht hat. Insofern geht es in Zukunft auch ganz sicher weniger um einen totalen Neuansatz als vielmehr um die Aufgabe, die Fülle der positiven Ansätze zu bündeln und zu einem in sich stimmigen Konzept zu vereinen, in dem die Mehrdimensionalität und Komplementarität bestimmmende Wesensmerkmale sind (vgl. EINSIEDLER 1979). Unter dem Gesichtspunkt der existentiellen Konzentration dürfte der SU noch stärker als bisher zur inhaltlichen Achse des AU werden, auf die sich die Lehrgänge beziehen; unter dem Gesichtspunkt der Grundlegung der Bildung als Hilfe zur Selbstbildung sollte metakognitiven Prozessen verstärkt die Aufmerksamkeit zugewandt werden.

Literatur

DONALDSON, MARGARET: Wie Kinder denken. Intelligenz und Schulversagen, München 1991.
DRUNKEMÜHLE, LUDGER/GEPPERT, KLAUS/GLÄSSER, ULRICH: Förderunterricht in der Grundschule, Frankfurt/M. 1985.
DUNCKER, LUDWIG/POPP, WALTER (Hrsg.): Kind und Sache. Zur pädagogischen Grundlegung des Sachunterrichts, Weinheim 1994.
EINSIEDLER, WOLFGANG: Überlegungen zur Entwicklung des Sachunterrichts der Grundschule zu einer mehrdimensionalen und komplementären Sachunterrichtskonzeption. In: Pädagogische Welt H. 8, 1979, S.489-501.
ERIKSON, ERIK H.: Identität und Lebenszyklus, 14. Aufl., Frankfurt 1991.
FAHN, KAROLINA: Sachunterricht in der Grundschule. Sozio-kultureller Lernbereich, München 1983.
FAUST-SIEHL, GABRIELE/PORTMANN, ROSEMARIE (Hrsg.): Die ersten Wochen in der Schule (= Beitr. zur Reform der Grundschule, Bd. 86) Frankfurt/M. 1992.
FINK, HANS: Warum ist das Wasser naß? Was Kinder fragen. Was Eltern antworten. Kriterion Verlag, Bukarest 1986.
GÖTZ, MARGARETE: Weiß die Ameise, dass sie Ameise heißt? In: Grundschule H. 11, 1991, S. 51-54.
HARTINGER, ANDREAS: Interessenförderung. Eine Studie zum Sachunterricht, Bad Heilbrunn 1997.
KAISER, ASTRID: Einführung in die Didaktik des Sachunterrichts, 2. Aufl., Baltmannsweiler 1996.
KASPER, HILDEGARD: Sachunterricht mit Schulanfängern. In: MEIERS, KURT (Hrsg.): Schulanfang – Anfangsunterricht, Bad Heilbrunn 1981, S. 51-72.
KLEWITZ, ELARD: Zur Didaktik des naturwissenschaftlichen Sachunterrichts vor dem Hintergrund der genetischen Erkenntnistheorie Piagets, Essen 1988.
LICHTENSTEIN-ROTHER, ILSE/RÖBE, EDELTRAUD: Grundschule. Der pädagogische Raum für Grundlegung der Bildung, München 1982.
MARQUARD-MAU, BRUNHILDE/KÖHNLEIN, WALTER/LAUTERBACH, ROLAND (Hrsg.): Forschung zum Sachunterricht, Bad Heilbrunn 1997.
MATTHEWS, GARETH B.: Denkproben. Philosophische deen jüngerer Kinder, Berlin 1991.
MAYER, WERNER G.: «Tat»-Sachen. Beiträge zur Erstellung des Schulprogramms für den Sachunterricht in der Grundschule, Heinsberg 1985.
MEIERS, KURT: Anfangsunterricht. Überlegungen und Fragen zur Konzeption. In: Grundschule H. 7/8, 1984a, S. 24-27.
MEIERS, KURT: Grundlinien einer Konzeption des Anfangsunterrichts. In: Grundschule H. 9, 1984b, S. 12-15.
MEIERS, KURT: Kind und Unterricht. In: Grundschule H. 5, 1987, S. 14-19.
MEIERS, KURT: Kontinuität. In: Grundschule H. 4, 1991, S. 30-33.
MEIERS, KURT: Sachunterricht, 2. Aufl., Zug 1994.
MÖLLER, KORNELIA: Handeln, Denken und Verstehen. Untersuchungen zum naturwissenschaftlich-Technischen Sachunterricht in der Grundschule, Essen 1991.

Popp, Walter: Wie gehen wir mit den Fragen der Kinder um? In: Grundschule H. 3, 1989, S. 30-33.
Portmann, Rosemarie (Hrsg.): Kinder kommen zur Schule (= Beitr. z. Reform der Grundschule Bd. 73) Frankfurt 1988.
Ritz-Fröhlich, Gertrud: Kinderfragen im Unterricht, Bad Heilbrunn 1992.
Schäfer, Gerd E.: Bildungsprozesse im Kindesalter. Selbstbildung, Erfahrung und Lernen in der frühen Kindheit, Weinheim 1995.
Schreier, Helmut: Der Gegenstand des Sachunterrichts, Bad Heilbrunn 1994.
Wagenschein, Martin: Die Sprache im Physikunterricht. In: Zeitschrift für Pädagogik, 7. Beiheft, Weinheim 1968.
Wagenschein, Martin/Banholzer, Agnes/Thiel, Siegfried: Kinder auf dem Weg zur Physik, Stuttgart 1973.
Weisgerber, Bernhard: Sprach- und Sachunterricht. In: Handbuch zum Sprachunterricht, Weinheim 1983, S. 219ff.

Hartmut Mitzlaff

Zur Situation der Umweltbildung in der Grundschule

1. Umweltbildung in der Grundschule – Zur konzeptionellen Entwicklung

«Grundschulkinder, die jetzt nicht auch Zuneigung, Verantwortung, Kenntnisse und Erlebnisse in und mit ihrer Umwelt erfahren, werden nicht die von unserer Generation geschaffenen und sich weiter auftürmenden Probleme bewältigen können. Umwelterziehung ‹von Kleinkindbeinen an› ist dringend erforderliche Zukunftsinvestition in das Überleben des Menschen und seiner Mitwelt» (LOB, 1988).

Umweltbildung hat sich als schulische Aufgabe im Umfeld der bekannten Umwelt(zerstörungs-)«Katastrophen» (Seveso 1976; Bhopal 1984; Tschernobyl 1986 u. v. a. m.), ihrer kritischen Analyse und Beschreibung (seit RACHEL CARSON, 1962) und der vor ihrem Hintergrund einberufenen Umweltkonferenzen (UN-Konferenz Stockholm, 1972; UNESCO und UNEP in Tiflis, 1977; KMK-Konferenz in München 1978) in den siebziger Jahren als Ausdruck pädagogisch-didaktischen Umweltbewusstseins entwickelt. Die Tatsache, dass sich diese Aufgabe sehr früh und z. T. früher als auf anderen Schulstufen in der Grundschule und hier vor allem im Sachunterricht und seinen Plänen und Materialien etablieren konnte (vgl. MITZLAFF 1987), unterstreicht einmal mehr die progressive Rolle, die Innovationsfähigkeit und die didaktische Modellfunktion der Grundschule in der deutschen Schulentwicklung des zwanzigsten Jahrhunderts. Sie erklärt sich u. a. aus der naturschützerischen Tradition der reformpädagogischen Grundschule und ihrer kulturkritischen Heimatkunde, die bei aller begründeten Kritik an ihren oft hilflosen Konzepten der Gemütsbildung, in dieser Institution und bei ihren Akteuren einen günstigen Resonanzboden für die Gedanken des Umweltschutzes und der Umweltbildung hinterlassen hatten:

Man darf daran erinnern, dass schon in den frühen Heimatkundeentwürfen von HENNING *(1812, S. 18ff.; 75ff.),* HARNISCH *(1816) und* FINGER *(1844) die Auseinandersetzung mit der heimischen Flora und Fauna im*

Netzwerk des kleinen Geotops eine wichtige Rolle spielte. Die Vorlage des Reprints vom «Dorfteich als Lebensgemeinschaft» hat gezeigt, dass der Kieler Hauptlehrer und MÖBIUS-Schüler FRIEDRICH JUNGE schon 1885 – jenseits aller pädagogischen und politischen Reaktion – das Modell eines ökologischen Heimatkundeunterrichts vorgelegt hat. Aus der Verbindung zwischen Reformpädagogik und früher Heimat- und Naturschutzbewegung sind schließlich verschiedene Konzepte entstanden, die in der Heimatkunde die Basis einer gemütsbetonten Erziehung zum Natur- und Landschaftsschutz sahen. Genannt seien vor allem die Arbeiten des pädagogisch engagierten Botanikers HUGO CONWENTZ, der schon 1904 vor den Gefahren der sogenannten «Rauchgase» (-> saurer Regen) gewarnt hat, zur Anlage von Schulgärten, Volieren und Aquarien aufrief und heimatkundlich-naturschützerische Exkursionen empfahl. Erinnert sei schließlich an die zahlreichen Schulgarteninitiativen nach 1900. – Nach 1945, als der materielle Wiederaufbau und die Re-Industrialisierung die Natur- und Umweltschutzpläne verdrängte und der Umweltkritiker als Fortschrittsgegner galt, sind derartige Pläne nur vereinzelt aufgegriffen worden. Der «Schornstein sollte rauchen», und die Kinder der verschmutzten Ruhrgebietsstädte schrieben in ihre Heimatkundehefte: «In der Heimat ist es schön!» Dreck und Umwelt-Gift wurden von einer agrar-romantischen Heile-Welt-Pädagogik systematisch aus dem Bewusstsein verdrängt.

In den 60er Jahren wurde auch in der Grundschule das Ende dieser illusionären und weltfernen Pädagogik eingeläutet (vgl. MITZLAFF 1985). Seit den 70er Jahren entstanden verschiedene Konzepte der Umweltbildung, die die Grundschuldiskussion mehr oder weniger stark beeinflusst haben. Dazu zählen:

- Die frühe *Umwelterziehung* (environmental education), die sich ab etwa 1975 auf der Basis staatlicher Pläne entwickelt.

- Das facettenreiche, offen angelegte Konzept des *ökologischen Lernens* (vgl. DAUBER 1985; BEER 1982 und 1983).

- Das Konzept der *Öko-Pädagogik*, das sich als radikale Gegenposition zu der als systemkonform und technologisch kritisierten Umwelterziehung und als Globalkonzept einer neuen Pädagogik versteht (BEER/DE HAAN 1984a und b; vgl. BERNHARD/ ROTHERMEL 1995).

- Die *«naturbezogene Pädagogik»*, die sich teils als Variante, teils als Alternative zur Öko-Pädagogik Ende der 80er entwickelt und sich um eine Naturnahe Erziehung» bemüht (GÖPFERT 1987).

- Das Konzept der *«Öko-Schule»*, das an Elemente des ökologischen Lernens und der Öko-Pädagogik anknüpft und einen ökologischen Umbau der gesamten Schule – von der Architektur und Energieversorgung bis zur Lernmethodik – anstrebt (BUDDENSIEK 1991) und im Alltag auf allen Ebenen – vom Schulfrühstück über die Arbeitsmittel bis zur konsequenten Müllvermeidung – ökologiebewusst zu handelt versucht (z. B. JENCHEN 1992).

- Das Konzept der «ökologischen Pädagogik» und «Bildungstheorie» aus den 90er Jahren, das u. a. eine Verschränkung von anthropozentrischer und biozentrisch-planetarischer Perspektive postuliert und die Aktivitäten im kleinen Milieu (des «oikos») mit dem Gefühl der Mitverantwortlichkeit gegenüber dem Erdkreis (der «oikumene») zu verbinden versucht (KLEBER 1993; KLEBER/KLEBER 1994).

Vor dem Hintergrund der Wiederaufnahme des Bildungsbegriffs hat sich in den 90er Jahren schließlich zunehmend das Konzept der *Umweltbildung* durchgesetzt, das u. a. die Ganzheitlichkeit und Komplexität der Aufgabenstellung und die Notwendigkeit der Selbst-Reflexivität unterstreicht. Der breite Rahmen dieser Bildungsaufgabe wird in dem Bericht der Bundesregierung auf der VN-Sondergeneralversammlung über Umwelt und Entwicklung 1997 in New York wie folgt abgesteckt:

«Umweltbildung ist in einem umfassenden Sinne zu verstehen. Sie schließt Naturkunde ebenso ein wie Umwelterziehung und die umweltbezogene berufliche Ausbildung sowie das Hochschulstudium. Umweltbildung als Teil der Allgemein- und der Berufsbildung will den Menschen zu einem sachkundigen und verantwortlichen Umgang mit Natur und Umwelt befähigen» (S. 73).

«Die theoretische, methodische und didaktische Fundierung der Umweltbildung bedarf noch erheblicher Forschungsanstrengungen. Insbesondere sind neue Ansätze erforderlich, um tragfähige Brücken vom Wissen zum Handeln zu schlagen ...». Der «Prozess der Umsetzung von Bewusstsein in entsprechendes Verhalten befindet sich erst in seinen Anfängen. Außer materiellen Anreizen ist für den Wandel in den individuellen Werthaltungen eine Stärkung der Umweltethik ein vorrangiges Bildungsziel» (S. 74f.).

Alle drei Aspekte sind für die Umweltbildung auf der Primarstufe von Bedeutung. Der Autor begreift Umweltbildung als integratives Konzept mit aufklärerischer und realistischer (schulpraktischer) Ausrichtung, in dem zukunftsträchtige Ansätze der Umwelt- und Naturerziehung mit aufgeklärten Ansätzen aus der Öko-Pädagogik (z. B. DE HAAN 1984), der naturnahen Pädagogik und der ökologischen Pädagogik (KLEBER 1993) zusammenfließen. Umweltbildung ist kein fertiges, geschlossenes Konzept, sondern eine Suchbewegung der Schulgemeinde mit dem Ziel, aktiv zur Erhaltung unserer Lebensgrundlagen und zur Abwehr von ökologischen Gefahren beizutragen.

Neue methodische und inhaltliche Impulse für die Umweltbildung dürften in den nächsten Jahren vor allem von dem Modell der *«Zukunftswerkstatt»* (vgl. JUNGK/ MULLERT 1989) und der Methode der Beteiligungsspirale zu erwarten sein, die gegenwärtig z. B. in Schleswig-Holstein mit Kindern erprobt werden und aus ähnlichen Wurzeln wie die frühen Konzepte des «ökologischen Lernens» stammen. Vielversprechend erscheint ein erweitertes und primarstufenspezifisch modifiziertes Verständnis von «Zukunftswerkstatt», in dem Grundschullehrerinnen, Kinder und – wenn möglich – Eltern gemeinsam und auf der Basis aufklärerischer Strategien nach dauerhaften, zukunftsfähigen Wegen und (öko-)ethischer Orientierung suchen. Aufbauen könnte eine derartige «Zukunftswerkstatt Grundschule» u. a. auf erprobten Konzepten der wechselseitigen «Öffnung».

Sollte Umwelterziehung als eigenes Fach oder als Prinzip realisiert werden? In den 80er Jahren hat sich in Deutschland das Konzept der *Zentrierungsfächer* durchgesetzt. In ihnen sollte die Umwelterziehung ihren Schwerpunkt finden und systematisch betrieben werden. In der Grundschule erhielt der Sachunterricht diese Funktion. Auf den Sekundarstufen wurden die Fächer Erdkunde und Biologie zu Zentrierungsfächern erhoben, während die übrigen Fächer als Komplementärfächer der Umwelterziehung galten. An diesem Konzept ist später u. a. die Abkoppelung von sozial- und naturwissenschaftlich-technischer Betrachtung kritisiert worden, eine Kritik, die den Sachunterricht nicht berührt, gehört doch die Integration beider Perspektiven – zumindest theoretisch – zu seinen besonderen, geradezu modellhaften Stärken. Vor allem REINHOLD E. LOB und seine Mitarbeiter von der Zentralstelle für Umwelterziehung an der Universität Essen (ZUE) haben sich seit der zweiten Hälfte der 80er Jahre wiederholt für eine Beteiligung aller Fächer an der Aufgabe der Umweltbildung und für die Realisierung interdisziplinärer und mehrperspektivischer Umweltprojekte ausgesprochen. In der Grundschule werden diese Forderungen u. a. in Projektwochen oder an Umwelttagen aufgegriffen.

Umweltthemen sind inzwischen in fast allen Grundschullehrplänen verankert. Vor allem die «Rahmenpläne» eröffnen dem engagierten Lehrer in jedem Fach umweltpädagogische Handlungsräume (vgl. MITZLAFF 1991, S. 153). Quantitativ dürfte in der Alltagspraxis aber der Sachunterricht nach wie vor der wichtigste Ort bzw. der zentrale Impulsgeber der Umweltbildung sein.

«Umwelterziehung muss aus der heutigen Randposition herausgeholt und zur bestimmenden Mitte des Sachunterrichts gemacht werden, unter Wahrung der Zusammenhänge von Natur, Gesellschaft und Technik, mit genügend Unterrichtszeit und mit handlungsorientierten Lernformen», fordert HERMANN

SCHWARZ 1987 in Band 71 der Beiträge zur Reform der Grundschule. Der zentralen Rolle glaubte er sogar mit einer Umbenennung des Sachunterrichts in «Umwelt» oder «Umwelterziehung» entsprechen zu müssen. Der Vorschlag hat sich nicht durchsetzen können, und die Unterrichtszeit, die faktisch für das Anliegen der Umweltbildung zur Verfügung steht, dürfte Angesicht der zahlreichen neuen Aufgaben (Medienerziehung, Gewaltprävention, Gesundheitserziehung, neue Technologien usw.) heute noch weniger genügen als vor zehn Jahren.

WOLFGANG KLAFKI zählt die «ökologische Frage» 1992 zu den sechs «epochaltypischen Schlüsselproblemen», mit denen sich alle Schulstufen – von der Grundschule an – im Kontext einer neuen Allgemeinbildung intensiv und in Form des Epochalunterrichts beschäftigen müssen. Diese Auseinandersetzung mit epochaltypischen Schlüsselproblemen bildet für ihn die eine Säule, die um eine zweite didaktische Säule der «vielseitigen Interessen- und Fähigkeitsförderung» ergänzt werden soll. Ob dieses Zwei-Säulenmodell ausreicht, um das «Haus des Lernens» in einer zukunftsfähigen Gesellschaft zu tragen, ist hier nicht zu erörtern. Gerade im Hinblick auf die Umweltproblematik und die Grundstufe besitzt die – nicht allein aus dem Lager der Existenzanalyse und Logotherapie aufgeworfene (KURZ 1995) – Frage, ob denn die Problemorientierung genügt oder ob es, solange es noch Hoffnung gibt, nicht Pflicht der Pädagogengeneration ist, Kindern auch und gerade konkrete Handlungs- und Lösungsperspektiven zu eröffnen, ihre Berechtigung.

Umweltbildung in der Grundschule ist in der zweiten Hälfte der 90er Jahre curricular unumstritten, theoretische Kontroversen sind selten. Die einzelne Grundschullehrerin sucht ihre Position zwischen den eingangs dargestellten Konzepten; über deren Rezeption wenig bekannt ist. Die Mehrheit dürfte zu einem *pragmatischen Ansatz* mit hohem Ortsbezug neigen, der stark von der jeweiligen Lehrerpersönlichkeit und deren Umweltinteresse abhängt und seine theoretischen Versatzstücke aus Unterrichtsberichten, praxisnahen Materialien, Publikationen der Lehrerfortbildung, aus Schulbüchern, den elektronischen Medien und aktuellen Ereignissen gewinnt.

2. Zur Praxis der Umweltbildung in der Grundschule

So groß die Zahl der publizierten Entwürfe, Skizzen und punktuellen Erfahrungsberichte ist, so wenig wissen wir über die tatsächliche Verbreitung von Umweltbildung in der Grundschule, von ihrem zeitlichen Umfang und von ihrer langfristigen Wirksamkeit auf der Verhaltensebene.

Am bekanntesten dürfte die empirische Untersuchung von EULEFELD u. a. aus dem Jahre 1985 sein, die 1990/91 einen Nachfolger fand. In dieser wiederum nicht grundschulspezifischen Nachfolgeerhebung wird die zentrale Rolle des Sachunterrichts in der frühen Umweltbildung bestätigt, aber auch ein Trend zur thematischen Öffnung weiterer Fächer festgestellt (EULEFELD u. a. 1993a). Von den in allen Fächern bis zur Oberstufe genannten Umweltthemen entfallen immerhin 9,6 % auf den Sachunterricht. Gegenüber der Voruntersuchung hat sich der Trend zur projektorientierten Arbeit und zur zeitlichen Ausdehnung (von 4 auf 7,5 Schulstunden pro Umweltthema) verstärkt, während sich die Quantität schulischer Umwelterziehung kaum verändert hat (leichter Rückgang von 1,32 Themen pro Klasse u. Schuljahr auf 1,17 Themen). Verstärkt wurde 1990/91 themen-, handlungs-, system- und problemorientiert gearbeitet; einen reinen Papier- und Bleistiftunterricht gab es in diesem Bereich – anders als 1985 (vgl. BOLSCHO 1985) – nicht mehr. Dieser Trend dürfte für die Grundschule ebenfalls gelten und weiß sich hier von der allgemeinen methodischen Reform getragen. Wie in den meisten Fächern war allerdings auch im Sachunterricht die Arbeit mit Experimentiermaterialien und Arbeitsgeräten stark rückläufig. Wurden 1985 noch bei 44 % der Umweltthemen entsprechende Medien genutzt, waren es 1990/91 nur noch 14,3 % – ein Trend, der vermutlich für den gesamten Sachunterricht gilt. Erstaunlich niedrig fallen aufs Ganze gesehen auch die Zahlen für die Nutzung des Schulgartens (bei 6,7 % der Umweltthemen) aus, die vermutlich in der Grundschule höher liegen dürften. In ihren Schlussbemerkungen weisen EULEFELD u. a. auf die enorme Abhängigkeit des Themas von der *Lehrerpersönlichkeit* hin:

«Das größte Defizit besteht wahrscheinlich darin, dass nur ein kleiner Teil der Lehrkräfte sich aktiv für Umweltfragen interessiert und die Teilnahme an einschlägiger Lehrerfortbildung unzureichend genannt werden muss» (a. a. O., S. 89).

Umweltbildung in der Grundschule ist deshalb in den 90er Jahren vor allem eine Herausforderung an die Lehreraus- und -fortbildung (auch HELLBERG-RODE 1993, S. 153). Wenn nicht alles täuscht, ist aber in beiden Bereichen z. Zt. ein deutlicher Rückgang des Engagements für umweltpädagogische und -psychologische Fragen festzustellen.

Für die Stadt Münster legte GESINE HELLBERG-RODE 1993 eine empirische Vergleichsuntersuchung zu der umweltpädagogischen Praxis in den Zentrierungsfächern Sachunterricht und Biologie vor. In dem Untersuchungszeitraum 1989/90 hatten demnach 67,8 % der Lehrerinnen und Lehrer im Sachunterricht mindestens ein Umweltthema behandelt (EULEFELD u. a. 1984/85: 72,7 % SU). Pro Halbjahr wurden 0,9 Umweltthemen im Sachunterricht ermittelt, wobei allerdings auch hier eine Ausweitung des zeitlichen Rahmens festgestellt werden konnte. Die Auseinandersetzung mit einem Umweltthema umfasste demnach im Sachunterricht durchschnittlich 8,2 Unterrichtsstunden, wobei – mit relativ breiter thematischer Fächerung – der naturwissenschaftliche Bereich deutlich dominierte. In erfreulich hohem – und wesentlich stärkerem – Maße als im Biologieunterricht der Sekundarstufe konnte eine partielle bzw. volle Handlungsorientierung (bei 89,1 % bzw. 56,4 % der Umweltthemen) festgestellt werden. Inhaltlich dominierte im Sachunterricht das komplexe Thema «Müll/Energie», gefolgt vom Thema «Wald». Die Ausstattung der Grundschulen mit geeigneten Lehrerhandbüchern, Sachbüchern, Experimentierkästen, Unterrichtseinheiten und audiovisuellen Medien zeigte große Defizite. Relativ gut war hingegen in Münster die Ausstattung mit Biotopen und Freilandeinrichtungen: 68,2 % der befragten Grundschulen verfügten über einen «Schulgarten i. w. S.» Nach den Faktoren gefragt, die einer Intensivierung von Umwelterziehung in der Schule im Wege stünden, nannten die Grundschullehrerinnen und -lehrer auf den ersten drei Rängen:

«– zu wenig geeignete Unterrichtsmaterialien (67,8 % der befragten Lehrer),
– eine ökologisch mangelhafte bzw. nicht anforderungsgerechte Lehrerausbildung (61,0 %),
– zu wenig verfügbare Unterrichtszeit (37,3 %)».

Insgesamt musste HELLBERG-RODE feststellen, dass

«Umweltthemen im Sach- und Biologieunterricht ... eher sporadisch als systematisch thematisiert ... werden und ... keineswegs zum ‚grundlegenden Bildungsangebot' gehören ... Umwelterziehung in der Schule ist insgesamt weit davon entfernt als fächerübergreifendes Unterrichtsprinzip realisiert zu werden ...». Sowohl in der Sekundar- als auch der Primarstufe kommen «die für Wertebildung und Verhaltensänderungen so wichtigen positiven Umwelterlebnisse und -erfahrungen ... nach wie vor ... zu kurz» (HELLBERG-RODE 1993 a und b).

Die Erhebung, die ADELHEID STIPPROWEIT 1991 ebenfalls in NRW (Dortmund und Wesel) an 30 Grundschulen durchführte, bestätigt in vielen Punkten die genannten Studien, deutet aber darauf hin, dass sich

a) Umweltbildung auch über den Sachunterricht hinaus verstärkt in anderen Fächern zu etablieren beginnt und dass

b) der Komplex Umweltverhalten und ethisch-religiöse Dimensionen an Gewicht gewinnt. Didaktisch-methodisch konnte – im Einklang mit der zeitgenössischen Grundschuldidaktik – ein starker Situations- und Umweltbezug ermittelt werden. Über 90 % der befragten Lehrerinnen und Lehrer schrieben der Umweltbildung 1991 eine große oder sehr große Bedeutung zu. Nach dem Stellenwert im Kontext der gesamten Bildungs- und Erziehungsarbeit der Grundschule gefragt, ergab sich ein Mittelwert von 4,28 (auf einer Punkteskala von 1 = wichtigstes bis 10 = relativ unwichtiges Erziehungsziel), was sich aus der enormen Bandbreite wichtiger und innovativer Aufgaben innerhalb der Grundschulpädagogik der 90er Jahre erklärt (s. Lehreraussagen dazu) (STIPPROWEIT 1992).

Aus primarstufendidaktischer Sicht sind sicherlich alle drei empirischen Untersuchungen ergänzungsbedürftig. Für die zweite Hälfte der 90er Jahre liegen keine exakten Daten vor. Wenn nachfolgend trotzdem einige Trendaussagen gewagt werden, so stützen sich diese auf Literaturanalysen und punktuelle Beobachtungen des Autors in hessischen und nordrhein-westfälischen Schulen:

Im Einklang mit Grundprinzipien der modernen Grundschularbeit, die überwiegend auf eine neuerliche Auseinandersetzung mit der . internationalen Reformpädagogik zurückgehen, dürften die Merkmale der Situations-, Umwelt-, Lebenswelt-, Erfahrungs- und Handlungsorientierung zwischenzeitlich in der Umweltbildung an Raum gewonnen haben. Dabei ist allerdings eine starke Streuung anzunehmen, die vornehmlich von der Persönlichkeit der Lehrerin, von ihrer umweltpädagogischen Kompetenz und den Rahmenbedingungen (Freilandfläche, außerschulische Lernorte im Nahbereich) abhängen dürfte.

- Der Zeitrahmen, der im Unterrichtsalltag für umweltpädagogische Aktivitäten zur Verfügung steht, ist nach wie vor zu eng.

- Die Alltagspraxis hat die konzeptionellen und theoretischen Diskussionen (s. o.) eher am Rande wahrgenommen. Stärker als von diesen wurde sie von konkreten Unterrichtshilfen und -skizzen beeinflusst, die in regelmäßigen Abständen in Themenheften der bekannten Grundschulzeitschriften und fachdidaktischen Periodika erschienen sind. Diese und weitere Informationsmaterialien sollten deshalb unbedingt zum Grundbestand jeder Lehrerbibliothek gehören. Fortsetzung und Ausbau sind wünschenswert.

- Die in den empirischen Arbeiten ermittelten Defizite in der Lehreraus und -fortbildung bestehen aufs Ganze fort, und dürften sich in einzelnen Ausbildungsregionen und durch die Zuwendung vieler Hochschullehrer zu anderen grundschulrelevanten «Zeitgeistthemen» eher verstärkt haben. Auch heute erwerben die meisten Lehrerinnen das Gros ihrer umweltpädagogischen Kenntnisse auf autodidaktischem Wege. Umso wichtiger wird der Ausbau umweltpädagogischer Netzwerke.

- Die Zahl an unterrichtspraktischen Publikationen ist für den einzelnen Praktiker längst unüberschaubar geworden ist. Vor diesem Hintergrund und angesichts der fortbestehenden Ausbildungs- und Fortbildungsdefizite verdienen Datenbankkonzepte und neue Informations- und Distributionskanäle (Internet usw.) stärkere Beachtung. Die insbesondere von HELLBERG-RODE angesprochenen Defizite hinsichtlich einer positiven alternativ-konstruktiven Verhaltensorientierung und Wertebildung existieren in den meisten Materialien (Unterrichtsskizzen, Sachunterrichtsbüchern usw.) fort.

3. Ausgewählte didaktische Bausteine zur Umweltbildung in der Grundschule der Jahrtausendwende

Umweltbildung will

1. – allgemein formuliert – auf verschiedenen Altersstufen umweltrelevante Kenntnisse (und öko-systemisches Wissen) vermitteln,

2. Umweltbewusstsein wecken und strebt

3. – individuell und kollektiv – umweltbewusste Verhaltensweisen und Haltungen im Sinne eines verantwortlichen und gewissenhaften Umgangs mit den natürlichen Ressourcen an.

Für ROCK und SENFT *«ist jener Mensch ...umweltbewusst, der über die im komplexen Begriff Umwelt (Ökologie) enthaltenen Zusammenhänge angemessen (entsprechend dem Alter, dem Beruf, der Ausbildung) Bescheid weiß und aus diesem seinem ökologischen Bewusstsein im persönlichen Lebensstil je konkrete Konsequenzen zieht. Umweltbewusstsein ist die Kombination von Umwelt-Wissen und Umwelt-Gewissen: die Verlängerung des Öko-Wissens zum Öko-Gewissen»* (1987, S. 305).

Ohne zu überfordern und ohne die Handlungschancen des Kindes in seiner Umwelt zu überschätzen, wird sich Umweltbildung schon auf der Primarstufe an dieser Zielvorstellung orientieren. Dazu gehört auch die Begründung eines neuen bio-zentrischen Denkens und öko-ethischen Bewusstseins (KLEBER 1993), das der Natur ein Eigenrecht zugesteht. Ohne auf die Grenzen dieser Theorie eingehen zu können, erscheint mir nach wie vor eine erlebnisbetonte Umsetzung von ALBERT SCHWEITZERs Formel, dass «wir Leben» seien «inmitten von Leben, das leben will» am ehesten geeignet, um Grundschulkinder auf den Weg zu diesem Bewusstsein zu bringen. Grundsätzlich ist zu vermuten, dass zukünftig Wertfragen in der Umweltbildung an Bedeutung gewinnen werden. Hinsichtlich der Entwicklung des viel beschworenen «Umwelt-Gewissens» gehen wir heute davon aus, dass

a) das Grundschulalter eine Schlüsselrolle spielt und

b) Gefühle, Gemüt, Erlebnisse und Verhaltensmodelle im Umgang mit der Natur vermutlich einen stärkeren Einfluss besitzen als der Intellekt.

Seit dem Umweltgipfel von Rio (1992) orientieren sich umweltpolitische und -pädagogische Diskussionen an der Vorstellung der «dauerhaften Entwicklung» (*sustainable development*), die für die Grundschule zu elementarisieren wäre. Ansätze dazu bietet die Kinderausgabe der Agenda 21 (Peace Child International 1994).

Zu den umweltpolitischen und -pädagogischen Lösungs- oder Orientierungsmustern, die in der internationalen Diskussion eine grundlegende Rolle spielen, gehören die Forderungen nach *«Interdisziplinarität», «Antizipation»* und *«Partizipation»*. Interdisziplinarität ist im modernen Grundschulunterricht mehr als andernorts möglich, sofern das Klassenlehrerprinzip realisiert ist bzw. die Kolleginnen zur Kooperation gefunden haben. Im Sachunterricht ist Interdisziplarität geradezu paradigmatisch realisiert. Wie wirksam sie realisiert werden kann, hängt u. a. davon ab, ob sie durch analoge Strukturen und Konzepte im Bereich der Lehrerausbildung, in der didaktischen Forschung und curricularen Modellentwicklung gestützt und gefördert wird. Aber gerade hier haben sich in den letzten zwanzig Jahren – auch und gerade in der Sachunterrichtsdidaktik – gegenläufige Tendenzen durchgesetzt, die die Potentiale universitärer Kooperation in aller Regel ungenutzt lassen. Wo gibt es schon Seminare und Projekte, in denen vier oder fünf Hochschullehrer aus verschiedenen Disziplinen ein Umweltthema oder eine andere «Sache» des Sachunterrichts unter verschiedenen Blickwinkeln angehen?

«Antizipation» und «Partizipation» werden in dem hierzulande viel zu wenig beachteten Lernbericht des Club of Rome, zu Eckposten des eingeforderten und überlebensentscheidenden «innovativen Lernens». Während die Grundschule in den letzten 15 Jahren mit offenen Methoden und Organisationsformen überzeugende Schritte auf dem Weg zur demokratischen Beteiligung und Selbststeuerung zurückgelegt hat, ist der Gedanke der Antizipation in ihrer Umweltbildung – aber auch darüber hinaus – bisher kaum entdeckt worden. Hier wären Diskurse zu alternativen Handlungsentwürfen anzusiedeln, hier wären mit den Kindern neue, sanfte (bionische) Technologien zu erproben und umweltschonende Lebensweisen vorweg zu realisieren (vgl. MITZLAFF 1992). Erst wenn alle drei Orientierungslinien in der Grundschule wirksam geworden sind, wird man von einer echten

Zukunftsschule sprechen können. Freilich darf Antizipation nicht – wie z. T. vom Club of Rome praktiziert – auf eine Extrapolation bestehender Trends und Konzepte reduziert werden, sondern sie sollte in konkreten Projekten (wie der Planung eines Wohnumfeldes) auf die Freisetzung kindlicher Phantasie und die Entwicklung kreativer Alternativen abzielen.

Umweltbildung setzt in der Grundschule auf *Primärerfahrung* und versteht sich als Ausgleich zur fortschreitenden Mediatisierung. Grunderfahrungen mit dem Lebendigen, mit Tier und Pflanze, können. durch kein noch so raffiniertes Multimedia-Programm ersetzt werden (MITZLAFF 1997):

«Kinder brauchen das Naturerlebnis, wenn sie erkennen sollen, welche Bedeutung die natürlichen Lebensgrundlagen für den Menschen und das gesamte Biosystem der Erde besitzen und wie stark der Mensch in die Natur eingebunden bleibt. Um dieses Erlebnis zu vermitteln, sollten Lehrer und Eltern möglichst oft mit Vor- und Grundschülern Wälder, Felder, Wiesen, Gärten, Teiche und andere Naturoasen aufsuchen. Schullandheimfahrten und Tagesexkursionen in naturnahe Regionen bieten weitere wichtige Möglichkeiten. Eine kontinuierliche und intensive Begegnung mit der Natur kann aber am ehesten in schuleigenen Gärten stattfinden. Vor allem in großstädtischen Ballungsräumen leistet die Grundschule mit der Wiederentdeckung der Arbeit im Schulgarten einen wichtigen Beitrag zum Ausgleich wachsender Erfahrungs- und Erlebnisdefizite» (MITZLAFF 1991b).

Umweltbildung ist an die Wiederentdeckung außerschulischer Lernorte und die (alte) Methode des «Freiluftunterrichts» sowie den direkten Naturzugang gebunden und setzt in der Grundschule auf das Konzept der doppelseitigen Öffnung von Schule (MITZLAFF/THEUSS 1993). Aus eigener Initiative haben hier viele Grundschulen schon einiges erreicht. Insgesamt sind aber noch viele Schulen und deren Freiflächen umzugestalten. Wie dies angesichts leerer Kassen zu realisieren sein wird, bleibt ein Politikum. In einer Zeit, in der Politik vor allem durch Hilflosigkeit, Bildungsferne und obsolete Großprojekte (Eurofighter, Transrapid) beindruckt, stehen die Chancen für umweltpädagogische Projekte nicht gut.

Für die konkrete umweltpädagogische Arbeit in der Grundschule haben H. SCHWARZ u. a. 1987 sechs Schwerpunkte und zwölf Themenbereiche skizziert, die nach wie vor von grundlegender Bedeutung sind, nämlich:

«1. Wir erleben und beobachten natürliche Umwelt
2. Beziehungen zum pflanzlichen Leben entwickeln
3. Einen Schulgarten einrichten und pflegen
4. Beziehungen zum Leben der Tiere entwickeln
5. Lebensgerecht mit dem Boden umgehen
6. Wasser ist lebensnotwendig

7. *Die Luft entlasten*
8. *Das Wetter erleben und kennenlernen*
9. *Landschaft erleben und erhalten*
10. *Lärm kann krank machen*
11. *Energie und Rohstoffe sparen*
12. *Für unsere Gesundheit sorgen»* (SCHWARZ 1987, S. 27ff.).

Anhand dieses Kataloges, der aus heutiger Sicht zu ergänzen ist, kann die Grundschullehrerin die Breite ihres konkreten umweltpädagogischen Handelns überprüfen.

Gestützt auf Vorarbeiten von H. MIKELSKIS formuliert EIKE HILBERT 1994 sieben Leitlinien für die Umweltbildung in der Grundschule, die gleichzeitig als Kriterien zur Analyse umweltpädagogischer Materialien dienen können:

1. Umweltbildung heißt: Lernen aus Betroffenheit, darf aber nicht in eine Katastrophenpädagogik oder pädagogische Apokalyptik münden.
2. Umweltbildung heißt: Entwicklung der Sinne und Schulung der Wahrnehmungen.
3. Umweltbildung heißt: ganzheitlich lernen, nämlich mit «Kopf, Herz und Hand» (PESTALOZZI) und unter verschiedenen Zugangsperspektiven.
4. Umweltbildung heißt: Ausbildung von Urteilskraft – als Teil einer fundamentalen Erziehung zur Mündigkeit.
5. Umweltbildung heißt: handeln lernen.
6. Umweltbildung heißt, unsere heutige Situation in ihrer Geschichtlichkeit zu begreifen.
7. Umweltbildung heißt: Orientierung auf eine phantasievolle Gestaltung der Zukunft, und dies setzt ein Unterrichtsklima voller Hoffnung und Zuversicht voraus (vgl. HILBERT 1994, S. 34ff)

Um eine ganzheitliche Annäherung zu gewinnen, pflegt WINKEL in dem Schulbiologiezentrum Hannover jedes Unterrichtsthema «in sieben Feldern» zu «entfalte(n)». Diese Felder sind für ihn

«1. Sinnliche Naturerfahrung
2. Spiel
3. Ästhetische Naturerfahrung, künstlerische Zugangsmöglichkeiten zum Thema
4. Praktische Nutzanwendung des Themas, pragmatische Inhalte
5. Messender, untersuchender, naturwissenschaftlicher Zugang zum Thema

6. *Darstellungsmöglichkeiten des Themas*
7. *Gesellschaftlicher oder politischer Zugang zum Thema»*
(u. a. mit der Dimension des Konflikts) (WINKEL 1995, S. 15f).

Ohne zum Schema erstarren zu müssen, bewährt sich dieses Planungskonzept gerade in der Grundschule. Es spricht beide Dimensionen des Sachunterrichts an, begründet aber prinzipiell eine fächerübergreifende, multiperspektivische Zugangsweise. Die an zweiter und dritter Stelle genannten Dimensionen des Spiels und der ästhetischen Naturerfahrung, die in den ersten Jahren der vornehmlich kognitiv bzw. wissenschaftsorientiert ausgerichteten Umwelterziehung vernachlässigt wurden, haben in den 80er und 90er Jahren erfreulicherweise eine Aufwertung erfahren: In Anlehnung an die Ästhetik NICOLAI HARTMANNs hat sich vor allem HELMUT SCHREIER für eine Wiederentdeckung des «Naturschönen» engagiert (SCHREIER 1986). Ausgehend von den keineswegs immer überzeugenden «CORNELL-Spielen» (CORNELL 1979/1991) wurden in den 90er Jahren neue Wege zur spielerisch-kreativen Entdeckung von Natur und Umwelt entwickelt und erprobt (WESSEL/GESING 1995; MITZLAFF/PÄCH 1996). Der ästhetische Zugang schließt – inbesondere im Anfangsunterricht – auch mythische und religiöse Zugangsformen sowie eine Rehabilitierung der zu Unrecht vergessenen Tiererzählungen ein.

Gemäß ihrer ganzheitlichen Zielsetzung und der Intention, Wissen in Bewusstsein und Verhalten münden zu lassen, setzt die Umweltbildung schon in der Grundschule auf komplexe didaktisch-methodische Konzepte (BOLSCHO 1986; MEIER 1994). Zu ihnen gehören:

- der situationsorientierte Unterricht (mit Lebensnähe und Lebensbedeutsamkeit),
- der handlungs- und produktorientierte Unterricht,
- die problemorientierte Arbeit,
- die direkte Begegnung mit Natur und Umwelt an außerschulischen bzw. schulnahen Lernorten und die doppelseitige Öffnung von Schule (u. a. Experten im Unterricht),
- das projektorientierte Lernen (kleine und große Umweltprojekte, Projektwochen).

Um diese Konzepte zu verwirklichen, haben viele Grundschulen in den letzten Jahren mehr oder weniger große *Arbeitsbiotope* wie Schulgärten, Obstbaumwiesen, Wildwiesen, Feuchtbiotope ... angelegt, die vor allem vom Sachunterricht bzw. von speziellen AGs genutzt werden. Pläne zur Schaffung übergreifender Umwelterfahrungsgärten (vgl. MARAHRENS und MITZLAFF in MITZLAFF 1991 und 1985), die vielfältige ökologische und antizipatorische Lernprozesse ermöglichen, scheiterten bisher an den Kosten. Teile davon wurden allerdings an verschiedenen Orten realisiert. Klebers Konzept der Obstbaum-Lebens-Gemeinschaft als Kern eines ökologisch-pädagogischen Schulgartens lässt sich auch auf kleinen Außenflächen verwirklichen (KLEBER/KLEBER 1994).

An den Unterstufen der Schulen in der DDR war der Schulgartenunterricht, der u. a. in die sozialistische Produktion einführen sollte und sich als Bestandteil «sozialistischer Erziehung» begriff, selbständiges Unterrichts- und Studienfach. Nach der Wende drohte vielen Schulgärten die Schließung. Engagierten Pädagogen – wie M. THEUSS in Thüringen, H.-J. SCHWIER in Sachsen-Anhalt und S. WITTKOWSKE in Sachsen – ist es zu verdanken, dass diese Zerstörung des «nützliche(n) Erbe(s) aus der damaligen DDR» (THEUSS 1996) in vielen Fällen verhindert werden konnte und eine ökologisch-pädagogische Neudefinition bzw. Weiterentwicklung der Schulgartenarbeit in den neuen Ländern begann (vgl. EHRITT u. a. 1997; WITTKOWSKE 1993; SCHWIER 1993). Hier bietet sich für alle Grundschulen der Bundesrepublik die Möglichkeit, langjährige Erfahrung mit neuen Tendenzen und Aufgaben konstruktiv zu verbinden.

Angeregt durch die Schweizer Waldwochen (STASCHEIT 1992) haben inzwischen auch viele deutsche Grundschulen Waldprojekte durchgeführt. Als ökologischer bzw. umweltpädagogischer Lernort erlebt das Schullandheim in der Grundschule der 90er Jahre eine Renaissance (KERSBERG 1991; REESE 1991). Im Zusammenhang mit dem Leitbild der «Entschleunigung» (REHEIS 1996) entdecken Umweltpädagogen die langsamen Formen der natürlichen Fortbewegung wieder neu (SCHREIER 1997), wobei im Schulalltag nach wie vor die Frage nach der Gruppenstärke über die Umsetzung dieser und anderer Konzepte entscheiden wird.

Umweltbildung ist in der gegenwärtigen Gesellschaft eine lebenslange Aufgabe mit verschiedenen, psychologisch begründeten *Stufen*. GERHARD WINKEL, der sich um die Beschreibung eines entsprechenden Stufenkonzepts bemüht hat, sieht die Hauptaufgabe des Kindergartens und der Grundschule darin, ein Gefühl der Zuneigung zur Natur zu wecken und Ängste vor Tieren abzubauen. In Klasse eins und zwei empfiehlt WINKEL die Beobachtung von Lebewesen. Es könnten z. B. Schmetterlingsraupen aufgezogen, oder das Wachstum eines Salatkopfes beobachtet werden, wobei nicht zuletzt der biologische Zeitbegriff entwickelt wird. In Klasse drei und vier betont WINKEL neben der Sammelleidenschaft das Hegen, Pflegen und Versorgen, das z. B. im Schulgarten (oder bei der ausdauernden Versorgung von Tieren) geübt werden kann. In Klasse vier sollte jedem Schüler ein kleines Beet (2-8 qm) zur eigenverantwortlichen Pflege angeboten werden. Ist dies nicht möglich, sollten wenigstens Zimmerpflanzen oder Heimtiere (unter Beachtung der jeweiligen Ländervorschriften zur Tierhaltung in der Schule) gepflegt werden. Mit «altersgemäßen Forscherfragen» nimmt das Beobachten und Experimentieren in Klasse vier systematischere Formen an. In Klasse fünf und sechs wird das Erlernen bzw. Vertiefen spezieller Techniken der Gartenpflege, der Temperaturmessung und ph-Wert-Bestimmung empfohlen (WINKEL 1990 u. 1995; SCHREIER 1992/93).

In der Umweltbildung der Grundstufe hat *das «Pflegerische»* – als sanftes Gegenmodell zum «Beherrschen» und «Ausbeuten» – in den letzten Jahren zunehmend an Bedeutung gewonnen. WINKEL sieht in ihr geradezu die welt- und kulturumspannende Leitidee und das übergreifende Erziehungsziel einer zukunftsorientierten ökologischen Bildung, und in beeindruckenden Beispielen hat er die pädagogischen Dimensionen dieser Arbeit beschrieben (1995, S. 53ff.). Es geht dabei um nicht weniger als um eine neue Kultur («colere» bedeutet dem Sinn nach pflegen, ehren, bebauen), die auf der «Ehrfurcht vor dem Leben» (SCHWEITZER) basiert. Eine Grundschule, die die Grundlagen zu dieser zukunftsfähigen Kultur legen will, sucht nach Wegen der direkten Naturbegegnung und übt praktisch handelnd mit «Kopf, Herz und Hand» in pflegerische Verantwortung ein. Inhaltlich bezieht sich der pflegerische Umgang auf Pflanzen und Tiere, aber auch auf sich selbst (seine psycho-physische Gesundheit), die Kulturgüter, die natürlichen Ressourcen, die Landschaft und ihre Ökosysteme und auch auf die Mitmenschen, kurz: auf das Selbst und seine Mitwelt im Biotop, Soziotop und Psychotop. Anders ausgedrückt, *«umfasst das Pflegerische die Solidarität mit allen Pflanzen, Tieren, Menschen und ihren jetzigen und zukünftigen Bedürfnissen. Das Pflegerische beschreibt in umfassendem Sinn eine Gesundheitserziehung mit dem Ziel des gesunden Menschen in einer gesunden Gesellschaft und einer intakten Umwelt»* (WINKEL 1995, S. 55).

Grundschulgerechte Anregungen zur praktischen Einübung in die «Pflege» finden sich u. a. in den Publikationen von MOZER (1989), KLEBER/KLEBER (1994), WINKEL (1985), SCHWEITZER (1988) sowie OBERHOLZER und LÄSSER (1991). Aufs Ganze gesehen bedarf es aber noch weiterer, konkreter Beschreibungen mit Modellcharakter und der Öffnung konkreter Handlungsfelder, in denen sich Grundschülerinnen und -schüler pflegerisch betätigen können.

4. Umweltbildung als Zukunftspädagogik

Wollen Umweltpädagogen innovativ wirken, dann benötigen sie neben profunder Sachkenntnis und ausgeprägter Liebe zur natürlichen Umwelt und Kreatur Visionen von einer ökologisch intakten Umwelt, von einer dauerhaften Entwicklung und einem die Ressourcen schonenden Lebensstil. Gerade hier sind bei Studentinnen und Studenten des Lehramtes, die oft völlig in der Gegenwart und im Erwerb geforderter Scheine aufzugehen scheinen oder aber zur Resignation neigen, erschreckende Defizite an Phantasie und Kreativität festzustellen. Inhaltliche Orientierung könnte in dieser Situation die vom BUND und MISEREOR in Auftrag gegebene Studie des Wuppertal Instituts «Zukunftsfähiges Deutschland» (1996) bieten, die nicht bei der Analyse stehenbleibt, sondern acht zukunftsträchtige Leitbilder formuliert. Zusammen mit der Agenda 21 könnten diese Leitbilder den Rahmen umweltpädagogischen Handelns an der Schwelle zum 21sten Jahrhundert bilden. Methodisch enthält das – in einigen Punkten zu modifizierende – Konzept der Zukunftswerkstatt auch für die Lehreraus- und -fortbildung vielversprechende Ansätze. Eine grundschuldidaktische und -pädagogische «Übersetzung» der BUND-MISEREOR-Leitbilder steht noch aus, dürfte aber – in unterschiedlichem Maße – möglich sein.

5. Ausgewählte Perspektiven und Empfehlungen

1. Umweltbildung ist – bei aller Bedeutung von Referenztheorien, theoretischen Kontroversen und Planungskonzepten – dem Wesen nach eine konkrete und zutiefst praktische Aufgabe. Dies gilt insbesondere auf der Grundstufe, wo es darum geht, ökologisch relevante individuelle und soziale Lernprozesse zu initiieren bzw. zu fundieren.

2. Umweltbildung hat sich in einer realistischen Wende aus ihrer verbreiteten Selbstüberschätzung zu befreien und darf die Politik und Wirtschaft nicht aus der Pflicht zu grundlegenden Strukturreformen und Kurskorrekturen entlassen. Nur dort können die sozio-ökonomischen und politischen Ursachen der Umweltprobleme behoben werden. Umweltbildung selbst kommt ohne ein aufgeklärtes soziopolitisches Bewusstsein nicht aus und gründet sich auf detaillierte Fachinformationen und zukunftsfähige Alternativkonzepte (z. B. VON WEIZSÄCKER 1994; SCHMIDT-BLEEK 1997; BUND/MISEREOR 1996). Wer an der didaktischen Umsetzung zukunftsfähiger Alternativen interessiert ist, wird von einer stufenbezogenen Lernfelddidaktik «Umweltbildung und Sachunterricht» – mit Blick auf den Grundschulpraktiker – den Schülerinnen und Schülern entsprechende, adressatenadäquate Wahrnehmung einer Scharnier- und Transferrolle fordern müssen. Diese wird z. Zt. bestenfalls in Ansätzen wahrgenommen.

3. Solange es noch Hoffnung gibt, die drohende ökologische Apokalypse abzuwenden, und solange es eine kleine Chance gibt via institutionali-

sierter Erziehung und Bildung in bescheidenem Maße an der dazu notwendigen Kurskorrektur mitzuwirken, hat sich Grundschule engagiert und breit an der Umweltbildung zu beteiligen. Dies geschieht in sehr kleinen Schritten und konkreten Aktivitäten, die in der aktuellen Grundschule in beachtlicher Vielfalt, aber auch mit großer Streubreite nachzuweisen sind.

4. Dazu bedarf es einer realitätsnahen, strukturkritischen und praxisnahen umweltpädagogischen und -didaktischen Theorie (im Kontext kritisch-konstruktiver Erziehungswissenschaft und Bildungstheorie), die sich nicht in neo-romantizistischen Glasperlenspielen, unverbindlichen Suchschemata oder esoterischen Meditationen aus der Verantwortung – und Falsifizierbarkeit – flüchtet, sondern dem Grundschulpraktiker prospektive Handlungsentwürfe anbietet und gemeinsam mit diesem über deren Revision und Optimierung nachdenkt.

5. Prinzipiell fächerübergreifend und integrativ angelegt, wird der Sachunterricht mit seinen zahlreichen Sachperspektiven, Lernorten und Zugangsweisen in diesen Handlungsentwürfen auch zukünftig eine zentrale und impulsgebende Rolle spielen.

6. Kritisch-konstruktive Bildungstheorie bleibt der Aufklärung verpflichtet; neo-irrationalistische und esoterische Tendenzen werden von ihr hinsichtlich der aktiven Lösung der Umweltprobleme als untaugliche und gefährliche Instrumente entlarvt (vgl. GEDEN 1996). Weder in der Grundschule noch auf anderen Bildungsstufen kann es um eine neue Trennung von Kind und Wissenschaft gehen. Die berechtigte Kritik an einer allein auf Herrschaft angelegten und auf Naturzerstörung basierenden Naturwissenschaft darf nicht in *irratio*nalistisch-esoterische Fluchtbewegungen münden, sondern sollte auf Konzepte einer neuen, sanften und aufgeklärten Wissenschaft und einer aufgeklärten Aufklärung setzen.

7. Umweltbildung darf keine temporäre Sonderveranstaltung bleiben, sondern ist als eine alltäglich und kontinuierlich im Lebenskontext der Kinder zu realisierende Aufgabe zu begreifen. RICHARD MEIER ist zuzustimmen, wenn er betont: *«‹Umwelt› einmal im Jahr ist unwirksam, der alltägliche Lebensvollzug in der Schule, zum Beispiel der Umgang mit Material, die Arbeit mit den Eltern und die entsprechende Akzentuierung vieler Arbeitsvorhaben sind wirksamer als eine nach außen eindrucksvolle ‹Projektwoche›»* (1993).
In diesem Sinn ist Grundschule im Alltag «Öko-Schule».

8. Wer mit Kindern über Umweltprobleme und ökologisch sinnvolle Lösungswege reflektiert, ist immer wieder von dem hohen Niveau und dem ethischen Engagement dieser kindlichen Philosophie überrascht. Dieses elementare *Nach- und Vorausdenken* gilt es in der Grundschule der Zukunft im Kontext einer kindgemäßen Philosophie der Lebensorientierung und Lebenskunst (ars vivendi) – die z. B. die Frage nach den Bedürfnissen des Menschen einschließt – zu kultivieren. Diese reflexive Arbeit als Komplement zur notwendigen Handlungsorientierung der Grundschule bedarf der sozialen und personalen Basis, einer entsprechenden Atmosphäre und vor allem der Zeit und Muße. Zu beobachten ist leider auch, dass das ökologische Engagement vieler Kinder im Jugendalter auf der Sekundarstufe schwindet. Empirische pädagogische Forschung hätte hier nach den Ursachen und nach möglichen Immunisierungsstrategien zu fragen.

Kontemplation und mehrperspektivische Naturbetrachtung, die den ökonomischen Nützlichkeitsaspekt (z. B. den Holzwert eines Baumes) überschreitet und u. a. den sozialen und ökologischen Wert (Sauerstofflieferant, nachwachsende Rohstoffe) in den Blick nimmt und einen sinnlichen und ästhetischen Zugang («das Naturschöne» der Baumkrone in den Jahreszeiten) sucht, gehören zu den Grundlagen der Umweltbildung und korrigieren frühe Fehler der Sachunterrichtsdidaktik (vgl. MITZLAFF 1985). Die mehrperspektivische Sachbetrachtung, die im Schnittbereich von Sachunterricht, Literatur, Mathematik, Kunst, Religion und Ethik stattfindet, sollte in der Grundschule als ein intellektuelles Grundmuster kultiviert werden, das über die Umweltbildung hinausweist.

9. Es gibt keinen Grund – schon gar nicht in der Umwelt – mit den umweltpädagogischen Bemühungen auf der Grundstufe nachzulassen. Im Gegenteil! Aus dieser Feststellung leitet sich die Forderung nach verstärkten Bemühungen auf dem Gebiet der Lehreraus- und -fortbildung, auf dem das Thema (hinter neuen Trends) in Vergessenheit zu geraten droht, ebenso ab wie die Empfehlung, ein effektives Informationssystem über Umweltliteratur (Unterrichtsbeispiele, -skizzen, Erfahrungsberichte) und ein Netzwerk von umweltpädagogischen Ansprechpartnern zu entwickeln. Wie in anderen Arbeitsbereichen auch bieten sich dazu auch in der Grundschulpädagogik die neuen Kommunikationsmedien (Internet) an.

10. Umweltbildung ist ein komplexer sozialer Lernprozess, der den Kindern Hilfen bei der Analyse und Gestaltung ihrer *Lebenswelt* geben will. So gesehen ist sie ein Stück *«Heimatarbeit»* im Sinne MEIERS (1993).

11. Umweltbildung versteht sich als ein Lernprozess, der kognitive, sozialemotionale bzw. affektive und aktionale Komponenten verbindet (vgl. BREIDENBACH 1996, S. 252). Dies ist für die Grundschule von besonderer Bedeutung.

12. Da Umweltprobleme grenzüberschreitend und Umweltlösungen nur im globalen Rahmen zu finden sind, bleibt Umweltbildung *nicht* – wie die vor-sachunterrichtliche Heimatkunde – auf den Heimatkreis fixiert. Sie verbindet den Blick auf «oikos» und «oikumene», schlägt immer wieder die Brücke vom wichtigen Handlungsraum der «kleinen Milieus» zum Blick auf unseren «blauen Planeten» und begründet das Bewusstsein von der Vernetzung zwischen «lokalem Handeln und globalem Denken» (vgl. KLEBER 1993; MITZLAFF 1992).

13. Umwelt und Natur (d. h. in unseren Breiten: Kultur-Landschaft) haben Geschichte und Dynamik. Wenngleich das historische Denken im Grundschulalter erst beginnt, sollte diese Erfahrung in der Umweltbildung der Grundschule eine zentrale Rolle spielen. Nur so lernen die Kinder, dass Umwelt, so wie sie jetzt von ihnen erlebt oder erlitten wird, nicht immer war und auch nicht bleiben muss. Hinzu kommt das Erlebnis biologischer Zeit und Rhythmik, für das Kinder eine hohe Sensibilität besitzen. In einfachen Erzählungen lassen sich (z. B. im Schnittbereich von Sachunterricht – Religion – Ethik) unterschiedliche Muster der Beziehung zwischen Mensch und Natur, die in der Kulturgeschichte wirksam waren, thematisieren, um Kinder für Alternativen zum technologisch-utilitaristischen Vernutzungsdenken zu sensibilisieren.

14. Antizipation und innovatives Lernen dürfen nicht auf die Extrapolation bestehender Trends und Informationen reduziert werden. Vielmehr geht es gerade in der Grundschule um die Freisetzung von kindlicher Phantasie und Kreativität zur Planung und Gestaltung alternativer Szenarien. Dem «Traum» von der anderen, schöneren, besseren, gerechteren Mit- und Umwelt sollte in der zukünftigen Umweltbildung – gerade auf der Grundstufe – weit mehr Raum und Zeit als bisher gegeben werden. Auch diese Aufgabe lässt sich nicht in Fächer sperren, sondern basiert weithin auf der frei flottierenden Anregung aus verschiedenen Blickwinkeln. Die Kraft des «kreativen Träumens», die Utopien und alternative Zukunftsentwürfe generiert, dürfte überhaupt die wichtigste Quelle zur Lösung der sozio-politischen wie ökologischen Probleme und Gefahren sein. Die Grundschule wird allerdings unter ökologischen und sozial-politischen Gesichtspunkten auch den kritischen Diskurs über die Produkte aus dieser Quelle aufnehmen müssen, denn viele Kinderträume von der Zukunft sind heute eher systemkonform und trendverschärfend .

Umweltbildung sieht sich in der Grundschule vor zahlreiche Probleme gestellt und mit zahllosen Fragen konfrontiert. Eine knappe Auswahl soll den Beitrag beenden:

- Grundschule soll die Liebe zur Natur und die Freude am Natürlichen wecken. Wie kann sie dies inmitten einer von Technik und (naturzerstörerischem) Konsum beherrschten Umwelt? Wie kann sie dabei glaubwürdig bleiben? Reichen pädagogische Inseln, wie der Schulgarten, aus?

- Das Problem der Arbeitslosigkeit und der ökonomischen Krise und die Diskussion um den «Zukunftsstandort Deutschland» haben die Umweltfrage von der politischen und öffentlichen Tagesordnung verdrängt. Wie kann in diesem politischen Klima, in dem alle Kräfte (von links bis rechts) faktisch den Primat der (alten Wachstums-) Ökonomie betonen und auf eine Entfesselung neuer (längst nicht naturschonender) Technologien setzen, Umweltbildung gedeihen und nicht zum pädagogischen Feigenblatt verkommen?

- Wie lässt sich die offensichtlich geringe Effektivität von schulischer Umweltbildung angesichts leerer Kassen und voller Klassen erhöhen? Wie lässt sich das alte Problem jeder Schulreform lösen, dass die Lehrerinnen und Lehrer schon heute über das innovative Umwelt-Bewusstsein von übermorgen verfügen und gegenüber den Denkmustern und Verlockungen der überholten Wachstumsgesellschaft resistent sein sollen?

Literatur

BEER, W./DE HAAN, G. (Hrsg.): Ökopädagogik – Aufstehen gegen den Untergang der Natur. Weinheim u. Basel 1984a.
BEER, W./DE HAAN, G.: Ökopädagogik – Umwelterziehung als Etikettenschwindel, Ökopädagogik als Zukunftsperspektive? In: b:e, 10/1984b, S. 24-33.
BOLSCHO, D.: Umwelterziehung in der Grundschule. In: Grundschule 2/1986, S. 16-19.
BUND/MISEREOR (Hrsg.): Zukunftsfähiges Deutschland. Ein Beitrag zu einer global nachhaltigen Entwicklung. Basel u. a. 1996.
BUNDESMINISTERIUM FÜR UMWELT, NATURSCHUTZ UND REAKTORSICHERHEIT (Hrsg.): Konferenz der Vereinten Nationen für Umwelt und Entwicklung im Juni 1992 in Rio de Janeiro. Agenda 21. Bonn o. J.
BUNDESMINISTERIUM FÜR UMWELT, NATURSCHUTZ UND REAKTORSICHERHEIT (Hrsg.): Auf dem Weg zu einer nachhaltigen Entwicklung in Deutschland. Bericht der Bundesre-

gierung anlässlich der VN-Sondergeneralversammlung über Umwelt und Entwicklung 1997 in New York. Bonn 1997.

Burow, O.-A./Neumann-Schönwetter, M. (Hrsg.): Zukunftswerkstatt in Schule und Unterricht. Hamburg 1995.

Dauber, H.: Neue Reichweiten einer ökologischen Lernbewegung? In: ÖkoPäd. H. 2/ 1995, S. 36-43.

Eulefeld, G. u. a.: Entwicklung der Praxis schulischer Umwelterziehung in Deutschland. Kiel 1993a.

Eulefeld, G. (Hrsg.): Studien zur Umwelterziehung. Ansätze und Ergebnisse empirischer Forschung. Kiel 1993b.

Geden, O.: Rechte Ökologie. Umweltschutz zwischen Emanzipation und Faschismus. Berlin 1996.

Göpfert, H.: Naturbezogene Pädagogik. Weinheim 1988; 1990^2.

Göpfert, H.: Zur Grundlegung einer naturbezogenen Pädagogik. In: Calliess, J./ Lob, R. E. (Hrsg.): Praxis der Umwelt- und Friedenserziehung. Band 2: Umwelterziehung. Düsseldorf 1987, S. 21-31.

Hartmann, N.: Ästhetik. Berlin 1953. Kapitel 9: Das Naturschöne, S. 142ff.

Hellberg-Rode, G.: Umwelterziehung im Sach- und Biologieuriterricht. Eine empirische Untersuchung ... Münster/ New York 1993a.

Hellberg-Rode, G.: Umwelterziehungspraxis im Sach- und Biologieunterricht. In: Eulefeld 1993b, S. 201-230.

Hilbert, E.: Materialien zur Umweltbildung. Kronshagen 1994.

Jungk, R./Mültert, N. R.: Zukunftswerkstätten. München 1989; 1994^4

Kersberg, H.: Landschaftsökologie und Umwelterziehung. In: Dt. Gesellschaft für Umwelterziehung e.V. (DGU), IPN (Hrsg.): Modelle zur Umweiterziehung in der Bundesrepublik Deutschland. Band 3. Kiel 1991, S. 168-173.

Kleber, E. W.: Grundzüge ökologischer Pädagogik. Weinheim/München 1993.

Kleber, E. W./ Kleber, G.: Handbuch Schulgarten. Biotop mit Mensch. Weinheim u. Basel 1994.

Kurz, W.: Die Sinnfrage im Kontext der Erlebnisgesellschaft. In: Kurz/Sedlak (Hrsg.): Kompendium der Logotherapie und Existenzanalyse. Tübingen 1995, S. 627-660.

Lob, R. E.: Umwelterziehung/ Umweltbildung. In: Sander, W. (Hrsg.): Handbuch politische Bildung. Bonn 1997, S. 349-360.

Meier, R.: Dimensionen des Zusammenlebens. In: Lauterbach/Köhnlein u. a. (Hrsg.): Dimensionen des Zusammenlebens. Kiel 1993, S. 15-46.

Meier, R.: Handeln im Sachunterricht. Teil I-V. In: Grundschulunterricht H. 10/ 1994, S. 4-5; H. 11/1994, S. 43-45; H. 1/1995, S. 44-46; H. 2/1995, S. 38-40; H. 3/ 1995, S. 2-4.

Mikelskis, H.: Ökologisches Lernen in der Schule? In: Beer, W./de Haan, G. 1984, S. 134-144.

Mitzlaff, H.: Heimatkunde und Sachunterricht. 3 Bde. Dortmund 1985.

Mitzlaff, H.: Das Thema Umwelt und Umweltschutz in den gedruckten Materialien für den Sachunterricht der Grundschule. In: Calliess, J./Lob, R. E. (Hrsg.): Praxis der Umwelt- und Friedenserziehung. Band 2: Umwelterziehung. Düsseldorf 1987, S. 506-522.

MITZLAFF, H.: Umwelt-Erfahrungsgärten für die Grundschule – Ein Beitrag zum ökologischen und innovativen Lernen. Vortrag auf dem Workshop «Umwelterziehung und Schulgartenarbeit». Wuppertal/ Solingen-Burg, 4./5.12.1991b (Unv. Manuskript).

MITZLAFF, H.: Heimat und Umwelt. Ortserkundung und Umwelterziehung im Grundschulunterricht. In: GESING, H./ LOB R. E. (Hrsg.): Umwelterziehung in der Primarstufe. Heinsberg 1991, S. 129-174.

MITZLAFF, H.: Mit «Kopf, Herz und Hand» in der Natur von der Natur lernen! Von Schulgärten, Umwelt-Erfahrungs-Gärten und Naturschulen. In: SCHREIER (Hrsg.): Kinder auf dem Wege zur Achtung vor der Mitwelt. Heinsberg 1992, S. 125-148.

MITZLAFF, H.: Lernen mit Mausklick. Frankfurt/Main 1997.

MITZLAFF, H./PÄCH, I.: Spielend die Umwelt entdecken. In: Grundschulunterricht H. 4/1996, S. 43.

MITZLAFF, H./THEUSS, M.: Heimat und Umwelt – Neue Heimatkunde und Umwelterziehung in der Grundschule – eine gesamtdeutsche Arbeitsgruppe. In: ZUE: Beiträge zur Umwelterziehung 10. Essen 1993, S. 57-70.

MOZER, N.: Der Schulgarten. Frankfurt/ Main 1989.

OBERHOLZER, A./LÄSSER, L.: Gärten für Kinder. Stuttgart 1991.

PEACE CHILD INTERNATIONAL (Hrsg.): Rettungsaktion Planet Erde – Kinderausgabe der Agenda 21 in Zusammenarbeit mit den Vereinten Nationen. Dt. Ausgabe: Mannheim 1994.

REESE, E.: Das umweltfreundliche Schullandheim. In: DT. GESELLSCHAFT FÜR UMWELTERZIEHUNG E.V. (DGU), IPN (Hrsg.): Modelle zur Umwelterziehung in der Bundesrepublik Deutschland. Band 3. Kiel 1991, S. 152-158.

REHEIS, F.: Die Kreativität der Langsamkeit. Darmstadt 1996.

SCHMIDT-BLEEK, F.: Wieviel Umwelt braucht der Mensch? Faktor 10 – das Maß für ökologisches Wirtschaften. München 1997.

SCHREIER, H.: Wege zum Naturschönen. In: Grundschule 2/1986, S. 20-22.

SCHREIER, H.: Auf dem Wege zur Achtung vor der Natur. In: SCHREIER (Hrsg.): Kinder auf dem Wege zur Achtung vor der Mitwelt. Heinsberg 1992, S. 7-23.

SCHREIER, H.: Umwelterziehung in der Schule – Überblick, Grundlagen und Beispiele. In: Lehrer, Schüler, Unterricht – Handbuch für den Schulalltag. Berlin u. Stuttgart 1992/93. Teil B 17.2. S. 1-28.

SCHREIER, H.: Zu Fuß – Plädoyer für den pädagogischen Wert des Spazierengehens und für dessen Übung in der Grundschule. In: SWZ 9/1997, S. 6-11.

SCHULZ, R./STÄUDEL, L.: Zukunftsfähiges Deutschland. Eine Herausforderung für die Schule. In: Pädagogik 6/1997, S. 26-30.

SCHWEITZER, I. (Hrsg.): Wachsen, blühen und gedeihen. Heinsberg 1988.

SCHWIER, H.-J.: Schulgärten sind Brücken in die Umwelt – erhalten und nutzen wir sie! In: Grundschulunterricht H. 11/1993, S. 2-4.

STASCHEIT, W. (Red.): Wald erleben und erfahren. Mülheim/Ruhr 1992.

WEIZSÄCKER, E.U. v.: Erdpolitik. Darmstadt 1994[4]

WESSEL, J./GESING, H. (Hrsg.): Handbuch Umwelt-Bildung – Spielend die Umwelt entdecken. Neuwied u. a. 1995.

WINKEL, G. (Hrsg.): Das Schulgarten-Handbuch. Seelze 1985, 1989.

Winkel, G.: Umwelt und Bildung. Denk- und Praxisanregungen für eine ganzheitliche Natur- und Umwelterziehung. Seelze 1995.

Winkel, G. u. Mitarbeiter: Leitlinien der Natur- und Umwelterziehung. Gesammelte Beiträge aus dem Schulbiologiezentrum Hannover. Hannover 1990.

Wittkowske, S.: Schulgärten in Sachsen – Die pädag. Provinz Hellerau. In: Lauterbach u. a. (Hrsg.): Dimensionen des Zusammenlebens. Kiel 1993, S. 180-196.

Wittkowske, S.: Sachunterricht und Schulgartenarbeit. In: Glumpler/Wittkowske (Hrsg.): Sachunterricht heute. Bad Heilbrunn 1996, S. 98-115.

Marcus Schrenk

Zum Stand der Naturwissenschaftlichen Elementarbildung

«Was ist ein Lebewesen?» lautet das Stundenthema in einer vierten Klasse. Eine Lehrerin hat sich dazu eine Geschichte ausgedacht und Bildkarten vorbereitet. Bewohner eines fiktiven Planeten müssen diesen verlassen und auf einen kleineren ausweichen. Sie wollen nur das mitnehmen, was lebendig ist. Es ist geplant, die Bildkarten an der Tafel zu ordnen. Im Rahmen dieses Klassengesprächs sollen Kriterien für ein Lebewesen – wie sie durch die Fachwissenschaft Biologie definiert sind (Gestalt, Stoffwechsel, Produktivität, Irritabilität) – den Kindern bewusst gemacht und schriftlich festgehalten werden. Die Lehrerin plant für diese Phase maximal 20 Minuten ein und rechnet mit nur geringem Klärungsbedarf. Zuerst scheint es auch keine Probleme zu geben. Die Kinder bezeichnen rasch Bäume, Blumen, Tiere und «Marsmenschen» als Lebewesen und nennen auch die Kriterien: atmen, essen und trinken (Stoffwechsel); groß werden, Kinder oder Junge kriegen (Produktivität); sich bewegen, etwas spüren (Irritabilität), sehen, hören, riechen, schmecken, denken, fühlen, sprechen, sterben und krank sein können, etwas wollen; besonderes Aussehen (Gestalt). Bald zeigt sich aber, dass die Schülerinnen und Schüler gerade, indem sie nun konsequent diese Kriterien anlegen, Vulkan, Fluss und Feuer als Lebewesen bezeichnen. Es wird eine volle Stunde kontrovers diskutiert und es gelingt der Lehrerin nicht, gerade die nachdenklichen und intelektuell am weitesten fortgeschrittenen Schülerinnen und Schüler der Klasse zu überzeugen.

Die Argumente der Schülerinnen und Schüler sind auch bestechend:

- Das Feuer kann fressen, hungrig sein, ersticken, sich bewegen, wachsen, sich vermehren indem es kleine Funken und Glutstücke wie Blumensamen durch den Wind verbreiten läßt.

- Will man es auspusten, und es gelingt nicht, so wird es nur noch größer, um sich zu wehren.

- Wie Tiere, die je nachdem, was sie fressen und wo sie leben unterschiedlich aussehen, so sehen Feuer auch je nach Brennmaterial und Ort anders aus.

Gerade die kritischen Schülerinnen und Schüler wussten zwar eigentlich, dass ein Feuer kein Lebewesen ist, sie wollten aber genau wissen, wo jetzt genau der Unterschied fest zu machen ist und stellten daher sehr hartnäckig und geschickt die angeführten Kriterien in Frage.

Anhand dieser Stunde möchte ich im Folgenden typische Fragen und Problemfelder des naturwissenschaftlichen Sachunterrichts in der Grundschule aufzeigen so z. B.:

- Ob die Fragestellung dieser Stunde dem entwicklungspsychologischen Erkenntnisvermögen der Kinder überhaupt angepasst war bzw. ist es möglich die Schülerinnen und Schüler dahin zu führen, dass sie ihre Vorstellungen von dem, was ein Lebewesen ausmacht, zu Gunsten der wissenschaftlichen Modelle aufgeben?
- Ob es sinnvoll ist, Schülerinnen und Schüler im Grundschulalter mit fachwissenschaftlichen Kriterien, Normen, Methoden und Inhalten zu konfrontieren.

Schülervorstellungen zu Themen des naturwissenschaftlichen Sachunterrichts

Schon in den zwanziger Jahren untersuchte STÜCKRATH (1965) Schülervorstellungen zum Feuer. Nach seinen Beobachtungen schreiben Kinder im Grundschulalter dem Feuer zahlreiche Eigenschaften eines Lebewesens zu, aber mit etwa zehn Jahren begreifen Kinder zunehmend das Feuer als stofflichen Vorgang. Erheblichen Einfluss auf den naturwissenschaftlichen und mathematischen Unterricht hat das kognitionspsychologische Stufenmodell von Piaget. Auch PIAGET (1988) untersuchte, wie Kinder verschiedener Altersstufen Lebewesen definieren. Er kam zu dem Ergebnis, dass Kinder frühestens mit 11 Jahren die Eigenschaft ‹lebendig› Tieren und Pflanzen vorbehalten. PIAGETS Theorie wirkt sich vor allem auf zwei Ebenen auf die Didaktik des Sachunterrichts aus. Zum einen werden bezugnehmend auf seine Stufentheorie inhaltliche Einschränkungen gemacht. So führt beispielsweise GANTER (1995) zu dem klassischen Thema der naturwissenschaftlichen Elementarbildung «Schwimmen und Sinken» Bedenken an: «So dann gilt festzuhalten, dass die Frage nach dem quantitativen, spezifischen Gewicht erst nach Erwerb der Gewichts- und Volumeninvarianz gestellt werden kann» (a. a. O., S. 96). Besonders intensiv wirkt sich PIAGETS Theorie auf das methodische Vorgehen im Sachunterricht aus. Nach ihm findet die kognitive Entwicklung des Kindes durch aktive Auseinandersetzung mit den Dingen in seiner Umwelt statt. Dadurch konstruiert es fortschreitend höhere Erkenntnismöglichkeiten. Der handelnden Auseinandersetzung des Kindes mit der Objektwelt gebührt also besondere Beachtung. Es sind aber nach PIAGET nicht irgendwelche Tätigkeiten, die die logischen Operationen grundlegen, sondern allgemeine wie Ordnen, Klassifizieren oder Vereinigen (vgl. BLISS 1996). Aus diesem Grund spielten in den strukturorientierten Curricula selbsttätiges Ordnen und Klassifizieren eine bedeutende Rolle. In der Adaption des aus den USA stammenden Karplusí Science Curriculum Improvement Study (SCIS) durch SPRECKELSEN (1971) beginnen die Kinder den naturwissenschaftlichen Unterrricht mit dem Ordnen von Alltagsgegenständen in Schuhkartons nach Kriterien wie Verwendungszweck oder Materialeigenschaften.

PIAGETS Theorie der kognitiven Entwicklung wurde jedoch auch häufig Kritik unterzogen:

- Der biologistisch ausgerichtete Reifungsbegriff, attribuiert die Verantwortlichkeit für Entwicklungsfortschritte maßgeblich an das Kind. «Die entwicklungsfördernde oder auch hemmende Bedeutung der Umgebung und die Bedeutung des Lernens für die Entwicklung werden nur am Rande berücksichtigt. Schicht-, regional- oder subkulturspezifische Unterschiede werden ... nicht als systematische Variablen für Entwicklungsgeschehen angesehen» (FÖLLING-ALBERS 1989, S. 43). Gerade unter didaktischem Aspekt spielt hier die Lehrerin bzw. der Lehrer eine nicht sehr bedeutende Rolle. Ganz im Gegensatz dazu wurde von BRUNER – sich auf die Arbeiten von VYGOTSKY berufend – gerade unter entwicklungspsychologischem Aspekt die Rolle von Erwachsenen beim Lernen für Kinder aufgewertet (vgl. BLISS 1996). Danach muss die potentielle Entwicklung des Kindes und nicht die aktuelle im Vordergrund stehen. Aufgabe der Lehrerin bzw. des Lehrers ist es, die «Zone der proximalen Entwicklung» beim Kinde auszumachen und den Unterricht entsprechend zu gestalten.

- Das Phasenmodell PIAGETS beschreibt die Entwicklung allgemeiner Denkstrukturen. Forschungen basierend auf dem Paradigma des «Conceptuel Change» haben gezeigt, dass es weniger tauglich ist, wenn es auf bereichsspezifische Wissensentwicklungen angewandt wird (vgl. EINSIEDLER 1997). SUSAN CAREY stellte Untersuchungen über die kognitive Konzeptualisierung von Begriffen wie Tier, Pflanze und Lebewesen bei Kindern im Grundschulalter an. Danach unterscheiden fast alle Kinder ab etwa zehn Jahren sicher zwischen Lebewesen und physikalischen Objekten. Der Weg dorthin führt nach ihren Experimenten und Untersuchungsergebnissen aber weniger über qualitative Sprünge in den Denkstrukturen sondern mehr durch Transformation vorhandener Wissensstrukturen (vgl. CAREY 1985, S.162 f.).

Aus Sicht des konstruktivistischen Conceptual Change-Ansatz ist es daher bedeutend, die bei den Schülerinnen und Schülern schon vorhandenen bereichsspezifischen Vorstellungen zu erheben, damit von diesen ausgehend der Unterricht so gestaltet werden kann,

- dass die Schülerinnen und Schüler eine Notwendigkeit sehen, ihre Vorstellungen zu überdenken,
- dass die angebotenen alternativen – also wissenschaftlichen oder zumindest wissenschaftsnahen – Konzepte aus Sicht der Kinder plausibel und überzeugend erscheinen.

In der Forschung zum naturwissenschaftlichen Sachunterricht nehmen deshalb auch im deutschsprachigen Raum Untersuchungen zu den Schülervorstellungen und den Möglichkeiten diese den wissenschaftlichen anzunähern, zunehmend Raum ein. Verwiesen sei hier auf Untersuchungen von WIESNER und STENGEL zu Temperatur und Wärme (1984), WIESNER und CLAUS zu Licht und Schatten (1985) sowie von BLUMÖR in der Elementaren Optik (1993).

Nicht zuletzt wird PIAGETS Theorie über die Entwicklung menschlichen Erkenntnisvermögens auch von Vertretern des Philosophierens mit Kindern kritisiert. MATTHEWS (1993) führt das Beispiel eines dreijährigen Jungen an, der dazu in der Lage ist, sich in Gedanken in eine andere Person zu versetzen. Dies steht nach MATTHEWS im Gegensatz zu dem von PIAGET beobachteten kindlichen Egozentrismus (a. a. O., S. 148). Zu ähnlichen Ergebnissen kam man auch im Rahmen der psychogeographischen Forschung (vgl. DOLLASE 1991, S. 53). Insgesamt werden von den Vertretern des Philosophierens mit Kindern zahlreiche Beispiele für höchst beachtenswerte kindliche Denkleistungen geschildert. Das PIAGET'sche Stufenmodell wird als zu eindimensional kritisiert: «Dies mag für Teilaspekte, wie die Entwicklung des kognitiven Denkens, eine gewisse Gültigkeit haben, insgesamt verläuft Kindheit viel offener, impulsiver, unsteter, phantasievoller, reichhaltiger, als dass sie in den Schemata eines Psychologen aufgeht» (SAUER 1996/ 97, S. 282).

Die Frage nach der Propädeutik

Denken in den Kategorien von Fachdisziplinen

Besonders heftig protestierten die Schülerinnen und Schüler in der eingangs geschilderten Stunde gegen die Behauptung ein Fluss sei kein Lebewesen. Nicht hinnehmbar war für sie der Vergleich eines Flusses mit Wasser, das von einem Glas in eine anderes geschüttet wird. Ein Gefälle – so hatten viele Kinder schon sehr genau beobachtet – sei beispielsweise am Neckar nicht zu sehen. Obwohl es dort ganz eben sei, ströme er zielstrebig in seinem Bett weiter. Diese Feststellung der Kinder würde sich ganz im Sinne von PIAGETS Stufentheorie interpretieren lassen. Tatsächlich ist bei vielen großen Flüssen das Gefälle nicht sichtbar. Man muss es sich im Sinne einer formalen Operation – also der höchsten PIAGET'schen Entwicklungsstufe der kognitiven Leistung – denken. Außerdem entspricht die finalistische Deutung der Kinder, der Fluss strebe seinem Ziel dem Meer entgegen, einem teleologischen Weltbild, ähnlich dem im aristotelischen Weltverständnis (vgl. BISCHOF 1980). PIAGET entwickelte auf Grundlage des «Biogenetischen Grundgesetzes» die Theorie, dass der Mensch in seiner Entwicklung als Individuum die Stufen der Kultur- und Philosophiegeschichte rekapituliert (vgl. Matthews 1995, S. 35 ff.). Auch in diesem Sinne könnten die Äußerungen der Kinder PIAGET bestätigen. Eine Erklärung könnte aber auch darin zu finden sein, dass die Lehrerin gelernt hat, einen Fluss vor allem unter physikalischem Aspekt als fliessendes Wasser zu sehen. Diese Sichtweise entspricht dem bei uns weitverbreiteten physikalisch-technischen und auch utilitaristischen Umweltverständnis. Ein Fluss dient in erster Linie als Verkehrsweg, Abwasserkanal, Kühlmittel für industrielle Großanlagen u. a. Er ist H_2O, das einem Gefälle folgt. Gerade eine solche auf wissenschaftliche Disziplinen beruhende Sichtweise ist Kindern im Grundschulalter oft noch fremd.

«Das Ästhetische, das Ethische, das Logisch-Begriffliche, das dem Kenntnisvorrat eines Faches Zugehörige, das Narrative, und das Sinnenhaft-Unmittelbare liegen ganz undiszipliniert nebeneinander. Die Trennung der Erfahrungsteile, ihre Zuordnung, Disziplinierung und Einzel-Bearbeitung in den Unterrichtsfächern ist eine noch bevorstehende Aufgabe» (SCHREIER 1992, S. 35). Es stellt sich die Frage, ob die Tatsache, dass die Schülerinnen und Schüler den Fluss eher als Lebewesen oder zumindest als Lebensraum begreifen, im Sachunterricht unbedingt einer Korrektur bedarf. Propädeutik im Sinne einer Hinführung zu den Unterrichtsfächern der weiterführenden Schulen ist sicherlich nach wie vor eine bedeutende Aufgabe des Sachunterrichts. Ohne Einsicht in die Erkenntnisse, Methoden und Deutungsmuster der Naturwissenschaften und Technik ist ein Verständnis für und eine Handlungsfähigkeit in ihrer natürlichen, gebauten und sozialen Umwelt auch für Kinder kaum möglich. «Gleichwohl bleibt das Oktroyieren scientischer Verfahren und Denkweisen in das Medium «Kind» eine zentrale Funktion des Unterrichtssystems, denn diese Formen der Realitätsproduktion und -bilanzierung sind für moderne Gesellschaften konstitutiv» (HILLER 1994, S. 30).

Das Verhältnis des Kindes zur Sache

Es gilt jedoch zu unterscheiden, ob wir den Schülerinnen und Schülern die Sichtweise einer Disziplin darstellen oder aufzwingen. So sollte ein Fluss sicherlich auch unter den zuvor beschriebenen naturwissenschaftlichen und technischen Gesichtspunkten gesehen werden können. Dass er jedoch weit umfassender gerade auch unter ethischem und ökologischem Aspekt psychisch präsent ist, sollte nicht nur hingenommen sondern unterstützt werden. ULRICH GEBHARD plädiert dafür, dass Kinder Naturphänomene beseelen dürfen. «In anthropomorphen bzw. animistischen Weltdeutungen offenbart sich nämlich nicht nur eine kognitive Interpretation der Welt, sondern zugleich auch eine affektive Beziehung zu ihr» (GEBHARD 1990, S. 38). Eine emotionale Zuwendung zur natürlichen Umwelt ist Grundlage jeden Umweltbewusstseins und ihre Förderung damit im Sinne KLAFKIS ein Beitrag zur Lösung eines epochaltypischen Schlüsselproblems.

In den verfahrensorientierten Curricula des naturwissenschaftlichen Sachunterrichts wie z. B. der Arbeitsgruppe für Unterichtsforschung Göttingen um TÜTKEN legte man besonderen Wert darauf, dass Kinder die Wege und Methoden kennenlernen mit denen in den Fachwissenschaften Probleme gelöst werden. Ein gegen diesen Ansatz häufig und zurecht ins Feld geführter Einwand war, dass die Kinder hier Lösungswege für Probleme lernen sollen, ohne ein solches vor Augen zu haben. Dieser Aspekt wurde damals sicherlich nicht zufällig übersehen, sondern ist Teil des Selbstverständnisses vieler Naturwissenschaftler gegenüber ihren Untersuchungsobjekten. Ausschaltung der Affekte und teilnahmslose Beherrschung kennzeichnen oft das kühl-distanzierte Verhältnis zum Forschungsgegenstand. Es ist auch wichtig, um zu objektiven Ergebnissen zu kommen. Ein «cooling-out» mit Kinder im Grundschulalter wäre aber fatal. Gerade die große Begeisterung, die Kinder naturwissenschaftlichen Themen entgegenbringen, ist wichtiges Moment intrinsischer Motivation auch und vor allem über die Grundschulzeit hinaus. Der Souveränitätsverlust gegenüber dem Lerngegenstand, den eine solche Hingabe zwangsläufig mit sich bringt, ist es wert, dass unter propädeutisch-motivationalem Aspekt Affekte nicht nur toleriert, sondern sogar provoziert werden.

Das Zulassen oder Provozieren von Affekten im naturwissenschaftlichen Sachunterricht darf aber nicht dazu führen, dass im Rahmen einer Konzeption von «Sachunterricht als Kinderheimat und Quelle der Daseinsfreude» (vgl. HILLER 1994) Lustgewinn über das Gewinnen von Erkenntnissen gestellt wird und das Beobachten von Phänomenen sowie das Durchführen von Versuchen vor allem Unterhaltungsfunktion haben und dabei Nachdenklichkeit nicht gefördert sondern Oberflächlichkeit erzeugt wird. Verblüffende Experimente haben in verschiedenen Konzeptionen des Sachunterrichts eine zentrale Funktion. So wurde zuvor schon aus konstruktivistischer Sicht betont, dass Kinder die Notwendigkeit erkennen müssen, die eigenen Vorstellungen zu überdenken. Bei WAGENSCHEIN hat das Staunen über unerwartete Phänomene eine zentrale Funktion: «Daher beginnt die Didaktik der Physik für WAGENSCHEIN als eine Phänomenologie der kindlichen Irritationen» (GIEL 1994, S. 172). Nicht zuletzt sei auch in diesem Zusammenhang auf die Bedeutung von Verfremdungen im mehrperspektivischen Sachunterricht hingewiesen.

Ähnlich kritisch muss auch die oft und zurecht geforderte möglichst vielseitige sinnliche Erfahrung gesehen werden. Sie darf nicht dazu führen, dass der naturwissenschaftliche Sachunterricht auf eine erlebnisbetonte Sinnesschulung reduziert wird. «Zu den Aufgaben der Grundschule gehört jedoch auch die Entwicklung eines kognitiven Instrumentariums, das es den Kindern ermöglicht, Scheinwirklichkeiten zu dechiffrieren, komplexe ökonomische, politische, technische, kulturelle und naturgegebene Bedingungszusammenhänge ihrer Lebenswelt zu verstehen und daraus resultierende Anforderungen zu bewältigen» (HELBIG 1991, S. 11). In der naturwissenschaftlichen Elementarbildung sind daher methodische Fähigkeiten wie Beobachten, Messen, Kommunizieren, Hypothetisieren, Experimentieren u. a. unverzichtbare Bestandteile. Erprobt und geübt werden müssen sie jedoch an lebensweltnahen Problemstellungen.

Zur Bedeutung eines Curriculums in der naturwissenschaftlichen Elementarbildung

Dass Kinder Lebensräume wie Teich, Fluss, Hecke, Wald oder einen vielseitigen Garten besonders mögen, könnte in der reizvollen Spannung von Kontinuität und Wechsel, wie sie die Natur eben zu verschiedenen Jahreszeiten am gleichen Ort bietet, zu suchen sein. Zeichnet sich so nicht auch ein gut geplanter Schulvormittag in der Grundschule aus? Kontinuität durch festgelegte Rituale und bekannte Inhalte und Arbeitsformen, Wechsel durch neue Themenstellungen, Lerngegestände und Medien. «Für eine Didaktik des Sachunterichts ergibt sich ... die Notwendigkeit einer Polarität von Behütung, Orientierung Lenkung, Bindung, Belehrung und Beistand einerseits und Offenheit, Ermutigung, Herausforderung, Freiraum, Erfahrung und Wagnis andererseits» (POPP 1994, S. 61). Für den naturwissenschaftlichen Sachunterricht stellt sich die Frage, wie diese Spannung von Wechsel und Kontinuität nicht nur im Methodischen sondern auch im Inhaltlichen zu lösen ist. Viel zu sehr stellen die Lehrpläne ein Surrogat additiv aneinandergereihter Themen dar, «... ein Sammelsurium didaktisch reduzierter Bruchstücke aus ganz unterschiedlichen Fachwissenschaften: Ein bisschen Magnetismus hier, ein wenig Gesundheitslehre dort, ein wenig elektrischer Stromkreis, ein wenig Biologie (Faust-Siehl u. a. 1996, S. 64).

Sicherlich kann der Sachunterricht bei der Vielfalt an Bezugsdisziplinen und der Verantwortung, aktuelle und regional spezifische Themen aufzugreifen, nicht starr spiralcurricular aufgebaut sein. Kann er es sich aber auch leisten, den Schülerinnen und Schülern die Erfahrung vorzuenthalten, die inner- und außerhalb der Schule erworbenen Kompetenzen und Wissenszuwächse anzuwenden, um eine Thematik mit der man sich schon früher einmal auseinandersetzte, mit den nun gesteigerten Möglichkeiten erweitert zu erschließen? Ist eine solche Dokumentation der eigenen Entwicklungsfortschritte und gleichzeitig die Besinnung und das Aufbauen auf schon im Sachunterricht erworbenen Einsichten nicht eine pädagogische Notwendigkeit? Reichen Begründungen wie Lebensweltbezug, besonders ausgeprägte Neugier und Lernwilligkeit von Kindern im Grundschulalter aus, um ein aus der Sicht der Kinder zufälliges Nebeneinander, Auftauchen und Versinken von Themen über Schuljahre hinweg zu rechtfertigen? Ist hier vielleicht nicht auch eine Ursache für die so häufig beschworene und kritisierte Trivialisierung des Sachunterrichts zu sehen? M. E. gilt hier mit Sicherheit, dass ein Weniger an Inhalten bei wiederholend-vertiefender Erschließung ein Mehr an Kompetenzsteigerung, Zugewinn von Handlungsfähigkeit, Erweiterung von Wissen und Grundlegung von naturwissenschaftlicher Bildung bedeuten würde. Es gilt weniger nun nach Themen zu suchen, die das Exemplarische im Sinne Wagenscheins besonders gut repräsentieren, sondern eher Themen so zu präsentieren, dass das Exemplarische darin besonders sichtbar und deutlich wird.

Im physikalisch-chemischen Bereich könnte dies z. B. durch den Weg von phänotypischen zu genotypischen Analogiebildungen (vgl. Spreckelsen 1994) zu sehen sein. Der aus einer Mülltüte und Büroklammern konstruierte und über einer Kochplatte zum Emporsteigen gebrachte Heißluftballon, funktioniert nach dem gleichen Prinzip, nach dem das Schmelzwasser aus einem gefärbten Eiswürfel im Aquarium nach unten sinkt oder sich die Weihnachtspyramide dreht oder der Wind entsteht. Jedes Mal geht es darum, dass sich durch Änderung der Temperatur auch die Dichte ändert. Kinder im Grundschulalter können solche Prinzipien oder Gesetze aus den Präsentationsmedien entkleiden. Sie können das gleiche Prinzip in ganz unterschiedlicher «Verpackung» entdecken, sie können entmaterialisieren. Ein wichtiger Schritt zum galileischen Denken, das für die Physik konstitutiv ist.

Das Teilchenmodell, welches schon in den strukturorientierten Curricula eine Rolle spielte, wird für den Sachunterricht oft abgelehnt, da Kinder sich Stoffe meist kontinuierlich aufgebaut vorstellen und der Aufbau aus Teilchen sich der Wahrnehmung entzieht. Andererseits werden Lieder und

Gedichte, die über die Erlebnisse von Wasser- oder Luftteilchen berichten, häufig als Einstieg oder auch Erklärungsmodell für das Nachdenken über beobachtete physikalische und chemische Vorgänge (Verdunsten, Verbrennen, Lösen) aus dem Alltag der Kinder eingesetzt. Es wäre zu überprüfen, ob sich die Neigung von Kindern belebte wie unbelebte Natur zu anthropomorphisieren hier doch erfolgreich mit wissenschaftsnahen Modellvorstellungen verbinden ließe.

Ein bei biologischen Themen bedeutender, immer wieder zu thematisierender Aspekt ist die Anpassung der Lebewesen an ihren Lebensraum und ihre Lebensweise bzw. bei Haustieren und Nutzpflanzen an die an sie gestellten Anforderungen.

Literatur

BISCHOF, N.: Aristoteles, Galilei, Kurt Lewin – und die Folgen. In: MICHAELIS, W. (Hrsg.): Bericht über den 32. Kongress der Deutschen Gesellschaft für Psychologie, Zürich 1980 (Bd. 1, S. 17-39), Göttingen: Hogrefe.

BLISS, J.: Piaget und Vygotsky: Ihre Bedeutung für das Lehren und Lernen. In: Zeitschrift für Didaktik der Naturwissenschaften 2. Jg., H. 3/1996, S. 3-16.

BLUMÖR, R.: Schülerverständnisse und Lernprozesse in der elementaren Optik: ein Beitrag zur Didaktik des naturwissenschaftlichen Sachunterrichts in der Grundschule. Magdeburg, Essen: Westarp-Wiss., 1993.

CAREY, S.: Conceptual change in childhood. The Massachusetts Institute of Technology, 1985.

DOLLASE, R.: Entwicklungspsychologische Grundlagen der Umwelterziehung. In: GESING, L.; LOB, R. (Hrsg.): Umwelterziehung in der Primarstufe. Heinsberg: Agentur Dieck, 1991.

EINSIEDLER, W.: Probleme und Ergebnisse der empirischen Sachunterrichtsforschung. In: MARQUART-MAU, B.; KÖHNLEIN, W.; LAUTERBACH, R. (Hrsg.): Forschung zum Sachunterricht. Bad Heilbrunn: Klinkhardt, 1997.

FAUST-SIEHL, G.; GARLICHS, A.; RAMSEGER, J.; SCHWARZ, H.; WARM, U.: Die Zukunft beginnt in der Grundschule Empfehlungen zur Neugestaltung der Primarstufe. Frankfurt a. M.: Arbeitskreis Grundschule, 1996.

FÖLLING-ALBERS, M.: Kindheit – entwicklungspsychologisch gesehen. In: FÖLLING-ALBERS, M. (Hrsg.): Veränderte Kindheit und Veränderte Grundschule. Frankfurt: Arbeitskreis Grundschule 1989, S. 40-52.

GANTER, M.: Mit den Kindern verstehen lernen. Heinsberg: Agentur Dieck, 1995.

GEBHARD, U.: Dürfen Kinder Naturphänomene beseelen? In: Unterricht Biologie 14. Jg., April 1990, S. 38-42.

GIEL, K.: Die ästhetische Darstellung der Welt im naturwissenschaftlichen Unterricht. In: DUNCKER, L.; POPP, W. (Hrsg.): Kind und Sache. Weinheim und München: Juventa Verlag, 1994, S. 163-177.

HELBIG, P.: Lernen ist mehr als sinnliche Erfahrung. In: Grundschule, 23. Jg., H. 5/1991, S. 8-11.

HILLER, G. G.: Sachunterricht – über die unterrichtliche Konstruktion von Kind und Wirklichkeit. In: Grundschule, 26. Jg., H. 6/1994, S. 27-34.

MATTHEWS, G.B.: Philosophische Gespräche mit Kindern. Berlin: Freese 2. Aufl. 1993.

PIAGET, J.: Das Weltbild des Kindes. München: dtv/Klett-Cotta. 1988.

POPP, W.: Zur anthropologischen Begründung eines handlungsorientierten Sachunterrichts. In: DUNCKER, L.; POPP, W. (Hrsg.): Kind und Sache. Weinheim und München: Juventa Verlag, 1994, S. 57-78.

SAUER, W.: Kinderphilosophie – Philosophieren mit Kindern. Pädagogische Mode oder Neubesinnung auf Schule und Unterricht? In: Scheidewege Jahresschrift für skeptisches Denken 26. Jg/1996/97, S. 277-295.

SCHREIER, H.: Das Erlebnis des Landes ... Ökologie und Ethik im Sachunterricht. In Grundschule, 24. Jg., H. 3/1992, S. 35-40.

SPRECKELSEN, K.: Naturwissenschaftlicher Unterricht in der Grundschule. Band 1-5. Frankfurt a. M.: Moritz Diesterweg, 1971.

SPRECKELSEN, K.: Kindliches Umweltverstehen und seine Bedeutung für den Sachunterricht. In: DUNCKER, L.; POPP, W. (Hrsg.): Kind und Sache. Weinheim und München: Juventa Verlag, 1994, S. 213-224.

STÜCKRATH, F.: Studien zur pädagogischen Psychologie. Braunschweig: Westermann, 1965.

WIESNER, H.; STENGEL, D.: Vorstellungen von Schülern der Primarstufe zu Temperatur und Wärme. In: Sachunterricht und Mathematik in der Primarstufe 12. Jg, H. 12/1984, S. 445-452.

WIESNER, H.; CLAUS, J.: Vorstellungen zu Schatten und Licht bei Schülern der Primarstufe. In: Sachunterricht und Mathematik in der Primarstufe 13. Jg, H. 9/1985, S. 318-322.

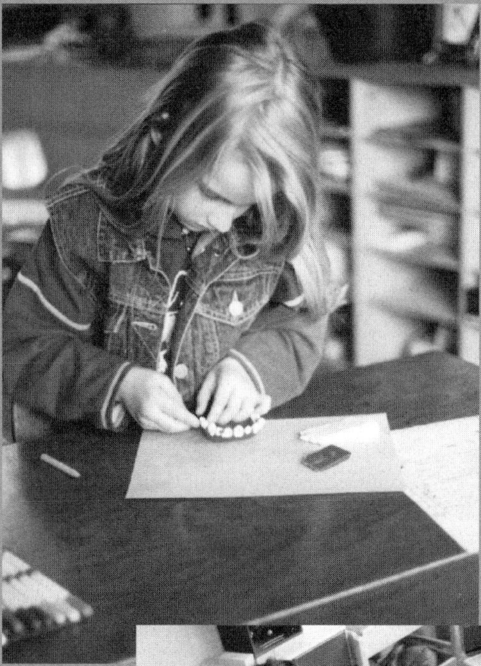

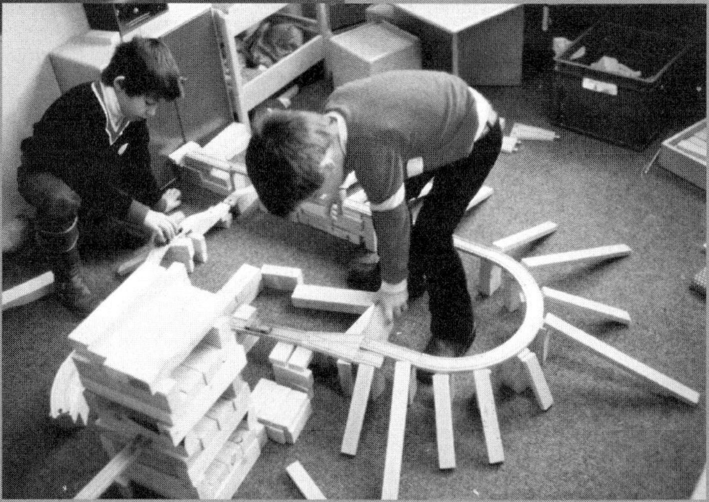

3 Praxisbeispiele

Eberhard Kanzler

Kinderfragen als Ausgangspunkt für Sachunterricht

Unterhält sich ein Kind mit einem Erwachsenen, kann es zunächst nur eine ungleiche Kommunikation sein. Auf der Seite des Erwachsenen stehen zu Buche, der Erfahrungs- und Wissensvorsprung, die ganze Lebenskultur, die er internalisiert hat. Auf der Seite des Kindes stehen wenige Lebensjahre, Neugierde, Wissens- und Erfahrungsdurst, Naivität hoffentlich. In Schulen in denen Unterricht hauptsächlich als Kommunikation abläuft, stehen professionalisierte Erwachsene den Kindern gegenüber, mit einem erheblichen Wissensgefälle. Auf der objektiven Ebene ist gegen wissende, professionalisierte Lehrer sicher nichts einzuwenden, es ist sogar ein Anspruch, dass sie über den Stoff Bescheid wissen. Auf der subjektiven Ebene, der Ebene der gegenseitigen Anerkennung, ist der Kulturunterschied schon eher hinderlich. RUMPF hat schon 1971 auf die Nachteile des allwissenden Lehrers hingewiesen (RUMPF 1971, S. 220 ff.).

Müssen Lehrerinnen und Lehrer Kinder nicht ständig zurückweisen wegen ihrer «falschen» Ansichten, wegen ihrer Unkenntnis, wegen ihrer so ganz anderen Art zu sein? Welche Auswirkungen aber hat ein allwissendes Verhalten auf die Interaktion zwischen Lehrerinnen bzw. Lehrern und Schülerinnen bzw. Schülern? Dass Kinder auf uns zukommen ist Plan und Ziel des gesamten Erziehungsprozesses, der über Jahre bis ins Erwachsenenalter hin andauert. Während dieses Prozesses aber können wir nicht verlangen, dass sie so sind wie wir. Warum also sollten wir nicht auf Kinder zugehen, der Weg, der eher möglich scheint, da Erwachsenenleben auch Kindheit beinhaltet, aber nicht umgekehrt! Warum sollten wir nicht Kinder verstehen, in einem Anpassungsprozess unsererseits?

Mit Kindern «planen» heißt, gewahr sein einer anderen Sicht und Weise, heißt verständnisvoll oder sogar produktiv mit «Abweichungen» umzugehen, ohne diese immer wieder ablehnend zurückzugeben, mit erheblichen Konsequenzen auf der Beziehungsebene. Wie Kinder agieren möchte ich nun an Beispielen zeigen und Thesen daraus ziehen.

Die Sicht der Kinder

In einem Vortrag zur Geschlechtserziehung stellte MARTIN FURIAN ein Kinderbuch vor, das nach überlegten Kriterien sehr kindgerecht erarbeitet wurde. In diesem Buch (KNUDSEN 1994, S. 8) findet sich als Darstellung eines Geschlechtsakts folgendes Bild.

In einer Erprobungsphase im Kindergarten, wurde Kindern dieses Bild gezeigt und es kam mit der Erzieherin – so erzählte M. FURIAN – zu folgendem Dialog:

Erzieherin: Was seht ihr auf dem Bild?
Kind: Die lieben sich!
Erzieherin: An was seht ihr das?
Kind: **An den Herzchen auf dem Bett!!!**

Dieser Satz: «*An den Herzchen auf dem Bett!*» markiert die Grenze über die wir Erwachsene schreiten müssen, wenn wir Kinder verstehen wollen. Auch wenn wir in der Grundschule ältere Kinder unterrichten, die in der Darstellung etwas anderes erblicken würden – immer haben wir prinzipiell mit der Situation zu rechnen, die ich als 1. These herausheben möchte:

Kinder sehen anders!

Verlassen wir die Ebene der Bilder und begeben uns auf die Ebene des Wissens und der Kenntnisse, so zeigt sich auch hier, dass die Kinderperspektive eine eigene ist, die sich zu kennen lohnt. Alle Inhalte, die man Kindern nicht überstülpt, sondern ihrer Mitsprache und Miteinmischung aussetzt, werden in der Regel an ihrer eigensinnigen Perspektive gebrochen. Ich mache dazu zwei Beispiele und möchte die nächste These daraus ziehen.

Als die Amerikaner Ende der 60er Jahre zum Mond flogen, hat das natürlich auch Lehrkräfte und Erziehungswissenschaftlerinnen bzw. Erziehungswissenschaftler sehr beeindruckt. In Frage stand selbstverständlich, wie kann die Schule mit solchen gigantischen Unternehmungen umgehen. Schnell verfiel die Lehrerschaft, entsprechend der Schultradition, auf ein Thema aus der Physik. Die Mondflüge ließen sich trefflich als Anschauungsbeispiel für das Raketenprinzip benützen. Eine originäre Kinderfrage aus dieser Zeit betraf aber nicht das Raketenprinzip und andere physikalische Phänomene, sondern etwas viel Elementareres, nämlich:

«Wo tun die Astronauten ihre Exkremente hin»?

Das Beispiel ist alt und ich verdanke es dem Pädagogen KLAUS GIEL. Aber es lassen sich auch neuere Beipiele anführen.

Beim Thema «Wasser» interessieren sich die Kinder mitnichten für die Aufteilung der Herkunft des Wassers vom Bodensee oder von gemeindeeigenen Quellen. Sie interessieren sich nicht für die ganze Organisation, die bewirkt, dass Wasser aus dem Wasserhahn fließt: Nein!

Sie fragen in fast jedem Gespräch über dieses Thema, sehr nah an elementaren Erfahrungen, die sie unter Wasser gemacht haben:

«Warum können Fische unter Wasser atmen und wir nicht?

Diese Beispiele ließen sich fortsetzen, es genügt mir, die nächste These daraus zu ziehen:

Kinder fragen anders!

Diese Thesen betreffen zentral den Versuch, mit Kindern zu planen! Denn wenn Kinder, wie gezeigt, aus anderen Perspektiven sehen und fragen, dann können sie mit ihrer eigenen Sichtweise auf keinen Fall übergangen werden. Es betrifft aber nicht ihr Sehen und Fragen, sondern es betrifft insbesondere auch ihr Wissen.

Ich brauche die Merkmale veränderter Kindheit nicht auszuführen, halte aber fest: Schon lange ist die Schule nicht mehr die einzige Instanz, die Wissen vermittelt. Die Kinder benützen mehr oder weniger souverän vor allem Fernsehen, Computer, Kassetten, vielleicht Rundfunk. Es gibt eine Fülle spcziell auf Kinder zugeschnittener Literatur, Kinderzeitschriften, Bücher, alle didaktisiert und mit deutlicher Lehrabsicht. Alle diese Medien sind den Kindern zugänglich und sie werden auch benützt.

Die Schule sollte sich längst darauf eingestellt haben. Tut sie es nicht, kennt sie ihre eigenen Voraussetzungen nicht mehr, nämlich die Lernvoraussetzungen der Kinder – deren Informationsstand. Ich habe oft erlebt, dass die Kinder in einer ersten Klärung die meisten Lehrplanziele genannt haben und klargelegt haben, dass sie dies schon alles wissen. Ihre Fragen gingen dann in andere Bereiche und der Unterricht blieb interessant und spannend. Einem Unterricht, der Kindern beibringt, was sie schon können, möchte ich nicht weiter nachspüren. Ich hebe eine 3. These heraus und lege vor allem Wert auf ihren zweiten Teil:

Kinder wissen etwas und *wir sollten es aufgreifen!*

Dass Kinder ihr Wissen in der Schule gleichberechtigt einbringen, bedarf natürlich einer Einstellungsänderung, insbesondere im Bereich der Kommunikation.

Das Fragerecht den Schülerinnen und Schülern

Von jeher litt die Schule darunter, dass häufig diejenigen die Fragen stellten, welche schon die Antwort kennen und immer schon gab dieser Punkt der Schule ein unechtes Gepräge. Kabarettisten, Witzbolde und Schulkritiker haben darin leicht eine wunde Stelle gesehen, in die man den Finger legen konnte. So sagt Fritzchen nach dem ersten Schultag: «Die Schule ist ganz nett, aber die Lehrerin weiß nichts, weil sie immer uns frägt!»

Natürlich gibt es auch Nachdenken in der Didaktik über die Fragenproblematik und entsprechende Rettungsversuche. So hat AEBLI die Lehrerfrage als didaktische Frage charakterisiert und sie beschrieben. Demnach hat die Lehrerfrage eine eigene Qualität. RITZ-FRÖHLICH beschreibt das in «Kinderfragen im Unterricht» so:

«Der Lehrer fragt in pädagogischer Absicht. Er möchte eine Stellungnahme des Schülers erreichen, sein Denken anregen, ihm Gesichtspunkte bieten, unter denen eine Aufgabe oder ein Gegenstand betrachtet werden soll. In der Geschichte der Didaktik kommt somit der Lehrerfrage eine besondere Bedeutung zu» (RITZ-FRÖHLICH 1992, S. 15).

Diese Aussage allerdings relativierend führt RITZ-FRÖHLICH weiter aus: «Dennoch gab es und gibt es bis heute kritische Stimmen angefangen von HUGO GAUDIG und BERTOLD OTTO bis hin zu HORST RUMPF und anderen, die vor der «Despotie» der Lehrerfrage warnen, weil oft damit ein rein äußerlicher Fragebetrieb in Gang gesetzt wir, bei dem der Lehrer vorschreibt, worüber nachgedacht werden soll. Der Schüler dagegen der ein «Recht aufs Fragen» (RUMPF) hat, kommt mit seinen Fragen selbst nicht zu Wort» (RITZ-FRÖHLICH 1992, S. 15).

Solcher Unterricht, in dem die Lehrerinnen und Lehrer mit Nachfragen und Herauskitzeln das Gespräch in Gang halten, ist zur Genüge bekannt. Es braucht nur eine Schülerin oder ein Schüler das intendierte Stichwort zu geben und die Lehrende wähnt sich schon am Ziel. Was aber, wenn nicht?

Wer manchmal Unterricht aus der Perspektive des Beobachters sieht, der weiß, in welch sinnloses Gedrechsel und Geringe sich Lehrpersonen verstricken bei dem Versuch, etwas herauszubringen, was die Kinder beim besten Willen nicht formulieren wollen oder können. Fällt nämlich das entsprechende Stichwort nicht, dann verläuft das Gespräch ziemlich jämmerlich im Sand und muss doch nochmal neu aufgenommen werden, und die Lehrerin sagt, was sie wissen wollte, denn sie weiß es ja!!

Deshalb ist mein Vorschlag – Schluss mit der Despotie – das Fragerecht denen, welche die echten Fragen haben. Der Frageanteil der Lehrpersonen sollte deutlich veringert werden.

Alle offenen Unterrichtsformen: Freiarbeit, Wochenplan, Stationenlernen, Lernzirkel, Lerntheke bieten den Vorteil, dass erst eine Erarbeitungsphase der Kinder am Lerngegenstand vorausgeht, bevor die Lehrerin sich inhaltlich in das Lernen einschaltet. In einer solchen Planungsphase hat das Sprechen über die Organisation des Unterrichts und des Lernens den Vorrang. Haben die Kinder an einem Lerngegenstand gearbeitet, können sie Lernergebnisse auch vorstellen und es entsteht nicht die geschilderte unselige Fragesituation. Insofern räumen die offenen Lernformen dem Lernenden das Vorrecht ein, darzustellen, was er gelernt hat, oder nachzufragen, was noch nicht verstanden wurde.

Planen – konkret

Zur Organisation der Erhebung der Schülerfragen sei gesagt, dass es eine schriftliche und mündliche Form gibt. Schreiben die Kinder die Fragen auf, lassen sich diese gruppieren und nach Sinngebieten ordnen. Mit dem Namen der Kinder versehen können sie im Klassenzimmer ausgehängt werden und den laufenden Unterricht begleiten. Kinder können immer wieder nachschauen, Antworten dazu schreiben, diese Form hat bestimmte Vorteile.

Werden die Fragen, wie ich eher empfehle und praktiziere, mit dem Kassettenrekorder aufgenommen, dann entsteht eine kommunikative Situation, die für die Lehrkräfte und Schülerinnen bzw. Schüler vielschichtiger ist. In welchen Fragebereichen sich die Kinder in der Regel bewegen, habe ich an anderer Stelle schon darzulegen versucht (KANZLER 1996).

Eine Erfahrung langjähriger Praxis zeigt nämlich, dass die Kinder, obwohl nachdrücklich zum Fragen aufgefordert, oft zunächst gar keine Fragen stellen! Sie sagen in einem «warming up» eher, was sie wissen. Dies ist eigentlich verständlich, aber man muss es erst erfahren. Wissen ist doch einfach mehr als fragen und die Kinder wollen dies unbedingt preisgeben, sie wollen zeigen, was sie können.

Weiter sind im Gespräch die anderen Schülerinnen und Schüler herausgefordert, sie werden nachdenklich, fühlen sich angestachelt, durch das was gesagt worden ist. Manche Kinder geben bereits Antworten, so dass bestimmte Fragen schon geklärt werden und im späteren Unterricht nicht weiter verfolgt werden müssen.

Der sachliche, fragliche Horizont eines bestimmten Themas ist der ganzen Klasse damit präsent und zugänglich. Beim Schreiben könnte dies nur durch Vorlesen erreicht werden.

Die Aufzeichnung wird dann von der Lehrerin abgehört. Die Fragen werden notiert, möglichst in der von den Kindern gesprochenen Form. Füllsel und sprachlich Ungenaues, auch Dialekt kann geglättet werden, aber der Duktus der kindlichen Argumentation sollte auch in der schriftlichen Form erscheinen, z. B.:

- Warum werden manche Wirbelstürme «Tanja» oder so genannt?
- Warum entsteht überhaupt das Wetter, warum kann es nicht immer gleich bleiben?
- Warum hat das Fernsehen so viele Kabel und so, man braucht doch nur einen Bildschirm?

Das Abhören des Tonbandes Zuhause hat für uns Lehrerinnen und Lehrer unschätzbare Vorteile. Im Unterricht steht die Lehrperson ständig unter dem Druck des Reagierens, sie ist angesprochen und muss inhaltlich reagieren, nebenbei nimmt noch die Achtung auf die Disziplin die ganze Aufmerksamkeit in Anspruch. Alles dies ist beim Abhören nicht der Fall. In aller Ruhe, ungestört hat die Lehrerin die Möglichkeit zu erfahren: Was wissen die Kinder, was fragen die Kinder, was haben sie sonst noch gesagt? Leichter, unbelasteter kann man an kindliches Sprechen nicht herankommen.

WALTER POPP hat in dem Artikel «Wie gehen wir mit den Fragen der Kinder um?» in wenigen Thesen zusammengefasst, was auch mein Anliegen ist, insbesondere, was ich in der Schule *nicht* möchte.

Ich möchte keine «Tendenz zu übertriebener Lenkung und Standardisierung und zur Missachtung untschiedlicher individueller Lernvoraussetzungen.»

Ich möchte keine «Erziehung zur Fraglosigkeit durch Nichtachtung von originellen oder unbequemen Fragen und unlösbaren Problemen.»

Ich möchte keine «Verhinderung von Nachdenklichkeit.»

Ich möchte keine «Reduktion von Inhalten und Problemen auf die, meist eindeutige, Schulperspektive» (POPP 1989, S. 30).

Literatur

RUPMPF, H.: Der allwissende Lehrer. In: Scheinklarheiten. Braunschweig 1971.
KANZLER, E: Das Planungsgespräch oder die Kinder reden lassen.
LEHMANN, B. (Hrsg.): Kinderschule: Lehrerschule. Ulm 1996.
KNUDSEN, P. H.: Wie Vater und Mutter ein Kind bekommen. Heidelberg 1994.
RITZ-FRÖHLICH, G.: Kinderfragen im Unterricht. Bad Heilbrunn 1992.
POPP, W.: Wie gehen wir mit den Fragen der Kinder um? In: Die Grundschule, 21.Jg., H. 3/1989.

Steffen Wittkowske

Sachunterricht im Schulgarten

Anders denken – anders handeln – andere Grundschule

Veränderungen der Denk- und Handlungsweisen des Menschen sind Grundvoraussetzung für Verbesserungen der ökologischen Situation. «Der entscheidende Gedanke, mit dem die Umkehr beginnt, ist, dass andere Lebewesen nicht nur *um* uns in der Welt sind. Jedes Lebewesen braucht seine eigene Umwelt, seinen spezifischen Lebensraum. Eine von diesen vielen verschiedenen Umwelten ist die unsere, der menschliche Lebensraum im Ganzen der Natur» (MEYER-ABICH 1990, S. 11).

Solche Veränderungen gehen einher mit anderen Wertvorstellungen und neuen oder wiedererlangten Sichtweisen und Einstellungen zur natürlichen und sozialen Umwelt. Und: Veränderungen von Denk- und Handlungsweisen setzen vor allem Erziehung und Bildung voraus, da die direkt sichtbaren oder selbst spürbaren Folgen des eigenen Tuns meist erst nach langen Erfahrungen Anlass für Verhaltensänderungen sind.

Vor dem Hintergrund kindlichen Denkens und Handelns werden dadurch Aufgaben deutlich, vor denen insbesondere die Schule steht, mit denen Lehrerinnen und Lehrer konfrontiert sind und die sie bewältigen müssen.

Überzeugend und wirkungsvoll kann die Schule eine Kontaktaufnahme zur Mitwelt unterstützen, wenn sie selbst ökologisches Lernen zulässt und verantworteten Umgang mit der Natur zu leben bereit ist. Bereits in den ersten Jahrgangsstufen sollte sie den Schülern häufig Gelegenheiten bieten, Erlebnisfähigkeit, Wertbewusstsein sowie Urteils- und Handlungsfähigkeit zu erwerben und zu entfalten (WITTKOWSKE 1996b, S. 99).

Konflikte scheinen mit dieser Forderung allerdings vorprogrammiert zu sein, da letztlich zu oft die gesamte Mitwelt der Kinder sprichwörtlich «verplant» ist. Die Chance für Kinder, ungefährdet in Schule oder Freizeit die Umgebung zu erkunden, ist in den meisten Siedlungsräumen kaum noch gegeben. Viel zu oft wird das Bedürfnis der Kinder nach Bewegung, nach Herumtoben und zweckfreiem Spiel, nach Erkundung der Umwelt in Schule und Freizeit zu Lasten der Kinder gelöst.

Zwar will die Grundschule insgesamt mit ihren Lernbereichen der Weltaneignung und Kulturbeherrschung dienen. Dafür muss sie einerseits einen gewissen Rahmen für die isolierte Einführung und Einübung bereitstellen.

213

Andererseits muss ein ausreichend großes zeitliches und organisatorisches Budget für entdeckendes und forschendes Lernen zu Fragen bereitstehen, die den Kindern bedeutsam sind oder in ihren Bedeutungshorizont gehoben werden können (vgl. FAUST-SIEHL u. a. 1996, S. 74).

Kinder erfahren eine aktive Auseinandersetzung mit der Natur und ihren Phänomenen nur, «wenn sie angeregt und ermutigt werden, mit allen Sinnen sich der Tiere und Pflanzen und der Geschehnisse in der natürlichen Mitwelt zu vergewissern, und sich dabei eigene, durch Anschauung fundierte Vorstellungen bilden» (FAUST-SIEHL u. a. 1996, S. 119f.).

Der ausdrücklich in Lehrplänen und Rahmenrichtlinien für die Primarstufe in verschiedenen Bundesländern ausgewiesene pädagogische Ansatz zur Öffnung der (Grund-)Schule über den Schulgarten und damit der Erhaltung und Rückgewinnung eines bedeutenden vielschichtigen schulischen Lebens-, Lern- und Spielraumes ist in diesem Zusammenhang kaum anzuzweifeln. An *diesem* Ort kann über einen anschaulichen, handlungsorientierten und lebenspraktischen Unterricht Naturerziehung eindrucksvoll gestaltet und (Grund-)Schule wirklicher Lebens- und Erfahrungsraum werden (vgl. VON HENTIG 1993, S. 237ff.).

Besonders in den ersten Jahrgangsstufen, aber auch in anderen Schulformen kann Naturerziehung u. E. nur über eine Anbindung an entsprechende Lernorte «gelebt» werden. Gerade die ökologische Gestaltung von Schulgärten und Schulfreiflächen kann eine Brückenfunktion zwischen einem drinnen und draußen einer modernen und humanistischen Schule übernehmen (vgl. WITTKOWSKE 1997, S. 5ff.).

Die Sächsischen Schulgartenwettbewerbe – Inspirationen für eine andere (Grund-)Schule

Mehr als 800 sächsische Grund- und Mittelschulen sowie Gymnasien haben sich seit 1994 intensiv an den drei Sächsischen Schulgartenwettbewerben beteiligt. Zu ihnen hatten das Sächsische Staatsministerium für Landwirtschaft, Ernährung und Forsten, das Sächsische Staatsministerium für Kultus, die Präsidentin der Deutschen Gartenbau-Gesellschaft 1822 e. V., Gräfin SONJA BERNADOTTE, die die Schirmherrschaft übernahm, und die Technische Universität Dresden aufgerufen. Jeweils in der ersten Etappe der Wettbewerbe erdachten und bereiteten Schülerinnen und Schülern, ihre Lehrer, Eltern und Helfer Projektideen vor, die Beiträge zur kindgemäßen und naturnahen Gestaltung des Schulgartens und des Schulgeländes darstellten.

Allen Beteiligten und den Organisatoren dieser Wettbewerbe erscheint es besonders wichtig, an die Tradition des Schulgartens in den neuen Bundesländern, und insbesondere im Freistaat Sachsen, anzuknüpfen. Mit dem Schulgartenwettbewerb geht es nicht nur um einen Motivationsschub für den Erhalt von Schulgärten, gefragt sind auch interessante, umweltgerechte Konzepte, bei denen der Spass an der Sache ebenso zählt wie die Begegnung und Beschäftigung mit der Natur, das Erlernen und Erfahren ökologischen Handelns.

Dafür mussten neue Wege gegangen werden. Das Fach Schulgartenunterricht gibt es in der sächsischen Grundschule nicht mehr. Viele Bedenken hinsichtlich der organisatorischen, personellen und nicht zuletzt finanziellen Bedingungen für die Weiterführung schulgärtnerischer Aktivitäten (vgl. BECHSTÄDT/WITTKOWSKE 1993) lassen mittlerweile interessante, neue Bewertungen zu. Kritisch betrachtet werden müssen allerdings aktuelle Entwicklungen. Die zum Schuljahr 1997/98 vorgenommenen Akzentuierungen in der Stundentafel zuungunsten des Unterrichtsfaches «Heimatkunde/Sachunterricht» beeinflussen u. E. die gesamte Grundschularbeit. Im arithmetischen Spiegel ergeben die vorgenommenen Veränderungen eine effektive Kürzungsempfehlung von 120 Stunden für dieses Unterrichtsfach in den vier ersten Jahrgangsstufen der sächsischen Grundschule. Besonders betroffen sind davon gerade diejenigen Lernbereiche, welche in besonderem Maße den Mädchen und Jungen Möglichkeiten boten, Erfahrungen zu sammeln sowie selbständig und sicher zu werden.

Auch vor diesem aktuellen Hintergrund muss es pädagogische Absicht bleiben, über die Schulgartenwettbewerbe den Begriffsinhalt «Schulgarten» und den damit verbundenen Tätigkeitsbereich in viele Richtungen zu erweitern. Die Anregung, das Schulumfeld als Schulgarten zu begreifen, als einen zu gestaltenden Lern- und Lebensraum für Kinder in der Natur, wird von vielen Kolleginnen und Kollegen engagiert angenommen. Übereinstimmung herrscht bei ihnen darin, dass das Fach «Heimatkunde/Sachunterricht» in der sächsischen Grundschule zwar einen organisatorischen und inhaltlichen Rahmen für diese Initiativen bieten kann, dass sich aber Kinder eigene Räume zum Spielen, Erholen, Lernen und Arbeiten erschließen, muss im ganzen Schulalltag gelebt werden. Nur so können Schulgärten in besonderem Maße dazu beitragen, Interesse an der Natur zu wecken und die Beschäftigung mit ihr zu einem Erlebnis werden zu lassen.

Mit der Teilnahme an den Sächsischen Schulgartenwettbewerben erhalten die Schulen Gelegenheit, ihr individuelles Modell der «Öffnung» über den Schulgarten und zu diesem hin vorzustellen. Besonders hervorzuheben ist die Tatsache, dass mit den Schulgartenwettbewerben die Phantasien und die schöpferischen Kräfte von Kindern unterschiedlicher Altersstufen und Schultypen angeregt werden, Lehrerkollegien und Eltern neue Initiativen für die Gestaltung ihrer Schulen aktivieren und sich vielerorts Vereine und Betriebe vom Leben im Schulgarten und mit ihm angesprochen fühlen.

«Mit Pflanzen hat man es auf eine natürliche Weise, d. h. im Lebenszusammenhang, beim Gärtnern zu tun. Damit verbindet sich der Umgang mit Erde und Wasser, auch die Erfahrung von Luft und Licht. Dabei im Freien zu sein, gibt die Chance, zugleich aus den Verengungen der Wohnung herauszutreten und anderes Leben von ihm selbst her zu erfahren» (MEYER-ABICH 1990, S. 22).

Grundschulen setzen Akzente

Solche Projekte, wie sie beispielsweise in der 16. Grundschule «Josephine» Dresden, in der Hanno-Günther-Grundschule und der Förderschule Waldheim und in der Grundschule Eibenstock (gemeinsam mit der «Grünen Aktion Westerzgebirge») in den vergangenen Jahren verwirklicht wurden, können zur Nachahmung überall ermuntern.

Die Umgestaltung des Schulgeländes der Grundschule «Josephine», übrigens der ältesten Schule vom Schulbautyp «Dresden» in der Stadt, ist hinsichtlich der ersten Schritte in der Planung und Realisierung durch Kinder, Lehrer, Eltern und die beteiligte Öffentlichkeit anregend und beispielgebend.

Wesentlich für die bisher erfolgreiche Umsetzung aller Ideen ist ein langfristiger Planungsvorlauf. In dieser Phase sind die konkreten personellen und natürlichen Gegebenheiten an jeder Schule realistisch einzuschätzen, um mögliche Schwierigkeiten zu erkennen. Jede Schule sollte sich solche Planungsfragen stellen, falls sie Projekte im Schulgarten oder in der Schulumgebung plant. Dabei ist die Auflistung nicht unbedingt als Reihenfolge zu verstehen (vgl. GRÖSCHO 1995, S. 28).

1. Welche Haltung vertritt die Schulleitung gegenüber der (Neu-) Gestaltung eines Schulgartens?
2. Ist das Gelände für ein solches Vorhaben geeignet?
3. Welche Genehmigungen sind einzuholen?
4. Welche Materialien sind bereitzustellen?
5. Wie soll das Projekt finanziert werden?
6. Woher bekommt man eine fachliche Beratung?
7. Wer leitet das Projekt und übernimmt die Verantwortung?
8. Wie können die Kollegen für das Projekt gewonnen sowie in die Organisation und Durchführung einbezogen werden?
9. Wer hilft bei der Anlage des Schulgartens?
10. Wie sollen die Schülertätigkeiten organisiert werden?
11. Wie erfolgt die terminliche Planung?

12 Wie wird die Öffentlichkeit für die Neugestaltung des Schulgartens erreicht?
13 Ist die Betreuung des Gartens in den Ferien abgesichert?

Mit Hilfe dieses Planungsmusters entstanden auf dem Schulgelände der 16. Grundschule, die in Zentrumsnähe der Landeshauptstadt Dresden liegt, ein vorbildlich gestaltetes Schulgartenareal mit Bauerngarten, Sinnesweg, Hochbeeten, Teich, Regenwasserauffang, Kompostanlage, Weidentunnel und -hütte. Eine Kräuterspirale fehlt ebensowenig wie Beete, die Dreifelderwirtschaft zeigen. Der gesamte gärtnerisch genutzte Teil, der an einer stark frequentierten Stadtstraße liegt, ist zu dieser hin von dichten, freiwachsenden übermannshohen Hecken umrahmt und erhält sich dadurch seinen Charakter. Zum übrigen Schulgelände hin ist Offenheit gewährleistet, Lernen, Spielen, Erholen und Naturerleben kann somit auf dem Schulhof genauso stattfinden, wie im Bereich des Schulgartens (vgl. WITTKOWSKE 1996a).

Wie sich zwei Schulen unterschiedlichen Typs gemeinsam für die ökologische Umgestaltung ihres aneinandergrenzenden Schulaußengeländes engagieren können, zeigen die Grundschule und die Förderschule in der 800jährigen Kleinstadt Waldheim. Davon ausgehend, mit ihren Schülerinnen und Schülern einen Unterricht gestalten zu wollen, in dem sie selbst praktisch tätig sein dürfen und entdeckend lernen können, setzen diese Schulen seit 1996 mit der Neuanlage eines Schulgartens pädagogische und gestalterische Akzente im Schulkomplex Waldheim. Mit fachlicher Unterstützung durch ein Beratungsbüro für ökologische Freiflächengestaltung aus Leipzig verwirklichten die Mädchen und Jungen beider Schulen, die Lehrerkollegien, Eltern und ABM-Kräfte – und hier auch mit beispielhafter Unterstützung durch das Landratsamt Döbeln – eigene Vorstellungen mit dem Ziel, sich in der Schule wohlfühlen zu können, beim Lernen und außerhalb des Unterrichts.

In der von den Waldheimer Schülern und Lehrern eingereichten Dokumentation zum 3. Sächsischen Schulgartenwettbewerb heißt es außerdem: «Bei allen Schülern soll das Bewusstsein für Umweltfragen entwickelt werden und sie sollen zu einem umweltbewussten Verhalten animiert werden. Durch fächerübergreifenden Unterricht ist es besonders gut möglich, die Schüler für Umweltfragen zu sensibilisieren, sie an gezielte Naturbeobachtungen heranzuführen, eigene Erfahrungen erleben zu lassen sowie das Verständnis bei ihnen zu wecken, das Geschaffene zu erhalten. Unsere Schüler sollen erfahren und erkennen, dass das Vorhaben mit viel Mühe, zeitlichem Aufwand und hohem finanziellen Kosten verbunden ist und dass

WALDHEIM

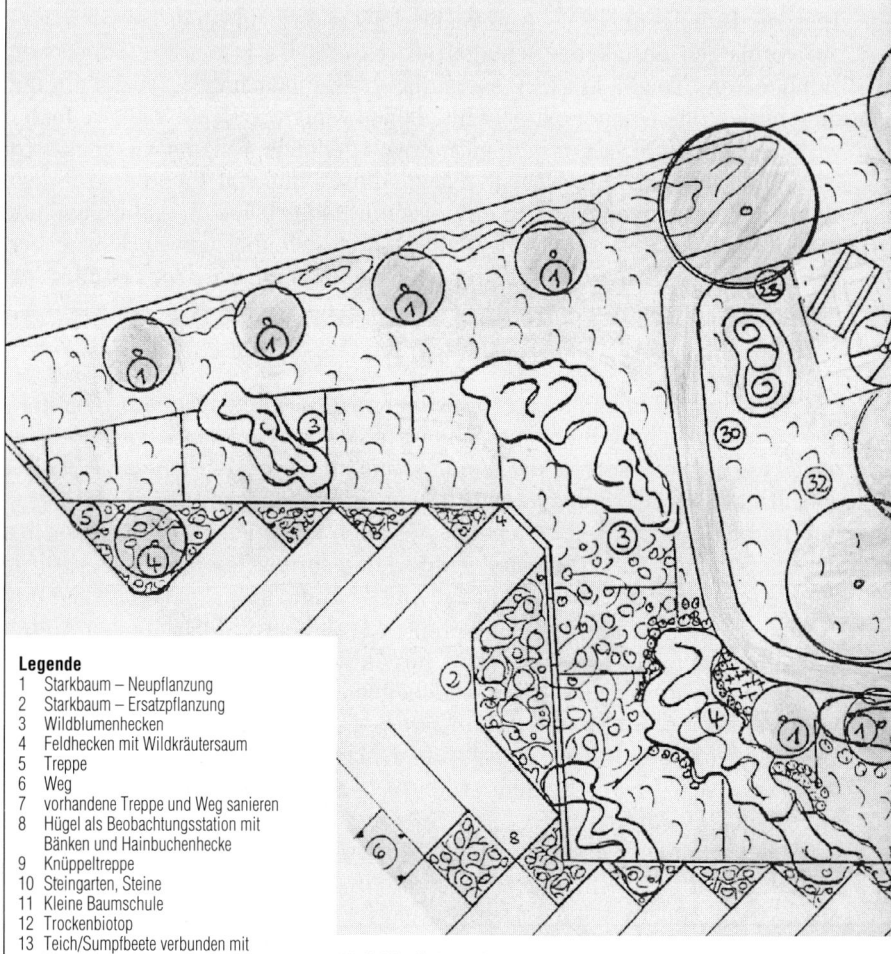

Legende
1. Starkbaum – Neupflanzung
2. Starkbaum – Ersatzpflanzung
3. Wildblumenhecken
4. Feldhecken mit Wildkräutersaum
5. Treppe
6. Weg
7. vorhandene Treppe und Weg sanieren
8. Hügel als Beobachtungsstation mit Bänken und Hainbuchenhecke
9. Knüppeltreppe
10. Steingarten, Steine
11. Kleine Baumschule
12. Trockenbiotop
13. Teich/Sumpfbeete verbunden mit Wasserkreislauf
14. Solarmodul für Wasserpumpe
15. Natürlicher Teichüberlauf - Feucht- und Fettwiese
16. Wildblumenbeet
17. Heidebeet
18. Rollkiesfläche mit Bänken
19. Spalier mit stachellosen Brombeeren
20. Kompostplatz
21. Zaunbegrünung
22. Gewächshaus mit Kompostwärme
23. Hochbeet

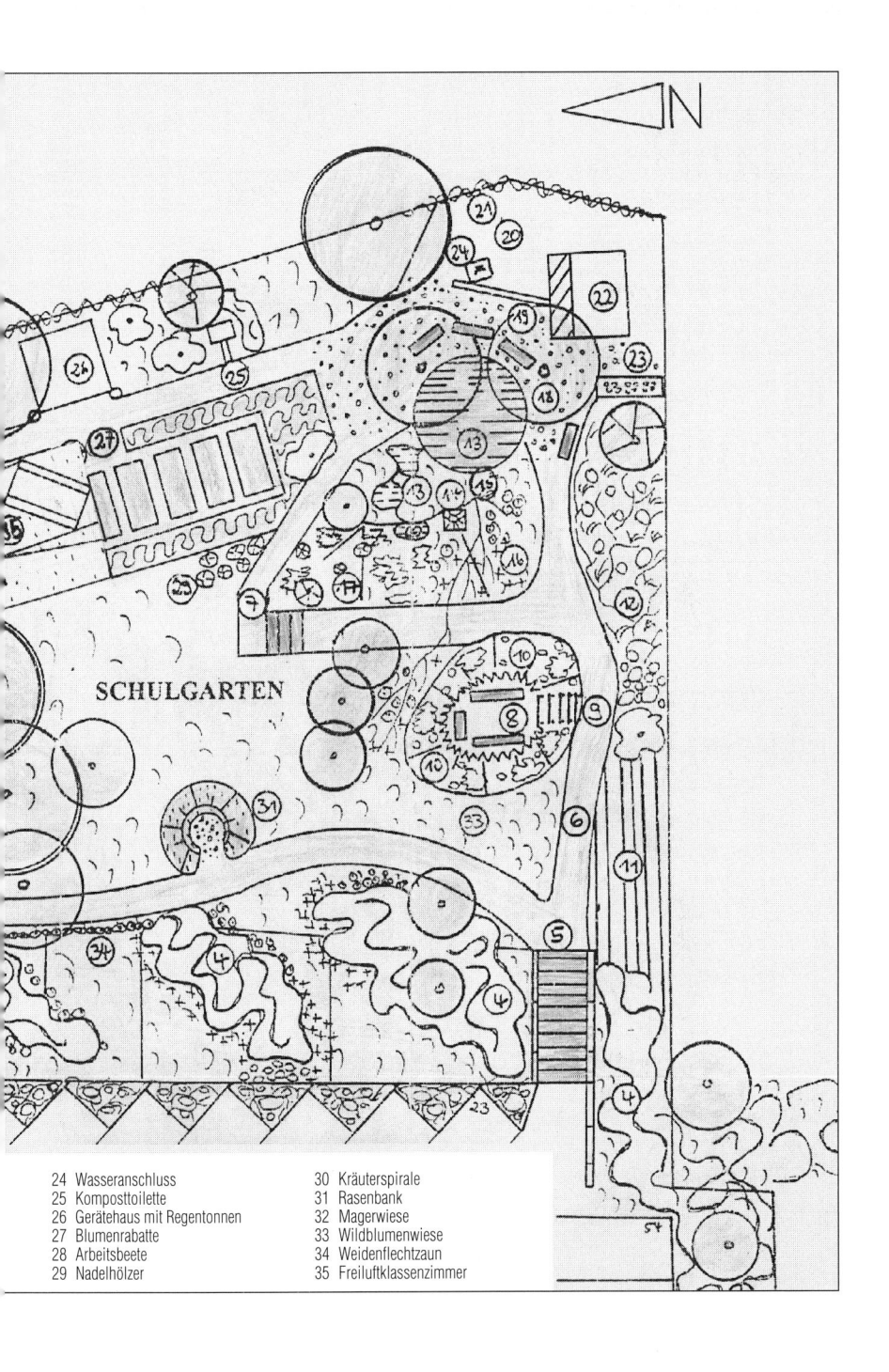

SCHULGARTEN

24 Wasseranschluss
25 Komposttoilette
26 Gerätehaus mit Regentonnen
27 Blumenrabatte
28 Arbeitsbeete
29 Nadelhölzer
30 Kräuterspirale
31 Rasenbank
32 Magerwiese
33 Wildblumenwiese
34 Weidenflechtzaun
35 Freiluftklassenzimmer

deshalb jeder Verantwortung übernehmen muss, um unsere Erde, die Pflanzen und Tiere unserer Heimat zu schützen.»

Ein Plan der Anlage (s. S. 118f. in diesem Band) und Fotos zeigen, wie das anspruchsvolle Vorhaben in Waldheim bereits vorangekommen ist.

Im Südwesten des Freistaates Sachsen in landschaftlich reizvoller Lage in den ersten Höhenstufen des Westerzgebirges liegt Eibenstock.

Der Schulgarten der Grundschule ist eine nach ökologischen und pädagogischen Gesichtspunkten gestaltete Anlage, die den Blick der Kinder auf die Gesamtheit der Natur richten will. Der bereits seit 1989 bestehende Garten wurde 1992 unter Anleitung und tatkräftiger Hilfe der «Grünen Aktion Westerzgebirge e. V.» umgestaltet und in verschiedene Quartiere aufgeteilt. So bietet das Areal für jede Jahreszeit in der Natur Anlässe und für jede Klassenstufe Betätigungsfelder bzw. Möglichkeiten des direkten Naturerlebens und -erfahrens nicht nur für die Kinder der Grundschule,

Grundschule Eibenstock:
Projekttag «Rund um die Kartoffel»

sondern auch für Mädchen und Jungen aus den Eibenstocker Kindertagesstätten, der Förderschule und der Mittelschule.

Im Mittelpunkt des pädagogischen Alltags steht hier bewusst die praktische Betätigung, die Entwicklung der Sinne, das Experimentieren, das Ableiten von Zusammenhängen. All das und weiteres soll den Schülerinnen und Schülern nicht nur im Heimatkunde- und Sachunterricht zugute kommen, sondern den gesamten Unterricht befruchten. Dazu gehören Naturbeobachtungen und -erfahrungen auch in anderen Fächern, Erfassen ökologischer Zusammenhänge, die Identifikation mit der Umgebung als Heimat durch entsprechende Pflanzen, Tiere und Materialien, das sinnliche Naturerleben (Sehen, Hören, Tasten, Riechen, Schmecken) sowie eigenes, verantwortetes Handeln der Schüler durch kontinuierliche Pflege und Nutzung bestimmter Bereiche, ihre Ausgestaltung, selbständiges Experimentieren (*Gärtnern*) und technisch-künstlerisches Werken im Freien.

In Eibenstock beteiligten sich die Schülerinnen und Schüler über einen Zeichenwettbewerb und einen «Wunschbriefkasten» an der Planung «ihres» Schulgartenjahres. Ausdruck dessen sind die schon traditionellen und beliebten «Schulgartenparties» aber auch Projekte, wie «Rund um die Kartoffel» oder «Ohne Wasser merkt euch das ...».

Der Schulgarten bot zu Letztgenanntem viel Entdeckenswertes an: Neben der Erforschung von Interessantem zum Wasser, dem Kennenlernen von Methoden des Wassertransportes hier und in anderen Kulturkreisen und zu anderen Zeiten (Initiative mit dem Eine-Welt-Laden), rieten die Eibenstocker Mädchen und Jungen Geräusche rund um das Wasser und ordneten nach Herkunft zu. Per Stationsbetrieb machte man sich mit der natürlichen Filterung verschmutzten Wassers vertraut und erarbeitete an anderer Stelle Wassersparregeln. In diesem Zusammenhang wurde auch die Idee einer Pflanzenkläranlage «geboren», die künftig entstehen soll. Eine Miniausstellung mit selbstgestalteten Reimen, Gedichten, Geschichten und Bildern rundete das Projekt ab.

Eigenständiges Handeln und Gestalten in Pausen und Freistunden und auch außerhalb des Unterrichts ermöglicht das vorgestellte Schulgartenobjekt. Hier können Mädchen und Jungen nicht nur soziales Verhalten erproben und einüben, sich bewegen und spielen, Ruhe finden und Erholung genießen. Auch im Hinblick auf den umgebenden Nahraum übernimmt das Eibenstocker Schulgartengelände soziale und kommunikative Funktionen. Das zeigt sich u. a. durch seine Öffnung für außerschulische Aktivitäten (Spiel, Sport, Feste usw.) und als Treffpunkt für alle Bürger. Beispiele sind der «Tag der Vereine», bei dem der Schulgarten stets Start und Ziel eines Umweltparcours ist, und der «Tag der offenen Tür» (anlässlich des Eibenstocker Heimatfestes), aus dessen Anlass eine Pflanzenbörse gemeinsam mit Kleingärtnern ausgerichtet, Verkostungen von Produkten des Schulgartens und ein Wildkräuterbuffet angeboten wurde. Nicht nur im Zusammenhang mit solchen Höhepunkten werden die kleinen Schulgärtner umwelterzieherisch wirksam, geben sogar Tipps zur naturnahen Gestaltung von Gartenflächen und Informationen zu Umweltthemen.

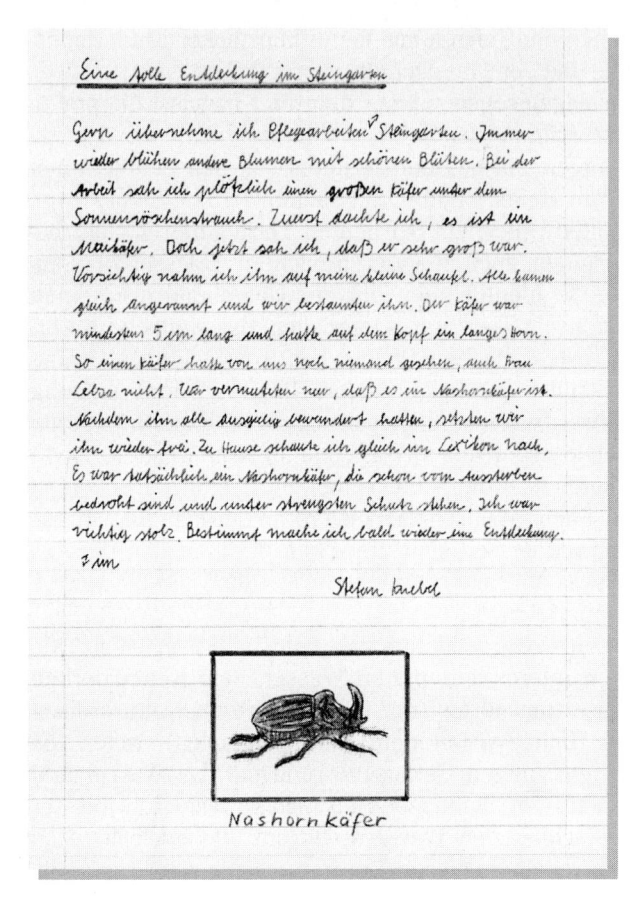

Im Freizeitbereich der Schülerinnen und Schüler nutzen in Eibenstock die Arbeitsgemeinschaften «Umwelt», «Werken» und «Schulgarten» das Gelände und erhalten von dort Material für vielfältige Beschäftigungen.

Diese Aktivitäten werden ergänzt durch beispielhafte gemeinsame Initiativen von Schule, Eltern und örtlichen Vereinen, sowie durch Angebote für eine örtliche Feriengestaltung und zahlreiche Bastelstunden.

Eine bewusstere Gestaltung von Schule, und damit von Schulaußenräumen *und Schulgärten* scheint an der Schwelle zum neuen Jahrtausend mehr denn je pädagogische *und* politische Aufgabe (vgl. DEUTSCHE GARTENBAU-GESELLSCHAFT 1822 e. V. 1995, S. 119ff.) zu sein. Und: Ein Bewusstseinswandel kann nicht zuerst bei Kindern beginnen, weil Kinder von Erwachsenen erzogen werden, das neue Bewusstsein also bei diesen einsetzen müsste, damit sie es weitergeben können (vgl. MEYER-ABICH 1990, S. 24).

Literatur

BECHSTÄDT, A./ WITTKOWSKE, ST.: Der Schulgarten in der Stadt – wichtiger Erlebnisraum für Erfahrungen und Emotionen. In: Grundschulunterricht 40 (1993) 11.

DEUTSCHE GARTENBAU-GESELLSCHAFT 1822 E.V. (Hrsg.): Wege zur Naturerziehung. Schulgarten und Schulgelände im Unterricht der verschiedenen Altersstufen. Konstanz, 1995.

FAUST-SIEHL, G. et. al.: Die Zukunft beginnt in der Grundschule. Empfehlungen zur Neugestaltung der Primarstufe. Frankfurt a. M, Arbeitskreis Grundschule 1996.

GRÖSCHO, ST.: Planung und Gestaltung eines naturnahen Gartens im Schulgelände – Lern- und Erfahrungsraum für Grundschüler. Schriftliche Arbeit als Teil der Zweiten Staatsprüfung für das Lehramt an Grundschulen. Staatliches Seminar für das Lehramt an Grundschulen, Löbau 1995 (unveröffentlicht).

HENTIG, H. VON: Die Schule neu denken. München/Wien, Carl Hanser Verlag 1993.

MEYER-ABICH, K. M.: Aufstand für die Natur. München/Wien, Carl Hanser Verlag 1990.

WITTKOWSKE, ST.: Schulgärten in Sachsen – Projekte in der Natur. Dresden, Sächsisches Staatsministerium für Landwirtschaft, Ernährung und Forsten 1996a.

WITTKOWSKE, ST.: Sachunterricht und Schulgartenarbeit. Ein nicht nur historischer Exkurs zu Entwicklungen in der DDR. In: GLUMPLER, E./WITTKOWSKE, ST. (Hrsg.): Sachunterricht heute. Zwischen interdisziplinärem Anspruch und traditionellem Fachbezug. Bad Heilbrunn, Verlag Julius Klinkhardt 1996b.

WITTKOWSKE, ST.: Naturerziehung in pädagogischen Räumen. In: Grundschulunterricht. – Berlin, Heft 2 (44) 1997.

Fotos, Pläne, Kinderzeichnungen und -texte wurden den Wettbewerbseinsendungen der Hanno-Günther-Grundschule/der Förderschule Waldheim und der Grundschule Eibenstock zum 3. Sächsischen Schulgartenwettbewerb entnommen.

Neueste Literatur zur Schulgartenarbeit und zum Weiterlesen:

EHRITT, R./KLIEM, K.-H./KOCH, G./THEUSS, M./WITTKOWSKE, ST.: Umgehen mit Natur. Lehrbuch für die Arbeit im Schulgarten. Berlin, Volk und Wissen Verlag 1997.

PROBST, W. (Hrsg.): Gärten zum Leben und Lernen. Loseblattsammlung. Seelze, Kallmeyersche Verlagsbuchhandlung, erscheint seit 1997.

WINKEL, G: (Hrsg.): Das Schulgartenhandbuch. Seelze, Kallmeyersche Verlagsbuchhandlung 1997.

Henning Unglaube

Experimente im Sachunterricht

«Eigentlich mache ich Sachunterricht ja ganz gerne, wenn da nicht auch die ganze Physik und Technik enthalten wäre. Das war mir schon als Schülerin immer ein Gräuel.»

Diese Aussage einer Kollegin zum Sachunterricht während einer Fortbildungsveranstaltung ist in doppelter Hinsicht bedeutsam. Einmal unterstreicht sie die Annahme, dass der naturwissenschaftlich-technische Aspekt des Sachunterrichts oft im Unterricht gegenüber den anderen Bereichen vernachlässigt wird. Zum anderen liefert die Kollegin gleichermaßen auch durch den Verweis auf ihre eigene Lernbiografie die Begründung, weshalb es um diesen Bereich des Sachunterrichts in der schulischen Praxis schlecht steht.

Immer wieder ist in solchen Zusammenhängen die Feststellung zu machen, dass viele Lehrerinnen und Lehrer den naturwissenschaftlichen Unterricht aus ihrer eigenen Schulzeit in negativer Erinnerung haben. Dies weist darauf hin, dass ihnen der Unterricht in den Naturwissenschaft äußerlich geblieben und zur Klärung ihrer Lebenswirklichkeit wenig hilfreich gewesen ist, ganz zu schweigen davon, dass ein nachhaltiges Interessen an Natur und Technik entstehen konnte.

Dies wird umso verständlicher anhand der noch immer vorherrschenden fachdidaktischen Ansätze der naturwissenschaftlichen Fächer in den weiterführenden Schülen, die nicht die Fragen und Interessen an der natürlichen Umwelt zum Ausgangspunkt haben.

Im Gegenteil, ausgehend von dem jeweiligen fertigen wissenschaftlichen System mit seinen Grundbegriffen und Strukturen ist es Absicht, die bereits vorhandenen Erkenntnisse der einzelnen Disziplin einsichtig zu machen.

Ergebnis eines solchen Unterrichts ist, dass auswendig gelernte Lehrsätze und Lösungsverfahren zum festgelegten Zeitpunkt abgeprüft werden, an Verständnis für die Naturwissenschaften und ihrer Bedeutung für unser Leben aber nur wenig hängenbleibt.

Dieses Phänomen hat bereits M. WAGENSCHEIN in einem 1960 veröffentlichten Aufsatz «Was bleibt unseren Abiturienten vom Physikunterricht?» (WAGENSCHEIN 1980, S. 32 ff.) problematisiert. Anhand einer Befragung seiner Studierenden im Anfangssemester zu physikalischen Grundphänomenen, kam er zu dem Ergebnis, «dass die Unwissenheit und mangelnde Verfügungskraft über elementare physikalische Zusammenhänge so groß ist, dass man sich fragen muss, wie dieser geringe Wirkungsgrad unseres Schulunterrichts so verhältnismäßig unbemerkt und unbehoben bleiben kann» (WAGENSCHEIN a. a. O., S. 36). Zu einer ähnlichen Feststellung gelangte GEROLD SCHOLZ 1995 in einem seiner Seminare mit der Fragestellung: Warum es im Sommer bei uns wärmer ist als im Winter?

«Der Sachunterricht, den meine Studentinnen und Studenten erfahren haben, hat – zumindest in dieser Frage nicht zu ihrem Verständnis ihrer Lebenswirklichkeit beigetragen» (SCHOLZ 1995, S. 11).

Aber, so mag man einwenden, was hat dies mit dem Sachunterricht zu tun? Schließlich ist es nicht Aufgabe dieses Lernbereichs in die Naturwissenschaften einzuführen. Das ist sicherlich richtig und es kann auch nicht darum gehen, die Diskussion um die Fachpropädeudik erneut anzufachen. Sachunterricht darf nicht und soll nicht eine Vorverlegung des Stoffes der weiterführenden Schulen leisten.

Bei kritischer Betrachtung aber der auf dem Lehr- und Lernmittelmarkt angebotenen Materialien und Karteien zu Experimenten im Sachunterricht muss festgestellt werden, dass sie genau im Sinne dieser abgelehnten Prodäutik klammheimlich unter der Hand und hinter dem Rücken der Beteiligten unterrichtswirksam werden.

Bei den meisten der für die Grundschule angebotenen Materialsätzen, Bücher und Versuchskarteien zum naturwissenschaftlichen-technischen Bereich des Sachunterrichts wird deutlich, dass sie in enger Anlehnung an die Fachwissenschaft entwickelt wurden und deren Struktur vereinfachend übernommen haben. Ausgestattet mit entsprechenden Anleitungen in Arbeitsheften oder Kopiervorlagen leiten sie zur Nachahmung eines Experimentes an, ohne dass das auslösende Problem im Zusammenhang seines Auftretens dargestellt, noch die erforderliche Einsicht in die begründete Notwendigkeit der beschriebenen Versuchsanordnung geleistet wird. Was übrig bleibt, sind dann leere Begriffe und eingerahmte Lehrsätze, die zum Verständnis der eigentlichen Sache keinen Beitrag leisten.

Entscheidend ist hierbei, dass sie, wie im späteren Fachunterricht der weiterführenden Schulen, unter der strengen Sichtweise der Fachwissenschaft und ihrer Didaktik bereits vorhandene Erklärungen anstreben und die Auseinandersetzung des Kindes mit der Sache verhindern. «Denn ein Teil der Schulbücher bietet nichts anderes als eine Propädeutik für den Fachunterricht. Nicht der Sachverhalt interessiert, sondern seine, einer Fachwissenschaft entsprechende, richtige Begriffsbildung» (SCHOLZ a. a. O., S. 8).

Das Experiment als ursprüngliche Methode zur Welterkenntnis

«(...) Das Experiment ist die wichtigste empirische Methode der modernen Naturwissenschaft. (...) Grundforderungen, die an das Experiment gestellt werden, sind planmäßige Vorbereitung, Wiederholbarkeit zu beliebiger Zeit und an beliebigem Ort zum Zweck der Ausschaltung von Zufallsmomenten und im Sinne der allgemeinen Nachprüfbarkeit sowie die Variierbarkeit der Bedingungen des Experiments (...)» (DER GROSSE BROCKHAUS 1983, S. 295).

Am Ende des 16. Jahrhunderts stand ein fast dreißigjähriger Mann auf dem schiefen Turm in Pisa und beobachtete Steine, die er immer wieder von der Höhe in die Tiefe fallen ließ. Seine Erkenntnis, dass alle frei fallenden Körper am gleichen Ort die gleiche Beschleunigung erfahren, unabhängig von ihrer Masse, ihrer Substanz, ihrem Volumen und ihrer Form, ließen seinen Namen – GALILEO GALILEI – in die Geschichte der modernen Naturwissenschaften eingehen.

Fast dreihundert Jahre später berichtet uns MARTIN WAGENSCHEIN von einem italienischen Kind, das auf einer Kiesterrasse steht «(...) und entdeckt, dass es Dinge gibt, die sich wiederholen lassen und uns so lehren, dass wir der Welt vertrauen dürfen. Tief versunken und unglaublich ernst hockt er sich nieder, füllt beide Hände mit den hellen Kieseln, steht langsam auf, den Blick auf die Hände gerichtet, dass nichts verloren geht, und öffnet sie dann langsam: Von selber fallen die Steine zur Erde, und immer wieder: Er wird nicht müde, es immer wieder zu tun, es in Frage zu stellen, herauszufordern, sich von neuem bestätigen zu lassen; ja, es zu üben, es aus-zu-üben, was er sucht und braucht: Verlässlichkeit» (WAGENSCHEIN 1997, S. 20).

Der Knabe, wie der Wissenschaftler, auch wenn sie Jahrhunderte voneinander trennen, befinden sich in der gleichen Lage. Sie stehen vor einem Phänomen, einem Sachverhalt, der ihre Aufmerksamkeit gewonnen hat und sie eine fragende Haltung einnehmen lässt. Gemeinsam ist beiden aber auch, dass sie über die «Sache» nichts wissen. Beide wiederholen beständig ihre Handlung. Der eine zielgerichtet, um dem Geheimnis des Falls freier Körper auf die Spur zu kommen. Der andere vielleicht um, wie es WAGENSCHEIN interpretiert, «Verlässlichkeit» zu erhalten, aber genau so gut kann es sein, dass er nur Vergnügen an der Beobachtung des Vorgangs empfindet. Über sein wirkliches Motiv können wir keine Aussage treffen. Wie auch immer, für beide steht der sinnliche Vorgang des Beobachtens im Mittelpunkt ihrer Aufmerksamkeit, an der sich ihr Verständnis der Welt entwickelt.

Die Methode des Experimentierens hatte zunächst ihren Ursprung im Beobachten, dem Vergleichen, dem Messen und der Formulierungen von Behauptungen, deren Wahrheitsgehalt sich an der Bestätigung oder Widerlegungen der auf Erfahrung begründeten gefundenen Gesetzmäßigkeit beweisen ließ.

Kinder wissen in der Regel nichts über die von den Naturwissenschaften entdecken Gesetzmäßigkeiten. Sie entwickeln ihre Vorstellung von der Welt aus ihren Erfahrungen im Umgang mit den Dingen und verfügen schon vor Eintritt in die Schule über Theorien, mit denen sie für sich die Wirklichkeit interpretieren. Aufgabe des Sachunterrichtes ist es hier durch eine Veränderung der bislang gewonnen Perspektive, diese Konzepte in Frage zu stellen, Anstöße zu geben neue Fragestellungen zu entwickeln und zu überprüfen.

Damit ist eine Unterscheidung zu treffen, zwischen dem Begriff des «Experimentes» in der methodischen Strenge der modernen Naturwissenschaften und dem «Erforschen» und «Ausprobieren», wie es Kindern in ihrem Drang nach dem «Verstehen-Wollen-der-Welt» zueigen ist. Dabei gilt es diese unvoreingenommene Ursprünglichkeit, die dem Menschen in der Aneignung der Welt zueigen ist, zu bewahren.

Auf dieser Stufe der Erkenntnis des Menschen um die Bedingungen seiner Umwelt unterscheiden sich der Forscher und das Kind in der Herangehensweise zur Lösung ihrer Fragestellung nur unwesentlich.

Stand bei GALILEI wie auch bei dem kleinen italienischen Knaben der Erkenntnistrieb, etwas über den inneren Zusammenhalt der uns umgebenden Natur zu erfahren im Vordergrund, so steht im heutigen Forschungsbetrieb die Frage nach der Verwertbarkeit und dem «Machbaren» im Zentrum des Interesses. «Sie (die Naturwissenschaften) sagen nicht mehr aus, was ohne das Zutun des Menschen ‹ist›, an sich ist, sondern, das Naturgesetz wird mehr und mehr nur eine Angabe über die Möglichkeit und des Ausfall von Experimenten; ein Gesetz unserer Fähigkeit, Phänomene hervorzubringen. In den Naturgesetzen ist die Verfügbarkeit der Natur erschlossen. Die metaphysische Hoffnung der klassischen Physiker, durch ihre Wissenschaft den Halt am an sich Seienden zu gewinnen, fällt dahin» (V. WEIZSÄCKER 1949, S. 173 ff.).

Auf dem Hintergrund dieser Entwicklung der Naturwissenschaften meint der Begriff des «Experimentierens» als forschende Tätigkeit des Naturwissenschaftlers und des «Experimentieren» des Kindes als Auseinandersetzung mit einem Phänomen, das ein Rätsel aufgibt, Unterschiedliches. So schreibt SCHREIER, in Abgrenzung zum kindlichen Neugierverhalten über das wissenschaftliche Experiment: «Es handelt sich um die planvolle, höchst künstliche Herstellung eines Bedingungsrahmens – typischerweise im Labor –, der es ermöglicht, genau eingegrenzte Fragestellungen zu verfolgen, bei denen eine sehr kleine Zahl von Variablen sehr genau kontrolliert wird. Vorausgesetzt ist die Isolierbarkeit der zu erforschenden Erscheinungen. Nicht isolierbare Phänomene sind nicht durch Experimente erforschbar. Die Fähigkeit überhaupt Fragestellungen ausfindig zu machen, auf die eine Antwort auf diesem Wege gefunden werden kann, setzt profunde Kenntnisse über den theoretischen Zusammenhang der jeweiligen wissenschaftlichen Disziplin voraus. Das Argument des Experimentes als Krone und Schlussstein wissenschaftlicher Arbeit erfordert nicht nur die angemessene, oftmals aufwendige Ausstattung, sondern auch das Vorhandensein von Fertigkeiten, die in einer langen Sequenz mühevoller Hingabe an die Sache erlernt werden müssen» (SCHREIER 1993, S. 12).

Die in den siebziger Jahren unternommenen Versuche der strengen Orientierung des Sachunterrichts entlang der Struktur der verschiedenen Einzelwissenschaften begründete sich in der Hauptsache auf Adaptionen und Weiterentwicklungen in den USA entworfener Curricula.

Die hier von SPRECKELSEN und TÜTKEN seinerzeit in die Diskussion gebrachten Ansätze fachpropädeutischer Grundkurse zum naturwissenschaftlichen Lernen für Kinder im Grundschulalter, haben die Diskussion um den Sachunterricht nachhaltig beeinflusst, konnten sich aber in der Praxis nicht durchsetzen.

Ohne im Einzelnen auf die unterschiedlichen Ansätze näher eingehenzuwollen lässt sich sagen, dass ihr Scheitern in der mangelnden Nähe zur kindlichen Lebenswirklichkeit begründet war. Der Anspruch, die Kinder frühestmöglich in das wissenschaftliche Denken und Arbeiten einzuführen, machte das vorhandene wissenschaftliche System und nicht die Fragen der Kinder zum Ausgangspunkt von Unterricht und musste damit zwangläufig an den Interessen der Adressaten vorbeigehen.

Zumeist gaben die im Unterricht von den Kindern durchgeführten Experimente schon bereits zuvor festgelegte Antworten auf Fragen, die sie noch gar nicht gestellt hatten. Dadurch erschöpfte sich das Lernen vielfach im Auswendiglernen von Begriffen und Fachausdrücken.

Eine falsche Schlussfolgerung wäre es, hieraus die Bedeutung des Experimentes im Sachunterricht in Frage zu stellen oder in Zweifel zu ziehen. Es geht darum, den didaktischen Ort des Experimentes und seinen Stellenwert für Kinder beim Verstehen ihrer Lebenswirklichkeit und ihrer Befähigung zum Handeln zu bestimmen.

Situative Experimentieranlässe

Sollen die Inhalte des Sachunterrichts den Mädchen und Jungen nicht zum bloßen Lernpensum geraten, so müssen die im Unterricht erlernten Fähigkeiten und Arbeitsweisen dem Kind als Instrumente zur Lösung von Problemen deutlich werden. Für die naturwissenschaftlichen Anteile des Sachunterrichts gilt es deshalb in besonderer Weise, die Ausgangs- und Interessenslage des einzelnen Kindes zu berücksichtigen, auf deren Grundlage es dem forschenden Kind möglich sein sollte, sich in eine Lage zu versetzen, «in der das noch unverstandene Problem so vor ihm steht, wie es vor der Menschheit stand, als es noch nicht gelöst war» (v. HENTIG 1992, S. 14 ff.).

Dies ist es was MARTIN WAGENSCHEIN als «genetisches Lernen» versteht. Daraus ergibt sich als zentrale Frage, wie sich im Unterricht solch ursprüngliche Situationen herstellen lassen, durch die das Kind in eine fragende Haltung gegenüber einem Sachverhalt gebracht werden kann, die zu einer experimentellen Tätigkeit herausfordert.

Das Lernen im Sachunterricht findet in Situationen statt. Eine solche klassische Lernsituation, in der Kinder von einem unerwartet auftretenden Problem gepackt werden, hat uns FRIEDRICH COPEI in seinem berühmt gewordenen «Milchbüchsen-Beispiel» überliefert (vgl. COPEI 1969). Bezeichnend für solche «fruchtbaren Momente» ist, dass sie sich der Planung entziehen. Sie lassen sich nicht bewusst herbeiführen oder in irgendeiner Weise vorbereiten. Sie treten plötzlich auf und es hängt vom didaktischen Gespür, der pädagogischen Flexibilität und der Fähigkeit zur methodischen Variabilität der Lehrerin oder des Lehrers ab, ob diese Situation als Lernmöglichkeit zugelassen wird. Gegenüber geplanten oder arrangierten Lernsituationen unterscheiden sich solche situative Anlässe dadurch, dass sich die Fragestellung in der Auseinandersetzung des Kindes mit der Sache entwickelt und eigene Lösungs- oder Erklärungsansätze formuliert werden und dass das Kind selbst den Sachverhalt verstehen will. Hinzu kommt, dass nicht selten auch die Lehrperson von dem auftretenden Phänomen überrascht ist und ebenfalls nicht über vorhandene Deutungsmuster verfügt, um die Sache zu erhellen. Dadurch kann die Klärung der Fragestellung zu einer gemeinsamen Aufgabe werden.

«Wir stehen vor einer Lücke, vor einer Schwierigkeit, einer Ausweglosigkeit, einer Frage, einem Problem, wir kommen nicht weiter, es ist etwas nicht in Ordnung» (ROTH 1957, S. 175 ff.). So beschreibt HEINRICH ROTH die Ausgangslage, die einen produktiven Denkprozess auszulösen vermag.

Das Problem als Ausgangspunkt des fragenden Interesses tritt dann in Erscheinung, wenn sich das Besondere aus dem Allgemeinen löst, unsere Aufmerksamkeit gewinnt und als Fragestellung ins Bewusstsein gelangt.

«Wo die Selbstverständlichkeiten unter einem Anstoß erschüttert werden und zerbrechen, erwacht die gespannte Frage» (COPEI 1969, S. 58).

Ein Beispiel neueren Datums aus der Unterrichtspraxis ist geeignet, dies deutlich zu machen.

> *Es war in einem vierten Schuljahr während des Winters und da das in der Klasse vorhandenen Mineralwasser durch die Heizung stark erwärmt war, hatte man einige Flaschen zwecks Abkühlung vor das Fenster gestellt, wo sie dann auch bis zum nächsten Tag in Vergessenheit gerieten. Als am nächsten Morgen zum gemeinsamen Frühstück wieder nur warmes Mineralwasser in den Kästen war, erinnerte man sich der Flaschen vor dem Fenster, aber das Wasser war zu Eis gefroren und das Glas zerborsten. Diese Tatsache erregte kein sonderliches Erstaunen, denn im Sachunterricht hatten im Jahr zuvor entsprechende Versuche stattgefunden, sodass es für die Mädchen und Jungen nicht überraschend war, dass die Flaschen dem Druck des Eises nicht standgehalten hatten. Der Tag verlief dann auch ohne, dass auf dieses Ereignis noch einmal Bezug genommen wurde. Am nächsten Morgen im Gesprächskreis aber kamen zwei Kinder auf die zerbrochenen Flaschen mit einer Fragestellung besonderer Art zurück. Es dauerte eine Weile, bis sie ihr Problem den anderen Kindern verständlich machen konnten. «Wenn das Wasser in der Flasche friert und die Flasche dann platzt, dann muss mehr in der Flasche sein als vorher.» Da sich in der Diskussion keine Antwort auf die Frage finden ließ, die von allen akzeptiert werden konnte und auch der Lehrer sich nicht sicher war, wurde über eine Möglichkeit nachgedacht, wie sich die Frage klären ließ. Dabei spielte die Alltagserfahrung der Kinder, dass wenn etwas «mehr» ist es auch «schwerer» sein muss, eine bedeutsame Rolle bei der Entwicklung eines geeigneten Experiments. Der Vorschlag, der zur Überprüfung der Annahme entstand, war ebenso einfach wie verblüffend. Ein Liter Wasser gefüllt in einen Luftballon, dessen Gewicht mit einer Federwaage ermittelt wurde, wurde über Nacht vor das Fenster gehängt und am nächsten Tag gewogen. Das Ergebnis klärte zwar die Frage – das Gewicht war dasselbe geblieben – warf aber eine neue Problemstellung auf: Wie kann es sein, dass Eis mehr Platz braucht als Wasser, ohne dass es mehr wird? Dies Frage ließ sich mit den gegebenen Voraussetzungen nicht befriedigend klären und musste als offene Fragestellung belassen bleiben. Ein bemerkenswerter Ansatz der Theoriebildung, der auch im Anschluss genussvoll überprüft wurde. «Das ist wie beim Popcorn!»*

Deutlich wird an diesem Beispiel, dass Kinder aus Sachverhalten, nicht unbedingt die Fragestellungen entwickeln, von denen Lehrerinnen und Lehrer, Lehrplanmacher und Schulbuchautoren glauben, sie seien die wichtigsten. Eher bleibt festzustellen, dass jedes Grundschulkind die Fragen entwickelt, die auf dem Hintergrund der eigenen Erfahrung, des eigenen Wissens und nicht zuletzt auf der Grundlage des eigenen Weltverständnisses bedeutsam werden.

Experimentieren in offenen Lernsituationen

Sicherlich ist es nicht möglich, dass der Sachunterricht nur aus der Aneinanderreihung glücklicher Zufälle besteht. Dies würde der Beliebigkeit Tür und Tor öffnen und letztlich den Anspruch des Sachunterrichts als eigenständiges Fach mit eigenen Bildungszielen und Bildungsinhalten im Kanon der Grundschule grundsätzlich in Frage stellen. Aber dennoch lässt es dieses Beispiel zu, didaktische Überlegungen anzustellen, in welcher Weise der Sachunterricht es den Mädchen und Jungen ermöglichen kann, an Sachverhalten eigene Fragestellungen zu entwickeln und zu überprüfen. Dies bezieht sich vor allem auf Überlegungen in welcher Weise Naturphänomene in den Interessenshorizont der Kinder gebracht werden.

Die Ausgangssituation im Sinne der ersten Konfrontation des Kindes mit einem bestimmten Sachverhalt, muss demnach geeignet sein, dass eine Auseinandersetzung des einzelnen Kindes auf der Grundlage seiner bisherigen Erfahrungen und seines Wissens in Gang kommt und neue Erfahrungen, die möglicherweise den bestehenden widersprechen, provoziert werden.

Die an dieser Stelle häufig angewandte Methode der Lehrerdemonstration, in der die Lehrerin oder der Lehrer einen verblüffenden Versuch oder ein überraschendes Naturphänomen vorführt, ist in der Regel wenig geeignet, die Kinder herauszufordern. Oft genug bleiben solche Vorführungen auf der Ebene eines Zaubertricks stehen, haben allenfalls Unterhaltungswert, aber gewinnen nicht die gespannte Aufmerksamkeit der Kinder. Dies um so mehr, da der Lehrer die Antwort, die Lösung des Rätsels eh schon weiß und die Kinder wieder einmal erfahren, wie dumm sie noch sind und was sie noch alles lernen müssen.

Aus diesem Grunde ist es sinnvoll, vor Beginn eines neuen Themas, eine Zeit der freien Beschäftigung, die durchaus experimentellen Charakter besitzen soll, einzuplanen. Ein Experimentiertisch oder eine Forscherecke, in der zum Thema gehörende Materialien in einem didaktischen Arrangement angeboten werden, besitzt hohen Aufforderungscharakter und kann einen solchen Zweck erfüllen. Dabei ist die Auswahl der Materialien bedeutsam, weil durch sie die Offenheit der Situation gewährleistet oder verhindert wird.

Zum Materialangebot auf einem Experimentiertisch zum Thema «Licht und Schatten» ein Beispiel.

Vor der Einrichtung des Materialtisches war mit den Kindern das Thema für die weiteren Sachunterrichtsstunden festgelegt worden. In diesem Zusammenhang waren auch Absprachen getroffen worden, dass in der nächsten Wochenplanarbeitszeit das freie Experimentieren zum Thema «Licht und Schatten» als Aufgabenstellung aufgenommen werden sollte. Diese Überlegung ist insofern wichtig, dass die Mädchen und Jungen ausreichend Zeit haben müssen, um bei einer relativ offenen Aufgabenstellung zu eigenen Versuchsanordnungen und Fragestellungen zu gelangen. Darüber hinaus wird durch die Wochenplanzeit ermöglicht, dass nicht alle Kinder zur gleichen Zeit den Materialtisch in Anspruch nehmen müssen und dadurch Engpässe mit den Materialien vermieden werden.

Eine weitere Vereinbarung bestand in der der Festlegung, dass die Kinder ihre gewonnenen Einsichten, Beobachtungen oder Fragen aufschreiben und an der Pinnwand veröffentlichen sollen. Darüberhinaus sollten die durchgeführten Versuche und gewonnenen Einsichten durch Wort und Bild im eigenen Experimentierbuch, das seit Beginn der zweiten Klasse von jedem Kind geführt wurde, festgehalten werden.

Auf zwei Unterrichtsgängen wurden Schatten in der Natur gesucht, von ihnen Schattenzeichnungen und Schattenfotos angefertigt und Schattennachlauf gespielt.

Der zu Beginn der folgenden Woche bestückte Experimentiertisch bot folgende Materialien an:

Taschenlampen, Teelichter, Kerzen, Feuerzeug, unterschiedliche Figuren (Playmobilmännchen, Spielfiguren, Püppchen etc.), ein Buch mit Anleitungen zu Handschattenspielen, Scherenschnitte, Fotos mit Schattenrissen, kleine Glasscheiben, Holzklötzchen, Quadrate aus unterschiedlichem Material (Pappe, Karton, Transparentpapier, Pergamentpapier, OHP-Folie, Kunststoff, Schreibpapier, das Waldschattenspiel (Dabei handelt es sich um ein Brettspiel mit Zwergenfiguren, Papptannenbäumen und Teelichtern. Sinn des Spiels ist es, durch Verrücken der Spielfiguren und der Teelichter zu verhindern, dass die «Zwerge» aus dem Schatten der «Bäume» ins Licht geraten.).

Bevor das Experimentieren in der Wochenplanzeit beginnen konnte, wurde das Materialangebot gemeinsam besprochen und die Regelungen für das Arbeiten mit diesen noch einmal ins Gedächtnis gerufen.

Während der Wochenplanarbeitszeit war zu beobachten, dass sich die Kinder in unterschiedlicher Weise mit den Materialien befassten.

Zunächst war zu beobachten, dass kaum ein Kind alleine zur Arbeit an den Tisch kam. Die Mehrzahl arbeitete in kleinen Gruppen, wobei das Experimentieren schon zu dieser Zeit durch zum Teil angeregte Diskussionen begleitet war.

Äußerst vielfältig waren die an der Pinnwand angehängten Zettel, die schon während der Wochenplanzeit immer wieder gelesen wurden und einmal als Anregung zu weiteren eigenen Versuchen genutzt wurden, aber auch immer wieder zu Gesprächsanlässen der Kinder untereinander dienten.

Unter anderem waren an der Pinnwand Festellungen oder Aussagen veröffentlicht, wie

«Alles was dunkel ist, macht Schatten.»
«Nur wenn Licht da ist, kann es Schatten geben.»
«Beim Waldschattenspiel kann der Zwerg im Dunkeln bleiben, wenn er andersrum geht als das Licht.»
«Wenn die Taschenlampe hoch gehalten wird, gibt es fast keinen Schatten.»
«Schatten gibt es, wenn kein Licht durchkommt.»
«Die Schatten mit den Händen sind besser zu sehen, wenn man dicht an der Wand bleibt.»
«Warum gibt weißes Papier auch einen schwarzen Schatten?»
«Warum ist der Schatten dunkel?»
«Schatten gibt es, weil die Pappe oder das Holz stärker sind als das Licht.»
usw.

Die aufnotierten Beobachtungen oder Fragen wie auch das an die Arbeitsphase anschließende Gespräch machen deutlich, dass Kinder unterschiedlich tief in die Sache eintauchen. Für nicht wenige Kinder war es zum ersten Mal, dass sie sich intensiv mit der Schattenbildung beschäftigten und ihre Beobachtungen zur Grundlage von Aussagen über das Schattenphänomen machten oder zu Fragen führten.

Eine andere Gruppe entwickelten Erklärungen, die durchaus als Anfänge einer Theoriebildung zu bezeichnen sind.

Im Verlauf der Gesprächsrunde gab es vielfachen Widerspruch zu einzelnen Beobachtungen und Aussagen, die im Verlauf systematisiert und zu Arbeitshypothesen für die zweite Versuchsrunde wurden. Damit wurde eine neue Qualität in das Experimentieren gebracht, weil es nun darum ging aufgestellte Behauptungen zu beweisen oder zu widerlegen und gezielte Erkenntnisse zu gewinnen.

Dies führte dazu, dass die nun von den Mädchen und Jungen geplanten Versuchsanordnungen auf das Erkenntnisziel hin ausgerichtet waren. So wurde die Frage nach der Bedeutung der Lichtstärke für die Schattenbildung in der Weise angegangen, dass Kinder stärkere Lichtquellen (Halogentaschenlampen, Arbeitsleuchten usw.) von zu Hause mitbrachten, um einen möglicherweise bestehenden Zusammenhang zu beweisen. Ebenso wurde die Abhänigkeit der Intensität und der Größe des Schattens vom Standort der Lichtquelle problematisiert und die Behauptung der Lichtdurchlässigkeit als Ursache der Schattenbildung erörtert.

Die in der folgenden Wochen getroffenen Aussagen zu Licht und Schatten, waren um vieles konkreter als nach der ersten Experimentierphase und wurden auf Plakatbögen festgehalten, die in der weiteren Zeit angeregt durch eine Experimentierkartei immer wieder hinterfragt wurden. Der Experimentiertisch wurde zu dieser Zeit durch ausgewählte Literatur zum Thema ergänzt.

Das freie Experimentieren zu einem Thema erlaubt den Kindern innerhalb des thematischen Rahmens die Fragestellungen zu verfolgen und zu problematisieren, die sich für sie in der Auseinandersetzung mit der Sache ergeben haben.

Die gemeinsamen Gesprächrunden, in denen Festellungen und Beobachtungen diskutiert werden und durch entsprechende Versuchsvorführungen untermauert werden, stellen sicher, dass immer wieder alle Kinder auch mit den Fragestellungen konfrontiert werden, an denen sie nicht selbst arbeiten.

Zur Systematisierung der gewonnenen Einsichten ist die Dokumentation und das Formulieren der erhaltenen Erkenntnisse notwendig.

Das kontinuierliche Führen eines Experimentiertagebuchs durch jedes einzelne Kind, in dem alle während der Grundschulzeit durchgeführten Experimente von den Kindern in eigenen Worte und Zeichnungen festgehalten werden, wird mit der Zeit zu einer Dokumentation des Voranschreitens des persönlichen Weltverstehens.

Grundausstattung mit Experimentiermaterialien

Die Natur gibt dem Menschen und vor allem Kindern immer wieder neue Fragestellungen auf. Nicht alle gewinnen von allen Kindern dieselbe Aufmerksamkeit und nicht alle lassen sich thematisch im gemeinsamen Unterricht behandeln. Dennoch aber sollte die Schule im Rahmen ihrer Möglichkeiten den Kindern Gelegenheit bieten, eigene Forschungsvorhaben, die sich aus schulischen wie außerschulischen Zusammenhängen ergeben, zu verfolgen. Die Wochplanarbeit, die frei Arbeit und andere Phasen der Beschäftigung mit selbstgewählten Lerngegenständen, können den zeitlichen Rahmen im Verlauf des Schulvormittags bieten.

Oft scheitern solche Vorhaben oder gelangen nicht zur Verwirklichung, weil die benötigten Materialien nicht vorhanden und erst beschafft werden müssen.
Ein Vorschlag für die Grundausstattung von Experimentiermaterial im Klassenzimmer, die nach und nach erweitert wird, könnte folgendes beinhalten:

Plastikschüsseln und -gefäße unterschiedlicher Größe mit und ohne Deckel
Messbecher
Bechergläser, Reagenzgläser, Glaskolben, Petrischalen
Trichter
unterschiedliche Siebe
Kunststoffschläuche
Pipetten, Spritzen
Spritzflaschen
Scheren, Messer,
Werkzeuge, Nägel, Schrauben
Gummiringe, Kordel, Wollfäden
Knetmasse
Kompass
Spiegel
Thermometer
Pinzetten, Federstahlpinzetten
kleine Löffel, Spatel
Batterien, Kabel, Lämpchen, Fassungen, Schalter
unterschiedliche Magnete
Taschenlampen
Teelichter, Kerzen, Stövchen, Dreifuß mit Gas- oder Spiritusbrenner, Kochhandschuh
Kochplatte, Töpfe, Kochlöffel
Glas- und Metallkugeln
Käfiglupen, Tischlupen, Handlupen,
Aquarium, Terrarium
Federwaage, Briefwaage, Balkenwaage mit Gewichtssatz
Sanduhr, Stoppuhr, Küchenwecker, Zollstock, Maßband
Räder, Rollen und Getriebesätze,
Technikbaukästen und andere Baumaterialien
Luftballons, Luftpumpe
ein einfacher Fotoapparat
und, und und....
Pappyrollen, Holzreste, Rohre und Rohrverbindungen, Kisten und Schachteln und eine Sachbuchbiliothek runden das Angebot ab.

Eine Grundausstattung mit Experimentiermaterialien in jeder Klasse, die in Schränken oder Regalen den Kindern zugänglich sind, kann verhindern, dass die Interessen der Kinder vor der Tür bleiben und schließlich ihr Neugierverhalten erlischt.

Viele Materialien sind ohne großen Aufwand und kostengünstig, vielleicht auch mit Hilfe der Eltern, zu beschaffen und können dazu dienen, die Freude am Herausfindenwollen lebendig zu erhalten.

Literatur

COPEI, F.: Der fruchtbare Moment im Bildungsprozeß. Heidelberg 1969.
DUNKER, L./POPP, W. (Hrsg.): Kind und Sache. Weinheim/München 1997.
GIEL, K.: Die ästhetische Darstellung der Welt im naturwissenschaftlichen Unterricht. In: DUNKER, L./POPP, W. (Hrsg.): Kind und Sache. Weinheim/München 1997.
HENTIG V., H.: Vorwort zu Martin Wagenschein: Verstehen lehren. Weinheim/Basel 1992.
ROTH, H.: Pädagogische Psychologie des Lehrens und Lernens. Hannover 1961.
SCHOLZ, G.: Offen, aber nicht beliebig – Materialien für den Sachunterricht. In: Die Grundschulzeitschrift, 9. Jg., Heft 88, 1995.
SCHREIER, H.: Der Mehlwurm im Schuhkarton. Kronshagen 1993.
SPRECKELSEN, K.: Naturwissenschaftlicher Unterricht in der Grundschule. Lehrgang physikalischer/chemischer Lernbereich, Teillehrgang «Stoffe und ihre Eigenschaften». Berlin/München 1970/71.
Teillehrgang «Wechselwirkungen und ihre Partner». Berlin/München 1971/72.
TÜTKEN, H./SPRECKELSEN, K.: Zielsetzung und Struktur des Curriculum – Naturwissenschaftlicher Unterricht in der Grundschule. Band 1. Frankfurt am Main 1971.
WAGENSCHEIN, M.: Verstehen lehren. Weinheim/Basel 1992.
WEIZSÄCKER V., C. F.: Zum Weltbild der Physik. Stuttgart 1949.

Udo Schoeler

Bauen
Aspekte eines lernfeldübergreifenden Themas

Bauen im Spiel – Bauen als Lerninhalt

Kinder bauen zunächst im Spiel. In der entspannten Atmosphäre des Spiels, im freien Umgang und Erproben entwickeln sich Neugierverhalten, technisches Interesse und technische Phantasie. Bauen in der Grundschule knüpft an vor- und außerschulische Spielerfahrungen an und gibt dem Spiel auch in der Schule Raum. Kinder mit nur geringer Spielpraxis können durch das spielerische Bauen in der Schule elementare Erfahrungen nachholen. In diesem Kontext stehen häufig auch Bauecken in der Klasse. Ungeachtet seines hohen Lernwertes steht das spielerische Bauen gegenüber den Leistungserwartungen, die an die Schule gestellt werden, im Widerstreit und in einer Verteidigungshaltung. Dieser Beitrag unterstreicht den Wert des spielerischen Bauens für das Lernen, hebt aber den Aspekt des Bauens als schulischen Lerninhalt besonders hervor. Bausituationen, Bauaufgaben und Bauvorhaben werden unter diesem Aspekt betrachtet – sie werden auf Kenntnis und Erkenntnis abgeklopft – für die Lehrerin soll nach einer Bausituation sach- und fertigkeitsbezogener Lernzuwachs bilanzierbar sein. Auch im Bauen stellen sich steigende Anforderungen und Leistungsherausforderungen. Das Lernarrangement sollte so beschaffen sein, dass Kinder unterschiedlicher Fähigkeiten und Erfahrungen Bausituationen als Lernanregung und Leistungsherausforderung aufgreifen können. Für jeden Unterbereich des Bereichs Bauen sollten sich einfachere und komplexere Anforderungen stellen.

Tätigkeitsschwerpunkte

Bauen im Sachunterricht kann schwerpunktartig in zwei Bereiche gegliedert werden:

- Konstruieren und Experimentieren unter bautechnisch-statischem Gesichtspunkt. Hierbei setzen sich die Kinder mit konstruktiven Lösungen auseinander, sie erfinden Lösungen nach oder entdecken Konstruktionsprinzipien durch Anschauung realer Bauwerke. Dabei geht es um Grundsachverhalte wie Abhängigkeit der Bauweise vom Baumaterial, Veränderung und Verfestigung des Materials, Gleichgewicht, Standsicherheit, Stütze und Träger sowie Bogenformen bei Überbrückungen.

- Räume bebauen oder einrichten.
Die Kinder bauen reale Umgebungen modellhaft nach oder schaffen phantastische Bebauungen. Dabei vollziehen sie Prinzipien der Bebauung realer Räume nach oder entwickeln selbst Raumordnungen. Dabei geht es um die Beziehung von Realität und Modell, um Maßstäblichkeit und die Gestaltung von Räumen nach eigenen Vorstellungen.

Die praktischen Vorschläge in diesem Beitrag beschränken sich auf den ersten Bereich.

Im Mittelpunkt steht das praktische Handeln, zur Entwicklung technischen Verständnisses muss allerdings die gedankliche Verarbeitung, die Reflexion einbezogen werden. Folgende Tätigkeitsschwerpunkte sind zu nennen:

- spielerisches Lernen, das Probieren und experimentelle Erkunden mit unterschiedlichen Baumaterialien

- Lösen von Bauaufgaben und Problemstellungen, elementares Bauen, Gestalten, Experimentieren und Erfinden

- Bauformen beschreiben, analysierend betrachten und erforschen

- vorhandene Lösungen nacherfinden

- eigene Tätigkeiten und Arbeitsergebnisse in mündlicher Darstellung, Texten, Zeichnungen beschreiben und reflektieren

Die genannten Tätigkeiten können in unterschiedlicher Reihenfolge realisiert werden. Ausgangspunkt kann ebenso das spielerische Bauen wie auch das Betrachten eines vorhandenen Gebäudes oder die Erzählung eines Kindes über einen interessanten Turmbau zu Hause sein.

Kontrolle des Lernerfolgs

Wichtigste Lernerfolgskontrolle beim Bauen ist das Produkt. Lernerfolge manifestieren sich sich im konkret gebauten Arbeitsergebnis. Sogar das Zusammenstürzen des Gebäudes ist ein erfolgreiches Produkt – wenn es gezielt erfolgt ist es vergleichbar mit einer gelungenen Sprengung – wenn es unabsichtlich erfolgt, kann der Fehler produktiv genutzt werden, indem er analysiert wird. Bei nächster Gelegenheit kann der Fehler zur experimentellen Wiederholung absichtlich herbeigeführt werden – so werden Schwachstellen erkannt und verstanden.

Über das Produkt als Dokument des Lernerfolgs hinaus können im Zusammenhang mit den Bauaufgaben auch Zeichnungen und Texte entstehen, zum Beispiel Materiallisten und erklärende Darstellungen. Beobachtbare mündliche Ergebnisse erzielen die Kinder, wenn sie ihre Bauplanungen, Zwischenschritte oder Endergebnisse den anderen vortragen und dabei die zu lösenden Probleme und Schwierigkeiten sowie ihre gefundenen Lösungsansätze darstellen.

Bauen und Sprache

Beim Bauen sprechen die Kinder handlungsbegleitend: «Gib mir mal den Vierer» (Lego) – Welcher Vierer ist gemeint? Die flache Viererstange? Die hohe Viererstange? – natürlich kann ich aus dem Kontext des Bauens verstehen, welcher Baustein gemeint ist: Wurde das Bauwerk hauptsächlich mit hohen Steinen erstellt, wird jetzt wohl auch ein hoher Stein gemeint sein ... oder ist es der flache oder hohe Quadratstein? Wer das Ziegelsteinmaß im Kopf hat, wird beim hohen Quadratvierer vielleicht vom «halben Stein» sprechen.

Beim Bauen arbeiten die Kinder «nebenbei» am Erwerb von Begriffen und lernen die Vorzüge präziser Begriffe schätzen: Wenn ich etwas genau sage, gibt es keine Missverständnisse. Die Handlung stützt das Sprechen – und umgekehrt. Für Kinder, die die deutsche Sprache erlernen, ist dies ein wichtiges Training, weil das Wort nah am Gegenstand ist und der Satz nah an der Handlung.

Das zunächst handlungsbegleitende Sprechen kommt auf einer neuen Ebene zur Anwendung, wenn die Kinder ihr Bauergebnis aus- und vorstellen, Die Kinder überlegen, was sie sagen und wie sie es sagen wollen. Sie können Schriftsprache und Illustration zur Unterstützung ihres Vortrags einsetzen. Sie formulieren in der Vorbereitung und im Vortrag bewusst adressatenbezogen.

Einen weiteren Schritt der Begriffsbildung gehen die Kinder, wenn sie Bauwerke in der Umgebung aufsuchen und über deren Besonderheiten sprechen. Im Zusammenhang mit umfassenden praktischen Erfahrungen erregen Bücher über das Bauen große Aufmerksamkeit. Die Kinder werden ihre Beobachtungen mit den Bildern in Beziehung setzen und mit Interesse auch die Texte lesen, die nun die Begriffsbildung weiter vorantreiben.

Bauen und mathematische Grunderfahrungen

Beim Bauen erwerben die Kinder grundlegende Erfahrungen zu allen mathematischen Aufgabenbereichen (Mengen und Zahlen, Größen, Geometrie), zum Beispiel:

Bauen fördert das räumliche Wahrnehmungs- und Vorstellungsvermögen. Die Kinder erfassen Lagebeziehungen und lernen, diese im handlungsbegleitenden Sprechen zu verbalisieren. Dabei wird deutlich, dass Angaben zur Lage (links-rechts, vorne-hinten) vom eigenen Standort abhängig sind. Durch die dem Bauen innewohnende Bewegung wird die visumotorische Koordination der Kinder gefördert, insbesondere bei Kindern mit eingeschränkten Bewegungserfahrungen oder -möglichkeiten.

Beim Bauen ergeben sich Darstellungen für Zahlen (z. B. wenn vier Steine einmal übereinander, dann nebeneinander oder auch als Block 2 x 2 angeordnet sind). Wenn das Baumaterial Ziegelsteinformat hat, ergeben sich Bildungen von Vielfachen der Zahl 2 (2 halbe Steine ergeben einen ganzen, 4 halbe zwei ganze usw.).

Wenn eine Fläche bebaut wird, erwerben die Kinder Erfahrungen mit dem Grundriss. Wenn dabei Zeichnungen in der Draufsicht entstehen, lässt sich erkennen, wie Realität, Modell und Karte zusammenhängen. Bei der Auswahl von Schachteln zur Darstellung von Häusern diskutieren die Kinder über Form und Maßstab: «Hat die Schachtel so eine längliche Form wie unsere Schulturnhalle? Ist sie zu groß oder zu klein im Verhältnis zum Schulhaus?»

Unterschiedliche geometrische Grundformen (Quader, Würfel, Zylinder, quadratische Säule, Pyramide usw.) können als Bauklötze eingesetzt werden. Dabei erwerben die Kinder Kenntnisse über diese Formen durch die Verwendung in ihren Bauwerken.

Der Bau von Kantenmodellen (z. B. mit Trägern aus gefalteten Papierstreifen) schafft unmittelbar Kenntnisse über geometrische Figuren. Beim Bau einer Würfelform aus Streifen erfährt das Kind unmittelbar, dass sechs Papierstreifen nötig sind. Der Würfel wird als Figur mit sechs Kanten unmittelbar begreifbar.

Bauaufgaben und -material sollten in jede Mathematikwerkstatt aufgenommen werden. (vgl. HESSISCHES KULTUSMINISTERIUM 1995, S. 143ff.)

Bauen als Quelle elementarer, auch sinnlicher Erfahrung

In Bausituationen in der Schule können die Kinder elementare Erfahrungen erwerben bzw. nachholen.

Schwerkraft begreifen:
Die Kinder hantieren mit Materialien unterschiedlichen Gewichts. Sie unterscheiden und vergleichen. Ganz selbstverständlich werden in einem Gebäude die schwereren Materialien unten angeordnet (Steinsockel) und die leichteren oben (Dach aus Zweigen).

Formen begreifen:
Beim Bauen kommen kompakte, flache oder längliche Formen zum Einsatz. Homogene Gestalten werden ebenso einbezogen wie unregelmäßige.

Beziehungen zwischen Gestalten erfahren:
Beim Bauen sammeln die Kinder Erfahrungen, wie Formen zueinander passen, z. B.: Ein runder Stein liegt auf einem flachen nicht gut, zwei flache passen gut aufeinander. Ein Zweig kann in der Gabel eines anderen Zweiges gelagert werden.

Erfahrungen mit Normen und Standards sammeln:
Auf einer sehr elementaren Stufe erfahren die Kinder die grundlegenden Funktionen von Normen und Standards. Ein Holzbauklotz passt genau auf einen zweiten, alle Holzbauklötze passen genau aufeinander – und ein doppelter überdeckt zwei einzelne. Bei gesammelten Steinen ist das nicht so. Da ist jeder Stein anders und ich muss auswählen. Normierungen entlasten mich vom Problem der Auswahl, die genormten Steine müssen auch nicht noch bearbeitet werden, bevor sie eingesetzt werden können.

Oberflächen begreifen:
Steinarten unterscheiden sich in ihren Oberflächen. Die Spanne reicht von sehr glatten Kieselsteinen bis zu spitzig zerklüfteten Lavabrocken. Im Bauen sammeln die Kinder aber nicht nur Erfahrungen mit jeweils einzelnen Elementen, sondern sie lernen auch deren Wechselwirkung kennen. Die Reibungsverhältnisse zwischen den Bauelementen sind für das Bauen wichtig. Sehr glatte Steine rutschen voneinander ab, sehr zerklüftete Steine lassen sich nur schwer zu einer dichten Mauer verarbeiten usw.

Maßstäblichkeiten erkennen
Bauarrangements vermitteln ein Gefühl dafür, welche Elemente in ihren Größenverhältnissen zueinander passen. Welches Spielzeugauto passt in die

gebaute Garage, welches Spieltier in den Stall? Ist das Haus dem Bewohner angemessen und umgekehrt?

Stellung beziehen
Kinder gestalten Bauwerke gern als Gesamtarrangement mit Details und Ornamenten. Sie lernen, Stellung zu ihrem Produkt zu beziehen, selbst zu entscheiden und zu erkennen, was ihnen gefällt und was nicht. Bauarrangements sind Ausdrucksmöglichkeiten persönlichen Geschmacks, sie ermöglichen es dem Kind, sich zu identifizieren oder abzugrenzen.

Soziale Erfahrung

Bauen bietet den Kindern die Möglichkeit, Kontakte zu knüpfen. Hervorzuheben ist, dass der soziale Kontakt in der Bausituation auch trägt, wenn zunächst nicht gesprochen wird. Damit bietet sich gerade für Kinder mit geringen Deutschkenntnissen oder für sprachlich sehr zurückhaltende Kinder die Möglichkeit, an der Unterrichtssituation teilzuhaben. Bausituationen sind günstige Einstiegsmöglichkeiten für weitere Kommunikation. Der Fortgang des Bauwerks, das Entstehen eines gemeinsamen Produkts bewirkt, dass die Beteiligten den sozialen Kontakt bis zur Fertigstellung aufrechterhalten und am Ende ein gemeinsames Erfolgserlebnis verbuchen können.

Aus dieser Erfahrung werden die Kinder die Motivation schöpfen, weitere Bauvorhaben anzugehen, sie nun aber bewusst zu planen («Heute bauen wir einen ganz hohen Aussichtsturm») und ihre Arbeit aufeinander abzustimmen («Ich halte den obersten Stein fest, dann kannst du die Antenne daraufsetzen»).

Eine Festigung und Bestätigung von außen erfährt das Bauteam, wenn es mit seinem Ergebnis vor die anderen Kinder hintritt und seine Erfahrungen schildert. Sowohl bei den ersten Kontakten als auch bei der Abstimmung untereinander wird es zu Konflikten

Stolze Präsentation des Bauwerks

kommen. Diese können aber als positive Erfahrung verbucht werden, wenn das Team schildert, worum es ging und wie man sich am Ende geeinigt hat.

Das Modellhafte beim Bauen

Die Kinder können in ihrer Bautätigkeit und in der Auswertung modellhaft gebaute Realität nacherfinden. Dabei können Prinzipien entdeckt werden:
– Wie ein Gebäude sicher stehen kann?
– Welche Bauelemente als Stütze dienen und welche als Träger?
– Aus welchem Material Bauelemente bestehen können?
– Welche Form sie haben können und warum?
– Wie Abstände überbrückt werden können?

Hierzu werden die Kinder jeweils eigene Lösungen finden können. Nun kommt die Betrachtung der Wirklichkeit hinzu. Angeregt durch die eigene Bautätigkeit wird der Blick der Kinder auf Details und Besonderheiten geschärft. In einem nächsten Schritt können nun vorgefundene Bauformen in der Klasse modellhaft nachgebaut werden. Ein Beispiel sind Bögen und Stürze: Wenn die Kinder in der Klasse bauen, werden sie kaum einen echten Bogen mit Schlussstein errichten. Nach der Betrachtung in der Wirklichkeit kommen manche sicherlich auf die Idee, die Steine als Rundbogen anzuordnen und sofort zu überlegen, wie das Ganze währen der Bauphase gestützt werden kann.

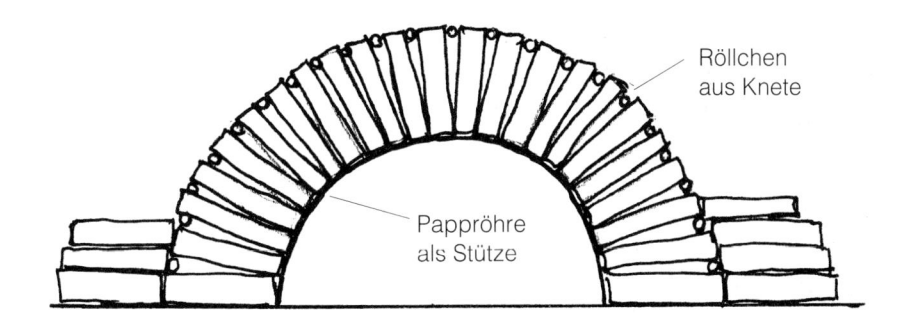

Röllchen aus Knete

Pappröhre als Stütze

Bauecke – Bauwerkstatt

Bauen im Unterricht ist immer dezentral, individualisierend. Kinder bauen allein oder in kleinen Gruppen an ihren eigenen Gebäuden. Als frontal gelenkte Arbeit aller Kinder ist das Bauen nicht sinnvoll und auch nicht organisierbar. Auch in gut ausgestatteten Klassen wird das Baumaterial nie ausreichen, um alle zur gleichen Zeit bauen zu lassen. Die heterogene Gruppe, in der die Kinder beim Zuschauen und durch den Austausch von Erfahrungen viel voneinander lernen, ist eine der Bautätigkeit angemessene Grundbedingung. Baumöglichkeiten sind in einem handlungsorientierten, individualisierenden und integrativen Unterricht unverzichtbar. Hinsichtlich Raumgestaltung, Materialangebot und Organisationsformen wird die Klasse als Lernwerkstatt gestaltet. Bauen ist in einem werkstattorientierten Grundschulunterricht ein zentraler Bereich. Das Arrangement einer Bauwerkstatt muss das freie Bauen anregen und ermöglichen. Darüber hinaus sollten aber auch Arbeitsaufgaben zur Auswahl angeboten werden.

Anregungen für Baumaterial:
- Holzabfallmaterial (Abschnitte, Platten usw. – die Kinder können die Holzstücke durch Abschleifen mit Schmirgelpapier bearbeiten)
- Holzbauklötze (genormte Quader, halbe Steine, längere Steine)
- Zweige für Naturholzbauten:
  · Holunderzweige (Sie sind schön gerade.)
  · Weidenzweige (Sie sind sehr elastisch und lassen sich leicht schneiden)
  · andere Zweige mit Astgabeln
- Flechtmaterial wie Bast oder getrocknete Gräser
- Dachdeckmaterial wie Schilf oder Stroh
- Rindenstücke
- Schnur
- Bindedraht
- Schottersteine
- Kiesel
- Baukästen mit Mini-Tonziegeln und Mörtel
- Schachteln unterschiedlicher Formen und Größen
- verschiedene Bodenplatten: Dämmplattenstücke, Styroporstücke, Pressspanplatten
- Figuren zur Belebung der Bauten
- Schmuckmaterial
- Pappe, Papier, Klebstoff

Naturmaterialien können immer auch für aktuelle Bauvorhaben gesammelt werden.

Werkzeuge:
- Gartenschere (Zweige und Schilf zuschneiden)
- Kneifzange oder Seitenschneider (Draht abschneiden)
- Messer (Dämm- und Styroporplatten schneiden)
- Puksäge (kleine Bügelsäge)

- Scheren
- Günstig ist auch ein kleiner Schraubstock, den man an eine Tischplatte klemmen kann. Dort können Äste u.ä. fest eingespannt werden, damit man sie besser bearbeiten kann.

Einrichtung und Organisation:
In der Bauecke sollten alle Materialien gut zugänglich sein und anregend präsentiert werden. Dazu gehören auch Bücher und Fotos zum Bauen. Es ist wichtig, dass das Material leicht eingeordnet und sortiert werden kann. Die Kinder sollten ein angefangenes oder vollendetes Bauwerk für einige Zeit stehen lassen und präsentieren können. Für das Funktionieren sind klare Regelungen erforderlich. Diese sollten von den Kindern aufgestellt und auch überwacht werden. Die Verantwortlichkeit wird gefördert, wenn diese Aufgabe nicht als «Baueckendienst» verstanden wird, sondern als turnusmäßig wechselnde Kompetenz mit eigenen Entscheidungsbefugnissen. Das verantwortliche Kind sucht mit den am Bauen interessierten Kindern Regelungen:
- Wie viele Kinder gleichzeitig in der Bauwerkstatt arbeiten können?
- Wie lange ein Bauwerk stehen bleiben und wie es geschützt werden kann?
- We Materialien verteilt werden können?
- Wie Materialien eingeordnet werden können?

Das Bauecken-Kind überwacht das Aufräumen und ist auch befugt, Sanktionen auszusprechen.

Bauvorschläge

Die folgenden Vorschläge sind nicht nach Jahrgangsstufen eingeteilt. Im spielerischen Tun sind die meisten Aufgaben schon im ersten Schuljahr praktisch lösbar. Gezielteres, experimentelles Vorgehen mit entsprechender zeichnerischer Dokumentation ist erst später möglich. Gerade beim Bauen ist die Erfahrung im praktischen Tun für die Hinwendung zu anspruchsvolleren Aufgaben entscheidend. Hinsichtlich dieser Erfahrungen ist von einer großen Heterogenität in der Klasse auszugehen. Dies ist allerdings kein Nachteil, sondern ein Zustand, den es gewinnbringend zu nutzen gilt. Bei großen Unterschieden ist auch die Möglichkeit, voneinander zu lernen, groß.

Die vorgeschlagenen Arbeitskarten haben zwei Funktionen: Sie können den Kindern Bauideen liefern und sie können technische Problemlösungsaufgaben stellen. Die Bauaufgaben sollten dem Kind genügend Raum für spielerische Lernerfahrung lassen und über die Problemstellung hinaus keine Einengung vorgeben. Neben der Arbeit an der konstruktiven Lösung sollte das Kind immer auch eigene inhaltliche und gestalterische Vorstellungen realisieren können.

Aus Platzgründen sind die praktischen Vorschläge auf folgende Themen beschränkt:
- Mauern (Wände) bauen
- Flechtwände, Mauern (Wände) aus Stein – bzw. aus Holzbausteinen
- Gewölbe, Stürze, Überbrückungen
- Überbrückungen mit Stütze und Träger
- Kragbogen
- Überbrückungen in Leichtbauweise (Träger aus Papier)

Folgende weitere Themen sind ebenfalls gut zu realisieren:
- Skelettbauten aus Papier (Brücken, Türme)
- Räume bebauen und ausgestalten (mit Schachteln, Baummodellen usw.)

Allerdings sind bei diesen Themen die Baumaterialien nicht mehr wiederzuverwenden. Besonders die Skelettbauten halten nach kurzer Zeit dem Schulalltag nicht mehr Stand.

Thema: Mauern (Wände) bauen

Die Kinder erhalten die Gelegenheit, unterschiedliche Mauer- bzw. Wandformen zu bauen und dabei mit verschiedenen Materialien zu experimentieren.

Flechtwände

Information:
Zu den ältesten menschlichen Bauten zählen Flechtwände. Jäger und Sammler flochten aus Ästen, Zweigen und Rinde Windschirme, um sich und ihr mühsam entfachtes Feuer vor der Witterung zu schützen. Die frühesten Hütten aus Zweigen und Ästen stammen aus der Zeit vor 300 000 Jahren. Auch die Langhäuser der Steinzeit (vor ca. 6000 Jahren) hatten Wände aus Flechtwerk. Pfähle aus Holz wurden in den Boden getrieben, darauf wurde das Dachgerüst errichtet. Die Räume zwischen den Pfählen wurden mit einem Geflecht ausgefüllt. Hierzu wurden Zweige um die Tragpfähle «gewunden». Von diesem «Winden» stammt das Wort «Wand». Diese Wand wurde mit einer Mischung aus Lehm, Stroh und Kuhmist abgedichtet. Mit geflochtenen Wandformen nutzen die Menschen Materialien ihrer Umgebung. Geflochtene Wandformen sind leicht und durch ihre Elastizität sehr widerstandsfähig gegen den Wind.

Ein Steinzeithaus aus Zweigen und Bast, Schilf oder Gras bauen

Material: Dünne Zweige mit und ohne Gabelansatz, Flechtmaterial (Bast, Schilf oder Gras), Grundplatte aus Styropor, Bindedraht, Gartenschere

Arbeitskarte:

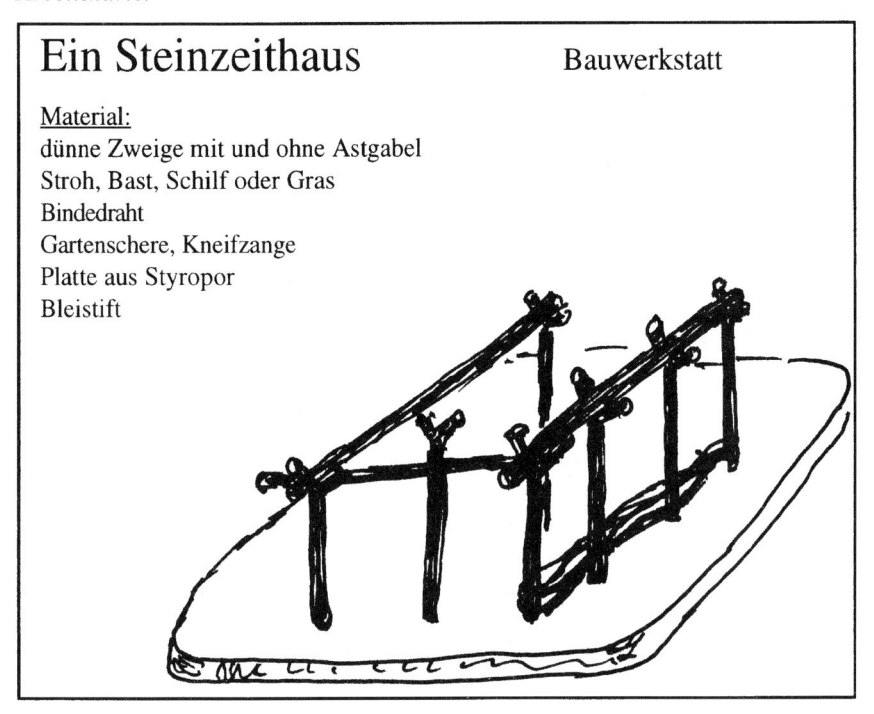

Ein Steinzeithaus   Bauwerkstatt

<u>Material:</u>
dünne Zweige mit und ohne Astgabel
Stroh, Bast, Schilf oder Gras
Bindedraht
Gartenschere, Kneifzange
Platte aus Styropor
Bleistift

Bautätigkeit:
Der erste Bauschritt ist die Herstellung der Grundplatte. Bewährt hat sich eine Platte aus Styropor, die in Papier (Packpapier o.ä.) eingepackt wird. Dann werden die Zweige mit Gabelansatz in gleich lange Stücke gesägt. Diese Stücke werden mit den Gabelansätzen nach oben als Pfosten in gleichen Abständen in die Grundplatte gesteckt. In die Gabelansätze werden Zweige als Wandabschluss eingelegt. Nun können die Zweige mit Bindedraht verbunden werden. Um eine richtige Hütte zu erhalten, muss nun noch an beiden Giebelseiten eine Stütze für das Dach befestigt werden. In die Gabeln dieser Stützen wird der Firstbalken (Firstpfette) eingelegt. Das Flechtmaterial wird so um die Stützpfosten geflochten, dass eine geschlossene Wand entsteht. An einer Giebelseite bleibt eine Lücke als Tür.

Ein Weidentipi bauen

Material: Starke, gerade Weidenäste (3-5 cm Durchmesser, 3,50 – 4m lang) – diese sollten in Zusammenarbeit mit Eltern und nach Rücksprache hinsichtlich des Naturschutzes geschnitten werden, dünne Weidenruten von Kopfweiden (so lang wie möglich, von Blättern befreit), Spaten, Stehleiter, starke Schnur

Bautätigkeit:
Dieses Bauwerk wird im Freien errichtet. Zunächst muss ein kreisförmiger Bauplatz festgelegt werden (Durchmesser mindestens 2,50 m). Als Zirkel eignet sich ein Pflock mit einer Schnur. Dann wird, einen Spatenstich tief, ein ringförmiger Graben ausgehoben. In diesen Graben werden im Abstand von 40cm die starken Weidenäste gesteckt. An einer Stelle bleibt eine größere Lücke als Eingang. In ca. 3 m Höhe werden die Weidenäste in der Mitte zusammengebunden. Nun werden die Weiden am Boden beginnend so in die Stützäste eingeflochten, dass eine dichte Wand entsteht. Nun wird der Graben zugeschüttet und gut gewässert. Die Weidenäste treiben aus und bilden bald ein dichtes Blätterdach.

Erkundungen und Betrachtungen zum Thema:
Flechtwerk als Bestandteil von Gebäuden ist in unserer Umgebung kaum zu besichtigen. Allerdings ist auch die Stahlarmierung beim Betonbau letztlich Flechtwerk, Baustahlmatten sind nichts als geflochtener Stahldraht. Bei Fachwerkscheunen kommt es vor, dass manche Ausfachungen schadhaft sind und der Lehm herausgefallen ist. Dann lässt sich das haltende Holzgeflecht erkennen. Aber auch Flechtwerke wie Körbe u.ä. können eine gute Anschauung vermitteln. Erstaunlich ist die Flechtkunst von Vögeln, die sich anhand der Betrachtung eines Nestes bewundern lässt.

Mauern (Wände) aus Stein (aus Holzbausteinen)

Information:
Bereits in prähistorischer Zeit haben die Menschen Feldmauern errichtet. Oft wurden die Steine vom Feld gesammelt und am Feldrand aufgeschichtet. Diese Mauern aus unbearbeiteten Steinen sind breit und nur lose aufeinandergeschichtet. Unbearbeitete Steine können ohne Mörtel (Trockenmauern) auch für höhere Mauern verwendet werden. Dann ist eine sorgfältige Schichtung erforderlich, bei der kleinere Steine die Zwischenräume zwischen den größeren Steinen ausfüllen. Wenn unbearbeitete Steine mit Mörtel verbunden werden, wird wegen der sehr großen Zwischenräume viel Mörtel benötigt. Um stabile, platzsparende Wände ohne oder mit wenig Mörtel zu erreichen, müssen die Steine bearbeitet werden. Bei harten Stein-

arten (z. B. Granit) ist die Bearbeitung sehr mühsam. Behauene Steine aus harten Steinarten wurden darum nur für Sakralbauten oder die Häuser reicher Leute verwendet. Weiche Steinarten (Kalkstein oder Sandstein) ließen sich leichter bearbeiten und sind darum in bearbeiteter Form sehr verbreitet. Hier geht die Bearbeitung des Natursteins bis hin zu Normsteinen mit festen Maßen. In Gegenden, wo Natursteine nicht in ausreichendem Maß zur Verfügung standen, haben die Menschen Schlamm, Lehm oder Ton zu Ziegeln geformt. Ziegel werden seit mindestens 6000 Jahren in größerem Maßstab gefertigt. Zunächst wurden sie nur mit einer Holzform (Model) geformt und an der Luft getrocknet. Bald aber nutzte man die Erfahrungen mit der Töpferei und brannte die Ziegel in Öfen, was sie haltbarer und wasserfest machte. Diese Ziegel einheitlicher Maße konnten im Mauerverband (sehr verbreitet ist der Läuferverband) verarbeitet werden. Die benötigte Mörtelmenge ist wegen der geraden Seitenflächen gering. Moderne Gasbetonsteine werden nur mit einer sehr dünnen Klebemörtelschicht verbunden. Holzbauklötze (meist aus Buchenholz) sind ein Modell für die gebräuchlichen Ziegelsteine. Mit ihnen lassen sich unterschiedliche Mauerverbände modellhaft realisieren.

Feldmauer aus Naturstein

Trockenmauer

Natursteinmauer mit Mörtel

Bearbeiteter Naturstein

Ziegelsteine im Läuferverband

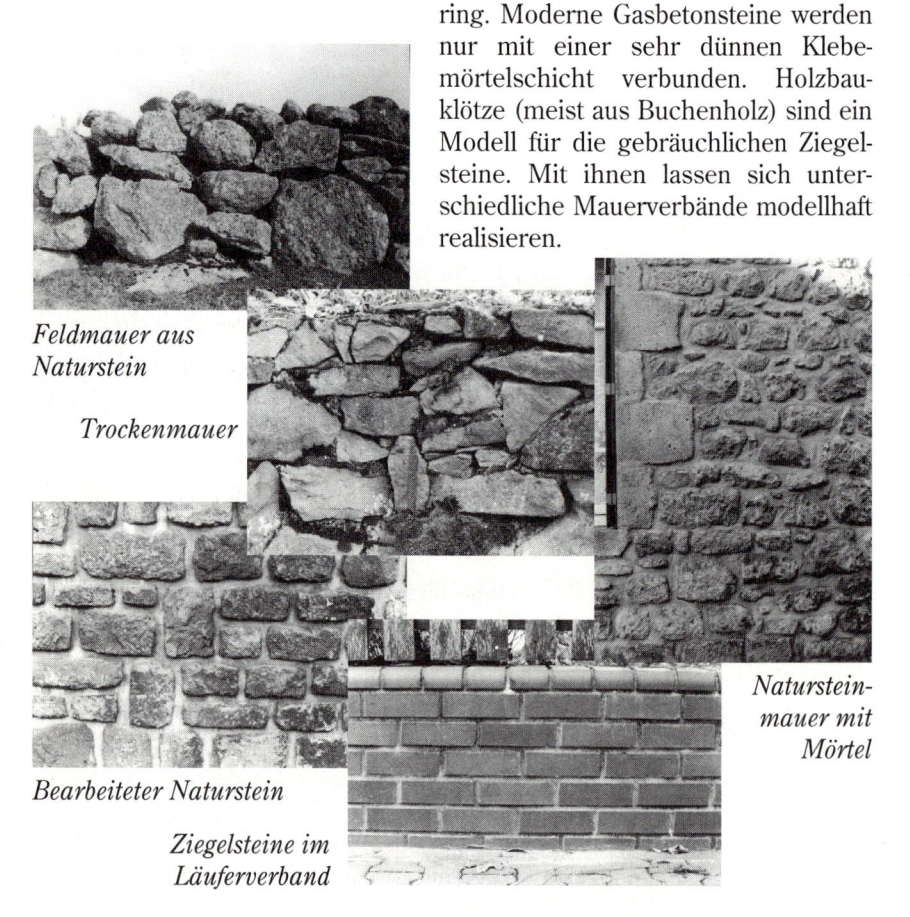

Feldsteinmauern bauen

Arbeitskarten:

Ein Wall aus Steinen Bauwerkstatt

Material:
gesammelte Steine
stabile Grundplatte

Geschichtete Feldsteinmauer im Modell

Bautätigkeit:
Die Kinder schichten Mauern so auf, dass Gebiete abgegrenzt werden, zum Beispiel als «Weideplätze» für Spieltiere. Wenn man die Steine einfach in einer Linie auf den Boden schichtet, erhält man einen Wall. Dieser ist allerdings sehr breit und nicht besonders hoch. Wegen des Platzverbrauchs wäre dieser Wall als Abgrenzung für einen Weideplatz nicht gut geeignet. Es kommt also darauf an, eine Mauer so zu errichten, dass sie bei vertretbarem Platzbedarf eine Höhe erreicht, die ein Weidetier nicht überwinden könnte. Hierzu werden größere Steine zunächst in einer Doppelreihe auf den Boden gelegt. Gerade Seiten weisen nach außen. Beim Errichten der zweiten Schicht muss bei jedem Stein probiert werden, ob er stabil auf der ersten Schicht liegen kann. Gegebenenfalls müssen kleinere Steine als Ausgleich verwendet werden. An Mauerecken können Zweige aufgelegt werden, um einen Unterstand für die Weidetiere zu erhalten.

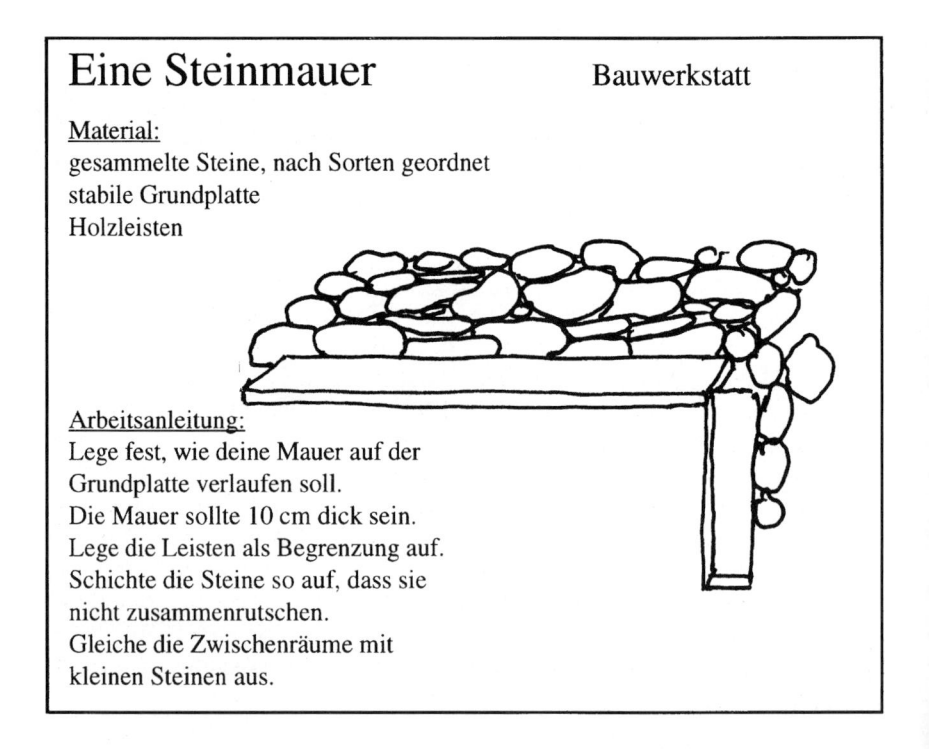

Eine Steinmauer   Bauwerkstatt

Material:
gesammelte Steine, nach Sorten geordnet
stabile Grundplatte
Holzleisten

Arbeitsanleitung:
Lege fest, wie deine Mauer auf der
Grundplatte verlaufen soll.
Die Mauer sollte 10 cm dick sein.
Lege die Leisten als Begrenzung auf.
Schichte die Steine so auf, dass sie
nicht zusammenrutschen.
Gleiche die Zwischenräume mit
kleinen Steinen aus.

Mauern aus genormten Ziegeln (mit Holzbauklötzen)

Arbeitskarte:

> ### Eine Ziegelmauer Bauwerkstatt
>
> Material:
> ganze und halbe Holzbauklötze
>
> Arbeitsanleitung:
> Baue mit den Holzbausteinen eine Mauer.
> Überlege, was aus deiner Mauer wird.
> Wird daraus eine Hauswand?
> Grenzt sie ein Gebiet ab?
> Probiere verschiedene Mauerformen aus.
> Ist deine Mauer stabil oder fällt sie leicht um?
> Überlege, wie du deine Mauer testen kannst.
>
> Zeichne deine Mauer und beschreibe, wie du gebaut hast.

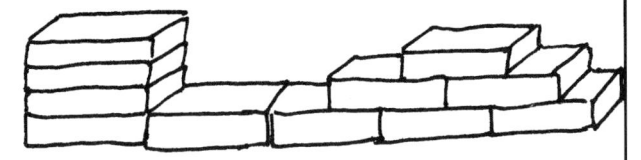

Bautätigkeit:
Die Kinder errichten Mauern unterschiedlicher Länge und Dicke für unterschiedliche Zwecke. Drei Steinreihen sollten mindestens übereinander geschichtet werden. Die Steine können liegend oder aufrecht verwendet werden. Wichtig ist, dass sie im Verband verlegt werden. Geschieht dies nicht, weil immer nur Stein auf Stein getürmt wird, kann bei Berührung ein ganzes Mauerstück umfallen. Da eine Mauer sehr schnell errichtet werden kann, kann ihre Haltbarkeit immer wieder getestet werden, z. B. ob sie den Aufprall eines Spielzeugautos aushält. Statische Verhä̂§nisse in einer Mauer lassen sich mit Versuchen, die letztlich auf die Zerstörung des Bauwerks ausgerichtet sind, sehr gut erfassen, z. B.:
- indem Steine in der Mauer gedreht werden, sodass man hindurchschauen kann,
- indem einzelne Steine entfernt werden. Hier hält eine hohe Mauer mit vielen Steinreihen besser, weil das von oben lastende Gewicht die Steine

hält. Bei freien Bauwerken lohnt es sich, das Augenmerk auf zufällig entstandene Einzelheiten zu richten und darüber zu sprechen. Die sechs Steine rechts im Bild fallen nur deshalb nicht herunter, weil die unteren beiden durch das Gewicht der oberen eingeklemmt werden,
• indem die Belastbarkeit getestet wird.
Welche Belastung hält eine Mauer aus, wenn eine Kraft von oben wirkt?
Welche Belastung hält eine Mauer aus, wenn die Kraft von der Seite wirkt?

Die Kinder betätigen sich mit ihren Bauwerken auch gestalterisch. Mit einfachen Mitteln werden Schmuckformen eingebaut. Schmucksteine schaffen einen besonderen Anreiz.

Erkundungen und Betrachtungen zum Thema:
Mauerformen in der Umgebung der Schule zu suchen und zu betrachten ermöglicht den Kindern gleichzeitig einen intensiveren Blick auf ihr unmittelbares Lebensumfeld. Die Betrachtungen werden intensiviert, wenn die Kinder ihre Bauerfahrungen zu den vorgefundenen Mauerformen in Beziehung setzen können. Andersherum kann die Bautätigkeit in der Schule durch einen Unterrichtsgang mit dem Schwerpunkt «Mauern» angeregt werden. Ein Aspekt beim Betrachten von Mauern sind eingebaute Ornamentformen. Im Gespräch über Mauern können die Vorteile genormter Bausteine gegenüber unbearbeiteten Steinen erörtert werden.

Gewölbe, Stürze, Überbrückungen

1. Überbrückungen mit Stütze und Träger

Information:
In der Bautechnik finden sich Stützen als Pfeiler, Säulen oder Gitter. Sie können gemauert oder aus Beton gegossen sowie in Holz, Stahl oder Stahlbeton ausgeführt sein. Die Stütze steht senkrecht und trägt die Lasten des Bauwerks. Sie leitet Druckkräfte nach unten auf ihr Auflager. Stützen sind einer Knickbeanspruchung ausgesetzt.

Der Träger liegt waagerecht, er kann in einem oder mehreren Punkten unterstützt sein. Der Träger trägt die Baulasten und leitet die Kräfte in die

Stützen. Ein Träger kann als Holzbalken oder Stahlprofilträger ausgeführt sein. Er kann aber auch aus Stahlbeton bestehen oder als Kasten- oder Fachwerkträger konstruiert sein.

Brücken sind typische Bauten mit Stütze und Träger. Für die Konstruktion lassen sich Anforderungen vorgeben:
- Was soll überbrückt werden? Wenn ein breiter Fluss, auf dem Schiffe fahren, zu überwinden ist, muss ein langer Träger gewählt werden – ist er stabil genug oder biegt er sich durch und muss unterstützt werden?
- Wer soll die Brücke nutzen? Fußgänger benötigen eine Treppe, für Autos muss eine ausreichend breite Fahrbahn vorgesehen werden.

Arbeitskarte:

Eine Brücke   Bauwerkstatt

Material:
ganze Holzbauklötze
Holzbauklötze in mehrfacher Länge

Arbeitsanleitung:
Überlege, wozu deine Brücke gebraucht wird.
Wie hoch und wie lang soll sie werden?
Beim Bau kannst du die Bausteine stehend oder
liegend verwenden.
Wie kommt man auf die Brücke hinauf?
Ist eine Fahrbahn nötig?

Zeichne deine Brücke und beschreibe, wie du gebaut hast.

Bautätigkeit:
Die Kinder nähern sich dem Brückenbau spielerisch. Je nach verwendetem Material werden unterschiedliche Brückenkonstruktionen gewählt werden. Beim Bauen entwickeln die Kinder Vorstellungen, wie die Brücke genutzt wird

Erfahrungen festhalten und vortragen:
Die Kinder stellen ihre Brückenkonstruktionen vor. Dabei erläutern sie, welche Vorstellungen sie beim Bauen geleitet und wie sie diese im Bauwerk umgesetzt haben:
- Wer nutzt die Brücke?
- Wie kommt man hinauf?
- Ist eine Fahrbahn nötig?
- Welche Schwierigkeiten gab es und wie konnten sie überwunden werden?

Erkundungen und Betrachtungen:
Sicherlich bietet es sich an Brücken auf einem Unterrichtsgang zu betrachten oder eine Fotoausstellung zum Thema zu erstellen. Allerdings werden die einfachen Konstruktionsprinzipien der Bauklotzbrücke dort nur sehr schwer wiederzuerkennen sein. Ältere Brücken haben oft ein Steingewölbe oder sind in Stahl-Skelettbauweise konstruiert. An modernen Brückenbauwerken (Hängebrücken oder Stahlbetonkonstruktionen sind Stütz- und Tragfunktionen in den meisten Fällen nicht ohne weiteres zu durchschauen. Allerdings gibt es viele andere Anwendungen des Stütze-Träger-Prinzips, die sich betrachten lassen:
- Pergolen in Gärten,
- Parkbänke – der Träger ist hier die Sitzfläche
- Balkonanlagen mit Stützen
- Offene Pkw-Unterstände (Carports) aus Holzbalken
- Überdachte Bereiche auf dem Schulhof
- Baugerüste

Es ist nicht von Nachteil, dass Brücken zur Betrachtung weniger geeignet sind. Das Entdecken von Stütze und Träger in vielen Konstruktionen verdeutlicht den Kindern die unterschiedlichen Anwendungen ein und desselben technischen Prinzips.

2. Auskragungen, Überbrückungen mit Kragbogen

Information:
Bauteile, die über ihre Unterstützung hinausragen, «kragen» aus. Das Überbrücken von Zwischenräumen durch Überkragen ist eines der ältesten bautechnischen Prinzipien, das in Steinkragbögen, bei Kragbrücken oder in Kraggewölben realisiert wurde.

Bei der Verwendung von genormten Holzbauklötzen überbrückt der Kragbogen einen Abstand, der größer ist als die Länge eines Steins. Jede Steinreihe steht über die vorhergehende hinaus, sie «kragt» über. Sowohl bei jedem einzelnen Stein als auch beim Gebäude insgesamt ist der Schwerpunkt zu berücksichtigen. Das heißt, jeder einzelne Stein und auch das ganze Gebäude braucht ein Gegengewicht, das das Überkippen verhindert. Ein Kragbogen lässt sich auch aus einer im Läuferverband gebauten Mauer durch Herausnahme von Steinen herstellen. Solange der von oben wirkende Druck ausreicht, die Steine zu stützen, fällt die Mauer nicht zusammen. Wenn das Bauwerk im Bauexperiment langsam zusammenfällt, lassen sich die Kipp- und Hebelbewegungen der Steine in der Mauer gut beobachten.

Arbeitskarte:

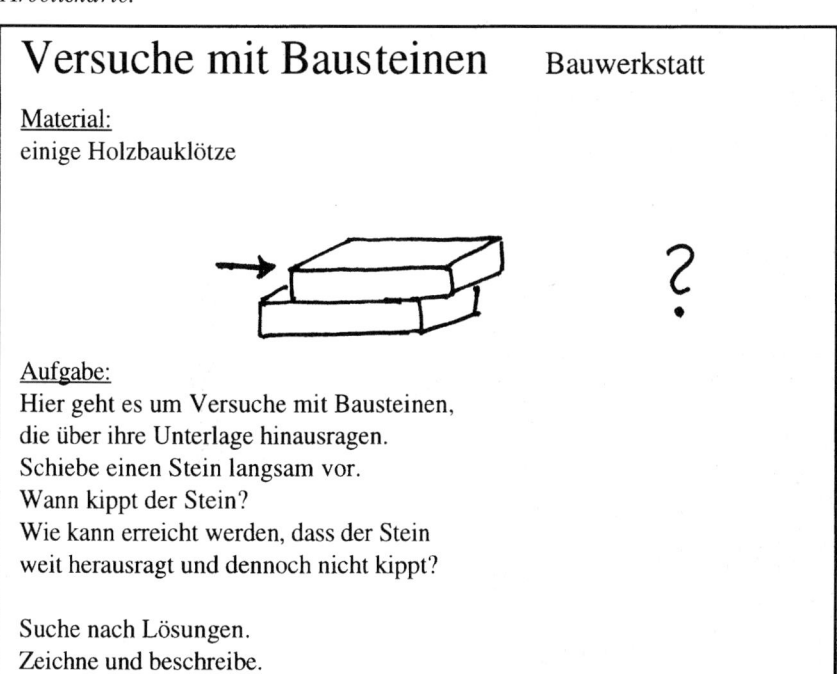

Versuche mit Bausteinen Bauwerkstatt

Material:
einige Holzbauklötze

Aufgabe:
Hier geht es um Versuche mit Bausteinen,
die über ihre Unterlage hinausragen.
Schiebe einen Stein langsam vor.
Wann kippt der Stein?
Wie kann erreicht werden, dass der Stein
weit herausragt und dennoch nicht kippt?

Suche nach Lösungen.
Zeichne und beschreibe.

Bautätigkeit:
Die Kinder experimentieren mit Steinen, die über die Unterlage hinausragen. Um einen Stein, der über die Hälfte seiner Länge überkragt zu sichern, muss auf der aufliegenden Seite ein Gegengewicht aufgelegt werden.

Erfahrungen festhalten und vortragen:
Die Kinder können die statischen Zusammenhänge durch Texte und Zeichnungen erklären.

Erkundungen und Betrachtungen:
An Altbauten lassen sich häufig Auskragungen finden:
- Balkone auf Kragsteinen,
- Fachwerkhäuser, bei denen der erste Stock breiter als das Erdgeschoss ist
- Steine, die aus der Mauer herausragen und auf denen eine Figur steht.

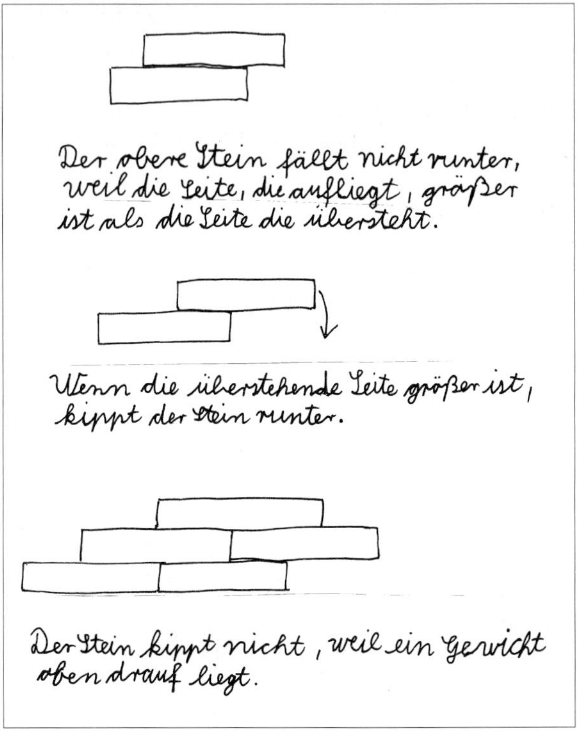

Griechische und römische Säulenbauten,. z. B. die Akropolis in Athen sind ebenfalls Beispiele.

An modernen Gebäuden sind oft sehr weite Auskragungen zu finden, die durch Stahlbeton- oder Skelettbauweise möglich werden. Bei den wenigsten an Gebäuden auffindbaren Auskragungen ist allerdings das Gegengewicht sichtbar. Ein lustiges Beispiel für das unsichtbare Gegengewicht ist die verblüffende «verzauberte Käseschachtel».

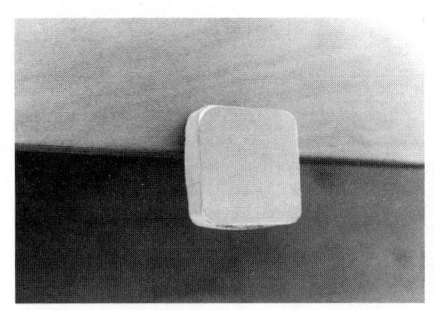

Der obere Stein fällt nicht runter, weil die Seite, die aufliegt, größer ist als die Seite die übersteht.

Wenn die überstehende Seite größer ist, kippt der Stein runter.

Der Stein kippt nicht, weil ein Gewicht oben drauf liegt.

Warum fällt diese Käseschachtel nicht runter?

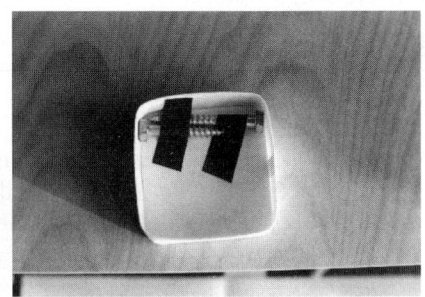

Ein Gewicht ist einseitig eingeklebt

Arbeitskarte:
Eine Distanz mit doppelter Steinkantenlänge überbrücken
(Auf der Rückseite der Karte klebt ein Umschlag mit einem Fluss, den es zu überbrücken gilt.)

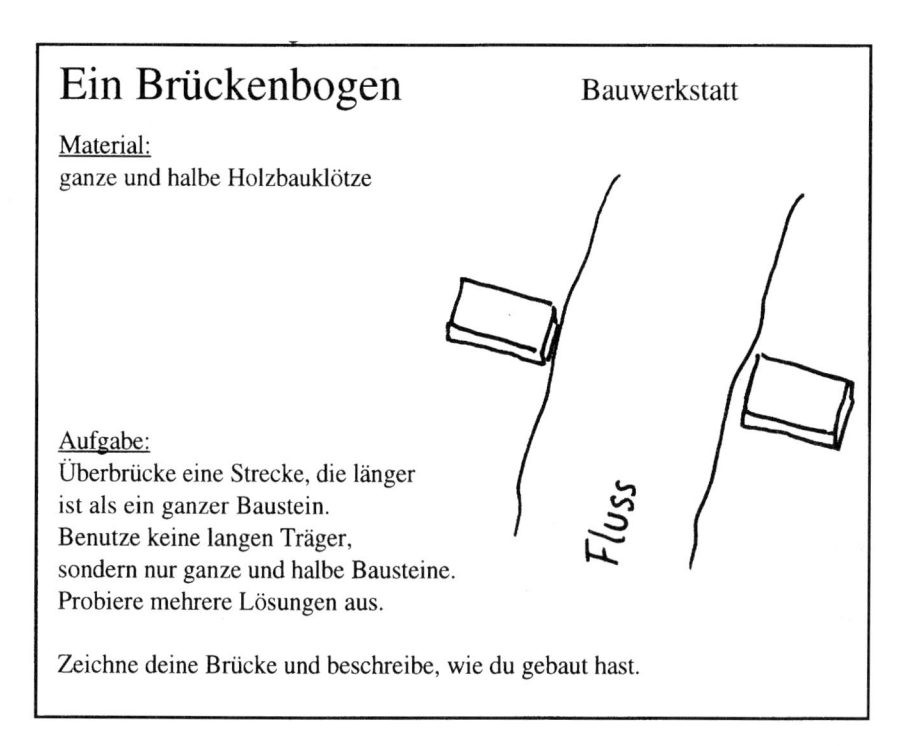

Ein Brückenbogen   Bauwerkstatt

Material:
ganze und halbe Holzbauklötze

Aufgabe:
Überbrücke eine Strecke, die länger
ist als ein ganzer Baustein.
Benutze keine langen Träger,
sondern nur ganze und halbe Bausteine.
Probiere mehrere Lösungen aus.

Zeichne deine Brücke und beschreibe, wie du gebaut hast.

Bautätigkeit:
Die Kinder legen das Bild des Flusses auf die Bauunterlage und beginnen mit ersten Versuchen. Viele Steine werden in den Fluss hineinfallen, bevor jeweils die Gegengewichte so platziert werden, dass der Bogen hält. Wenn die Kinder nur mit einem Grundstein begonnen haben, kommt es oft zum Einsturz des ganzen Gebäudes, wenn die Distanz schon fast überwunden ist. Dann muss mit einer längeren Mauer, die ein größeres Gegengewicht bildet, neu begonnen werden.

Erfahrungen festhalten und vortragen:
Die Kinder zeigen ihre Bauwerke und erklären, welche Steine überkragen und wo jeweils die Gegengewichte aufgelegt sind. Dabei werden besonders die kritische Momenten hervorgehoben, z. B.:
- Drohte das Bauwerk beim Bau zusammenzustürzen?

- Mussten Steine während des Baus gestützt werden? Wie wurden sie gestützt?
- Stürzte das Gebäude beim Bau einmal ein? Was konnte dabei beobachtet werden?

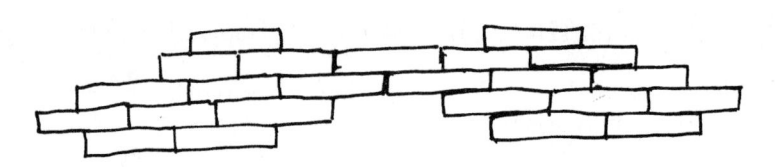

Ich muß auf jeden Stein hinten einen anderen Stein setzen als Gegengewicht.

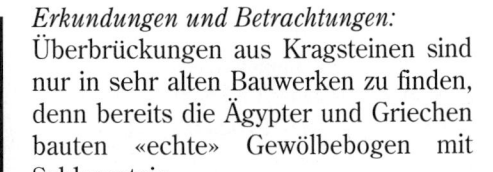

Erkundungen und Betrachtungen:
Überbrückungen aus Kragsteinen sind nur in sehr alten Bauwerken zu finden, denn bereits die Ägypter und Griechen bauten «echte» Gewölbebogen mit Schlussstein.

3. Überbrückungen in Leichtbauweise (Träger aus Papier)

Information:
Bei den bisher dargestellten Brückenbauwerken bestanden Stütze und Träger aus massivem, stabilem Material. Nun geht es darum, ein unstabiles Material so zu verformen, dass es Festigkeit erhält. Die so erzielbaren Konstruktionen bilden eine Basis für das Verständnis komplexer Skelettbauwerke. In der Bautechnik und in anderen Bereichen, wo statische Aufgaben bewältigt werden müssen, kommen Materialien zum Einsatz, deren Stabilität durch Verformung erhöht ist:

- Rechteckprofile, z. B. bei Kränen oder in der Natur (Palmblätter)
- Profil-Stahlträger im Bau (U-Träger)
- Rundrohre bei Brücken, im Möbelbau (z. B. Stange im Kleiderschrank, Freischwingerstühle), bei Gebrauchsgegenständen (Trinkhalm, Duschvorhangstange), in der Natur (Getreidehalme)
- Vierkantrohre als Traggerüst (z. B. Tischböcke)
- Wellformen (bei Wellblechen zur Dacheindeckung)
u. a. m.

Allen Lösungen ist gemeinsam, dass eine hohe Stabilität bei Material- und Gewichtsersparnis erzielt wird.

Arbeitskarte:

Ein Träger aus Papier — Bauwerkstatt

Material:
ganze und halbe Holzbauklötze
einige Blätter festes Papier
Spielzeugauto

Aufgabe:
Baue an den Flussufern Brückenpfeiler.
Nun soll das Papier als Träger über den Fluss dienen.
Stelle Versuche mit dem Papier an.
Mit einem Spielzeugauto kannst du ausprobieren, ob dein Papierträger die Belastung aushält.

Zeichne und beschreibe deine Lösungen.

Bautätigkeit:
Zunächst probieren die Kinder aus, was sich mit dem vorgegebenen Material anfangen lässt. Den Kindern, die Erfahrungen mit den massiven Bauklötzen gesammelt haben, wird die Aufgabe, aus Papier einen stabilen Träger zu erhalten, zunächst erstaunlich vorkommen. In den meisten Fällen werden zunächst Versuche unternommen, das Papier zwischen Klötzen einzuklemmen. Hierbei greifen die Kinder wohl auf die Erfahrungen mit dem Gegengewicht bei Kragbogen zurück. Ein erster Faltversuch wird meist unternommen, um das Papier zu verdicken. Die dadurch erzielte etwas höhere Stabilität ist allerdings nicht auf das dickere Material, sondern nur auf die Versteifung durch das Falten zurückzuführen. Es kann lange dauern, bis die Kinder das Hochfalten der Kanten als Lösung entdeckt haben. Diese nun erzielte Fahrbahn kann sofort einem Belastungstest durch Fahrzeuge oder aufgelegte Klötze unterzogen werden. In Einzelfällen werden die Kinder auch Rohr- oder Ziehharmonikaformen als Lösung finden.

Erfahrungen festhalten und vortragen:
Bei den Materialverformungen müssen die Kinder hartnäckig Versuche anstellen. Hierzu müssen sie Gelegenheit haben, ihre Zwischenlösungen zu zeigen und sich im Gespräch gegenseitig anzuregen. Das Gelingen dieses experimentellen Bauens ist besonders auf Kommunikation angewiesen. Die Gespräche drehen sich um folgende Fragen:
- Wie habe ich angefangen?
- Was habe ich mir gedacht?
- Wie habe ich meine Idee realisiert?
- Wie war die Wirkung meiner Bau-Idee?
- Was habe ich weiter probiert? usw.

Alle Erläuterungen erfolgen am Material. So sind direkte Stellungnahmen der Zuhörerinnen und Zuhörer möglich und können unmittelbar ausprobiert werden.

Erkundungen und Betrachtungen:
Zu diesem Thema bietet sich eine Ausstellung mit Materialien und Bildern an. Die Kinder können mitbringen: Aluprofilstücke, Trinkhalme, Rohrstükke, längliche Pappschachteln, Fahrradschutzblech, Spaghettisieb (der umgebogene Rand), einen langen Getreidehalm u. a. m.. Die Suche nach Gegenständen eröffnet den Kindern den Blick für die Realisierung eines technischen Prinzips in ihrer Umwelt. Auf einem Unterrichtsgang könnte eine entsprechende Fotosammlung entstehen: Baukran, Stahlträger, Brücke in Skelettbauweise, Wellblech, Geländer oder Tore aus Rund- oder Vierkantrohren …

Türme und andere hohe Bauwerke

Information:
Bei Turmbauten ist die Größe der Grundfläche, das Gewicht des Bauwerks und sein Schwerpunkt besonders wichtig. Ein Bauwerk mit großer Grundfläche und tiefem Schwerpunkt steht besonders sicher. Türme sind darum an der Basis meist breiter und immer schwerer als an der Spitze. Ein Turm stürzt um, wenn durch schiefes Bauen oder äußere Einflüsse (Wind, Erdbeben) der Schwerpunkt den Bereich der Grundfläche verlässt. Türme aus Bauklötzen, die mit einer breiten Basis beginnen und sich allmählich nach oben verjüngen, können, wenn das Material ausreicht, sehr hoch gebaut werden. Beim Bau von Türmen ist die Qualität des Materials wichtig, es müssen präzise hergestellte Normquader zum Einsatz kommen, Abfallholz ist ungeeignet.

Arbeitskarte

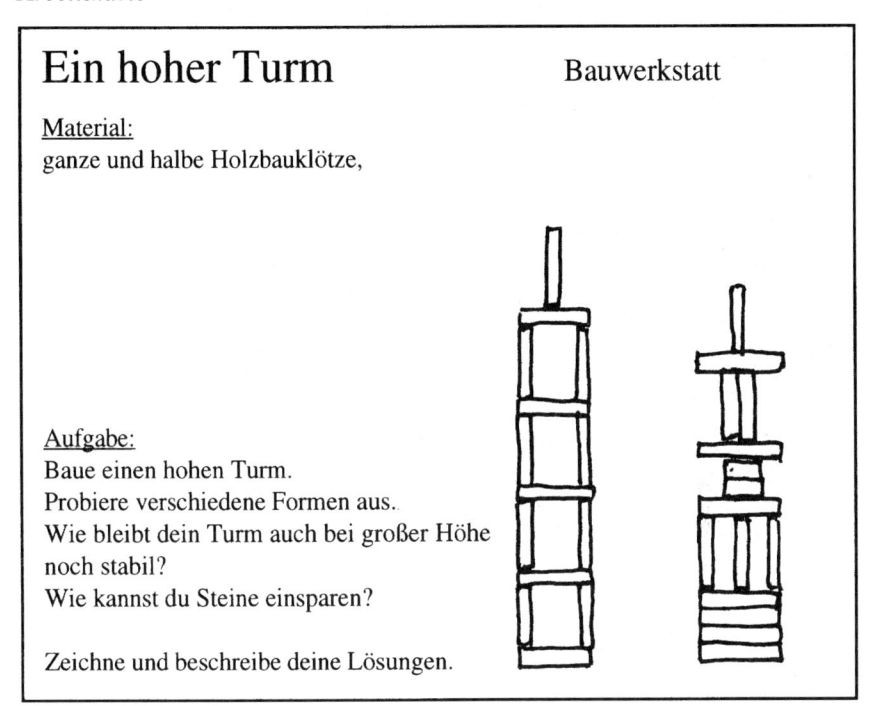

Ein hoher Turm Bauwerkstatt

Material:
ganze und halbe Holzbauklötze,

Aufgabe:
Baue einen hohen Turm.
Probiere verschiedene Formen aus.
Wie bleibt dein Turm auch bei großer Höhe noch stabil?
Wie kannst du Steine einsparen?

Zeichne und beschreibe deine Lösungen.

Bautätigkeit:
Die Kinder erproben unterschiedliche Turmformen. Dabei entdecken sie, dass die Steine genau geschichtet werden müssen, damit der Turm senkrecht steht und der Schwerpunkt nicht nach außerhalb gerät. Innere Festigkeit gewinnt das Bauwerk, wenn die Steine nicht nur einfach übereinander geschichtet, sondern mit versetzter Fuge angeordnet werden. Der Mangel an Bausteinen bei gleichzeitigem Bestreben, den Turm möglichst hoch zu bauen, führt die Kinder zu offenen, skelettartigen Bauformen.

Erfahrungen festhalten und vortragen:
Der Erfahrungsaustausch über Turmbauten muss oft spontan geschehen, denn die Türme sind meist sehr einsturzgefährdet und können nicht über längere Zeit geschützt werden. Dabei sprechen die Kinder
- über ihre Bau-Ideen
- über das, was sie an ihrem Bauwerk gut finden
- über Schwierigkeiten beim Bauen
- über Veränderungsideen während des Bauens

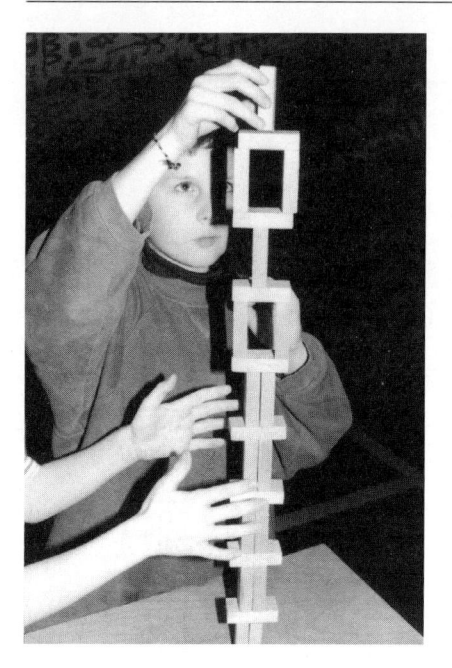

Die Inszenierung und Beobachtung des Einsturzes kann ein Höhepunkt des Erfahrungsaustauschs sein und hat durchaus Lerneffekt:
- Wie ist der Turm eingestürzt?
- Wo ist er zuerst gebrochen?
- In welche Richtung ist er gestürzt? Konnte man das vorhersagen?
- Wie hätte der Turm gebaut sein müssen, damit er noch länger hält?

Weiterführung:
Mit Hilfe von Baukästen wie Fischer-Technik oder Lego-Technik, aber auch mit Profilen aus dünner Pappe können Türme und Masten gebaut werden, die in sich stabil sind. Bei diesen Masten kann mit unterschiedlich breiten Standflächen die Standfestigkeit getestet werden

Baumaterialien

Holzbauklötze:
Genormte Holzbauklötze sind das wichtigste Basis-Baumaterial. Sie sind unbehandelt und meistens aus Buchenholz. Neben ganzen Steinen gibt es auch halbe und Elemente in vielfacher Länge der Basissteine.

WEHRFRITZ:
- Buchenholz-Bausätze, verschiedene Bausätze mit unterschiedlichen Längen, auch Bogen-, Schräg- und Schmuckformen, komplett im Bausatzwagen oder als Einzelbausätze, mit und ohne Kästen erhältlich
- Naturbausteine im Jute-Sack, gemischt auf der Basis des Quader-Normquerschnitts 4 x 2
- Fröbelbausteine im Papiersack, gemischte Formen

DUSYMA:
- Uhl-Bausteinbaukasten
- Uhl-Zusatzbaukasten
- Quaderpackung
- Schmuckbausteine (3 verschiedene Kästen)
- Holland-Häuser-Bausteine

EIBE:
- Eibe-Fröbel-Bauwagen mit 7 Etagen unterschiedlicher Baustein inkl. Schmuckformen, auch einzeln erhältlich
- Eibe-Quaderbauwagen mit unterschiedlich langen Quaderbausteinen aus Buchenholz
- Quaderbausteine (64 x 32 x 16 mm), lose im Stoffsack

KAPLA:
Kapla ist ein Holzbaukasten. Die Bauelemente sind flache, präzise zugeschnittene Brettchen, 11,8 cm x 2,3 cm x 0,8 cm, die in einem Pappeimer untergebracht sind. Mit ihnen lassen sich sehr stabile Bauten errichten, wenn die Brettchen liegend verwendet werden. Bedingt durch die geringe Dicke der Brettchen ist viel Fingerspitzengefühl nötig, um die Elemente aufrecht zu verarbeiten. 2 Anleitungsbücher (L'Art Kapla – die Kapla-Kunst) geben Anleitungen für ästhetisch anspruchsvolle Bauten. Kapla ist ein sehr ansprechender Baukasten, der vorhandenes Baumaterial gut ergänzen kann.

KAPLA: 96, avenue de la Garonne, 33440 St. Louis-de-Montferrand (France), Tel. 56 77 45 34, Fax 56 77 47 11.

BAUMEISTER:
Baumeister ist ein Baukasten, der richtige Tonziegel enthält. Es gibt ganze, halbe und dreiviertel Ziegel sowie Stürze für Fenster und Türen. Dazu kommen noch Holzelemente, die als Dachbalken, Sparren und Dachlatten verarbeitet werden können. Die Steine werden mit Mörtel verbunden, der mit Wasser angerührt wird und auch durch Wasser wieder gelöst werden

kann. Durch das Bauen mit Mörtel erfordert der Gebrauch dieses Bausystems mehr Organisation und Vorbereitung als das Bauen mit Holzbausteinen. Die sehr ansprechenden Bauergebnisse und die realitätsnahen Bauerfahrungen lohnen jedoch die Mühe.

BAUMEISTER: ToKu – Ton und Kugel GmbH, Sophienauer Str. 94, 98678 Sachsenbrunn.
WEHRFRITZ: Baumeister- Steinbaukasten «Haus», dazu Zusatzpackung «Mörtel».
Spiel mit Bauklötzen: BALANCE TOWER GAME: Simba Toys, Fürth.

Literatur

HESSISCHES KULTUSMINISTERIUM: Rahmenplan Grundschule, Wiesbaden 1995.
CHUDOBA, u. a.: Wir bauen Modelle, Volk und Wissen, Berlin 1993.
NOSCHKA, KNERR: Bauklötze staunen – 200 Jahre Geschichte der Baukästen, Hirmer Verlag Deutsches Museum.
MACAULAY: Es stand einst eine Burg, Artemis, Zürich und München 1978.
MEYERS LEXIKONVERLAG: Die Kunst des Bauens, Meyers Jugendbibliothek, Bibliographisches Institut & F.A. Brockhaus AG, Mannheim 1995.
ULLRICH, KLANTE: Technik im Unterricht der Primarstufe, neu aufgelegt bei NV Neckar Verlag, Villingen-Schwenningen 1994.
WILKINSON, KING, DANN: Die Kunst des Bauens, Gerstenberg, Hildesheim 1995.

Carla Knoll / Marlies Ebertshäuser / Stefanie Hinrichsen

Der Einsatz von Kindersachbuchreihen und Kinderlexika im Sachunterricht
Ein Praxisbericht

**Man muss nicht alles wissen.
Man muss nur wissen, wo es steht.**

Grundschülerinnen und -schüler von heute wissen viel und doch nichts. Die Informationsflut lässt sie Einzelheiten aufschnappen, mit deren Wiedergabe sie oft Erwachsene verblüffen, doch die Einordnung dieser Details in systematische Zusammenhänge, die Vertiefung und die (oft nötige) Relativierung unter einem kritischen Blick unterbleibt. Die Informationsfülle wird zum Problem. Zunehmend wichtiger wird es daher, dass bereits Grundschulkinder lernen und üben (!), Informationen gezielt zu suchen, zu vergleichen, eine Auswahl der relevanten Inhalte zu treffen und diese zu strukturieren.

Im folgenden werden erste Schritte in diese Richtung an einem Unterrichtsbeispiel gezeigt: Kinder aus einer 3. Jahrgangsstufe sollten sich das Thema Feuerwehr mit Hilfe von Kinderlexika und Kindersachbüchern erschließen.

Das Lexikon – ein Buch mit sieben Siegeln?

Zum Thema Feuerwehr sammeln die Kinder Fragen. «Wie kann die Feuerwehr so schnell sein?», «Wie machen die das mit der Leiter?» und «Ich möchte wissen, wie die früher verkleidet waren.» und vieles mehr steht auf den Fragezetteln. Woher sollen nun die Antworten kommen? «Von Ihnen!», meint ein Kind, ein anderes benennt das Fernsehen als Informationsquelle, sieht allerdings schnell ein, dass das dort präsentierte Wissen nicht jederzeit verfügbar ist. Die Kulturtechnik «Umgang mit dem Lexikon» wird in den Elternhäusern dieser Klasse (Großstadt, über 50 % ausländische Kinder) nicht vermittelt. Deshalb schauen wir uns erst einmal verschiedene Lexika (s. S. 309-312 in diesem Band) an und erkennen bei Übungen zur

Nachschlagetechnik, wie nützlich bei themenorientierten Lexika ein Stichwortverzeichnis ist. Immer wieder gibt es lange Gesichter, weil sich etwa zu «Dinosaurier» auf Anhieb kein Eintrag finden lässt (manche Lexika verwenden das Stichwort «Saurier»!) – ein Zeichen dafür, wie gering die Strukturierung des Wortschatzes, das Finden von Ober- und Unterbegriffen oder Synonymen, ausgeprägt ist. Lexikonarbeit fordert (und vermittelt) eben auch Kenntnisse und Techniken aus dem Deutschunterricht.

Ein abschließender Vergleich der Artikel zu «Feuerwehr», «Dinosaurier» und «Kleidung» aus drei Lexika erbringt folgendes Stimmungsbild: Die meisten Kinder sind – «obwohl man da mehr lesen muss» – von dem themenorientierten Lexikon sehr angetan, weil der Wissenszuwachs größer ist. Einige Kinder bevorzugen die knappen Informationen unter einem Stichwort, «weil es da nicht so lange dauert, bis man Bescheid weiß» – zwei Ansichten, die ihre Berechtigung haben. Eines allerdings ist am Ende dieser Unterrichtseinheit klar: Nur der regelmäßige, am besten tägliche Gebrauch des Lexikons im Unterricht lässt den Umgang mit diesem Medium selbstverständlich und mühelos werden.

Nicht alle zum Thema «Feuerwehr» aufgeworfenen Fragen ließen sich mit Hilfe der Lexika beantworten. «Genauere Bücher suchen!», lautete also die Aufgabe. Auf einer Folie wurden den Kindern Buchtitel genannt, aus denen sie die vermutlich relevanten auswählen sollten. In einem schwierigen Fall («Alles rennet, rettet, flüchtet – Hilfe aus Not und Gefahr») diente das Titelbild als Hilfsimpuls. Für jede Tischgruppe hatte uns die Stadtbibliothek einen Satz von 6 verschiedenen Sachbüchern zum Thema «Feuerwehr» zur Verfügung gestellt, so dass nun jedes Kind ein Buch daraufhin untersuchen konnte, wie sich darin die Antwort auf eine ausgewählte Frage finden ließ. Da nur wenige Bücher ein Inhaltsverzeichnis haben und die Überschrift eines Kapitels dessen Inhalt meist blumig umschreibt, aber nicht genau umreißt, schied das Inhaltsverzeichnis als Orientierungshilfe weitgehend aus. Es blieb das Durchblättern, das Suchen nach einschlägigen Bildern (besonders einfach bei Fragen zur Geschichte der Feuerwehr) und Überschriften: Mühsam, aber doch meist von Erfolg gekrönt.

Nun sollte jeweils eine Kleingruppe versuchen, mit Hilfe der Kindersachbücher Antworten auf eine der aufgeworfenen Fragen zu finden und diese anschließend der Klasse zugänglich zu machen.

Kurz vor Beginn des Unterrichts packte die Lehrerin die Angst vor der eigenen Courage: Wenn die Kinder nun mit der freien Aufgabenstellung doch überfordert wären? Vorsichtshalber strukturierte sie die Ausgangsfragen durch Unterpunkte, die die Suche nach Antworten erleichtern sollten. Es zeigte sich jedoch, dass diese Punkte die Kinder einengten und ihnen einen Teil der Freude über die neue Form der Erarbeitung nahmen. «Ist ja doch wieder wie Schule», meinte ein enttäuschter Schüler. Auffallend lange verweilten viele Kinder interessiert auf den Seiten, die Extremsituationen (z. B. Waldbrände, Löschung eines brennenden Öltankers) zeigten. Man würde sie nicht ohne weiteres der kindlichen Lebenswelt zuordnen, und auch die Lehrpläne erwähnen sie allenfalls am Rande. Das Verhalten der Kinder deckt sich mit unserem Eindruck, dass die Lehrplanthemen oft eine Unterforderung darstellen und der Sachunterricht kaum Antworten auf die Fragen gibt, die Kinder wirklich interessieren.

Differenzierungsmaßnahmen wurden einbezogen: Schwache Leserinnen und Leser erhielten ein stark bebildertes Buch. Es zeigte sich aber, dass die meisten ausländischen Kinder wegen ihrer geringen Deutschkenntnisse auch damit überfordert waren, weil sie die Texte, die viele Fachbegriffe enthielten, nicht verstanden. Die Aufgabenstellung hätte noch einfacher sein müssen, um auch diesen Kindern ein Erfolgserlebnis zu vermitteln. Man hätte sie zum Beispiel an einem einzigen Bild aus ihrem Buch (z. B. der Abbildung eines Feuerwehreinsatzes) arbeiten lassen sollen.

Die Tatsache, dass nicht in allen Büchern dieselben Aspekte des Themas Feuerwehr behandelt wurden, löste bei manchen Kindern Unsicherheit aus; teilweise wurde die Auswahl als beliebig empfunden. Vielleicht war dies auf die geringe Leseerfahrung im Bereich Sachbücher zurückzuführen, die sich im wesentlichen auf das eingeführte Sachunterrichtswerk beschränkte: Die Kinder waren offensichtlich an Texte gewöhnt, die im Hinblick auf lehrplangemäße Fragen präpariert worden waren.

Da jedes Kind ein anderes Buch vor sich hatte, flossen die Beiträge *aller* Gruppenmitglieder im Ergebnis zusammen: eines der seltenen Beispiele für echte Gruppenarbeit, die allerdings auch nur in *einer* Gruppe ideal funktionierte. In den anderen Gruppen rissen die Meinungsführer und Meinungsführerinnen nicht nur das Wort, sondern teilweise auch die Bücher schwächerer Gruppenmitglieder an sich, weil sie deren langsames Arbeitstempo nicht ertragen konnten. An diesem Punkt wird deutlich, wie sehr die soziale Kompetenz nach Förderung schreit.

> Nach dem Unterricht sind/waren wir Lehrerinnen uns einig: Beim nächsten Mal würden wir den Kindern mehr zutrauen und weniger Vorgaben machen. Wir möchten den Kindern erst die Bücher in die Hand geben und sie dann daraus Themen und Fragestellungen entwickeln lassen, denen sie nachgehen können.

Vom Kindersachbuch zum eigenen Buch: Möglichkeiten der Ergebnispräsentation bei der Arbeit mit Kindersachbüchern

Mit der üblichen Form der Ergebnispräsentation nach einer Gruppenarbeit, dem Vortrag mit Hilfe von schriftlichen Stichpunkten, hatten wir schlechte Erfahrungen gemacht: Nur wenige Kinder hören den anderen Gruppen nach einer langen Gruppenarbeit noch interessiert zu. Deshalb dachten wir uns für jede Gruppe eine Präsentationsform aus, die vom Üblichen abwich. Die Erstellung war zeitaufwendig und lief über mehrere Tage. Bei manchen Kindern ging sie an die Grenze ihres Durchhaltevermögens. Erst als die Werke fertig waren und von anderen Gruppen bestaunt wurden, kamen auch bei den «Bremsern» Freude und Stolz auf. Zum Ablauf eines Feuerwehreinsatzes hatte eine Gruppe eine Bildfolge gemalt und mit Text versehen, zu den Fahrzeugen und Ausrüstungsgegenständen der Feuerwehr war ein Bild-Wort-Memory entstanden, eine Gruppe hatte einen Feuerwehrmann auf ein Plakat gemalt und die Teile seiner Ausrüstung beschriftet und die Kinder, die die Geschichte der Feuerwehr behandelt hatten, hatten aus kopierten Bildern und eigenen Texten ein selbst verfasstes Sachbuch zusammengestellt. In der Gruppe, die sich mit den Aufgaben der Feuerwehr beschäftigt hatte, war eine Tonbandaufnahme entstanden, in der verschiedene Anrufer eine Notlage schilderten und die Feuerwehr zum Eingreifen bewegen wollten. Da auch zwei «Kuckuckseier» dabei waren (also Notlagen, aus denen die Feuerwehr nicht hilft), konnte das Band später in einer Parallelklasse als Ratespiel eingesetzt werden. Ideal wäre es natürlich, wenn eine Gruppe selbst eine Präsentationsform wählen würde, die sich für ihr Thema eignet. Dies ist ein Fernziel, das mit einem entsprechenden Maß an Erfahrung von den Kindern durchaus erreicht werden kann. Eine Präsentationsform, die sich für alle Themen eignet, ist das eigene Buch – entweder in Ringbuchform als Gemeinschaftsarbeit, an der jedes Gruppenmitglied mit ein bis zwei Bild- oder Textseiten mitwirkt, oder als Einzelarbeit. Noch ist bei uns Zukunftsmusik, was ich an einer Grundschule in den USA bereits als Standard gesehen habe: Im Computerraum der Schule leisten Eltern Schichtdienst, um den Kindern zu helfen, das Layout ihrer selbst verfassten Bücher zu gestalten, die Seiten auszudrucken und zu binden. Gerade für Kinder, die mit der äußeren Form Probleme haben, erhöht sich die Motivation zum Schreiben, wenn die Handschrift für die Gestaltung der Endfassung keine Rolle spielt.

Im Laufe der Arbeit war einigen Kindern aufgefallen, dass sich in verschiedenen Büchern unterschiedliche, ja widersprüchliche Angaben fanden.

Hier mussten zusätzliche Informationsquellen herangezogen werden. Die Feuerwehr vor Ort schien uns der beste Ansprechpartner zu sein. So brachte ein Anruf Klarheit darüber, dass die in einem Buch abgebildeten oberirdischen Hydranten in München tatsächlich existieren – keiner von uns hatte sie bisher bewusst wahrgenommen.

Beim Unterrichtsgang, der die Einheit «Feuerwehr» abschloss, erfuhren wir noch zahlreiche Details, die in den Büchern nicht oder anders beschrieben worden waren. Ein gutes Beispiel dafür ist die Tatsache, dass Frauen dabei sind, in der Feuerwehr Fuß zu fassen, dies jedoch in keinem der Bücher thematisiert worden war. Auch hatten wir zu der Frage, was bei einem Brand zu tun sei, verschiedene Angaben gefunden: Ein Buch empfahl, sofort das Haus zu verlassen, ein anderes riet, die Nachbarn zu alarmieren – keines erwähnte das Schließen der Fenster! In einem Unterrichtsgespräch sammelten wir mögliche Gründe für die Lückenhaftigkeit bzw. Fehlerhaftigkeit der Informationen aus den Büchern: schlechte Recherchen, veraltete Bücher oder nationale und regionale Besonderheiten. Vor allem bei den Abbildungen der Feuerwehrfahrzeuge wurde deutlich, dass Lizenzausgaben fast nur auf das Ursprungsland eingingen und deshalb die deutschen Verhältnisse nur unzureichend berücksichtigten.

Die Feuerwehrleute als Spezialisten konnten uns auch endlich Antwort auf all die speziellen Fragen geben, zu denen wir in den Büchern keine Angaben gefunden hatten, z. B.: Wie schnell kann/darf ein Feuerwehrauto fahren? Die Erkenntnis, dass das Sammeln von Informationen ein vielschichtiger und zeitaufwendiger Prozess ist, der sich nicht nur aus einer Quelle speisen kann, war gewonnen. Die Antwort auf die Frage, welcher Quelle man denn am meisten vertrauen sollte, war aufgrund des persönlichen Eindrucks des Besuchs bei der Feuerwehr für die Kinder klar: Die Feuerwehrleute genossen wesentlich mehr Autorität als die Bücher. Wir sprachen aber auch darüber, dass nicht zu jedem Thema Fachleute erreichbar sind und man sich oft doch auf schriftliche Informationen verlassen muss.

Feuerwehr – und dann?

Der Abschluss der Einheit «Feuerwehr» sollte nicht das Ende der Arbeit mit Kindersachbüchern bedeuten. Mit der Stadtbücherei wurden monatliche Lieferungen von Kindersachbüchern (s. S. 314f. in diesem Band) vereinbart, die an einem besonderen Platz der Klassenbibliothek ausgestellt wurden und zum Schmökern einluden. Um den Umgang mit den Sachbüchern zur Selbstverständlichkeit werden zu lassen, regten wir die Kinder an, auf freiwilliger Basis kleine Referate über frei gewählte Sachthemen zu halten.

Manche Kinder holten sich dafür weitere Literatur aus der Stadtbücherei. Die Vorstellung von Lieblingsbüchern aus dem Bereich der erzählenden Literatur war in der Klasse bereits üblich und wurde nun auf Kindersachbücher ausgedehnt. Schließlich wurden einzelne Seiten aus Kindersachbüchern (z. B. als Einstieg zum Thema Freizeitgestaltung das doppelseitige Bild «Langeweile? Unbekannt!» aus dem Band «Arbeit und Freizeit» der Klett-Sachbuchreihe «Entdeckungsreise») über das Episkop allen Kindern zugänglich gemacht und als Arbeitsgrundlage verwendet. Wesentlich günstiger wäre es natürlich gewesen, wenn dafür jedes Kind (oder mindestens jeweils zwei Kinder) ein eigenes Buch zur Verfügung gehabt hätte.

Unterrichtsziel «Förderung der Anstrengungsbereitschaft»

Im Lauf der beschriebenen Unterrichtsstunden wurde deutlich: Der kindliche Hunger nach Wissen ist durchaus noch da. Wenn viele Kinder sich mit «Informations-Fast-Food» zufriedengeben anstatt aus verschiedenen Zutaten selbst ein Gericht zu kreieren, dieses appetitlich anzurichten und genüsslich mit Freunden zu verspeisen, so liegt das nicht etwa an einem Mangel an Zutaten, sondern daran, dass die relevanten Kulturtechniken weder in ausreichendem Maße vorgelebt noch vermittelt werden, und an der schwindenden Bereitschaft zu geistiger Anstrengung. Wie wäre es, wenn man das in manchen Klassen übliche gemeinsame Schulfrühstück um ein (nicht ohne Schweiß zubereitetes!) kulinarisches Informationsgericht erweitern würde?

Lydia Binnewitt

Ein Blick über den Bundesliga-Tellerrand
Fußball als Eine-Welt-Thema in der Grundschule

Vertretungsunterricht Sport. «Spielen wir Fußball?» lautet regelmäßig die Frage einer mehr oder weniger großen Gruppe von Kindern, und genauso regelmäßig tut sich durch andere Kinder lautstark Ablehnung kund. Bevor ich die Chance habe, selbst meine Vorschläge darzulegen, skandieren die Fußballbegeisterten «Fußball, Fußball», und je nach Größe und Temperament der Fußballgegner wird dagegengebrüllt oder auf andere Art Ablehnung gezeigt. Gehe ich auf den Vorschlag Fußball zu spielen ein, was ich bislang äußerst selten tat, kann ich mich auf eine ziemlich nervenstrapazierende Sportstunde gefasst machen. Schon das Auswählen der Mannschaften gestaltet sich äußerst mühsam. Die «Könner» wollen unter sich bleiben und geht es dann endlich los, gerät das Spiel immer wieder ins Stocken durch endlose Diskussionen über bestimmte Spielpässe, über meine (Fehl-)Entscheidungen ... Diese Vertretungsstunden bestätigen meine unterschwellig vorhandene Meinung: Fußball ist Schwachsinn! Dies ist jedoch nur die halbe Wahrheit, die sich in meinem Kopf festgräbt. Die andere: Millionen Menschen auf dem Planeten Erde sind fasziniert von diesem Sport und können doch nicht irren!

Mit diesen beiden Wahrheiten im Kopf entschied ich mich bei der Fortbildungsveranstaltung des Projektes «Eine Welt in der Schule, Klasse 1-10» für die Arbeitsgruppe «Fußball» und stellte erstaunt und begeistert fest, wie interessant das Thema erst wird, wenn man dabei «über den Bundesliga-Tellerrand» schaut.

Folgende Gesichtspunkte trugen auf der Tagung zunächst unsere Diskussion:

- In fast jedem Land der Welt spielen Kinder und Erwachsene Fußball, in unterschiedlichen Ausprägungen und unterschiedlich professionell.

- Die nationale Identität eines Landes wird häufig durch eine erfolgreiche Fußballnationalmannschaft mitgeprägt.

- Durch Spielerkäufe oder «Fußballentwicklungshilfe» entstehen internationale Verknüpfungen.

Brasilien als Fußball-Land

Um das Thema für ein Unterrichtsvorhaben zu strukturieren, entschieden wir uns dafür, bei der Behandlung des Themas ein Land in den Mittelpunkt zu stellen. Wir entschieden uns für Brasilien. Dort hat der Fußball einen ebenso hohen Stellenwert wie in Deutschland. Der Sport wird jedoch teilweise unter ganz anderen Bedingungen gespielt.

Diese Bedingungen, die als Spiegelbild der Lebensumstände in Brasilien generell zu sehen sind, gilt es zu vermitteln.

In der brasilianischen Fußballkultur wird das Extrem zwischen Fußball als geselliger Beschäftigung und Fußball als knallhartem Geschäft deutlich: Fußball wird überall (Strand, Hinterhof, Sandplatz) und mit allem (Dosen, Stoffbällen, Stöckchen) gespielt; Fußball ist aber auch ein hochbezahlter Profisport für eine Elite. Gerade das Fußballspiel als konventionelles Freizeitvergnügen geht den deutschen Kindern schon vielfach ab. Kinderfußball ist ebenfalls schon stark in Formen gepresst:

Fan-Trickots, Lederbälle, Vereinszugehörigkeit sind oftmals selbstverständlich.

Da uns zum Teil geeignete Arbeitsgrundlagen für die unterrichtliche Umsetzung fehlten, entwarfen wir auf der Lehrerfortbildungstagung die Geschichte «Mit diesem Ball geht's auch oder Eine kleine Fußballgeschichte aus Brasilien». Wir ließen die Geschichte von Brasilianern gegenlesen und korrigieren. Sie bildete dann die Grundlage für mein Unterrichtsvorhaben.

Die Geschichte handelt von Alberto, einem brasilianischen Jungen, der in seiner Freizeit mit Freunden Fußball spielt.

Diese unspektakuläre Erzählung einer alltäglichen Situation in Brasilien bietet eine Fülle von Zugangsmöglichkeiten zum Land Brasilien und zum Thema Fußball.

Fußball in der Grundschule

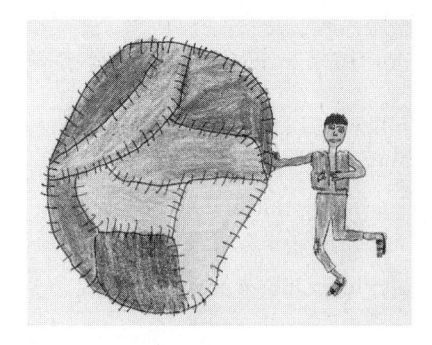

Zum Thema «Fußball» ganz allgemein wird jedes Grundschulkind sich äußern können. Viele Kinder sind in unterschiedlicher Intensität Fußballfans einer bestimmten Bundesligamannschaft. Die Favorisierung eines Bundesligavereins kann eine Klassengemeinschaft zusammenschweißen oder trennen (BVB contra Bayern). Über das Fan-Bekenntnis können Kinder Zugang zu den «Wortführern» der Klasse bekommen oder sie können sich bewußt von diesen abgrenzen.

Kinder in Grundschulklassen sind als Vereinsspieler oft schon eingespannt in die untersten Stufen der lokalen Fußball-Ligen.

Beim Thema «Fußball» wird grundsätzlich (immer noch) eine geschlechtsspezifische Präferenz deutlich. Fußball ist erst einmal ein Jungen-Thema. Im allgemeinen lehnen Mädchen – und auch Lehrerinnen! – Fußball ab.

Die globale Bedeutung von Fußball wird ansatzweise auch schon von Grundschulkindern gesehen. Sie sind Fans eines bestimmten ausländischen Spielers in deutschen Mannschaften oder haben als ausländische Schülerinnen oder Schüler noch einen Fußballverein ihres Heimatlandes, zu dem sie halten.

Mit der Umsetzung des Unterrichtsvorhabens hatten wir unter anderem folgende Ziele verknüpft.

- Die Kinder sollen ihr Fußball-Wissen einbringen und den Unterricht als ein Voneinander- und Miteinanderlernen erleben.

- Die Behandlung des Themas «Fußball in der Einen Welt» soll dazu beitragen, dass die eigene Einstellung zum Fußballsport – positiv oder negativ – relativiert wird zugunsten einer «Horizonterweiterung».

- Die Kinder sollen über den Fußball Zugang zu einem anderen Land erhalten und über die Lebensbedingungen der Kinder in einem

> Brasilianische Spieler in der Bundesliga
> Paulo Sergio (Bayer Leverkusen)
> Rodriger Chagas (" ")
> Julio Cesar (BVB)
> Jurior Baiano (Werder Bremen)
> Giovane Elber (VFB Stuttgart)
> Leonardo Manzi (FC ST. Pauli)

anderen Land etwas in Erfahrung bringen.

- Nicht zuletzt soll Fußball als Mannschaftssportart das soziale Lernen fördern.

Einstieg

Nachdem die Schülerinnen und Schüler die Geschichte «Mit diesem Ball geht's auch ...» kennen gelernt hatten, entstand zunächst eine Diskussion darüber, was unbedingt zum Fußballspielen benötigt wird. Die Spannbreite der Antworten reichte von «einen Ball» bis zu «Fußballfeld, Tore, Trikot, Stollenschuhe, Lederball».

Anschließend arbeiteten die Kinder wesentliche Aspekte der Geschichte heraus, die indirekt schon viele Informationen über das Land Brasilien lieferten:

Was kostet Fußball für Kinder in Deutschland?	
Vereinsbeitrag im Monat:	3,– DM
Trikot:	100,– DM
Hose:	50,– DM
Schuhe:	140,– DM
Stutzen:	15,– DM
Lederball:	70,– DM
Trainingsanzug:	140,– DM

- Sie brauchen keine Tornister.
- Steinhäufchen als Tor.
- Ball aus Stoffresten.
- Sie spielen noch im Dunkeln.
- Pacoca als Süßigkeit.
- Sie haben schon Hunger gelitten.
- Jorge will später Arzt werden.
- Sie spielen barfuß Fußball.
- Männer verschwinden.
- Sie müssen sich Betten teilen.

Damit die Geschichte nun in der Klasse präsent war, fertigten wir eine Wandzeitung an, indem wir die einzelnen Abschnitte der Geschichte kopierten und an der Pinnwand befestigten. Den Abschnitten wurden ausgewählte Themen zugeordnet. Diese Themen konnten dann teilweise in Gruppenarbeit innerhalb des Wochenplanes bearbeitet werden.

Fußball

Eine besondere Herausforderung für die Kinder war es, selbst Stoffbälle herzustellen und diese auszuprobieren. Dazu benutzten sie als Rohmaterial lediglich Stoffreste und knüllten und rissen sie so zurecht, dass ein relativ stabiler Ball entstand. Hier entwickelten die Kinder immer mehr Geschick und die Bälle wurden immer besser.

Im Sportunterricht versuchten wir, wie die Kinder in Brasilien zu spielen. Die Schuhe wurden ausgezogen und dienten als Markierungen für die Tore und mit Mannschaften von etwa fünf Kindern ging es los. Sowohl die «Profis» als auch die Skeptiker ließen sich gern auf dieses Spiel ein, denn die selbstgefertigten Bälle hatten einen hohen Motivationsgehalt. Zu beobachten war, dass die Spielfreude unter diesen Bedingungen eindeutig im Vordergrund stand.

Für die Wandzeitung stellten einige Kinder eine Collage mit Fan-Artikeln zusammen. Material fanden die Kinder in Fußball-Zeitschriften und in Katalogen. Außerdem wurde eine Rechnung aufgestellt, was es für ein deutsches Kind kostet, in einem Fußballverein mitzuspielen: Vereinsbeitrag, Kleidung, Schuhe.

Als herausragender brasilianischer Fußballspieler in der Bundesliga ist den meisten Kindern GIOVANNE ELBER bekannt. Aus den Zeitschriften

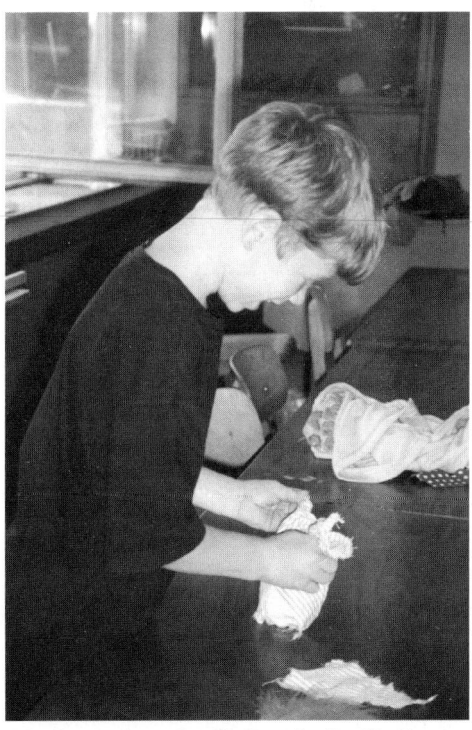

Kinder fertigen Stoffbälle, ein Stoffball entsteht

279

erstellten sie ein Porträt von ihm. Nun wollten die Kinder wissen, ob GIOVANNE ELBER ebenso wie Alberto in seiner brasilianischen Heimat mit einem Stoffball und barfuß gekickt hat. Sie formulierten einen Brief und sendeten ihn an den VfB Stuttgart. Leider blieb der Brief unbeantwortet, und da es Ende des vierten Schuljahres war, blieb keine Zeit, noch einmal «nachzuhaken».

Essen

Pacoca, die in der Geschichte erwähnte Süßigkeit, regte die Phantasie der Kinder an (Kaubonbon, Schokoladenriegel) und sie bekamen die Aufgabe, Werbeplakate für Pacoca zu entwerfen. Sie orientierten sich dabei an Werbungen für bekannte Kaubonbons. Mit Wachsmalstiften stellten die Kinder in Partnerarbeit farbenfrohe Plakate her.

Typisches brasilianisches Rezept sei die Feijoada, lasen die Kinder in «Brasilien heute». Da das Gericht sehr fleischhaltig ist, sah ich von der Zubereitung ab. Wir machten statt dessen einen Obstsalat mit typischen südamerikanischen Früchten (Mango, Papaya, Trauben) und tranken Obstsaft.

Geographie

Im Sachunterricht beschäftigten sich die Kinder schon vorab mit Kontinenten und Ländern und konnten deshalb Brasilien schnell einordnen. Die Kinder bearbeiteten schwerpunktmäßig den Größenvergleich von Deutschland und Brasilien sowie besonders markante Gegebenheiten (Amazonas,

Regenwald). Dazu brachten die Kinder teilweise selber Material (Länderlexika) mit. Ergänzend dazu bekamen sie von mir zusätzliches Material in die Hand. Auf einem Arbeitsblatt stellten sie dann die wesentlichen Gesichtspunkte (Größe, Einwohner, Hauptstadt, Währung, Flagge) gegenüber.

Besonders beeindruckend fanden die Kinder die Größe Brasiliens.

Straßenkinder

Ein Teil der Kinder informierte sich anhand von Fotos und kurzen Texten über die Lebenssituation von Straßenkindern in Brasilien und die Möglichkeit zu helfen.

Die Kinder setzten sich mit den Fotos anhand von Fragebögen auseinander (Was siehst du? Wie schauen die Kinder auf den Fotos? Was denken sie? Was könnten sie wohl sagen?). Texte aus «Brasilien heute» und Arbeitshilfen von MISEREOR boten zusätzliche Informationen. Die Kinder entwarfen Plakate, indem sie die betrachteten Fotos benutzten und dazu Texte formulierten wie: «Stell' dir mal vor, dein Zuhause wäre die Straße, dein Bett ein Pappkarton, dein Essen suchst du dir im Abfall ...». Die Plakate enden mit der Aufforderung, den Straßenkindern zu helfen. Eine Hilfsaktion der katholischen Kirchengemeinde, die zeitgleich in unserer Ortschaft stattfand, konnten wir mit den Plakaten unterstützen. Dazu hängten wir die Plakate in der Kirche aus und stellten einen Pappkarton mit den wenigen Habseligkeiten eines Straßenkindes zusammen.

Schule/Ausbildung

Eine Gruppe von Kindern informierte sich über die Ausbildungssituation von brasilianischen Kindern und erstellte als Plakat den «Teufelskreis der Armut», der sich oft damit fortsetzt, dass Kindern keine ausreichende Schulbildung ermöglicht wird.

Wohnen

Eine Gruppe von Kindern informierte sich über die für Südamerika typischen Wellblechhütten in den Favelas, schnitten Fotos von Favelas (Kopien aus MISEREOR-Material, Zeitschriften) aus und zeichneten selbst Wellblechhütten. Außerdem arbeiteten die Kinder die extremen Wohnsituationen in den Großstädten (fast unbezahlbare Appartements in den Cities und Slums in den Außenbezirken) heraus.

«Mit diesem Ball geht's auch»
oder: Eine kleine Fußballgeschichte aus Brasilien

Giovanne und Jorge warteten schon eine halbe Stunde. Warum kam Alberto noch immer nicht? Erst hatten sie nur träge an der Hauswand gesessen und ein wenig vor sich hin gedöst. Jetzt malten sie im Sand: ein Haus, eine Sonne. Gerade als Giovanne das Bild wegwischte, kam endlich Alberto. Er strahlte. In der Hand hatte er Pacoca, eine Süßigkeit, die sie besonders gern mochten. Er gab beiden etwas ab und zufrieden kauend verschwanden die drei Kinder um die Ecke.

Sie liefen durch die staubigen Straßen, fast überall hockten kleine Kinder und spielten. Jetzt sahen sie ihre Schule. Dort gab es einen Platz. Hier waren schon Fabio und Paulo. Die beiden spielten mit dem aus Stoffresten zusammengebundenen kleinen Ball. Eigentlich war es mehr ein Ei als ein Ball, aber das störte die Kinder nicht. Jetzt waren sie zu fünft und konnten richtig Fußball spielen. Paulo stellte sich als erster ins Tor, und das Spiel begann. Giovanne war flink und dribbelte den Ball geschickt über das Feld. Er war der einzige, der Sandalen an den Füßen hatte, die anderen spielten barfuß. Das war so üblich bei den Kindern in Alagainhas, einer kleinen Stadt im Norden von Brasilien.

Die meisten Kinder konnten nur zwei oder drei Jahre zur Schule gehen, einige durften auch überhaupt nicht in die Schule, weil sie den ganzen Tag arbeiten mussten. Denn sie waren alle sehr arm. Die Väter hatten keine Arbeit und ertränkten ihre Sorgen im Pinga, einem Zuckerrohrschnaps. Manche Männer verschwanden auch ganz plötzlich und ließen ihre Familie im Stich. Auch die fünf Freunde hatten schon Hunger gehabt.

Aber jetzt spielten sie miteinander Fußball. Das Zusammenspiel zwischen Giovanne und Alberto klappte so gut, dass es schon zwei zu null für die beiden stand.

Inzwischen waren noch mehr Kinder dazugekommen, sie konnten jetzt zwei Mannschaften bilden. Manchmal wurde das Spiel hitzig und lautstark. Wenn sie sich über einen Treffer nicht einigen konnten, diskutierten sie erregt, aber dann lief das Spiel doch weiter. Es kam auch vor, dass jemand für kurze Zeit vom Platz verschwand, weil er nötig musste oder um an einem Brunnen zu trinken.

Marcos, den sie in der Klasse manchmal auslachten, wenn er falsch gerechnet hatte, war der Star des Tages. Er hatte heute vier Tore geschossen. Und Jorge, der später Arzt werden wollte, hatte sich um Paulo gekümmert, der einen Ball gegen den Kopf bekommen hatte.

Es war immer dunkler geworden. Das geht in Brasilien sehr schnell. Innerhalb von fünf Minuten war es finster. Man konnte schon nicht mehr von einem Tor zum anderen sehen. Aber an den Stimmen hörten sie, wo der Ball gerade war. Als man wirklich nichts mehr sehen konnte, rief Paulo laut: «Schluss für heute, wir spielen morgen weiter.»

In wenigen Sekunden lag der Spielplatz verlassen da, nur noch vier kleine Steinhäufchen erinnerten an das Fußballspiel. Richtige Tore gab es nämlich nicht auf diesem Platz.

Am nächsten Morgen rieb Alberto sich verschlafen die Augen. Er musste aufstehen, es war Zeit für die Schule. Vorsichtig kletterte er über seinen kleinen Bruder Carlos, der mit ihm zusammen in einem Bett schlief. Alberto hatte noch zwei ältere Brüder und eine Schwester. Die Jungen mussten sich zwei Betten in der engen Wellblechhütte teilen, und Fernanda schlief mit den Eltern zusammen in der Küche. Dort schepperte die Mutter schon mit den Töpfen herum, als Alberto hereinkam. «Du kommst zu spät zur Schule, Alberto, beeil dich», sagte sie. Die Mutter drückte ihm einen Maisfladen in die Hand und der Junge verschwand. Vor der Tür lag eine Konservendose. Alberto kickte sie wie einen Fußball vor sich her und lief eilig zur Schule.

Text: Marlies Wellmer
Zeichnungen: Brigitte Kuka

Zusätzliche Angebote für alle Kinder:
- *Zeichnungen zu der Geschichte von Alberto*
  Günstig ist es, die Kinder nach ihrem Können kleine Entwürfe mit Bleistift machen zu lassen. Gelungene Entwürfe der Kinder werden komplett oder teilweise mit Permanent-Folienstift auf Folien übertragen. Ein Folienbild kann so von mehreren Kindern gestaltet werden. Die fertigen Folien können kopiert und anschließend noch bunt ausgemalt werden.
- *Was kann alles ein Ball sein?*
  Eine Ausstellung mit Gegenständen, die man kicken kann, entsteht: Trinkpäckchen, Tannenzapfen, Dose, Stein, ...
- *Strophen für ein Lied*
  Auf die Melodie des «Balaio» – ein brasilianischer Erntetanz – entwickeln wir gemeinsam ein Lied über Alberto mit drei Strophen.

Sehr wichtig war mir die Dokumentation der Arbeitsergebnisse. Dies geschah zunächst durch die Präsentation der Gruppenergebnisse auf der Wandzeitung im Klassenraum. Ebenso wichtig war mir aber auch das Herstellen von Öffentlichkeit. Durch die Mitarbeit an der Hilfsaktion der katholischen Kirchengemeinde für die brasilianischen Straßenkinder war dies gegeben. Mit der ganzen Fülle der Arbeitsergebnisse zum Thema «Fußball in Brasilien» konnten wir uns außerdem an einer UNICEF-Ausstellung «Schau mal über den Tellerrand – So leben Kinder in einem anderen Land» in unserem Rathaus beteiligen. Ähnlich wie auf der Wandzeitung im Klassenzimmer stellten wir in sechs Abschnitten die Alberto-Geschichte mit Bildern aus und ergänzten dazu unsere bearbeiteten Themenbereiche. Selbstverständlich kam unsere Sammlung von «Bällen», die Collage der Fan-Artikel und die Kostenaufstellung für das Fußballspielen im Verein mit hinzu. Auch die Pappkiste als Symbol der Lebenswelt eines brasilianischen Straßenkindes stellten wir aus.

Mit der Beteiligung an der Ausstellung gingen die Kinder mit ihrem Wissen über den Tellerrand «Klasse/Schule» hinaus in die Öffentlichkeit. Dies halte ich für einen ganz wesentlichen Schritt innerhalb des Lernprozesses.

Fazit

Es hat sich gelohnt, ein Thema anzugehen, das nur auf den ersten Blick den Sportunterricht bzw. die Freizeitbeschäftigung einiger Kinder tangiert. Wie komplex dieses Thema gestaltet ist, habe ich sowohl in der Vorbereitung als auch bei der Durchführung des Unterrichtsvorhabens gemerkt.

Einige Kinder (zum großen Teil Jungen) zeigten sich hochmotiviert, das Thema «Fußball» anzugehen, aber eben nur nach ihrem Verständnis (Sport-Bravo lesen, Tabellen führen und natürlich Fußball spielen). Sie wurden ein wenig «gebremst» durch den etwas anderen Schwerpunkt, fühlten sich aber ernstgenommen und zeigten sich interessiert. Die anfängliche Skepsis und die ablehnende Haltung anderer Kinder (überwiegend Mädchen) legte sich durch die «Öffnung» des Themas.

Durch die interessenbezogene Gruppenarbeit gab es für jede Schülerin und jeden Schüler befriedigende Aufgabenstellungen, die auch bewältigt werden konnten. Ich denke, dass es gelungen ist, allen Kindern eine differenziertere Sicht zum Thema «Fußball» zu geben. Ebenso bewahrte die Behandlung des Themas unter vielfältigen Aspekten vor einer geschlechtsspezifischen Trennung der Motivation. Sicher war es so, dass Jungen und Mädchen teilweise unterschiedliche Präferenzen bei der Wahl der Gruppenarbeit hatten, jedoch konnte man hier keine eindeutigen Beobachtungen machen. Besonders positiv war für mich die Feststellung, dass den Schülerinnen und Schülern das Anfertigen der Bälle (eher Mädchentätigkeit) und das Fußballspiel (eher Jungensport) gleichermaßen viel Spaß bereitete.

Aus verschiedenen Gründen würde ich das Unterrichtsbeispiel wieder in einem vierten Schuljahr durchführen, jedoch eher zum Anfang des zweiten Halbjahres, weil

- man Zeit braucht, um möglichst viel Eigentätigkeit der Lerngruppe zuzulassen,

- der positive Effekt für das Sozialgefüge der Klasse besser genutzt werden kann,

- man dann die Arbeitstechniken und Kenntnisse der Grundschulzeit voll ausschöpfen bzw. wiederholen oder auch einführen (Kartenarbeit, Texte zusammenfassen, Briefe schreiben, Arbeitsmaterial selbst besorgen) kann.

Vorstellbar wäre sicher auch eine ähnliche Einheit «Fußball in Brasilien» schon im dritten Schuljahr. Der Kernpunkt nämlich – die Geschichte von Alberto – spricht auch schon jüngere Kinder an.

Die Dokumentation der Arbeitsergebnisse anhand einer Wandzeitung ist eine relativ einfache und billige Möglichkeit. Denkbar ist auch, für jedes Kind eine Mappe anzulegen, die die Geschichte und die Ergebnisse der Arbeiten zu den Themenkomplexen enthält. Das war mir in dieser vierten Klasse mit 30 Schülerinnen und Schülern aber zu aufwendig.

Es war sehr sinnvoll, das Thema «Fußball» als «Eine-Welt»-Thema anzugehen, denn so konnten unterschiedliche Einstellungen relativiert und die grundsätzlich positive und interessierte Haltung zu Kindern in anderen Ländern durch Erfahrungen und Kenntnisse bereichert werden. Und Fußball konnte weg vom Regel- und Bundesliga-Wissen hin zur Erlebniswelt eines Kindes in Brasilien und damit zum Wesentlichen geführt werden: Fußball als Mannschaftsspiel, bei dem ein «Ball» mit dem Fuß in ein «Tor» geschossen werden muss.

Für mich ergab sich aus der Beschäftigung mit diesem Thema noch ein weiterer Effekt. Nach langer Zeit der Fußball-Abstinenz und der Ablehnung dieser Sportart mit ihrem ganzen Drumherum habe ich den Fußball wiederentdeckt. Ich bin von den Schülerinnen und Schülern auf den neuesten Stand gebracht worden und entdecke nun die Vorteile, dass ich beim Thema «Fußball» mitreden kann. Mein Verhältnis zu einigen Jungen ist nun noch stärker von gegenseitigem Interesse und von größerer Anerkennung geprägt. Wir kommen jetzt schnell ins Gespräch!

Lieber Albertinho!

Ich heiße Leonhard und bin neun Jahre alt. Seit 3 1/2 (Jarl) Jahren spiele ich Fußball beim SG Bustedt. Wir trainieren zweimal in der Woche. Ich bin Libero. Mir macht das Fußballspielen viel Spaß. Wir stehen im Moment auf dem zweiten Platz. Mich interessiert auch die Bundesliga. Ich bin BVB-Fan. Ich schaue mir die Spiele oft im Fernsehen an. Mein Traum ist, daß ich einmal ein Bundesliga-Spiel live erleben. Ich kenn einen brasilianischen Fußballspieler in der Bundesliga: Giovane Elber. Den find ich toll, obwohl er nicht bei Dortmund spielt. Er schießt tolle Tore. Wir haben ihm einen Brief geschrieben, weil wir wissen wollten, ob er in Brasilien Fußball gespielt hat wie es ihm in Deutschland gefällt. Leider hat er noch nicht geantwortet.

Lieber Albertinho: Ich habe auch noch eine Frage an dich: Möchtest du auch Fußball-Star werden?

Viele Grüße von Leonhard

Im Vertretungsunterricht spiele ich nun öfter einmal Fußball auf brasilianische Art und wecke dabei Interesse bei den Kindern. Vielleicht bringe ich demnächst auch den Mut auf, eine Regeländerung vorzuschlagen: Wer ein Tor schießt, wechselt in die gegnerische Mannschaft.

Literatur und Medien

Busch, Alexander; Schaeber, Petra; Wilke, Martin: Brasilien – Ein Reisebuch in den Alltag. Rororo, Reinbek 19.
Freudenberg, Hans: RU praktisch – 4. Schuljahr. Göttingen 1991.
Fidula – Cassette 24: Tanzen in der Grundschule. Fidula Verlag Boppard/Rhein.
Schümer, Dirk: Gott ist rund – Die Kultur des Fußballs. Berlin Verlag 1996.
de Seguin, Dominique und Andre: Brasilien heute. Nürnberg 1988.

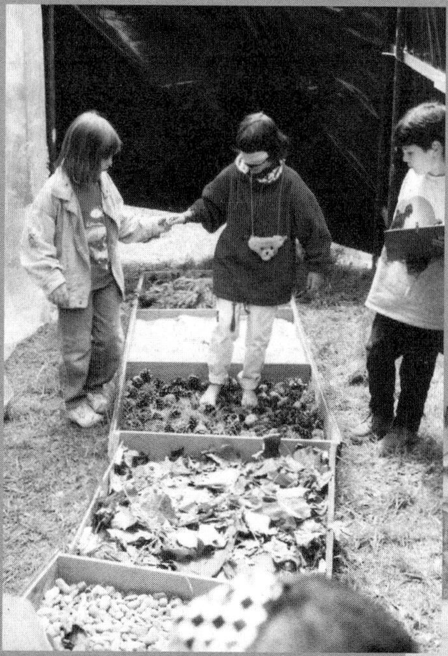

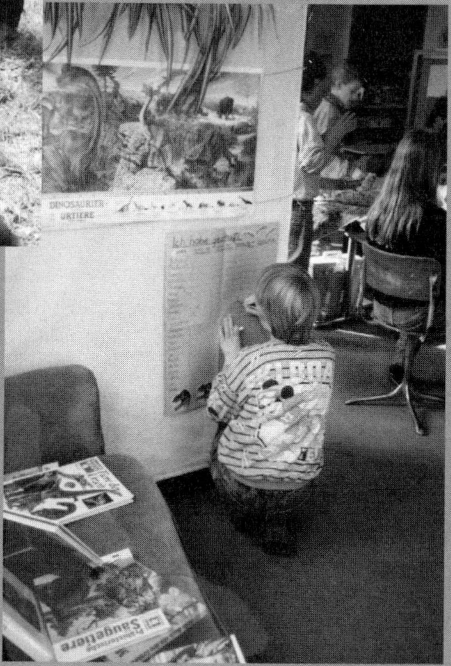
DINOSAURIER
URTIERE
Säugetiere

4

Hilfen

Udo Schoeler

Computer im Sachunterricht – kritische Sichtung ausgewählter Programmangebote

Vorbemerkungen zur Didaktik

In den *Lernsituationen* des Sachunterrichts verknüpfen sich sich die aus der natürlichen und sozialen Umwelt der Kinder gewonnenen, nach Lernfeldern gegliederten *Lerninhalte* mit den zu erreichenden *Qualifikationen*, die Kinder brauchen, um Sachprobleme und -fragen zu bearbeiten.

«Sachunterricht ist kein Buchunterricht» – dieser bekannte Satz fasst folgende fachdidaktischen Grundsätze des Sachunterrichts, die sich gleichermaßen auf die Lerninhalte und die Qualifikationen beziehen, prägnant zusammen:

- «Die Themen des Sachunterrichts sind aus der Umwelt der Kinder zu gewinnen.»
- «Die Themen des Sachunterrichts sind auf gesellschaftliche Schlüsselprobleme zu beziehen.»
- «Der Sachunterricht orientiert sich an den Erfahrungen der Mädchen und Jungen.»
- «In sachunterrichtlichen Lernsituationen werden Qualifikationen entwikkelt und erweitert.»
- «Die Lernfelder des Sachunterrichts werden sinnvoll miteinander verknüpft.»
- «Der Sachunterricht berücksichtigt unterschiedliche Lernebenen.»
- «Der Sachunterricht gestaltet und erschließt die Lernumwelt.»
- «Das Lernen im Sachunterricht erfolgt in Situationen.»

(HESSISCHES KULTUSMINISTERIUM 1995, S. 123/124)

Aus diesem Grundsatzkatalog ergibt sich, dass kein Medium – das Schulbuch ebensowenig wie der Computer – im Sachunterricht eine beherrschende Rolle entwickeln darf. Es gilt also ebenso: «Sachunterricht ist kein Computerunterricht». Wie allen Medien und Arbeitsmitteln kommt ihm dienende Funktion zu. Andererseits ist der Computer – ebenso wie das Buch – Bestandteil der Umwelt der Kinder, Erfahrungsinhalt für viele und unbestreitbar auch ein gesellschaftliches Schlüsselproblem. Insofern stellt sich die Frage nicht mehr, *ob* der Computer in der Grundschule gebraucht werden sollte oder nicht. Vielmehr ist kritisch zu fragen, *wie* Gerät und Programme den Kindern hinsichtlich der Lerninhalte und der zu erwerbenden Qualifikationen dienlich sein können und in welchen Lernsituationen sie sich dabei befinden. Dies soll im Folgenden besprochen werden.

Der Computer als Arbeitsmittel und Werkzeug für die Schülerinnen und Schüler

Um seinen Einsatz im Unterricht der Grundschule zu rechtfertigen, muss der Computer alle Anforderungen erfüllen, die an Arbeitsmittel für einen differenzierenden Unterricht zu stellen sind. Hierzu ist bei PETER PETERSEN zu finden:

«Arbeitsmittel ist ein Gegenstand, der mit eindeutiger didaktischer Absicht geladen ist, hergestellt, damit sich das Kind frei und selbstständig dadurch bilden kann» (PETERSEN 1971[10], S. 182, zit. nach MITZLAFF/WIEDERHOLD 1990, S. 211).

PETERSEN nennt folgende Kriterien für ein gutes Arbeitsmittel:
- Von ihm muss eine hohe Motivation ausgehen.
- «Das Kind muss erkennen können, was es damit tun soll», d. h. das Arbeitsmittel muss sich möglichst selbst erklären.
- Das Kind muss die Möglichkeit zur Kontrolle der richtigen Verwendung bzw. korrekten Lösung besitzen. Bei der Einzelarbeit sollte die Möglichkeit der Selbstkontrolle gegeben sein.
- «Das Arbeitsmittel muss Anreize enthalten zu Wiederholungen».
- Von der Arbeit mit einem guten Arbeitsmittel sollte der Anreiz zur fortgesetzten Beschäftigung mit weiterführenden Arbeitsmitteln ausgehen.
- Das Lernen mit dem Arbeitsmittel soll – so PETERSEN – «eine wertvolle Arbeitshaltung» vermitteln und «an kameradschaftliches Verhalten» gewöhnen.
- «Gute Arbeitsmittel helfen» schließlich «dem Lehrer, das Kind in seiner individuellen Art und Lage genau zu erkennen und besser zu verstehen ...»

(PETERSEN, a. a. O., S. 193f., zit. nach MITZLAFF/WIEDERHOLD, a. a. O., S. 212).

Nutzen die Kinder den Computer als Werkzeug zur Textverarbeitung, lassen sich die meisten der genannten Kriterien erfüllen. Hier finden Computer in den Klassen bisher und wohl auch in naher Zukunft ihr wichtigstes Einsatzgebiet, zumal die Anforderungen an die Hardware (Geräte) hierfür gering sind.

Die meisten Programme, die darüber hinaus auf dem Markt sind, scheitern allerdings an PETERSENS Kriterium «kameradschaftliches Verhalten». Gerade Programme zur Rechtschreibung und Mathematik ermöglichen rein behavioristische Interaktionen, sie stellen eine mehr oder weniger witzig verpackte Frage und geben eine Rückmeldung, bei der die Lösung in der Regel nur richtig oder falsch sein kann. Sie entsprechen nicht der Motivation der Kinder, gemeinsam am Bildschirm zu arbeiten, ihre Aktionen zu beraten und gemeinsam zu handeln. Programme dieser Art spielen aber für den Sachunterricht ohnehin nur eine geringe Rolle.

Bedenken gegen die Nutzung des Computers in der Grundschule

VON HENTIG äußert sich in seinem Buch «Die Schule neu denken» kritisch über den Gebrauch des Computers als «Werkzeug». Er sieht darin eine naive Betrachtungsweise. Der Computer fördere die «Flucht aus dem Denken ins Wissen» (VON HENTIG 1993, S. 40). Information werde mit Wissen und Bildung gleichgesetzt, die Bedeutung der menschlichen Erfahrung werde unterschlagen.

Wer sich darum bemüht, die Bedürfnisse und Interessen der Kinder zur Grundlage seines Unterrichts zu machen, wird sich folgende kritischen Fragen früher oder später stellen:

- Sollten die Kinder nicht lieber sinnliche Erfahrungen machen, am besten draußen, anstatt vor dem Computer zu sitzen?
- Ist die Grundschulzeit nicht zu früh für den Einsatz des Computers?
- Sitzen die Kinder zu Hause nicht schon genug vor der «Flimmerkiste»?
- Wie steht es um die Handschrift, wenn die Kinder nur noch tippen?
- Führt der Computer nicht zur Vereinsamung?

Diese Fragen sind allesamt berechtigt und unterstreichen nur, worum es im Grundschulunterricht und vor allem im Sachunterricht vorrangig gehen sollte: um die direkte Begegnung mit der Sache, und zwar allein und mit anderen. Der Computer darf nicht zum Mittelpunkt der Lernsituation werden, er ist der sinnlichen Erfahrung, dem unmittelbaren Handeln mit den Lerngegenständen und dem sozialen Miteinander nachzuordnen. Den Kindern muss seine eingegrenzte Bedeutung als Werkzeug, dessen sie sich bedienen können, bewusst werden. Die Frage des Kindes kann nicht lauten: Was will die Maschine von *mir*? Sie muss heißen: Was kann *ich* mit Hilfe des Computers erreichen, wie kann mir die Maschine helfen?

Wie kann der Computer im Sachunterricht genutzt werden?

Viele Kinder, die zu Hause einen Computer zur Verfügung haben, haben Erfahrung mit Spielen. Dabei konnten sie sich mit einigen Grundfunktionen (Computer in Betrieb setzen, Programm aufrufen, Funktion der Maus, Spielstände speichern, einfache Funktionen der Tastatur, Programm beenden, Computer ausschalten) bereits vertraut machen. In der Klasse können die Kinder diese Grundfunktionen voneinander lernen, sodass nur wenig Erklärungsarbeit an der Lehrerin oder am Lehrer hängen bleibt. Mit dem Einsatz des Computers im Klassenraum oder in einer schuleigenen Lernwerkstatt können die Kinder den Computer als Hilfsmittel und Arbeitsgerät gebrauchen lernen.

Programme des Typs «Drill-and-Practice», wie sie nach wie vor auch in vielen Teilen integrierter Programme als Rechtschreib- oder Rechentrainingsmodul versteckt sind, ermöglichen nur Einbahnstraßenarbeit mit dem Computer. Sie sollten in der Grundschule nicht verwendet werden und sind – nebenbei gesagt – für den Sachunterricht ohnehin nicht von Nutzen.

Die Funktion der Textverarbeitung wurde bereits angesprochen. Die Kinder können eigene Texte in den Computer eingeben und – ein unabweisbarer Vorteil des Schreibens am Computer – mit geringem Aufwand überarbeiten. Interessant wird es, wenn zusätzlich grafisches Material zur Illustration von Texten eingebunden werden kann. Das geht natürlich, indem ich auf den Ausdruck des Textes nachträglich ein Bild male oder aufklebe. Eine andere, weit elegantere Möglichkeit besteht darin, ein Bild direkt am Computer in den Text einzubauen. Sogenannte «Works»-Programme enthalten neben einer Textverarbeitung auch Zeichen- und Malfunktionen, sodass dies möglich ist. Allerdings ist es schwierig, mit der Maus ein ordentliches Bild zu zeichnen. Wenn ich allerdings ein Bild aus einem Buch direkt in mein Textdokument übernehmen möchte, muss ich es zunächst mit Hilfe eines Scanners in eine elektronisch lesbare Form bringen.

Der Marienkäfer

Der Marienkäfer hat sechs Beine und zwei Fühler.

Textverarbeitung ist eine Funktion, die nur einen Bruchteil der Möglichkeiten des Mediums Computer nutzt. Mit leistungsfähiger Hardware (Geräten) und entsprechender Software (Programmen) können Eigenschaften des Computers zum Einsatz kommen, die weit darüber hinausgehen:

- Mit dem Computer können Informationen in unterschiedlicher, von der Benutzerin oder dem Benutzer bestimmbarer Weise miteinander verbunden werden. Während die Information einer Abbildung in einem Buch immer nur zweidimensional vorliegt, können mit dem Computer mehrere Informationsebenen aufgerufen werden, man kann also zu einem Detail der Abbildung unmittelbar Hintergrundinformationen erhalten. Die Informationen liegen in vernetzter Form vor.

- Im Computer kann die Information in unterschiedlicher Form vorliegen – als Text, als Bild, als Grafik, aber auch als Ton oder Videoanimation.

- Im Computer können Informationen, die die Software bereitstellt, von der Benutzerin oder dem Benutzer unmittelbar weiter bearbeitet werden. Zu einem Bild kann ein eigener Text hinzugefügt werden, ein Bild aus dem Computer kann in einen eigenen Kontext eingebracht werden. Bilder aus anderen Medien können (mit Hilfe eines Scanners) erfasst und in eine eigene Datei aufgenommen werden.

- Mit Hilfe der Vernetzung über die Telefonleitung können weltweit im Internet Informationen ausgetauscht und Korrespondenzen geknüpft werden. Diese Nutzung wird sicherlich in der Zukunft noch eine große Rolle spielen, wenn auch für die Grundschule kostenlose Netzzugänge bereitgestellt werden. Diese Möglichkeit soll hier aber nicht näher dargestellt werden.

Im Jahr 1990 stellten MITZLAFF/WIEDERHOLD fest: «Für den Bereich des Sachunterrichts, für den es im angelsächsischen Raum interessante Simulations- und Lernspiel-Programme gibt, konnte kein deutschsprachiges Programm gefunden werden. Dabei sind auch in diesem Fach zahlreiche Situationen denkbar, in denen der Rechner zur Lernförderung und Übung eingesetzt werden könnte. Mit Verzweigungen und mit der Integration von konkreten Arbeitsaufträgen könnten interessante Programme gerade für den Sachunterricht konzipiert werden. Neben der Simulation von Vorgängen, die nur mit Hilfe des Computers veranschaulicht werden können, wäre die Einbindung sachunterrichtlicher Übungsaufgaben in einen spielerischen Kontext möglich» (MITZLAFF/WIEDERHOLD 1990, S. 208). Diese Situation hat sich bis heute nicht grundlegend verändert.

Der Aufwand, Software mit den o. g. Eigenschaften zu entwickeln, ist enorm. Die meisten Produkte sind deshalb von vornherein für einen über die Schule hinausreichenden Markt konzipiert, um breitere Käuferschichten zu erschließen. Themenbezogene Programme kommen nur dann auf den Markt, wenn das Thema die Chance auf große Verbreitung bietet. Spezialthemen, für die die Computernutzung besonders sinnvoll wäre, weil sie möglicherweise nicht durch unmittelbaren Kontakt erschlossen werden können, haben kaum die Chance, von den Softwarefirmen aufgegriffen zu werden. Das Programmangebot ist weit davon entfernt, zu allen Lernfeldern des Sachunterrichts etwas zu bieten.

Welche Geräteausstattung ist für die o. g. Softwareleistungen erforderlich?

Für Software, die o.g. Einsatzmöglichkeiten eröffnet, sind leistungsfähige Geräte erforderlich:

Rechenleistung, Ton- und Videofähigkeit:
PC: Multimedia-PC oder IBM-kompatibler PC ab 486/66 MHz, 8 MB RAM Arbeitsspeicher, Betriebssystem Windows 3.1 oder Windows 95, VGA/SVGA-Grafikkarte mit mindestens 256 Farben, Soundkarte, Lautsprecher, CD-ROM-Laufwerk, Maus

alternativ:
Macintosh: 68040-Prozessor, 8 MB RAM Arbeitsspeicher, Betriebssystem ab System 7.0, CD-ROM-Laufwerk, Maus

Monitor: Ein 14-Zoll-Monitor ist Minimum, besser sind 15 oder 17 Zoll, Bildwiederholfrequenz mindestens 75 Hz für flimmerfreies Bild

Drucker: Tintenstrahldrucker (die es relativ preisgünstig auch mit Farbe gibt, allerdings sind die Tintenkosten noch relativ hoch)

Flachbettscanner: Damit lassen sich gedruckte Bilder einbeziehen

Die Beschaffung geeigneter Geräte – ein schwieriges Kapitel

Eine Computeranlage wie oben aufgeführt kostet mindestens 5000,– DM. Dann können die genannten Möglichkeiten realisiert werden. Den Schulen werden von Eltern, Firmen oder Privatleuten häufig ältere Computer mit 386er Prozessor angeboten (Macintosh leider nur sehr selten). Diese sind zur Textverarbeitung gut geeignet, farbige Bilder bauen sich aber nur äußerst langsam auf und für Videoanimationen reichen Arbeitsspeicher und Rechenleistung i. d. R. nicht aus. Die schwierige Finanzlage der Schulen wird die Anschaffung solch teurer Geräte wohl kaum gestatten und Sponsoren können wohl nur selten gewonnen werden. Ein Warnsignal wäre es, wenn nur Schulen in «besseren» Wohnbezirken, wo Eltern an der Einführung ihrer Kinder in das Medium Computer interessiert sind, sich Zugang zu hochwertiger Hardware verschaffen könnten. Eine Ausstattung mit einer Anlage pro Klasse sollte genügen. Wenn man einerseits den Computer als begrenztes Werkzeug betrachtet, sollte man nicht auf der anderen Seite den Raum mit Geräten vollstellen. Als Einstieg sollte jeder Schule die Anschaffung *einer* leistungsfähigen Anlage für die schuleigene Lernwerkstatt ermöglicht werden.

Programme

Die Anzahl der zur Verfügung stehenden Programme ist groß. Hier kann nur eine kleine Auswahl vorgestellt werden, anhand derer aber (vorhandene oder nicht vorhandene) Qualitätsmerkmale, die als Kriterien für die Programmauswahl dienen können, dargestellt werden.

Folgende Kriterien helfen, eine Auswahl zu treffen:
- Bietet das Programm interessante bzw. wichtige Inhalte?
- Geht von dem Programm eine hohe Motivation aus?
- Ist das Programm leicht zu bedienen, erklärt es sich selbst?
- Gibt das Programm der Nutzerin oder dem Nutzer eine Rückmeldung?
- Lassen sich Informationen leicht finden?
- Nutzt das Programm die besonderen Möglichkeiten des Mediums Computer?
  - Einbindung von Animation (bewegte Bilder)
  - Einbindung von Ton
  - Nutzung mehrerer Informationsebenen durch Vernetzung der einzelnen Inhalte
- Gibt das Programm einen Anreiz, sich mit einem Inhalt weiterführend zu beschäftigen?
- Können Bilder und Texte aus dem Programm leicht in eigene Dokumente übertragen und weiterverarbeitet werden?
- Unterstützt das Programm die Kooperation?

Um es vorwegzunehmen: Keines der vorgestellten Programme vereint alle genannten Eigenschaften. Sie tragen darum alle das Etikett «beschränkt sinnvoll». Jedes der Programme hat aber innerhalb des Kriterienkatalogs Stärken und Schwächen, die in den Kommentaren zum Ausdruck kommen.

DUDEN-Multimedia: Mein erstes Lexikon (CD-ROM)
für PC (Windows) und Macintosh

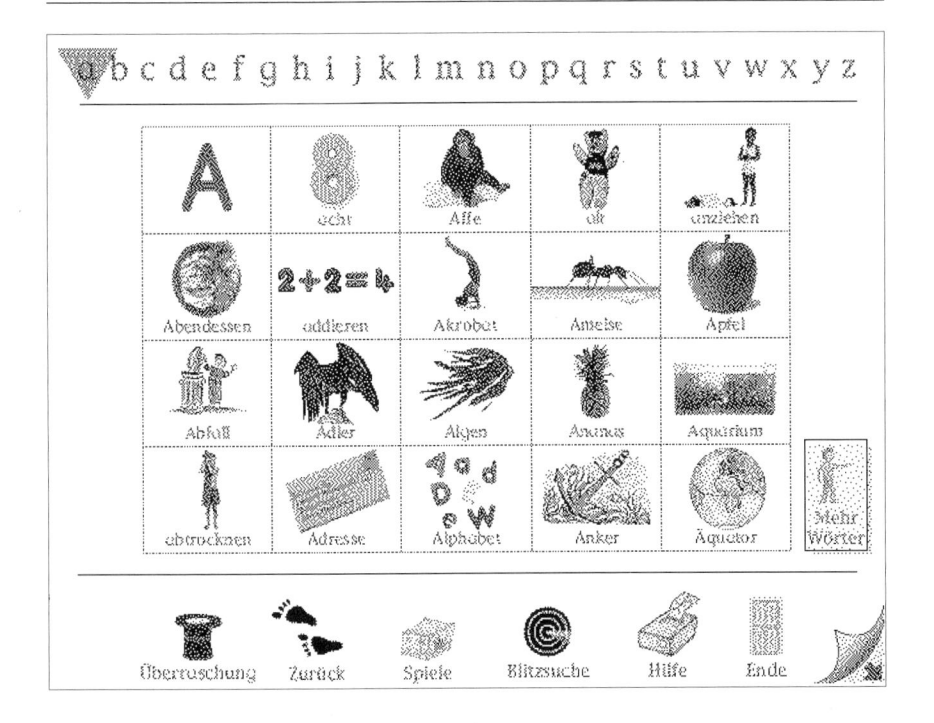

Beschreibung:

«Mein erstes Lexikon» ist ein Kinderlexikon für den Einsatzbereich ab vier Jahren. In der Grundschule sind die Informationen für die ersten beiden Schuljahre geeignet. Es enthält zu allen Stichwörtern (Substantive und Verben) farbige Bilder, Text (jeweils ca. 20 Wörter), Ton und kleine Animationen. Der Ton ist dezent, die Animationen sind allerdings nicht fließend, sondern sprunghaft. Insgesamt enthält das Lexikon über 1000 Seiten. Diese können auf verschiedenen Wegen aufgerufen werden. Das Stichwort «Katze» zum Beispiel ist über den Buchstaben K, über ein Tiersymbol, durch Blättern der Seiten und über ein Stichwortverzeichnis erreichbar. Durch rot hervorgehobene Wörter im Text (im Text zu «gehen» zum Beispiel das Wort «Fuß») können andere Begriffe aufgesucht werden. Dort gibt es weitere Verzweigungen oder man gelangt auf eine neue Seite, zum Beispiel zu «Zeh». Klickt man den Begriff an, bewegt sich der Zeh. Das Programm enthält zur Unterhaltung drei Spiele, die sich auf die Lexikoninhalte beziehen. Es gibt eine Hilfefunktion, diese enthält eine «Hilfe für Eltern» mit Erklärungen zur Programmfunktion sowie die Möglichkeit, eine Seite des Lexikons in den Computer zu kopieren oder auszudrucken. Das Programm ist mit Ton versehen, spricht also zum Kind. Darüber hinaus kann man sich die Texte auch vorlesen lassen – in der Schule mag es nützlich sein, den

Ton auszuschalten, Kopfhörer fördern zu sehr die Einzelarbeit. Mit einer animierten Einstiegsseite erklärt sich die Software selbst.

Weiterverarbeitung der Informationen:
Über die Kopierfunktion können Seiten auf die Festplatte des Computers kopiert werden. Dort stehen sie dann zur Weiterverarbeitung zur Verfügung. Mit der Druckfunktion können Seiten des Lexikons zur weiteren Verwendung ausgedruckt werden. Ein Textmodul zur Einbeziehung eigener Texte enthält das Programm nicht. Man kann auch einen eigenen Text nicht gleichzeitig mit dem Gebrauch des Lexikons erstellen. Wer eine Information für einen eigenen Text nutzen möchte, muss die Lexikoninformation zunächst in die Zwischenablage kopieren, das Programm beenden und kann dann an seinem Text arbeiten. Diesen Vorgang für jede Information wiederholen zu müssen ist umständlich und lenkt von der Arbeit an der Sache ab.

Nutzung im Sachunterricht:
Die kurzen und dennoch informativen Texte in Verbindung mit Bild, Ton und Animation lassen das Programm zur Nutzung lexikalischen Wissens im Sachunterricht geeignet erscheinen. Zu manchen Stichwörtern wünscht man sich mehr «Durchblick». So wäre beim Stichwort «gehen» ein animiertes Skelettbild mit Muskeldarstellung informativ. Durch die freigestellte Darstellung aller Bilder auf weißem Grund wird auf die Einbindung in eine Umgebung (z. B. Elefant in der Savanne) leider verzichtet . Dadurch wirken die Bilder trotz guter, detailreicher Grafik etwas steril. Gerade für die anvisierte Altersgruppe wäre es wünschenswert, wenn das Programm ein eigenes Textmodul enthielte, damit die Kinder die gewonnene Information unmittelbar nutzen könnten.

DUDEN-Multimedia-MEYER: Das Wunder unseres Körpers, CD-ROM, Mannheim 1996
für PC (Windows) und Macintosh

Beschreibung:
«Das Wunder unseres Körpers» ist ein Lexikon, dessen einfachere Inhalte Kinder etwa ab acht Jahren verstehen können. Allerdings gibt es darüber hinaus auch anspruchsvollere Informationen, die weit über die Grundschule hinausreichen. Die Funktionen des Körpers werden durch farbige Bilder, Text Ton und kleine Animationen dargeboten. Die Bildinformationen sind als Grafik mit «Durchblick» gestaltet. Auch Elektronenmikroskopaufnahmen gehören zum Bildangebot. Die Grafiken wirken sehr plastisch. Die Darstellung ist sachgerecht, aber für die Kinder sind diese «aufgeklappten

Wie hören wir?

Wir unterscheiden drei Bereiche des Ohres: das Außenohr, das Mittelohr und das Innenohr. Mit ihrer Hilfe können wir Millionen verschiedener Töne und Lautstärken hören – vom lauten Knall bis zum leisen Flüstern. Das eigentliche Hören findet im Innenohr statt.

- Ohrmuschel
- Schallwellen
- wie man hört
- Gehörgang
- Trommelfell
- ovales Fenster

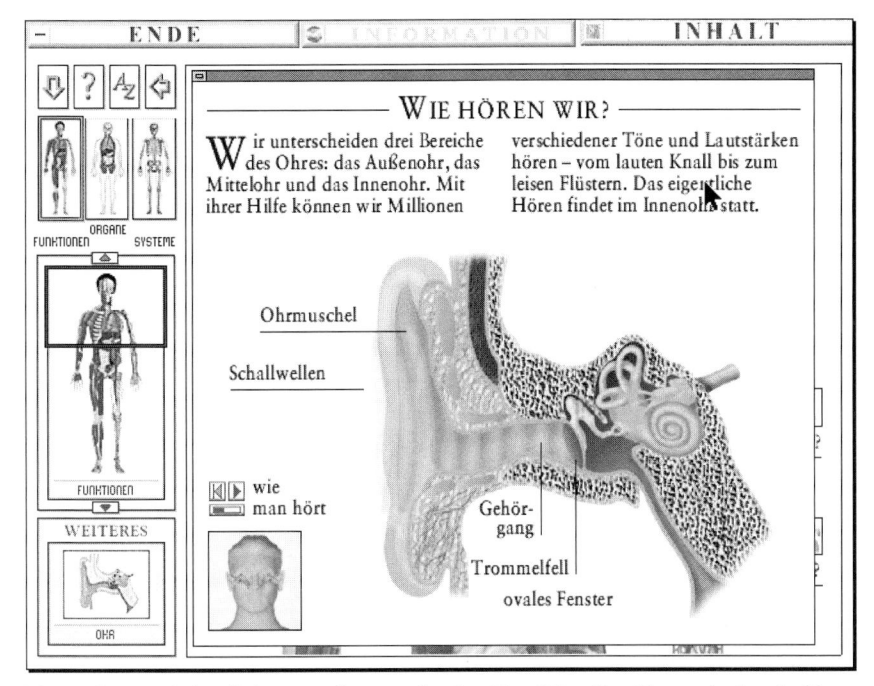

Menschen» sicherlich gewöhnungsbedürftig. Die Grafiken sind mit Textelementen verbunden, darüber hinaus werden weitere Informationen gesprochen, einige Details sind auch animiert. Insgesamt aber wirkt die Präsentation der Informationen wie Buchseiten. Die Informationen können direkt durch Anklicken von außen nach innen angesteuert werden. Dazu kommt ein alphabetisches Register und eine Einordnung nach Fragestellungen. Von jeder Seite gibt es Querverbindungen zu anderen, die direkt aufgesucht werden können. Insgesamt wären noch mehr Animationen oder Videosequenzen, die die Gliedmaßen oder Organe in Funktion zeigen, wünschenswert. Die Software kann ohne aufwendige Erklärung genutzt werden.

Weiterverarbeitung der Informationen:
s. «Mein erstes Lexikon»

Nutzung im Sachunterricht:
Das Programm lässt die Benutzerin oder den Benutzer hinter die Dinge schauen. Da dieser Blick beim Thema «Körper» nicht im Original möglich ist, ist hier ein ideales Anwendungsfeld für das Medium Computer gegeben. Der Inhalt ist sachgerecht aufbereitet und angemessen, ohne künstliches Beiwerk, präsentiert. Die Möglichkeit, die Komplexität der Information und Darstellung selbst zu bestimmen, macht das Programm auch in der Grund-

schule anwendbar. Hinsichtlich bewegter Bilder, die die Körperfunktionen in Aktion zeigen könnten, bleibt das Programm hinter den Möglichkeiten der Computeranwendung zurück. Für die Arbeit im Unterricht wäre es wünschenswert, wenn das Programm ein eigenes Textmodul enthielte, damit die Kinder die gewonnene Information unmittelbar für eigene Produktionen nutzen könnten.

KOSMOS: SIELMANN: Abenteuer Natur – Tiere in Aktion (CD-ROM)
für PC (Windows) und Macintosh

![Screenshot: Gehen und Rennen – Vierbeiner]

Beschreibung:
«Tiere in Aktion» ist ein Tierlexikon, wobei der Schwerpunkt auf der Bewegung liegt. Es ist für Erwachsene wie auch für Kinder ab ca. 8 Jahren nutzbar. Allerdings gibt es auch wissenschaftliche Informationen, die für Kinder kaum von Interesse sind. Man kann sich im Programm auf verschiedenen «geführten Touren» oder über die gezielte Suche nach Themen oder Stichwörtern bewegen. Bei der Arbeit kann man persönliche Lesezeichen definieren. Ein Teil des Programms ist wie ein Karteikartenstapel gestaltet.

Das Programm enthält zu allen Stichwörtern farbige Bilder, Texte, Ton und Animationen. Wählt man für eine geführte Tour ein Tiersymbol, zum Beispiel das Eichhörnchen, erscheint zum Beispiel ein Stichwort «Klettern». Dann wird die Bewegungsform «Klettern» anhand einer großen Anzahl Tiere in Filmsequenzen und gesprochenem Text erklärt. Dabei kommen auch Details zur Sprache, zum Beispiel die besondere Haltung der Hinterpfoten beim Eichhörnchen und die Haftorgane bei Reptilien oder Käfern. Wenn es zur Klärung beiträgt, sind grafische und animierte Elemente eingebaut. Die meisten Filme sind von sehr guter Qualität, einige sind jedoch etwas blass. Elf Bewegungsformen werden ausführlich behandelt. Die Videosequenzen lassen sich stoppen, man kann sie vor- und zurückspulen, die Bewegungsphasen können in Einzelbilder zerteilt werden.

Das Programm enthält 16 inhaltsbezogene Spiele. Es sind eigentlich keine Unterhaltungsspiele, sondern es geht darum, zum Beispiel die Bewegungen eines Tieres zum Ziel zu steuern.

Das Thema «Bewegung» wird durch die intensive Einbindung bewegter Bilder überzeugend dargestellt. Die Möglichkeiten des Computers werden durch die Animation und die Vernetzung der Informationen genutzt.

Weiterverarbeitung der Informationen:
Seiten und Teile davon können nicht in eigene Anwendungen kopiert werden. Das ist ausschließlich über die «Bildschirmfoto»-Funktion möglich. Dieses Verfahren ist aber recht umständlich. Leider ist es durch diese Einschränkung nur schwer möglich, die Informationen des Lexikons für eigene Texte zu nutzen. Mit der Druckfunktion können aber Seiten des Lexikons zur weiteren Verwendung ausgedruckt werden. Ein Textmodul zur Einbeziehung eigener Texte enthält das Programm nicht. Man kann auch einen eigenen Text nicht gleichzeitig mit dem Gebrauch des Lexikons erstellen. Wer eine Information für einen eigenen Text nutzen möchte, muss das Programm beenden und kann dann an seinem Text arbeiten. Diesen Vorgang für jede Information wiederholen zu müssen ist umständlich und lenkt von der Arbeit an der Sache ab.

Nutzung im Sachunterricht:
Das Programm lässt sich im Sachunterricht nutzen. Grundschulkinder werden dabei besonders auf die Videosequenzen mit gesprochenen Erklärungen und auf die einfacheren Texte zurückgreifen. Die Texte sind wohl erst im vierten Schuljahr verständlich. Die inhaltsbezogenen Lernspiele verbinden Unterhaltung mit fundierter Sachinformation. Insgesamt ist das Programm anspruchsvoll aber durch seine sachgerechte und aufwendige Animation empfehlenswert.

KLETT-HEUREKA: Mit Alex auf Reisen: Deutschland (CD-ROM)
für PC (Windows) und Macintosh

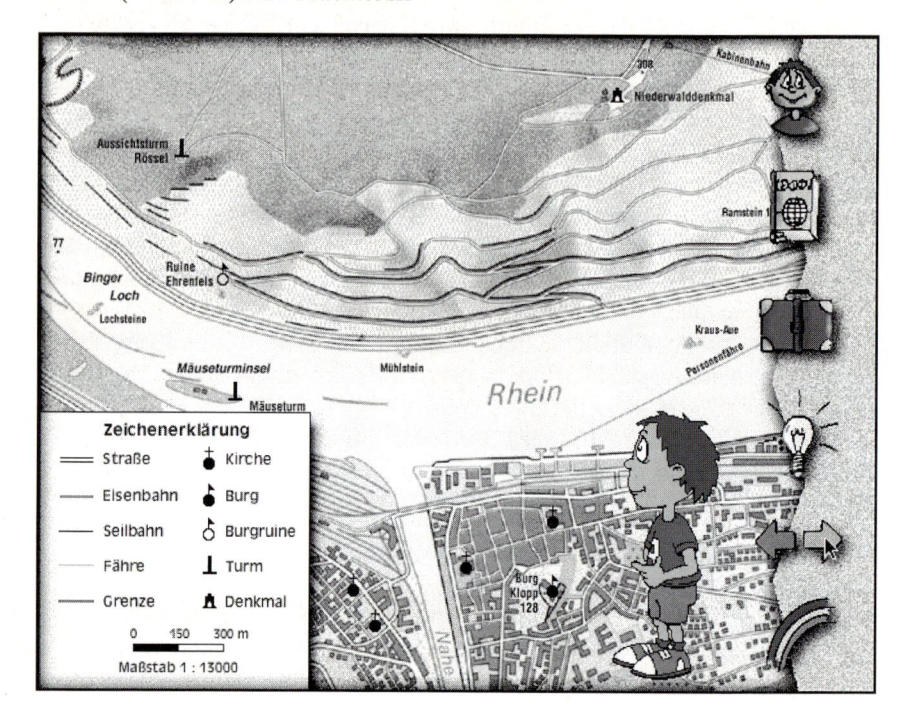

Beschreibung:
«Mit Alex durch Deutschland» ist ein «Geografiespiel». Es ist aber gleichzeitig eine informationsreiche Datenbank. Wichtigste Inhalte sind die Beziehung von Luftaufnahme und Karte sowie die Zeichen der Legende. Alex ist eine gezeichnete, animierte Figur, die eine Ballonreise unternimmt. Etwas merkwürdig sieht es aus, wenn der bunte Ballon über die Luftaufnahmen fliegt. Die themenbezogenen Aufgaben sind als Spiele verpackt:
- vom Luftbild zur Karte – vorgegebene Konturen einfärben,
- Mit einem «Kartenspiel» Planausschnitte Luftbildern zuordnen,
- Zeichen auf der Karte Punkten auf dem Luftbild zuordnen,
- zu Fotos Namen und Legendenzeichen zuordnen,
- Zeichenerklärungen in einer Legende ergänzen,
- Maßstab eines Gegenstandes erkennen, Maßstäbe umrechnen.

Klickt man einen Koffer an, erfährt man, wie viele Punkte man gesammelt hat – eine verzichtbare Einrichtung.

Das Programm enthält einen Lexikonteil, der wie ein Buch gestaltet ist, in dem man durch Anklicken von Pfeilen blättern kann. Ruft man einen

Begriff auf, so erscheint eine Doppelseite mit Text und farbigen Bildern oder Grafiken. Die Lexikonseiten sind für Kinder der 4. Klasse durchaus verständlich. Schwierige Begriffe werden durch die Grafik erklärt. Animationen enthält das Lexikon nicht. Von vielen Texten aus kann man durch Anklicken hervorgehobener Begriffe auf andere Seiten gelangen. Das Lexikon umfasst ca. 100 Begriffe.

In Alex' Begleitung kann man drei typische deutsche Landschaftsformen bereisen. Hier sind von einzelnen Reisestationen Texte und Grafiken zu erreichen, die gut erklärte lexikalische Informationen beinhalten. Alex, der in alle Bilder hineingezeichnet ist, stört erheblich. Nur wenige Elemente im Programm sind animiert. Dabei könnten mit mehr Bewegung zum Beispiel Verkehrsströme gut dargestellt werden. Die lexikalischen Teile wären auch in einem Buch gut aufgehoben.

Auf die Dauer geht einem der einerseits naive, andererseits etwas altklug erklärende Alex auf die Nerven. Ob eine Bestätigung wirklich mit «Cool, Mann!» gegeben werden muss? Zum Glück lässt Alex sich abschalten.

Weiterverarbeitung der Informationen:
Kopieren von Seiten in eigene Anwendungen ist nicht möglich. Nur über das «Bildschirmfoto» lassen sich Seiten zur Weiterverarbeitung auf die Festplatte des Computers laden. Weder enthält das Programm ein Textmodul noch lassen sich Seiten ausdrucken.

Nutzung im Sachunterricht:
Laut Angabe ist das Programm für Kinder von Klasse vier bis sechs geeignet. Im 4. Schuljahr lässt es sich sicherlich nutzen. Es beinhaltet wesentliche Merkmale von Landkarten sowie viele lexikalische Informationen. Vernetzte Systeme wie Verkehr oder Landschaftswicklung, für deren Darstellung das Medium Computer besonders geeignet ist, zeigt es nur unzureichend. Inhaltsbezogene Animationen finden kaum Verwendung.

MEYER-Multimedia: MACAULAY, DAVID: Wie funktioniert das? (CD-ROM) für PC (Windows) und Macintosh

Beschreibung:
Das Programm beruht auf dem «Mammut-Buch der Technik» von DAVID MACAULAY. Es setzt dort an, wo die Möglichkeiten des Buches enden: Bei der Darstellung von Bewegungsabläufen durch Animation und beim Herstellen von stichwortgesteuerten Querverbindungen. Es verbindet Grafiken, Text, Ton und Trickfilmsequenzen. Fotos sind nicht enthalten. Erklärt werden 150 Maschinen und Geräte, die über das alphabetische Register, über die «Er-

finderwerkstatt» oder durch Stichwörter im Programm angesteuert werden können. Alle technischen Funktionen werden auf physikalische Grundbegriffe wie «Hebel» oder «Elektrizität» zurückgeführt. Der Programmteil «Geschichte der Maschinen» erörtert die Entstehungsgeschichte der technischen Entwicklungen nach Zeitaltern geordnet und im «Buch der Erfinder» werden 16 Erfinder und ihre Werke vorgestellt.

Das Thema wird witzig präsentiert, dies wirkt aber nicht aufgesetzt, sondern steht immer in engem Sachzusammenhang. Aufhänger und roter Faden für die Erklärungen ist das Mammut. Es soll z. B. hochgehoben, gewaschen oder gefangen werden. Technische Problemlösungen hierzu führen direkt zu den Grundbegriffen oder zu maschinellen Anwendungen.

Geeignet ist das Programm für Kinder ab Klasse drei und für Erwachsene. Von den Kindern wird nur ein Teil der Erklärungen verstanden werden. Da es sachangemessene Information mit einer sehr originellen und mediengerechten Präsentation verbindet, wird es nie langweilig.

Weiterverarbeitung der Informationen:
Über die Kopierfunktion können Seiten in den Computer kopiert werden. Dort stehen sie dann zur Weiterverarbeitung zur Verfügung. Mit der Druckfunktion können Seiten des Lexikons zur weiteren Verwendung ausge-

druckt werden. Ein Textmodul zur Einbeziehung eigener Texte enthält das Programm nicht. Man kann auch einen eigenen Text nicht gleichzeitig mit dem Gebrauch des Lexikons erstellen. Wer eine Information für einen eigenen Text nutzen möchte, muss den Text oder die Grafik zunächst kopieren, das Programm beenden und kann dann an seinem Text arbeiten. Diesen Vorgang für jede Information wiederholen zu müssen ist umständlich und lenkt von der Arbeit an der Sache ab. Ein Modul zur Erstellung eigener Dokumente wäre wünschenswert.

Nutzung im Sachunterricht:
Größtes Problem bei der Anwendung des Programms ist sein Unterhaltungswert. Die Kinder werden nur schwer davon wegzubekommen sein. Es kann ab der 3. Klasse eingesetzt werden, und zwar nicht nur, wenn ein technisches Thema auf der Tagesordnung steht, sondern immer dann, wenn eine Frage zu einem Gerät oder einer Maschine aufkommt. Viele Erklärungen werden die Kinder verstehen, andere noch nicht. Aber das Programm ist so gestaltet, dass man sich nicht verärgert abwendet, wenn man eine Sache noch nicht verstanden hat. Es ist eher beruhigend: Es gibt eine Erklärung, vielleicht verstehe ich sie später.

CORNELSEN: **Winnies Welt:**
für PC (Windows)

Beschreibung:
Inhaltliche Schwerpunkte des Programms sind «Natur an der Schule, Natur um die Schule» und «Hören». Das Programm enthält umfangreiche Informationen über Pflanzen und Tiere, die in Bild und Text präsentiert werden. Vogelstimmen, Straßengeräusche u.a. werden als Tonsequenz geboten, Animationen enthält das Programm leider nicht. Im genannten Themenbereich wird reichlich lexikalisches Wissen geboten. Über hervorgehobene und anwählbare Stichwörter kann man zu anderen Seiten gelangen. Zu jedem Inhalt sind Hintergrundinformationen durch Mausklick abrufbar. Dazu gibt das Programm zu jedem Schwerpunkt Arbeitsanregungen, Spielvorschläge, Lieder usw. Ab dem 2. Schuljahr können Kinder in die Arbeit mit dem Programm einsteigen. Das Programm bietet eine vollständige Arbeitsoberfläche mit Textverarbeitung, Zeichenfunktion sowie einer Tabellenkalkulation. Kinder und Lehrerin oder Lehrer können eigene Dateien anlegen und mit einem eigenen Passwort auf ihre Werke zugreifen.

Weiterverarbeitung der Informationen:
Es ist ausdrücklich vorgesehen, dass die Kinder Bilder und Texte für eigene Dateien nutzen sollen. Sie können diese auswählen und einfach in ihre eigenen Arbeitsvorhaben integrieren. Ist ein Text in die Datei des Kindes aufgenommen, kann er beliebig editiert, also verändert werden.

Nutzung im Sachunterricht:
Neben den lexikalischen Informationen, die «Winnies Welt» bietet, eröffnet das Programm gute Möglichkeiten für eigene Produktionen des Kindes.
   Wenn ein Kind z. B. für seinen Text das Bild eines Hundes braucht, so kann es dieses Bild durch einfaches Auswählen und Einfügen nutzen. Es kann einen eigenen Text zum Bild schreiben oder einen vorhandenen nutzen oder verändern. Diese Eigenschaften eröffnen umfangreiche Nutzungsmöglichkeiten für den Sachunterricht. Textverarbeitung, Zeichenfunktion und Tabellenkalkulation machen die Kinder mit grundlegenden Funktionen des Computers vertraut. Das Programm ist darum für beliebige Inhalte einsetzbar. Hinsichtlich fehlender Animationen bleibt es hinter den Möglichkeiten des Mediums Computer zurück.

Literatur

Feibel, Thomas: Kinder-Software-Ratgeber, Verlag Markt und Technik 1997.
Grandholm, A./Schumacher, B./Andersson, K.: Kalle surft im Internet, Buch mit CD ROM, Ravensburger Buchverlag 1997.
Hering, Jochen/Lehmann, Peter: Computer in der Grundschule? Teil 1: Bericht aus einer 4. Klasse, Fragen und Versuche, Zeitung der Pädagogik-Kooperative Heft 79, Februar 1997, S. 28-30.
Hering, Jochen/Lehmann, Peter: Computer in der Grundschule? Teil 2: Der Computer im Mathematikunterricht, Fragen und Versuche, Zeitung der Pädagogik-Kooperative Heft 80, Juni 1997, S. 55-60.
Hessisches Institut für Bildungsplanung und Schulentwicklung (HIBS): Computer und Grundschule – Ein Kooperationsprojekt mit den HILF-Außenstellen Fulda und Marburg 1994-1995, Oktober 1994.
Hessisches Kultusministerium: Rahmenplan Grundschule, Wiesbaden 1995.
Leu, H. R.: Wie Kinder mit Computern umgehen. Studien zur Entzauberung einer neuen Technologie in der Familie, München 1993.
Mitzlaff, Hartmut/Wiederhold, Karl A.: Computer im Grundschulunterricht, Hamburg 1990.
Petersen, Peter: Führungslehre des Unterrichts. Weinheim und Basel 1984 (Neuausgabe nach der 10. Auflage 1971).
Soostmeyer, Michael: Computer im Sachunterricht. Lernen mit der Hypermedia-Arbeitsumgebung «Glas». In: Die Grundschule, 27. Jg., H. 10 1995.
von Hentig, Hartmut: Die Schule neu denken. Eine Übung in praktischer Vernunft, München 1993.

Programme

Cornelsen: Winnies Welt, CD-ROM, Berlin 1997, ISBN 3-464-91863-7 (PC).
Duden-Multimedia: Mein erstes Lexikon, CD-ROM, Mannheim 1996, ISBN 3-411-06421-8 (Mac).
Meyer-Multimedia: Das Wunder unseres Körpers, CD-ROM, Mannheim 1996.
Klett-Heureka: Mit Alex auf Reisen: Deutschland, CD-ROM, Stuttgart 1997, ISBN 3-12-465010-7 (Mac).
Kosmos: Sielmann: Abenteuer Natur – Tiere in Aktion CD-ROM, Maris Multimedia Produktion, München 1997, ISBN 3-8032-7106-1.
Meyer-Multimedia: Macaulay, David: Wie funktioniert das? CD-ROM, Mannheim 1997, ISBN 3-411-06753-5.

Carla Knoll

Konzeptionen von Kinderlexika und Kindersachbuchreihen für das Grundschulalter

Es ist immer wieder ein Grund zur Freude, wenn eine Lehrerin bei der Behandlung eines Sachunterrichtsthemas feststellt, dass eine Expertin oder ein Experte dafür in der Klasse sitzt. Einen Teil ihres Wissen haben diese Kinder aus Kinderlexika und Kindersachbüchern erworben: ein Grund, Konzeptionen dieser Medien zu untersuchen und über deren Einsatz im Sachunterricht nachzudenken.

«Wo sind Kanarienvogel und Känguru Nachbarn?» «Im Lexikon.»

Kleinster gemeinsamer Nenner des (gedruckten) Genres Kinderlexikon ist nach wie vor die Anordnung nach dem Alphabet, die auf der Verwandtschaft zum Wörterbuch aufbaut. Eine große Gruppe von Kinderlexika (vgl. Tabelle, S. 309-312) zeigt thematische Zusammenhänge nur über Verweise auf: Schaut man etwa unter «Holz» nach, so findet man dort unter anderem die Anregung, auch unter dem Stichwort «Baum» nach Wissenswertem zu suchen und wird bei «Baum» auf eine neue Reise (zu einzelnen Baumarten, etc.) geschickt. In mehreren Schritten, die Zeit und Disziplin erfordern, aber oft von Entdeckerfreude begleitet sind, kann man auf diese Weise ein abgerundetes Bild eines (kleinen) Wissensgebietes erwerben – man kann sich aber auch mit der meist sehr kurzen Information zu einem Stichwort, einem ersten Einblick, zufriedengeben.

Das bei Ravensburger erschienene Lexikon (vgl. Tabelle, S. 311f.) weicht von dieser herkömmlichen Lexikonkonzeption insofern ab, als es eine Brücke zwischen Kinderlexikon und Kindersachbuch schlägt: Einer geringeren Zahl von Hauptstichwörtern ist jewils eine Seite (z. T. sind es sogar mehrere) gewidmet, auf der in Bild und Text neben dem Hauptstichwort auch thematisch damit zusammenhängende Nebenstichwörter erklärt werden. So können sich auf der Seite «Gräser und Getreide» u. a. detaillierte Informationen zu Gerste, Hirse, Bambus und Zuckerrohr finden, verwiesen wird nur noch auf Stichwörter in der Peripherie wie etwa «Boden-

Kinderlexika (Auswahl)

	Root, Betty / Schindler, Nina (Bearb): DUDEN Mein erstes Lexikon A-Z, Mannheim u.a., Dudenverlag, 1996 (in neuer Rechtschreibung). 29,90 DM	Gatz, Antonia: Das farbige Kinderlexikon, Niederhausen/Ts., Bassermann 1993, 15.- DM
Ordnungsprinzip	stichwortorientiert	stichwortorientiert
Format	DIN A 3, 104 Seiten	ca. DIN A 5, 320 Seiten
Adressaten	ab Erstlesealter (Vorschulalter: vorlesen)	ab 3. Jahrgangsstufe
Stichwörter	- etwa 1000 Begriffe (Verlagsangabe) - Substantive (mit Artikel!); Verben und Adjektive in geringerer Zahl - auch viele Fremdwörter, die der Altersgruppe geläufig sind (Skateboard, Shorts ...); große Aktualität (z. B. «CD») - Homonyme/Polyseme (z. B. Bank/Bank) oft 2 Artikel	- mehr als 700 (Verlagsang.) - Substantive - auch Fremdwörter - Homonyme/Polyseme nicht besonders berücksichtigt
Textumfang	1 – 4 kürzere Sätze je Stichwort	je Stichw. 2 Sätze – 1 Seite
Anordnung der Stichwörter	je Seite drei Spalten, die durch blaue Linien getrennt sind	je Seite zwei Spalten
Sprachniveau der Erklärungen	- An manchen Stellen werden schwierige deutsche Wörter für Erklärungen benützt, ohne selbst erläutert zu werden, z. B. «Erze» (bei «Bergwerk»), «Ureinwohner» (bei «Bumerang»), «Mittelalter» (bei «Buch»), «Torhäuser» (bei «Eskimos»). - In sehr wenigen Artikeln finden sich Fremdwörter, die nicht erklärt werden und evtl. hätten ersetzt werden können, z. B. «Ananas ... wird in tropischen Ländern angebaut.» - Der Leser/die Leserin wird mit «du» angesprochen.	- Z. T. für Grundschulkinder schwierige deutsche Wörter und Formulierungen («Als einfache Maschinen bezeichnet man in der Physik mechanische Vorrichtungen, mit deren Einsatz man Kraft auf Kosten des Weges gewinnen kann.») - Verwendete Fremdwörter sind zum Teil erklärt («Man nennt die Erdkunde auch Geographie.»)

Abkürzungen	keine	nur wenige (d. h., v. Chr. ....)
Verweise	- keine Verweise in den Artikeln - Register auf der letzten Seite: Wörter, die keinen eigenen Artikel haben (z. B. Elfenbein), werden dem Artikel zugeordnet, in dem sie erwähnt werden (Elefant)	In den Artikeln fett gedruckte Wörter kommen an anderer Stelle als eigenes Stichwort vor
Bebilderung	zu jedem Stichwort (auch abstrakten wie Lärm) eine farbige Zeichnung oder ein Farbfoto, meist mit Kindern	etwa zu jedem zweiten Stichwort ein Farbfoto oder eine Sachzeichnung mit Beschriftung, auch historische Darstellungen (Stiche, Gemälde)
Orientierungshilfen	- Stichwort als groß und fett gedruckte Überschrift; erscheint im Artikel noch einmal in Fettdruck - Alphabetleiste am oberen Seitenrand; aufgeschlagener Buchstabe bunt hervorgehoben	- Stichwort als Überschrift fett gedruckt - Erstes und letztes Stichwort auf einer Doppelseite werden am Seitenrand wiederholt.
Bezüge zu den regionalen Verhältnissen der BRD	kaum (bearbeitete Lizenzausgabe des englischen Originals); multikultureller Ansatz in den Abbildungen (versch. Hautfarben)	ja (z. B. Stichwort «Übersiedler» vorhanden; Internationale Kinder- und Jugendbibliothek in München erwähnt)
«Extras»	Im Schlussteil Anregungen für Spiele (für ein oder mehrere Kinder) mit dem Lexikon (z. B. «Teekessel», «Superdichter»: alle Begriffe einer Seite in einer Geschichte verwenden)	

Kinderlexika (Auswahl)

	Meyers Kinderlexikon: mein erstes Lexikon, Meyers Lexikonverlag, Mannheim, 4. Auflage 1996 (neue Rechtschreibung), 24,90 DM	Das große Ravensburger Lexikon (4 Bände), Ravensburg: Ravensburger Buchverlag, 98 DM
Ordnungsprinzip	stichwortorientiert	themenorientiert
Format	ca. DIN A 5, 253 Seiten	größer als DIN A 4, 4 Bände, insgesamt 656 Seiten
Adressaten	ab 3. Jahrgangsstufe (Verlagsangabe: für 5-10-jährige)	Kinder ab 9 Jahren
Stichwörter	- ungefähr 1000 (Verlagsang.) - Substantive (mit Artikel) - auch Fremdwörter (Genie, Interview, Komet) - Homonyme/Polyseme nur selten besonders berücksichtigt (z. B. Pension)	450 Hauptstichwörter (jeweils auf einer Seite dargestellt), unter denen etwa 1000 Nebenstichwörter erklärt werden
Textumfang	je Stichw. 3 Sätze – halbe Seite Text; zu einigen Stichwörtern (z. B. Dinosaurier, Hafen, Hausbau) ganzseitige Großartikel mit Bildern	Einleitung der Seite durch einen Text von etwa 10 Sätzen Zu den einzelnen Bildern jeweils kürzere, kleiner gedruckte Erklärungen; Sachzeichnungen und Fotos sind oft beschriftet
Anordnung der Stichwörter	Stichwörter immer in der linken Textspalte; Erläuterung zweispaltig	Hauptstichwörter (z. B. Feuer, Kleidung …) alphabetisch; Unterstichwörter jeweils auf der Seite des passenden Hauptstichworts
Sprachniveau der Erklärungen	- In den Erklärungen werden in seltenen Fällen schwierige Wörter benutzt, die nicht erklärt werden und auch nicht als Stichwörter auftauchen (z. B. Beamter, Chirurg)	- stilistisch ansprechend (Satzgefüge, Abwechslung bei den Satzanfängen), daher auch für Erwachsene angenehm zu lesen; nicht immer einfach! - Ansätze zu Wertungen («Durch die mit der Uniform ausgedrückte Zugehörigkeit wird in manchen

		Menschen ein gewisser Stolz geweckt.») werden mit der gebotenen Zurückhaltung gebracht. - Verwendete Fremdwörter werden oft im folgenden Satz erklärt.
Abkürzungen	keine	nur sehr gängige (etwa «z. B.», «usw.»)
Verweise	keine	Am Ende jedes Artikels in der Rubrik «Zum Weiterlesen» verwandte Stichwörter aufgeführt
Bebilderung	600 farbige Zeichnungen (Zahl Verlagsangabe)	vierfarbige Fotos und Sachzeichnungen, auch Ausschnitte aus Gemälden, Stichen, Landkarten
Orientierungshilfen	- Stichwort als Überschrift fett gedruckt - Buchstabenleiste am oberen Seitenrand; aktueller Buchstabe farbig hervorgehoben	Nebenstichwörter werden im Register den entsprechenden Hauptstichwörtern zugeordnet
Sprache der Originalausgabe	deutsch; lokale Bezüge zur Bundesrepublik u. a. beim Stichwort «Regierung»	englisch
«Extras»	auf den letzten beiden Seiten Anregungen für Spiele mit dem Lexikon	

arten, Früchte, Pflanzen». Auch das traditionelle Layout, die Anordnung der oft mit einem Bild gekoppelten Stichwörter in Spalten, wird verlassen: Gestaltungseinheit ist die Seite bzw. Doppelseite, die durch ihre ansprechende Gestaltung zum Schmökern einlädt und wohl auch dazu verführen kann zu vergessen, was man eigentlich suchte.

Kinderlexika auf CD-ROM: Die Zukunft?

«Mein erstes Lexikon» auf CD-ROM (DUDEN) gibt schon Vorschulkindern die Möglichkeit, Bilder und Texte zu über 1000 Begriffen auf Bildschirm und Papier zu holen. Die zeitaufwendige Suche im Alphabet entfällt weitgehend, Verweise können per Mausklick «erledigt» werden. Bellende Hunde und tanzende Kinder auf dem Bildschirm, Rate- und Buchstabierspiele: Man kann sich streiten, ob dadurch «Begriffe mit Leben erfüllt» werden, wie der Verlagsprospekt meint, oder ob vom Wesentlichen abgelenkt wird. Meine (nicht repräsentative!) Erfahrung mit einigen Kindern aus dem 1. und 2. Schuljahr (für Ältere sind Wortschatz und Erklärungen ohnehin nicht anspruchsvoll genug): Große Begeisterung am Anfang (vor allem für die Spiele), relativ rasches Aufkommen von Langeweile und am Ende doch wieder der Griff zum Buch.

«Ich mag nur Bücher, wo wahre Sachen drinstehen!» (Florian, 7 J.)

Kindersachbücher setzen sich zum Ziel, diesen Anspruch zu erfüllen und die komplexe Welt mit Bildern und Wörtern zu erklären, die dem Niveau der Kinder angepasst und doch sachlich richtig sind.

Eine ältere, meist aus dem angelsächsischen Sprachraum stammende Generation von Kindersachbüchern widmet sich fast ausschließlich naturwissenschaftlichen Phänomenen. In Versuchsanleitungen werden Anregungen zum Nachmachen des Gezeigten gegeben (ein neueres, optisch ansprechendes Beispiel hierzu: die Reihe aus dem Tessloff-Verlag «Mein erstes Buch vom Licht / Wasser / Wachsen usw.»).

Einen anderen Akzent im naturwissenschaftlichen Bereich setzt die Reihe «Sehen-Staunen-Wissen» aus dem Gerstenberg-Verlag (vgl. Tabelle, S. 314f.). Sie vermittelt mit erstklassigem Bildmaterial und einfachen Beschreibungen Kenntnisse über Tiere und Fahrzeuge.

Themen aus Natur- und Gesellschaftswissenschaften behandelt etwa die Arena-Reihe «Das will ich wissen» (vgl. Tabelle, S. 314f.). Sie verbindet erzählende Texte und einfache Sachtexte, also etwa eine Erzählung über Erlebnisse eines Kindes aus dem Mittelalter mit Informationstexten über Essen und Trinken im Mittelalter, Aufbau einer Burg, Leben in einer Burg, usw.

Sachbuchreihen für Kinder (Auswahl)

	Der Guckkasten, Saatkorn-Verlag, Lüneburg, 19,80 DM	Meyers Kleine Kinderbibliothek, Meyers Lexikonverlag, Mannheim u. a., 14,90 DM	Der Arena-Lesetier: Das will ich wissen – Sachgeschichten für Erstleser, Arena Verlag, Würzburg, 16,80 DM	Sehen – staunen – wissen: Die Junior-Bibliothek, Gerstenberg Verlag, Hildesheim, je 9,90 DM	Entdeckungsreise, Ernst Klett Schulbuchverlag, Leipzig, je 19,80 DM
Adressaten	ab Erstlesealter	ab Erstlesealter	ab Erstlesealter	ab 2./3. Jahrgangsstufe	ab 3./4. Jahrgangsstufe
Format, Umfang	ca. 22 x 23 cm, 24 Seiten	ca. 16 x 18 cm, 24 Seiten	ca. 24 x 17 cm, 48 Seiten	ca. 20 x 24 cm, 32 Seiten	21 x 28 cm, 32 Seiten
Thematische Orientierung / Inhalte (zu den Themen der Bände s. Literaturverzeichnis am Ende des Beitrags)	- Themen der Bände: Natur, Technik und Sozialverhalten - Starke Gewichtung des Emotionalen	- Themen der Bände aus Natur- und Gesellschaftswissenschaften	- Themen der Bände: aus Natur- und Gesellschaftswissenschaften - Kombination von erzählendem Text (Geschichte mit kindlichen Protagonisten) und Sachtext	naturwissenschaftlich (Biologie und Technik)	- Fast immer jeweils zwei Themen in einem Band - In jedem Band Bezug zu Natur- und Gesellschaftswissenschaften (Förderung des vernetzten Denkens) - Orientierung an deutschen Grundschullehrplänen - Bei jedem Thema berücksichtigt: gestern – heute – morgen, vom Nahen zum Fernen, Wissen und Fantasie, Denken und Fühlen
Sprachliches Niveau	- Basistext: Maximal 5 kurze Sätze, groß und in Sinnschritten gedruckt - Weiterführende Texte: 1-2 pro Seite; länger, kleiner gedruckt und sprachlich komplexer als Basistext	- wenig Text (1- 3 kurze Sätze pro Seite) - teilweise gehobener Wortschatz («erspähen», «Der Fluss ist von vielen Bäumen gesäumt»); Bedeutung wird über das Bild verständlich	angemessen	je nach Thema Wortschatz teilweise schwierig («... drei Exemplare gebaut», «zu Beginn der 30er Jahre ...»)	- Verschiedene Textsorten (auch literarische Texte, Interviews, Lieder, Cartoons ...)

Gestaltung der Seiten	- Neun Doppelseiten: Rechts jeweils ein ganzseitiges Farbfoto, links Basistext (s. o.), darunter 1-2 kleine Fotos in Schwarz-Weiß mit weiterführenden Texten (s. o.) als Ergänzung oder Erläuterung von Basisbild und -text	- Gestaltungsgrundlage: farbige Grafik über jeweils eine Doppelseite - An 5-8 Stellen sind zwischen die beiden Seiten transparente Folien eingeheftet, bei denen Teile der Vorder- und Rückseite mit verschiedenen Bildern bemalt sind. Das Umklappen der Folie ergibt die Möglichkeit, Veränderungen zu zeigen.	- durchgehend große Druckschrift, Sätze in Sinnschritte gliedert, Textabschnitte klare, vierfarbige Zeichnungen - je Band ein ausklappbarer, vierfarbiger Bildteil (z. B. Feuerwehreinsatz)	- Gestaltungsgrundlage: jeweils eine Doppelseite unter einem Stichwort - 2-3 Sätze groß gedruckter einleitender Text - jeweils ein großes Foto mit erklärendem Text - zusätzlich 4-6 kleine Fotos / vier-farbige Zeichnungen mit Beschriftung oder einigen erklärenden Sätzen	- Gestaltungsgrundlage: meist Doppelseite - manchmal Zeichnung über die ganze Doppelseite, dazu Text - manchmal Aspekte des Seitenthemas jeweils in einem Absatz behandelt, Überschrift farbig hervorgehoben; meist vierfarbiges Foto oder Zeichnung zu jedem Absatz; manchmal Seite mit Bild hinterlegt
Orientierungshilfen	-	-	- Inhaltsverzeichnis - in manchen Bänden Register	- bebildertes Inhaltsverzeichnis - Register	- bebildertes Inhaltsverzeichnis mit Kapitelüberschrift und einigen Schlagwörtern zum Inhalt
Anregungen zur Weiterarbeit (über die Textrezeption hinaus)	- Fragen in den Begleittexten («Kennst du Sprichwörter vom Brot?») - Je Band 4 Arbeitsblätter als Kopiervorlagen (Suchbilder, Bastelanregungen, etc.); in der Kopiervorlagenmappe didaktische Hinweise	keine	Am Ende des Buches Spielvorschlag, Quiz, Rätsel oder Versuchsanleitung	keine	- Bastel-, Sammel-, Versuchsanregungen auf einer Pinwand auf den letzten beiden Seiten - Anregungen zum Nach- und Weiterdenken in Form von Sprech-/ Denkblasen, Fragen, Suchaufgaben auf verschiedenen Seiten
Sprache der Originalausgabe	deutsch	französisch	deutsch	englisch	deutsch

315

Während die bisher genannten Reihen für das Kinderzimmer konzipiert wurden, orientiert sich die «Entdeckungsreise» (Ernst Klett Schulbuchverlag) an den natur- und gesellschaftswissenschaftlichen Bereichen bundesdeutscher Lehrpläne und behandelt in jedem Band zwei zentrale Themen aus dem Sachunterricht von einer fächerübergreifenden, integrierenden Perspektive aus. Diese wird unter anderem in unterschiedlichen Textsorten (Sachtext, Gedicht, Lied, Interview, usw.) spürbar.

Die Kniebücher aus dem Saatkorn-Verlag bieten die Möglichkeit, Kindersachbücher auch im Gruppen- oder Frontalunterricht einzusetzen: Das Buch steht auf den Oberschenkeln der Lehrerin, die (großen!) Bilder sind den Kindern zugewandt, die Lehrerin kann den Text auf der Rückseite (jeweils erzählende und/oder Sachtexte) vorlesen.

Folien, Klappbilder, Bastelsätze: Ein kritischer Blick auf den Trend zur «Activity Box»

Das Ziel, den Rezipienten über den reinen Lesevorgang hinaus zu Aktivitäten anzuregen, ist legitim. Bei den Fragen «Zu welchen?» und «Wie?» allerdings scheiden sich die Geister.

Die in «Meyers Kleiner Kinderbibliothek» an 5 bis 8 Stellen im Buch eingehefteten Folienseiten erweisen sich in meinen Augen meist als sinnvoll, da sich durch das Umklappen eine Veränderung, etwa einer Landschaft, zeigen lässt oder zunächst Verdecktes sichtbar gemacht wird. Ein überhöhter pädagogischer Anspruch sollte damit nicht verbunden werden.

Der Ravensburger Buchverlag bezeichnet im Klappentext zu seiner Kindersachbuchreihe «Alles klar!» die Folien, Türchen und ausklappbaren Seiten als «Spieleelemente», die Kinder «zum Nachschlagen und Weiterblättern einladen». Wo jedoch hinter einem Klappbild ein anderes sichtbar wird, das mit dem Deckbild kaum in Zusammenhang steht (etwa Bergwerksarbeit und Kakaoernte in Südamerika), da wird die Frage nach der Funktion dieser «Gags» laut.

Varianten der Buch-Aktiv-Boxen, wie sie etwa der Verlag ars edition für Kinder ab 10 Jahre anbietet, liefern zu einem dünnen Buch mit meist naturwissenschaftlichem Thema eine Materialbox mit, in der sich etwa ein Kompass oder das Zubehör für einen Elektromotor findet. «Trendige, moderne Gestaltung, die Kids Spaß macht» (Verlagsprospekt) – mit einem Abnutzungseffekt, der nicht zu unterschätzen ist.

Die vorgenommene Sichtung des Materials lässt einen Einsatz von Kinderlexika und Kindersachbuchreihen im Sachunterricht sinnvoll erscheinen. Zu den didaktisch-methodischen Möglichkeiten wird in unserem Beitrag auf S. 269-274 Näheres ausgeführt.

Anhang:
Verfügbare Titel der besprochenen Sachbuchreihen
(Stand: März 1997)

Meyers kleine Kinderbibliothek: Das Ei / Das Wetter / Der Marienkäfer / Die Farbe / Das Auto / Unter der Erde / Der Elefant / Das Flugzeug / Die Ritterburg / Die Blume / Der Vogel / Der Apfel / Die Maus / Das Haus / Das Schiff / Der Bauernhof / Am Fluß / Die Biene / Der Dschungel / Groß und klein / Der Baum / Der Zirkus / Die Kleidung / Der Dinosaurier / Der Biber / Die Stadt / Die Zahlen / Das Werkzeug / Die Eule / Die Pyramide / Der Bär / Der Frosch / Die Indianer / Der Körper / Kleiner Weltatlas / Die Baustelle / Der Pinguin, / Der Affe / Weihnachten / Die Schildkröte / Die Erde / Die Katze. Die Reihe wird fortgesetzt.

Der Arena Lesestier – Das will ich wissen – Sachgeschichten für Erstleser: Katzen / Unsere Umwelt / Im Tierpark / Die Polizei / Pferde / Die Feuerwehr / Im Krankenhaus / Piraten / Die Indianer / Dinosaurier / Die Steinzeitmenschen / Die Ritter / Der Wilde Westen / Wale und Delphine / In der Schule / Der Flughafen; geplant für Frühjahr 1998: Beim Fernsehen / Mein Körper ... Die Reihe wird fortgesetzt.

Sehen – Staunen – Wissen: Die Junior-Bibliothek (Gerstenberg Verlag): Affen / Bären / Fledermäuse / Katzen / Säugetiere / Wölfe und Füchse / Fische / Greifvögel und Eulen / Tropische Vögel / Vögel / Echsen / Frösche und Kröten / Insekten / Käfer / Reptilien / Schlagen / Schmetterlinge / Spinnen / Tierkinder / Giftige Tiere / Die Tarnung der Tiere / Die Waffen der Tiere / Autos / Boote / Fahrräder und Motorräder / Flugmaschinen. Die Reihe wird fortgesetzt. Sammelbände zu je 24,90 DM: Krabbeltiere (3 Bände in einem), Vom Fliegen und Fahren (4 Bände in einem), Wie Tiere überleben (4 Bände in einem), Wilde Tiere (4 Bände in einem)

Der Guckkasten (Saatkorn Verlag): Die Reihe läuft aus, ist aber noch in vielen Bibliotheken vorhanden. Eine neue Reihe mit ähnlicher Konzeption ist in Vorbereitung. Der Titel der Reihe steht noch nicht fest. Die ersten Themen werden sein: Streiten (Frühjahr 1998), Allein sein, Anders sein, Haben wollen, Tod, Gesundheit.

Entdeckungsreise (Ernst Klett Schulbuchverlag): Feuer und Wasser / Wohnen und spielen / Arbeit und Freizeit / Luft und Wetter / Tiere und ihre Umwelt / Dorf und Stadt

Kniebücher (Saatkorn Verlag), 30 x 30 cm, 21 Seiten; Ständer: Frühling und Sommer / Herbst und Winter / Vom Leben im Mittelalter: Auf dem Lande / Vom Leben im Mittelalter: Die Stadt / Wie Menschen sich kleiden / Wie Tiere wohnen / Kuschel / Wie die Zeit vergeht / Wie Menschen wohnen / Von Formen und Linien / Vom Wachsen und Vergehen / Tommies Traumkissen / Welch ein Gegensatz. Die Reihe wird fortgesetzt.

Marcus Schrenk

Kindersendungen im Fernsehen und ihre Bedeutung für den Sachunterricht

Ein Mann steht am Bachufer, trägt Gummistiefel und hält eine Angel in der Hand. Dieses auf den ersten Blick gewöhnliche Bild ist zu Beginn einer Sendung zum Thema Bach aus der Reihe Löwenzahn zu sehen. Die Kamera führt den Blick genauer und man entdeckt, dass vorne an der Angel nicht ein Haken mit Wurm sondern ein Mikrofon befestigt ist, und dass der Mann Kopfhörer trägt. Eine Verfremdung, eine Überraschung, die Kinder zum Nachdenken anregen soll und sicher auch tut. Ein solches didaktisches Element wäre auch typisch für die mehrperspektivische Konzeption des Sachunterrichts. Überhaupt: die ganze Sendung über den Bach erschließt das Thema aus verschiedenen Fragehorizonten. Hochschuldidaktisch ist es eine interessante und abwechslungsreiche Aufgabe, mit Studierenden in den Szenen dieser halbstündigen Sendung die verschiedenen Realitätsrekonstruktionsformen des mehrperspektivischen Sachunterrichts zu erkennen.

Zum Ausmaß und zur Bedeutung des Fernsehens für Kinder im Grundschulalter

Löwenzahn ist nicht die einzige sehenswerte Kindersendung zu Themen des Sachunterrichts. Lehrerinnen und Lehrer können beim Betrachten solcher und auch anderer weniger gelungener Sendungen viele Anregungen erhalten: Didaktisch-methodische, sachlich-informierende, unterhaltend-anregende und vor allem auch in die Lebenswelt der Kinder Einblick gebende. EINSIEDLER (1993) verbindet die Begriffe «Lebenswelt» und «Medien». Es ist nicht von der Hand zu weisen, dass vor allem der Konsum des Mediums Fernsehen schon allein im zeitlichen Umfang zu den bedeutendsten Beschäftigungen der meisten Kinder im Grundschulalter außerhalb der Schule gehört. Fasst man die Ergebnisse verschiedener Untersuchungen zusammen, so kann man feststellen, dass Kinder im Grundschulalter durchschnittlich ca. 2 Stunden täglich fernsehen (vgl. GLOGAUER 1993; EINSIEDLER 1993; THEUNERT u. a. 1992; GEISER u. a. 1997).

Allerdings ist das zeitliche Ausmaß relativ zu sehen, wenn es um den Einfluss der Nutzung dieses Mediums auf die kognitive, emotionale und soziale Entwicklung von Kindern geht. Dieser Einfluss hängt von vielen anderen Faktoren ab, wie z. B.:
- Der sehr stark differierenden Qualität des Konsumierten.
- Den Möglichkeiten, die Kinder haben, das Gesehene zu reflektieren oder zumindest weiter zu verfolgen, z.B. gemeinsam mit Freunden, Geschwistern oder Eltern.
- Der Intensität, mit der die Sendungen verfolgt werden. Gerade bei Kindern, die sehr lange fernsehen, ist dies oft ein Beiläufigkeits- und Hintergrundgeschehen.
- Den individuellen Fähigkeiten und Intentionen, das Gesehene und Gehörte aufzunehmen, zu verarbeiten, in seiner Bedeutung zu gewichten und kritisch zu hinterfragen.

Da das Fernsehen eine so bedeutende Stellung im Alltag der meisten Kinder einnimmt, gilt es aus medienpädagogischer Sicht als abwegig, im Rahmen einer Bewahr- oder gar Prohibitionspädagogik hier auf einen Verzicht hinzuarbeiten. Zumal GEISER u. a. (1997) feststellen konnten, dass die meisten der von ihnen befragten Schülerinnen und Schüler der vierten Klassenstufe sehr gut ihre Zeit budgetieren konnten. Erst wenn der TV-Konsum 3 und mehr Stunden pro Tag überstieg, hatte dies negative Auswirkungen auf den Erfahrungserwerb in den Bereichen «Technik, Haushalt, Kreativität, belebte Natur und Bücherlesen» (ebd. S. 98). Lehrerinnen und Lehrer müssen sich dem TV-Konsum der Kinder öffnen, nur so können sie die Schülerinnen und Schüler in diesen außerschulischen Erfahrungsraum begleiten und Anstöße zum kritischen, unabhängigen, aufgeschlossenen Konsum geben und einem «Fernsehanalphabetentum» (MUNDZECK/SCHNEIDER 1979) vorbeugen.

In diesem Beitrag sollen nun nicht Vor- und Nachteile des Fernsehens allgemein dargestellt und die daraus resultierenden pädagogischen Konsequenzen diskutiert werden. Vielmehr sollen die Chancen Beachtung finden, die sich dadurch ergeben, dass es Kindersendungen gibt, welche sich mit den Inhalten des Sachunterrichts auseinandersetzen und Kriterien erläutert werden, mit denen sich solche Sendungen bewerten lassen. Welchen Stellenwert diese Sendungen tatsächlich bei der Wissensvermittlung für Kinder im Grundschulalter haben, ist schwer zu beurteilen. Empirische Untersuchungen, die sich mit dem TV-Konsum von Kindern im Grundschulalter beschäftigen, zeigen Ergebnisse, die gerade den Einfluss des Fernsehens auf das Wissen sehr in Frage stellen. So konnten TULODZIECKI (1989), GLOGAUER (1993) und GEISER u. a. (1997) feststellen, dass Kinder im Grundschulalter vor allem unterhaltende Serien betrachten und Sendungen mit Informationsaspekt wie z. B. die «Sendung mit der Maus» oder «Löwenzahn» (dies sind aber immerhin die bekanntesten und beliebtesten in dieser Rubrik) eine eher untergeordnete Rolle spielen.

Gleichwohl bleibt festzustellen, dass der zeitliche Umfang des Fernsehens sehr groß ist und dadurch auch weniger häufig gesehene Sendungen trotzdem einen zeitlichen Umfang einnehmen können, der über dem der Stundentafel des Sachunterrichts liegt (besonders während der langen Ferienzeiten, an Wochenden und Feiertagen, an denen meist mehr ferngesehen wird). Außerdem gilt es zu beachten, dass das Medium Fernsehen zahlreiche Gestaltungsmöglichkeiten bietet, Informationen verdichtet zu vermitteln und somit in kurzer Zeit inhaltlich viel mehr aufzuarbeiten und zu präsentieren vermag, als dies bei Realbegegnungen oder im gewöhnlichen Unterricht der Fall sein kann.

Chancen, Möglichkeiten und Gefahren informierender Kindersendungen

SACHER (1994) konnte feststellen, dass Videocassetten (nach Folien), die am zweithäufigsten genutzten audivisuellen Medien von Lehrerinnen und Lehrern verschiedener Schularten waren. Sicherlich lassen sich auch Kindersendungen gut im Sachunterricht einsetzen. SACHER (ebd.) kritisiert, dass audiovisuelle Medien immer noch sehr häufig zur Darbietung, Veranschaulichung und Motivation eingesetzt werden, der Aspekt der Zusammenfassung und Vertiefung aber vergleichsweise wenig Beachtung findet. Da Fernsehen Erfahrungen nur mittelbar – aus zweiter Hand – weitergeben kann, wird häufig der Wert dieser Sekundärerfahrungen gerade für Kinder im Grundschulalter in Zweifel gezogen. Zurecht wird angesichts der medienbedingten großen Masse von solchen Sekundärerfahrungen für den Sachunterricht gefordert, den Schülerinnen und Schülern Primärerfahrungen zu ermöglichen: «Es gehört zur guten Grundschultradition, den Kindern originale Begegnungen mit Personen, Lebewesen und Sachen zu ermöglichen, sowie außerschulische Lernorte aufzusuchen. Medien können bei der Aufarbeitung dieser Erfahrungen helfen, sie aber niemals ersetzen» (FAUST-SIEHL u. a. 1996, S. 115).

WAGENSCHEIN (1992) stellt «neben den genetischen Bildungsprozess» die «technisierte Information» (ebd. S. 49). Er sieht neben einem Fundament aus tragenden Pfeilern, die auf «exemplarischen Erfahrungen» und «genetischem Verstehen» beruhen, «verbindende Bögen zwischen den Pfeilern; und sie können ... auch mit allen Mitteln moderner technisierter Information ... ausgespannt werden» (ebd. S. 50). Dieser für die Didaktik der Physik vorgeschlagene Weg WAGENSCHEINS kann sicherlich auch für den

Sachunterricht gelten. Fernseherfahrungen müssen an konkreten Erfahrungen anknüpfen, diese ergänzen, vertiefen und erweitern oder dazu anregen. Einige Kindersendungen fordern Kinder auf, selbst etwas auszuprobieren. So enthält die aus Australien kommende und in den dritten Programmen regelmäßig ausgestrahlte «Curiosity-show» oder die vom N3 produzierte Sendung «Ach so» viele Experimente und Bastelanleitungen, die meist mit ganz alltäglichen Gegenständen ausprobiert werden können.

Ein Vorteil, den sachlich-informierende Kindersendungen haben, liegt darin, dass sie sonst Unerreichbares präsentieren können. So werden in den Sachgeschichten der Sendung mit der Maus immer wieder die Produktionsverfahren und -anlagen von zahlreichen Alltagsgegenständen wie Pullover, Salzstangen, Fischstäbchen, diversen Schreibwaren etc. vorgestellt. Dinge und Vorgänge, die sich sonst unserer Wahrnehmung und Beobachtungsmöglichkeiten entziehen, werden sichtbar gemacht: die plötzliche Aktivitätssteigerung von weißen Blutkörperchen, bei Zugabe von Vitamin C; die Entwicklung eines Apfelwicklers; ein Gang durch einen Fuchsbau; die Verunreinigung von Regenwasser, das durch eine Mülldeponie sickert u. v. a.

«Die Sendung mit der Maus» gibt es schon seit über 25 Jahren und sie wird ganz offensichtlich auch sehr gerne von Erwachsenen gesehen. Hierin liegt eine weitere, bisher unterschätzte Funktion von Kindersendungen, nämlich die einer kommunikativen Ressource zwischen Eltern und Heranwachsenden zur gebauten, natürlichen und sozialen Umwelt der Kinder. Für Lehrerinnen und Lehrer ist es wichtig, solche Sendungen zu kennen und in ihrem pädagogischen Wert beurteilen zu können. Nur so können sie auch für Kinder und Erziehungsberechtigte eine beratende Funktion in Sachen Kindersendungen wahrnehmen. Hierbei gibt es natürlich auch hilfreiche Literatur. Verwiesen sei in diesem Zusammenhang auf ERLINGER et al. (1995) und RÖLLECKE/VOLKMER (1995) sowie auf die viermal jährlich erscheinende Broschüre FLIMM der «Programmberatung für Eltern e. V.» (zu beziehen über BLM, Fritz-Erler-Str. 30, 81737 München Tel. 089/6 38 08-288).

Wer sich intensiver mit Kindersendungen, die neben dem unterhaltenden auch einen informierenden Anspruch haben, beschäftigt, wird bald überrascht sein, wie groß das Angebot ist. Es reicht von Nachrichten und Dokumentarsendungen speziell für Kinder bis zu Sendungen, bei denen Informationen nur gering dosiert in Spielhandlungen eingebettet sind. Quantitativ und qualitativ gibt es ein deutliches Gefälle von den öffentlich-rechtlichen Sendern hin zu den privaten. Aber auch gut gemachte, vor allem unter dem sachlich-informierenden Aspekt produzierte Kindersendungen laufen immer wieder Gefahr, in Klischees abzurutschen:

So gibt es beispielsweise die vom Ersten und den Dritten regelmäßig ausgestrahlten Sendungen aus der Reihe «Es war einmal ...». Hier werden historische, humanbiologische und naturwissenschaftlich-technische Themen in Comicform behandelt. Zur Unterhaltung werden Spielhandlungen nach dem einfachen Strickmuster «die Guten gegen die Bösen» eingebaut. Die «Bösen» sind beispielsweise Viren und Bakterien, die in den menschlichen Körper eindringen oder skrupellose Neider, die bedeutenden Entdeckern und Wissenschaftlern (ARCHIMEDES, GALILEI, BUFFON u. a.) ins Handwerk pfuschen. Damit die Kinder gleich sehen woran man ist, tragen die «Guten» dem Kindchenschema entsprechende Gesichtszüge und haben eine ausgeglichene Physiognomie, während die «Bösen» entweder zu klein mit spitzem Kinn und großer Nase oder zu groß und grobschlächtig dargestellt werden. Schade, dass eine Sendung, die von einem sachlich-informierenden und bildenden Sendungsbewusstsein geprägt ist, gleichzeitig das Vorurteil bestätigt, dass man böse Menschen schon sofort an der Verbrechervisage erkennen kann, während Menschen mit gutem Charakter stubsnasig, blauäugig und athletisch gebaut sind.

«Spinns» heißt eine in der Gestaltung und im Aufbau gut gemachte Kindersendung über Tiere vorwiegend anderer Kontinente, die «pro 7» im Programm hat. Bei «RTL» gibt es «JIM HENSONS Animal-Show», eine Tiersendung, mit ebenfalls guten Filmaufnahmen und netten Puppen für Kinder. Problematisch ist bei beiden, wie teilweise mit Jagdszenen von Beutegreifern umgegangen wird. Zum einen werden die Tiere nämlich ganz gezielt und bewusst anthropomorphisiert, indem ihnen menschliche Stimmen und Namen gegeben werden. Stürzt sich dann in realen Aufnahmen ein Löwe auf seine Beute, so wird dies als Naturgesetz rechtfertigend kommentiert. Sicherlich muss es kein Fehler sein, auch Kindern im Grundschulalter schon das Fressen und Gefressenwerden in der Natur zu dokumentieren. Aber das Zeigen von Brutalität in der Natur bei gleichzeitiger Vermenschlichung und einem bestätigendem Kommentar läuft große Gefahr, bei den Zuschauern ein sozialdarwinistisches Weltbild zu erzeugen, nach dem Motto «der Stärkere hat recht bzw. das Recht».

Anlehnend an das «Reutlinger Raster» zur Analyse von Schulbüchern für den Sachunterricht (RAUCH/TOMASCHEWSKI 1986), wird im folgenden ein Kriterienkatalog vorgestellt, der helfen soll, Kindersendungen im Hinblick auf ihren Einsatz im Sachunterricht oder als dessen Ergänzung zu bewerten:

Kriterienkatalog zur Analyse von Kindersendungen zu naturwissenschaftlichen Themen

Inhalte / Ziele:
- Es wird eine Unsumme von Informationen dargeboten.
- Wesentliche Teilthemen oder Inhaltsbereiche werden ausgelassen oder zu vereinfacht/verkürzt dargeboten.

- Die Sendung enthält sachliche Mängel:
- Es wird kein geschlossenes Weltbild vermittelt (z. B. Klischees), sondern divergentes Denken ausgelöst.
- Realität wird mehrperspektivisch rekonstruiert.

Methodisches Vorgehen:

Allgemein:
- Es wird nicht nur eine Fülle von Einzelinformationen dargeboten, sondern versucht, einen umfassenden Zusammenhang herzustellen, in den Details zu integrieren sind (Skelett vor Detail).
- Wahrscheinlich neue Inhalte werden mit wahrscheinlich bekannten Inhalten verknüpft.
- Es wird versucht, einen Bezug zur alltäglichen Lebenswelt von Kindern herzustellen.
- Die dargebotenen Informationen sind vielfältig miteinander verknüpft.

Motivation:
- Es wird intrinsisch (durch Weckung von Interesse am Thema selbst) motiviert. Neugier auf den Inhalt.
- Es wird extrinsisch motiviert (durch Gags, gute Musik, andere die Aufmerksamkeit erregende aber nicht unmittelbar zum Thema gehörende Elemente)
- Es wird ein Spannungsbogen aufgebaut.
- Der Aufgabe, die Kinder auch originell, witzig und abwechslungsreich zu unterhalten, wird der Informationsaspekt nicht gnadenlos untergeordnet.
- Die Kombination von Information und Unterhaltung ist gelungen.
- Die Informationen sind in eine Spielhandlung eingebettet.
- Die Kinder bekommen Anregungen, wie sie das Thema selbständig weiterverfolgen und vertiefen können.

Informationen:
- Informationen werden nicht tendenziös präsentiert, die Darsteller/Autoren machen den eigenen Standpunkt aber deutlich.
- Die Informationen sind eindeutig, bedeutsam, aktuell und hinreichend präsentiert.

Repräsentation von Situationen:
- Die Darstellung von Situationen reizt zum Mitdenken, Stellungnehmen und Reagieren; sie hat Aufforderungscharakter.

- Die Repräsentationen berücksichtigen den Stand der kognitiven Entwicklung der Zielgruppe (z. B. in Bezug auf das Abstraktionsvermögen, die Aufmerksamkeitsspannen, Bildwahrnehmung, Empathievermögen u. a.)
- Es wird auf Szenen verzichtet, die Kinder ängstigen können (zeigen von Alleinsein, Verlassenheit, Rücksichtslosigkeit).
- Die Kinder werden sachlich angesprochen, nicht anbiedernd, oder übertrieben kindertümelnd und albern.

Optische Gestaltung:
- Die Filmszenen visualisieren die Kernaussagen des Films.
- Die Filmszenen sind klar, deutlich und übersichtlich gestaltet.
- Verschiedene filmgestaltende Mittel wie Original-, Trick-, Comic-, Zeitlupe-, Zeitraffer-, Mikroskop- und andere Aufnahmeverfahren, aber auch Wiederholungen (mit und ohne Standortwechsel) werden abwechslungsreich und sinnvoll eingesetzt.
- Die Filmgestaltung vermittelt über den didaktischen Zweck hinaus keine falsche Vorstellungen der Realität.
- Die didaktische Funktion hat Vorrang vor der ästhetischen Funktion.
- Die Visualisierung ist themenangemessen: sachlich oder emotional; personenbezogen oder funktional.
- Es werden spezielle Signalfiguren verwendet.

Sprache:
- Die Sprache ist klar, einfach und verständlich.
- Fachbegriffe und Fremdwörter werden sparsam eingesetzt und kindgerecht erläutert.
- Die Sprache ergänzt die Bilder und ist genau auf diese abgestimmt.
- Begriffe werden einheitlich verwendet.
- Es werden anregende Fragen gestellt.
- Die Gesprächsführung ist
  sokratisch (dialektisch und konziliant),
  dozierend,
  rhethorisch (predigend, zu einer Überzeugung und Entscheidung treibend).

Einige Kindersendungen im Überblick

Bibliothek der Sachgeschichten (diverse 3. Programme)
Alphabetische Zusammenstellung einiger Sachgeschichten aus der «Sendung mit der Maus». Da es meist um alltägliche Dinge geht, die ausführlich

erläutert und hervorragend visualisiert werden, von hohem informativen Wert. Sprachlich für Kinder im Grundschulalter oft recht anspruchsvoll.

Ach so (NDR)
Naturwissenschaftlich-technisch informierende Sendung für Kinder im Grundschulalter. Die Sachinformationen sind in eine Spielhandlung eingebunden, deren Akteure teilweise auch Kinder sind. Die Handlung selbst wirkt manchmal etwas schleppend und gestellt. Die sachlichen Inhalte werden didaktisch gut und angemessen präsentiert.

gesucht – entdeckt – gefunden (3 sat und Kinderkanal)
Ein Computergeist erklärt meist naturwissenschaftlich anspruchsvolle Phänomene oder technische Anwendungen. Trickfilmsendung auf hohem Sprachniveau und für Kinder schwer zugänglichen Inhalten.

Curiosity-show (diverse 3. Programme)
Mix aus Rätseln, Tricks und interessanten Versuchen und Dokumentationen zu vorwiegend naturwissenschaftlichen, mathematischen und historischen Themen. Viele zum Nachmachen anregende Präsentationen für Kinder und Jugendliche.

Es war einmal ... (3 sat, Kinderkanal, diverse 3. Programme)
Trickfilmserie, die sich an Kinder im Alter von 8 – 12 Jahren wendet. Es gibt verschiedene «Es war einmal ...» mit jeweils mehreren Folgen zu humanbiologischen, historischen, naturwissenschaftlich-technischen und anderen Themenbereichen. Die Sendungen sind sehr informativ, aber manchmal für Kinder mit zu vielen Details angereichert, so dass eine Erläuterung des Wesentlichen hin und wieder zu kurz kommt.

logo (ZDF)
Nachrichtensendung für Kinder und Jugendliche. Die Aufmachung gleicht der von Nachrichtensendungen für Erwachsene, die Themenauswahl, die Sprache und Moderation sind jedoch auf Kinder ausgerichtet.

Chamäleon (WDR)
Tiermagazin, das sich an Kinder und Jugendliche wendet. Gut gemachte Sendung, die Kindern, die sich für biologische Themen interessieren uneingeschränkt empfohlen werden kann.

1 – 2 oder 3 (ZDF)
Quizsendung mit unterhaltendem und informierendem Anspruch. Das Antwortverhalten der Kinder zeigt, dass die Fragen nicht selten entweder zu

leicht oder zu schwer sind und somit die sachliche Auseinandersetzung nicht an den Voraussetzungen der Kinder ansetzt.

Philipps Tierstunde (SWF / Kinderkanal)
Für Kinder im Grundschulalter gemachtes Tiermagazin, das sich um die aktive Einbeziehung der Zuschauenden bemüht. Trotz einstündiger Dauer können auch Kinder durch die aufgelockerte Gestaltung dabei bleiben.

Setons Welt der Tiere (Kabel 1)
Etwas kitschig aufgemachte Trickfilmsendung. Die sehr interessanten und für Kinder spannenden Geschichten sind sehr anregend, um das Verhältnis des Menschen zu Wild- und Haustieren zu reflektieren.

Albert sagt ... Natur – aber nur (ZDF)
Diese Trickfilmserie hat vorwiegend informierenden Charakter. Es geht um ökologische Themen. Diese werden zwar anspruchsvoll aber didaktisch geschickt präsentiert.

Literatur

EINSIEDLER, W.: Grundschulkinder und die Lebenswelt Medien. Berichte und Arbeiten aus dem Institut für Grundschulforschung (IfG) der Universität Erlangen-Nürnberg, 75 (1993).

ERLINGER, H.D. (Hrsg.): Kinderfernsehen II. Essen: Verlag Die Blaue Eule, 1989.

ERLINGER, H.D. et al. (Hrsg.): Handbuch des Kinderfernsehens. Konstanz 1995.

FAUST-SIEHL, G.; GARLICHS, A.; RAMSEGER, J.; SCHWARZ, H.; WARM, U.: Die Zukunft beginnt in der Grundschule. Empfehlungen zur Neugestaltung der Primarstufe. Frankfurt a. M.: Arbeitskreis Grundschule, 1996.

GEISER, H.; BAUMERT, J. EVANS, R.H.: Auswirkungen der Fernsehnutzung auf Alltagserfahrungen, Kontrollüberzeugungen und Leistungen im Sachunterricht bei Grundschulkindern. In: MARQUARDT-MAU, B.; KÖHNLEIN, W.; LAUTERBACH, R. (Hrsg.): Forschung zum Sachunterricht. Bad Heilbrunn: Klinkhardt, 1997.

GLOGAUER, W.: Die neuen Medien verändern die Kindheit. Weinheim: Deutscher Studienverlag, 1993.

MUNDZECK, H.; SCHNEIDER, W.: Praktische Medienerziehung. Weinheim, Basel: Beltz, 1979.

RAUCH, M.; TOMASCHWESKI, L.: Schulbücher für den Sachunterricht. Reihe «Beiträge zur Reform der Grundschule», Bd. 66. Frankfurt a.M.: AK Grundschule e.V./ Max-Traeger-Stiftung 1986.

RÖLLECKE, R.; VOLKMER, I.: Menschen, Tiere, Sensationen: Informationssendungen im Fernsehen. Bielefeld: GMK, 1995.

SACHER, W.: Audiovisuelle Medien und Medienerziehung in der Schule. München: Ko-Päd- Verlag, 1994.

THEUNERT, H.; PESCHER, R.; BEST, P.; SCHORB, B.: Zwischen Vergnügen und Angst – Fernsehen im Alltag von Kindern. Eine Untersuchung zur Wahrnehmung und Verarbeitung von Fernsehinhalten durch Kinder aus unterschiedlichen soziokulturellen Milieus in Hamburg. Schriftenreihe der HAM, 5, Berlin: VISTAS 1992.

TULODZIECKI, G.: Mediennutzung von Kindern als bedürfnisbezogene Handlung. In: ERLINGER, H.D. (Hrsg.) 1989, a.a.O. S. 143-156.

WAGENSCHEIN, M.: Verstehen lehren: genetisch – sokratisch – exemplarisch: Weinheim: Beltz, 1992.

Richard Meier

Hinweise zur Literatur

Im Lauf der Zeit seit 1968 wurde eine Fülle an Literatur zum Sachunterricht und seiner Didaktik erzeugt, die schon selbst ihre Geschichte hat. HANS GÄRTNER hat schon 1976 eine Bibliographie zum Sachunterricht zusammengetragen, die 280 Seiten umfasst:

GÄRTNER, HANS: Bibliographie Sachunterricht der Primarstufe, Paderborn 1976.

Den großen Wurf des entscheidenden Buches gibt es nicht und kann es auch nicht geben.

Daher werden hier nicht möglichst viele Bücher aufgelistet. Als Orientierungshilfe werden verschiedene Gruppen der Literatur benannt. Zu diesen Gruppen folgen dann jeweils einige Beispiele, die den Typ repräsentieren und selbst empfehlenswert sind. Mit einigen, begründeten Ausnahmen stammen die genannten Titel aus den letzten Jahren.

Suchen Sie direkte praktische Hinweise zur Unterrichtsarbeit?
Dann benutzen Sie den Lehrerband zu dem Schülerbuch, das Sie verwenden. Vielleicht besorgen Sie sich andere Lehrerbände zu anderen Schülerbüchern, die eine andere Charakteristik haben.

Lesen sie als Anregung auch regelmäßig eine der führenden Grundschulzeitschriften und prüfen Sie die Bände des Grundschulverbandes (s. S. 331-338 in diesem Band), unter denen mehrere zumindest indirekt für den Bereich Sachunterricht ergiebig sind.

Ergiebig und orientierend zu Fragen der Pädagogik und Konzeption auch:
BURK, K. H./CLAUSSEN, C.: Lernorte außerhalb des Klassenzimmers, Arbeitskreis
    Grundschule, Frankfurt 1980 (Bd. I), 1981 (Bd. II).
DEUTSCHES INSTITUT FÜR FERNSTUDIEN: Sachunterricht (4 Hefte Orientierung, 5
    Themenhefte), Tübingen 1985.
SCHREIER, HELMUT: Zum Bildungswert des Sachunterrichts, Kiel 1990.
DUNCKER, L./POPP, W.: Zur pädagogischesn Grundlegung des Sachunterrichts, Köln
    1994.

Suchen Sie Literatur zur Kindheit heute?
Dann lesen Sie zum Beispiel:
FÖLLING-ALBERS, MARIA: Veränderte Kindheit – Veränderte Grundschule, Frankfurt
    1989.
BAACKE, DIETER: Die Sechs- bis Zwölfjährigen, Weinheim 1997.

Krappmann, L./Oswald, H.: Alltag der Schulkinder, Weinheim 1995.
Zinnecker, J./Silbereisen, R. K.: Kindheit in Deutschland, Weinheim 1996.

Interessiert Sie, was wir über Kinder in der Grundschule heute wissen?
Dann in Auszügen:
Weinert, F. E./Helmke, A.: Entwicklung im Grundschulalter, Weinheim 1997.

Interessiert Sie die Geschichte der Heimatkunde und des Sachunterrichts?
Dann suchen Sie nach dem Schlüsselwerk:
Mitzlaff, Hartmut: Heimatkunde und Sachunterricht, Historische und systematische Studien, Dortmund 1985.

Interessieren Sie die Probleme und Fragen, die seit Beginn der Arbeit und teils auch heute noch offen stehen?
Dann lesen Sie:
Beck, G./Claussen. C.: Einführung in Probleme des Sachunterrichts, Kronberg 1976.

Suchen Sie Anregungen und Hilfen zu Fragen der Konzeption?
Dann lesen Sie eines der Bücher zu diesem Bereich, die in den letzten Jahren erschienen sind (subjektive Auswahl):
Glumpler, Edith: Sachunterricht heute, Bad Heilbrunn 1996.
Hänsel, Dagmar: Didaktik des Sachunterrichts, Frankfurt 1980.
Kaiser, Astrid: Einführung in die Didaktik des Sachunterrichts, Hohengehren 1996^2.
Kiper, Hanna: Sachunterricht kindorientiert, Hohengehren 1997.
Schreier, Helmut: Der Gegenstand des Sachunterrichts, Bad Heilbrunn 1994.
Soostmeyer, Michael: Zur Sache des Sachunterrichts, Frankfurt 1992.

Suchen Sie Literatur zu grundlegenden, pädagogischen Fragestellungen im Zusammenhang mit Sachunterricht?
Dann lesen Sie:
Duncker, C, Popp, W.: Kind und Sache, Zur pädagogischen Grundlegung des Sachunterrichts, Weinheim 1996^2.
Duncker, L.: Zeigen und Handeln, Studien zur Anthroplogie der Schule, Stuttgart 1996.

Interessiert Sie Ihre eigene Belastung?
Dann ist zu empfehlen:
Combe, A./Buchen, S.: Belastung von Lehrerinnen und Lehrern, Weinheim 1996.

Suchen Sie Sachbücher für die vielfältigen Themen des Sachunterrichts?
Dann sind zu unterscheiden:
1. Sachbücher für Kinder;
2. Lexika für Kinder (und Erwachsene);
3. Sachbücher für Erwachsene.

Da zu diesen Gruppen häufig neue Werke erscheinen und wieder vom Markt genommen werden, sind die notierten Titel wegen ihrer guten Gestaltung und wegen ihres hohen Wertes an Information und Anregung genannt. Bewusst sind Bücher aus verschiedenen Sachbereichen als Beispiele gewählt, die bei Kindern auf besonderes Interesse stoßen und den Erwachsenen «neue Blicke» erlauben.

1. Sachbücher für Kinder:
BORUGOING, P./BROUTIN, CHR.: Der Baum, Mannheim 1994.
BURNIE, DAVID: Licht, Hildesheim 1993.
MACAULAY, DAVID: Das Mammutbuch der Technik, München 1991.
STREETER, D./LEWINGTON, R.: Entdeckungsreise in die Welt der Eiche, Luzern 1994.
THEISEN, P./THIEMEYER, T.: Das große Buch der Steinzeit, Ravensburg 1995.

2. Lexika für Kinder und Erwachsene:
CARUSO, LUISA: Das visuelle Lexikon, Hildesheim 1996.
HINTNAUS, JAROSLAV: Bildatlas der Haus- und Hoftiere, München 1988.

3. Sachbücher für Erwachsene (die man auch den Kindern anbieten sollte):
BAHN, P./LISTER, A.: Mammuts, Die Riesen der Eiszeit, Sigmaringen 1997.
BERGIER, JEAN-FRANCOIS: Die Geschichte vom Salz, Frankfurt 1989.
DIEM, WALTER: Mit Schere, Pappe und Papier, München 1992.
DE HERDE, W./VAN VEEN, C.: Unsere Bäume im Winter, Stuttgart 1984.
DUDERSTADT, M.: Das Material-Buch. Von Steinen und Metallen, Pflanzen und Tieren und uns. Aarau/Frankfurt a. M./Salzburg 1992.
HUTTER, C. P./LINK, F. G.: Wunderland am Waldesrand, Stuttgart 1990.
COLIN, A. RONAN: Faszinierende Wissenschaft, Stuttgart 1994.
STIFTUNG WARENTEST: Handbuch Technik zu Hause, Berlin 1996.
TREUE, WILHELM: Achse, Rad und Wagen, Göttingen 1986.
WOLF, JOSEF: Menschen der Urzeit, Hanau 1990.

Der Grundschulverband

Teilaspekte des Sachunterrichts in Bänden des Grundschulverbandes

Band 40/41 (Best.-Nr. 1007) ISBN 3-930024-00-4
Wieviel Ecken hat unsere Schule? I, 262 S.
(DM 19,–) 2. Aufl.
Verantwortlich: Karlheinz Burk / Dieter Haarmann u. a.
«Unsere Klasse – ein Raum für Kinder» – Ein Wettbewerb und seine Ergebnisse – Sozialpädagogische Aspekte der Schulraumgestaltung – eine architektur- und sozialgeschichtliche Studie – Raumgestaltung bei Schulversuchen – Mediothek – Unterrichtsräume für den Sachunterricht – Schulküche und Kunstraum – Erfahrungen mit «Unterricht in Ecken».

Band 45 (Best.-Nr.: 1009) ISBN 3-930024-02-0
Lernorte außerhalb des Klassenzimmers I, 184 S.
(DM 16,–)
Bearbeitet von Karlheinz Burk und Claus Claussen
Die Schule muss versuchen, das Ghetto des Lernortes «Klassenzimmer» zu verlassen und Lernorte auch der Lebenswirklichkeit der Kinder und Erwachsenen in den Unterricht einzubeziehen. Dieser Band bietet hierzu eine erste didaktische Grundlegung mit Unterrichtsbeispielen zu den Lernorten «Arbeitsstätten», «Zoo» und «Museum» sowie Vorschläge zur medialen Erschließung von Lernorten am Beispiel «Bäckerei».

Band 49 (Best.-Nr.: 1011) ISBN 3-930024-03-9
Lernorte außerhalb des Klassenzimmers II – Beispiele und Materialien, 195 S. (DM 16,–)
Claus Claussen / Karlheinz Burg (Hrsg.)
In Fortführung des Bandes 45 sollen weitere Erfahrungsräume für Kinder erschlossen bzw. zurückgewonnen werden. Lehrer können so ermutigt werden, Klassenzimmer und Schulgelände zu verlassen, um neue Lernorte aufzusuchen und zu erkunden: Der Klassenraum bleibt aber der Lernort, an dem Erfahrungen außerhalb der Schule vorbereitet, geordnet und reflektiert werden. Grundlegende didaktische Überlegungen, wie sie in Band 45 gewonnen wurden, werden fortgesetzt und weitere Beispiele unter

Betonung der methodischen Möglichkeiten geboten: u. a. Museum, Sandgrube, natürliche Umwelt, Bürger und Gemeinde, Tageszeitung, Post. Schule öffnet sich so der Lebenswirklichkeit, ohne sich ihren Zwängen und Deformationen auszuliefern.

Band 55 (Best.-Nr. 1016) ISBN 3-930024-05-5
Wandertag, Klassenfahrt, Schullandheim – Lernorte außerhalb des Klassenzimmers III, 284 S. (DM 16,–)
Karlheinz Burk / Klaus Kruse (Hrsg.)
Aus dem Inhalt: Fotoberichte, Projektbeispiele, pädagogisch-didaktische Überlegungen – Im Freizeitpark – Landschulheim in der Stadt – Klassenfahrt nach Helgoland – Hochzeit auf Tahiti (Dritte-Welt-Projekt) – im Schloß – Erkundungen im Mittelgebirge – Planungs- und Organisationshilfen.
Der Band ist eine Initiative des Arbeitskreises Grundschule und des Verbandes Deutscher Schullandheime.

Band 71 (Best.-Nr. 1029), ISBN 3-930024-16-0,
Umwelterziehung in der Grundschule – Empfehlungen und Beispiele, 192 S. (DM 16,–)
Hermann Schwarz u. a.,
Eine Arbeitsgruppe in der Hamburger Sektion des Arbeitskreises Grundschule e. V. hat eine Empfehlung zur Umwelterziehung in der Grundschule entworfen, die u. a. die Zustimmung des Deutschen Umwelttages 1985 in Würzburg gefunden hatte und in deren Vorschläge zur Umwelterziehung aufgenommen wurde. Ergänzt und konkretisiert durch praktisch erprobte Unterrichtsbeispiele zu den angeschnittenen Themen ist dieses ebenso engagierte wie kompetente Konzept zur Umwelterziehung im Kindesalter nun in Buchform den Mitgliedern und Freunden des Arbeitskreises Grundschule zugänglich. Zwölf Themenbereiche stehen im Mittelpunkt: Natur, Pflanzen, Schulgarten, Tiere, Boden, Wasser, Luft, Wetter, Landschaft, Lärm, Energie und Gesundheit.

Band 74 (Best.-Nr.: 1034) ISBN 3-930024-20-9
«Und im Ausland sind die Deutschen auch Fremde» – Interkulturelles Lernen in der Grundschule, 215 S. (DM 19,–, f. Mitgl. DM 15,–)
Gabriele Pommerin (Hrsg.)
Es geht um ein «Interkulturelles Lernen», bei dem der Grundschule eine besondere Veranwortung, aber auch eine besondere Chance für eine «Gemeinsame Erziehung

aller Kinder» zufällt. In den grundlegenden Beiträgen legen die Autorinnen und Autoren dar, dass ein pädagogisches Konzept der Zukunft weder auf eine Assimilation ausländischer Kinder abzielen darf noch auf deren Separierung in nationale Klassen. Notwendig ist eine gemeinsame Erziehung von klein auf, die sowohl auf die jeweiligen Besonderheiten aller Kinder Rücksicht nimmt als auch gemeinsame Daseinsformen des Kindseins im Auge behält.

Band 83/84 (Best.-Nr.: 1043) ISBN 3-930024-28-4
Grundschule in Europa – Europa in der Grundschule 279 S. (DM 25,–, f. Mitgl. DM 20,–)
Rudolf Schmitt u. a.
Der Band enthält eine Untersuchung und einen Überblick über die Stellung der Grundschule in Europa und viele Anregungen zur Behandlung des Themas Europa im Unterricht.
Im ersten Teil wird das Primarschulwesen von 30 europäischen Ländern vorgestellt und verglichen. Der zweite Teil des Bandes «Europa in der Grundschule» ist der schulischen Praxis vorbehalten. In acht erprobten Unterrichtsbeispielen wird gezeigt, wie man das Thema «Europa» von der zweiten Klasse an vermitteln kann. Ergänzt wird dieser Teil durch viele Unterrichtsmaterialien und Arbeitsblätter.

Band 97 (Best.-Nr.: 1054) ISBN 3-930024-55-1
Sexualerziehung von Anfang an 238 S.
(DM 26,–, f. Mitgl. DM 19,–)
Petra Milhoffer (Hrsg.)
Grundschullehrerinnen und -lehrer stehen aufgrund erheblicher Mängel in der Lehreraus- und -fortbildung häufig hilflos und verunsichert vor der seit 1968 staatlich verordneten Aufgabe zu einer fächerübergreifenden Sexualerziehung in der Grundschule.
Der vorliegende Band liefert einen Überblick über die schul-rechtliche Situation, informiert über psychologische As-pekte der Sexualentwicklung, bietet Hilfen bei der Medienauswahl, enthält Erfahrungsberichte aus der Schulpraxis, problematisiert Sexualerziehung zwischen zwei Kulturen (Islam) und lässt auch die Kinder als Betroffene zu Wort kommen. In diesem Buch werden auch heikle Themen der Sexualerziehung wie «Aids», «Homosexualität» und «Selbstbefriedigung» nicht ausgelassen.

Band 98 (Best.-Nr.: 1055) ISBN 3-930024-58-6
Die Zukunft beginnt in der Grundschule 283 S.
(DM 14,90)
Gabriele Faust-Siehl / Ariane Garlichs / Jörg Ramseger / Hermann Schwarz / Ute Warm
Die deutsche Grundschule ist 75 Jahre alt. Sie genügt nicht mehr den Anforderungen unserer Zeit. Sie reagiert zu langsam auf die dramatischen Veränderungen der Lebensbedingungen der Kinder von heute, die sich hinsichtlich ihrer Lernvoraussetzungen und Lernmöglichkeiten immer stärker voneinander unterscheiden. Sie lehrt teilweise überholte Inhalte, unterfordert viele Kinder und geht auf die Lebens- und Lernprobleme der anderen nur unzulänglich ein.
Vier Jahre hat eine Expertengruppe mit Unterstützung des Grundschulverbandes daran gearbeitet, einen pädagogisch begründeten Gesamtentwurf für eine neue Grundschule zu entwickeln. Eine gesellschaftliche Basisinstitution mit umfassender Sorge für das physische Wohl der Kinder. Die neue Grundschule nutzt gezielt den Forscherdrang der Kinder aus und will ihnen helfen, sich die Welt in der Gemeinschaft der Mitschüler weitgehend selbsttätig anzueignen.

Außerhalb der Reihe
«Beiträge zur Reform der Grundschule»

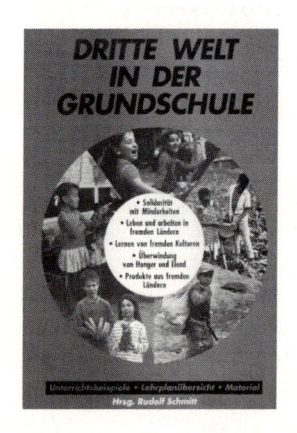

Der orangene Sammelband «Dritte Welt in der Grundschule» (Best.-Nr. 2018), ISBN 3-930024-44-6, 4. überarbeitete Auflage 1995, RUDOLF SCHMITT in Zusammenarbeit mit CHRISTINA EHLERS (Hrsg.), 304 S., DIN A4, DM 20,–
Dieser Jubiläumsband zum 20jährigen Bestehen des Grundschulverbandes e. V. enthält praxisbewährte Unterrichtsbeispiele zum Thema «Eine Welt» für die Grundschule aus den Jahren 1979 bis 1989.
Die Unterrichtsbeispiele sind zu folgenden Themenschwerpunkten zusammengefaßt: Solidarität mit Minderheiten; Leben und arbeiten in fremden Ländern; Lernen von fremden Kulturen; Überwinden von Hunger und Elend; Produkte aus fremden Ländern.
Neben diesen Praxisanregungen bietet das Buch eine grundsätzliche Einführung in das Thema, eine Übersicht über die Grundschullehrpläne der 11 alten Bundesländer, einen umfangreichen Materialteil sowie zahlreiche kopierfähige Arbeitsblätter.

Der blaue Sammelband «Eine Welt in der Schule, Klasse 1–10» (Best.-Nr.: 5002), ISBN 3-930024-62-4, 1. Auflage 1997, RUDOLF SCHMITT (Hrsg.), unter Mitarbeit von W. BRÜNJES und A. PAHL, 320 S., DIN A4, DM 20,–
Dieser Sammelband enthält aktuelle Beiträge zum Themenbereich «Eine Welt im Kindes- und Jugendalter» sowie die beiden Empfehlungen der Kultusministerkonferenz: «Interkulturelle Bildung und Erziehung in der Schule» vom 25. Oktober 1996 und «Eine Welt/Dritte Welt in Unterricht und Schule» vom 28. Februar 1997. Hauptbestandteil des Buches sind die praxisbewährten Unterrichtsbeispiele des Projektes «Eine Welt in der Schule, Klasse 1-10» aus den Jahren 1990 bis 1996. Auch dieser Band enthält eine Sammlung von Materialien und kopierfähigen Arbeitsblättern zum Themenbereich «Eine Welt».

Kinderbuch «Aminatas Entdeckung» (Best.-Nr. 2027), ISBN 3-930024-50-0, 2. Auflage 1994, M. BULANG-LÖRCHER (Bilder) und H.-M. GROSSE-OETRINGHAUS (Erzählung). Unter Mitarbeit von: Prof. Dr. R. SCHMITT, Dr. C. EHLERS, W. BRÜNJES, S. GODLEWSKI, A. PAHL, G. RUBBERT, E. SIEMSSEN und B. ZAHN. Einzelexemplar: DM 10,–, ab 10 Exemplaren: DM 6,–
Aminata lebt in einem kleinen Dorf im Senegal. Jeden Morgen holt sie mit ihrer Schwester das Wasser vom Brunnen, hilft der Mutter im Haushalt, passt auf ihre jüngeren Geschwister auf und träumt davon, irgendwann einmal die Schule besuchen zu können. Alltag wie für viele Kinder in Afrika. Doch dann geschieht etwas ... Die Geschichte von Aminatas Entdeckung wird in einer klaren verständlichen Sprache erzählt. Einfühlsame Bilder lassen sie lebendig werden. Ergänzungstexte geben Eltern und Erzieherinnen zahlreiche Hintergrundinformationen. Ein Bilderbuch, das Offenheit und Verständnis für das Leben von Kindern in Afrika wecken möchte. Ein Buch für Kinder ab fünf Jahren.

Materialband zu «Aminatas Entdeckung» (Best.-Nr. 2028), ISBN 3-930024-56-X, 96 S., DIN A4, DM 8,–
Dieser Materialband ist aus der unterrichtlichen Arbeit mit dem Kinderbuch hervorgegangen. Er enthält Informationen, Unterrichtsvorschläge und Arbeitsblätter zu den Themen: Senegal, Leben und Arbeit im Senegal, Dorfge-

meinschaft, Ernährung, Kleidung, Sprache, Erdnüsse (Anbau und Verwendung), Wasser im Senegal und bei uns, Erfahrungen mit Wasser, Wasserverschmutzung, Spiele und Feste, Musik, Geschichten und Märchen.

Der «Ausleihservice» des Projektes «Eine Welt in der Schule, Klasse 1–10» (Best.-Nr. 5001), 1. Auflage 1996, 220 S., DIN A5, DM 6,–
Dieses Buch enthält eine Auflistung aller Materialien (Literatur, Klassensätze, Medien, Spiele), die vom Projekt «Eine Welt in der Schule, Klasse 1–10» zur kostenlosen Ausleihe für vier Wochen angeboten werden. Daneben gibt es noch eine kurze Einführung über die Arbeit des Projektes und eine Auflistung der bisher erschienenen praxiserprobten Unterrichtsbeispiele.

Projekt «Eine Welt in der Schule, Klasse 1–10»

Im Internationalen Jahr des Kindes (1979) nahm das Projekt «Eine Welt in der Schule, Klasse 1–10» (ehemals «Eine (III.) Welt in der Grundschule») unter Federführung des Grundschulverbandes e. V. seinen Anfang. In ununterbrochener Folge erfüllt dieses Projekt (Leitung: Prof. Dr. RUDOLF SCHMITT) seit dieser Zeit seine Aufgabe, wie sie bereits im ersten Finanzierungsantrag an das Bundesministerium für wirtschaftliche Zusammenarbeit und Entwicklung (BMZ) im Jahr 1979 angegeben worden ist: «Ziel des Projektes ist es, durch verschiedene Maßnahmen (Zeitschrift, Arbeitsgruppen, Lehrerfortbildung, Ausleihe von Materialien usw.) möglichst in allen Grundschulen (und mittlerweile auch Sekundarstufe-I-Schulen) der Bundesrepublik Deutschland praxisbewährte Unterrichtsbeispiele einzuführen, die eine positive Einstellung gegenüber Völkern und Kindern der «Dritten» Welt fördern können.»

Damit auch Sie dieses Ziel erreichen können, bieten Ihnen die Mitarbeiterinnen und Mitarbeiter des Projektes folgende Hilfen an:

Lehrerfortbildungstagung
Jährlich bieten wir zwei überregionale Lehrerfortbildungstagungen an. Dort werden Unterrichtsbeispiele erarbeitet, die dann in der Praxis erprobt und, wenn sie sich bewähren, in unserer Zeitschrit «Eine Welt in der Schule, Klasse 1–10» veröffentlicht werden.

Außerdem werden auf diesen Tagungen regelmäßig aktuelle Fragestellungen zum Themenbereich «Eine Welt» diskutiert.

Zusätzlich führen wir auch kollegiumsinterne Lehrerfortbildungen durch. Diese Fortbildungen können nach Absprache sowohl in ihrer Schule als auch bei uns in Bremen durchgeführt werden.

Die Zeitschrift

Vierteljährlich veröffentlichen wir die Zeitschrift «Eine Welt in der Schule, Klasse 1–10» in einer Auflagenhöhe von 117.000 Exemplaren.
In jedem Heft werden praxisbewährte Unterrichtsbeispiele vorgestellt. Außerdem enthält es Informationen zur «Eine Welt»-Thematik, Rezensionen, ...
Die Zeitschrift wird den grundschulspezifischen Zeitschriften «Die Grundschulzeitschrift», «Grundschule Musik», «Grundschulmagazin» und «Grundschulunterricht» beigelegt. Darüber hinaus erscheint sie in den Fachzeitschriften «Praxis Deutsch», «Geographie heute», «Zeitschrift für den Erdkundeunterricht» und den fächerübergreifenden Zeitschriften «Schulmagazin 5–10» und «Pädagogik». Zusätzlich ist das Heft kostenlos über die Projektadresse zu beziehen.

Verleih von Materialien

Wir verfügen über eine umfangreiche Materialsammlung zum Thema «Eine Welt». Das Material
- Kinderbücher
- Unterrichtsbeispiele
- Hintergrundliteratur
- Klassensätze
- Lieder und Tänze
- Spiele aus aller Welt
- Medien (Kassetten, Filme, Dias und Poster)

können Sie bei uns ausleihen.
Aufgelistet finden Sie die Materialsammlung in unserem «Ausleihservice». Dieses Buch können Sie unter der Projektadresse bestellen.
Die Materialien können Sie bundesweit kostenlos für einen Zeitraum von vier Wochen ausleihen. Gerne beraten wir Sie auch persönlich oder telefonisch.
Bei Interesse wenden Sie sich bitte an folgende Adresse:
Projekt «Eine Welt in der Schule, Klasse 1–10», Prof. Dr. RUDOLF SCHMITT, Universität Bremen – FB 12, Postfach 33 04 40, 28334 Bremen,
Tel.: 04 21 / 2 18 - 29 63, Fax: - 49 19.

Die «Gesellschaft für Didaktik des Sachunterrichts e. V. (GDSU)» stellt sich vor

Die GDSU wurde 1992 in Berlin mit der Aufgabe gegründet, die Didaktik des Sachunterrichts als wissenschaftliche Disziplin in Forschung, Lehre und Entwicklung, in Lehrerfort- und Weiterbildung sowie in der Schulpraxis zu fördern.

Zu den Aufgaben gehören insbesondere
a) Darstellung und Diskussion von Forschungsergebnissen zur Didaktik des Sachunterrichts,
b) Weiterentwicklung sachunterrichtlicher Konzeptionen,
c) Förderung des Dialogs und der Kooperation mit den Bezugs- und Nachbarwissenschaften der Didaktik des Sachunterrichts,
d) Mitarbeit an der Entwicklung und Erprobung neuer Curricula, Förderung schulpraktischer Initiativen,
e) Förderung und Entwicklung neuer Elemente der Aus-, Fort- und Weiterbildung von Lehrerinnen und Lehrern für Sachunterricht,
f) Vertretung der Belange des Fachs Didaktik des Sachunterrichts,
g) Förderung des wissenschaftlichen Nachwuchses,
h) Bemühungen, dem Schulfach/Lernbereich Sachunterricht einen angemessenen Platz in der Grundschule zu sichern,
i) Förderung der internationalen Kooperation in den genannten Aufgabenfeldern.

Die GDSU veranstaltet Jahrestagungen (Mitte März) zu grundlegenden Fragen (bisher: Brennpunkte des Sachunterrichts; Dimensionen des Zusammenlebens; Curriculum Sachunterricht; Lehrerbildung Sachunterricht, Forschung zum Sachunterricht; Grundlegende Bildung und Sachunterricht) der Sachunterrichtsdidaktik und gibt in Zusammenarbeit mit dem Institut für die Pädagogik der Naturwissenschaften (IPN) thematisch gebundene Jahresbände sowie Forschungsbände heraus.

In der Reihe «*Probleme und Perspektiven des Sachunterrichts*» sind beim **IPN** bisher folgende Bände erschienen:

Wie Kinder erkennen, 1990 (Band 1)

Wege des Ordnens, 1991 (Band 2)

Brennpunkte des Sachunterrichts, 1992 (Band 3)

Dimensionen des Zusammenlebens, 1993 (Band 4)

Curriculum Sachunterricht, 1994 (Band 5)

Die Bände 1-5 sind erhältlich beim: Institut für die Pädagogik der Naturwissenschaften (IPN) an der Universität Kiel, Olshausenstr. 62, 24098 Kiel, Preis: je DM 15,–.

Beim **Klinkhardt Verlag** sind bisher erschienen:
MARQUARDT-MAU, B./KÖHNLEIN, W./CECH, D./LAUTERBACH, R. (Hrsg.): Lehrerbildung Sachunterricht. Probleme und Perspektiven des Sachunterrichts, Bd. 6. Bad Heilbrunn: Klinkhardt 1996.
MARQUARDT-MAU, B./KÖHNLEIN, W./LAUTERBACH, R. (Hrsg.): Forschung zum Sachunterricht. Probleme und Perspektiven des Sachunterrichts, Bd. 7. Bad Heilbrunn: Klinkhardt 1997.

In der Reihe «*Forschungen zur Didaktik des Sachunterrichts*» ist bisher erschienen:

HARTINGER, A.: Interessenförderung – Eine Studie zum Sachunterricht. Forschungen zur Didaktik des Sachunterrichts. Bd. 2. Herausgegeben von KÖHNLEIN, W./MARQUARDT-MAU, B./SCHREIER, H. Bad Heilbrunn: Klinkhardt 1997.
KÖHNLEIN, W./MARQUARDT-MAU, B./SCHREIER, H. (Hrsg.): Kinder auf dem Wege zum Verstchen der Welt. Forschungen zur Didaktik des Sachunterrichts. Bd. 1. Bad Heilbrunn: Klinkhardt 1997.

Vorstand der GDSU: Prof. Dr. HELMUT SCHREIER (1. Vorsitzender), Dr. BRUNHILDE MARQUARDT-MAU (2. Vorsitzende), Dr. HANS BAIER (Geschäftsführer), Dr. IRENE FROHNE, Prof. Dr. DIETHARD CECH
Geschäftsstelle: Dr. HANS BAIER, PH Erfurt, Erziehungswissenschaftl. Fakultät, Nordhäuser Str. 63, 99089 Erfurt

Autorinnen und Autoren

Lydia Binnewitt, Lindenstr. 24, 32257 Bünde/Westfalen

Marlies Ebertshäuser, Ruffinistr. 10, 80637 München

Prof. Dr. Gabriele Faust-Siehl, Fallerslebenstr. 29, 60320 Frankfurt/M.

Stefanie Hinrichsen, Arcisstr. 64, 80799 München

Eberhard Kanzler, Talblickweg 34, 71034 Böblingen

Prof. Dr. Hanna Kiper, Hagenring 78, 38106 Braunschweig

Carla Knoll, Beethovenstr. 29, 82140 Olching

Charel Max, 57, rue Jean Jaurès, L-3490 Dudelange

Prof. Richard Meier, Rodauer Str. 24, 64673 Zwingenberg

Prof. Dr. Kurt Meiers, Seitenstr. 18, 72770 Reutlingen

Prof. Dr. Hartmut Mitzlaff, Märkische Str. 5, 58135 Hagen

Erich Hugo Müller-Gäbele, Karl-Erb-Ring 84, 88213 Ravensburg

Prof. Dr. Rudolf Schmitt, Mommsenstr. 16, 28211 Bremen

Udo Schoeler, Flußgasse 8, 60489 Frankfurt/M.

Prof. Dr. Marcus Schrenk, Pädagogische Hochschule Ludwigsburg, Postfach 220, 71602 Ludwigsburg

Prof. Dr. Angelika Speck-Hamdan, Ganzenmüller Str. 14 A, 80999 München

M. A. Bernard Thurn, Lahnstr. 92, 65195 Wiesbaden

Dr. Henning Unglaube, Ziemerweg 13, 65510 Idstein

Dr. Steffen Wittkowske, Heinrich-Heine-Str. 5, 01445 Radebeul

Der **Arbeitskreis Grundschule – Der Grundschulverband – e. V.** setzt sich für die Weiterentwicklung einer modernen Grundschule ein.

Er will bundesweit und in den einzelnen Ländern
– *bildungspolitisch* die Stellung der Grundschule als grundlegende Bildungseinrichtung verbessern,
– *schulpädagogisch* die Reform der Schulpraxis und der Lehrerbildung entsprechend den Erkenntnissen aus Wissenschaft und Praxis unterstützen und
– *wissenschaftlich* neue Erkenntnisse über die Bildungsmöglichkeiten und Ansprüche von Kindern fördern und verbreiten.

Der Grundschulverband (gegründet 1969) ist eine gemeinnützige und überparteiliche Basisinitiative von mehr als 16 000 Grundschulen, Lehrerinnen und Lehrern, Wissenschaftlerinnen und Wissenschaftlern sowie weiteren an der Grundschule interessierten Personen und Institutionen.

Neben der Veranstaltung bundesweiter Kongresse und Konferenzen, regionalen Grundschultagen, Aktionsbündnissen, Fachtagungen und anderem ist ein weiterer Arbeitsschwerpunkt die Herausgabe der Veröffentlichungsreihe «*Beiträge zur Reform der Grundschule*», die allen Mitgliedern im Rahmen des Jahresbeitrages zugesandt wird.

Die Mitgliedschaft kann jede Einzelperson und Institution erwerben, die bereit ist, die satzungsmäßigen Ziele zu vertreten. Zur Zeit gelten folgende Jahresbeiträge: 70,00 DM für Lehrerinnen und Lehrer, 55,00 DM für Referendare, 40,00 DM für Studierende und 80,00 DM für Schulen, Institutionen und andere.

Ausführliche Informationen über Programm, Satzung und Veröffentlichungen erhalten Sie über die Geschäftsstelle:

Arbeitskreis Grundschule – Der Grundschulverband – e. V.
Schloßstraße 29, 60486 Frankfurt am Main
Postfach 90 01 48, 60441 Frankfurt am Main
Tel. 069-77 60 06, FAX 069-707 47 80

Beiträge zur Reform der Grundschule

Schriftenreihe des Arbeitskreis Grundschule – Der Grundschulverband – e.V.
Begründet von Erwin Schwartz, fortgeführt von Dieter Haarmann
Herausgeber: Der Vorstand des Arbeitskreis Grundschule –
Der Grundschulverband – e.V.

Lieferbare Bände

Mitgliederbände:

40/41	Wieviel Ecken hat unsere Schule – Teil I Klassenzimmer als Lernort und Erfahrungsraum	88/89	Wohnortnahe Integration
45	Lernorte außerhalb des Klassenzimmers Teil I	90	MädchenStärken
		91	Lernwerkstätten
49	Lernorte außerhalb des Klassenzimmers Teil II	92/93	Religion in der Grundschule
		94	Lehrerbildung
55	Wandertag – Klassenfahrt – Schullandheim	95	Gewalt und Aggression
		96	Mit Kindern rechnen
56/57	Rechtschreiben in den Klassen 1–6	97	Sexualerziehung von Anfang an!
58/59	Gemeinsam leben – gemeinsam lernen Behinderte Kinder in der Grundschule	98	Zukunft beginnt in der Grundschule
		99	Kunst in der Grundschule
60	Kinder finden zu sich selbst Disziplin, Stille und Erfahrung im Unterricht	100	Sozialpädagogik in der Grundschule
		101	Sachunterricht in der Grundschule

- 61/62 Frauen machen Schule
- 67/68 Schreiben ist wichtig
- 69 Ästhetische Erziehung in der Grundschule
- 71 Umwelterziehung
- 73 Kinder kommen zur Schule
- 74 Interkulturelles Lernen
- 75 Veränderte Kindheit – veränderte Grundschule
- 76 Lyrik für Kinder – gestalten und aneignen
- 77 Übergänge nach der Grundschule
- 78 Alltag im offenen Unterricht
- 79/80 Kinder heute – Herausforderung für die Schule
- 81 Theater macht Schule – Schule macht Theater
- 82 6jährige Grundschule
- 83/84 Grundschule in Europa – Europa in der Grundschule
- 85 Bewegung, Spiel und Sport in der Grundschule
- 86 Die ersten Wochen in der Schule
- 87 Leistung der Schule – Leistung der Kinder

Sonderbände:

- S 41 Rolle des Schulleiters – Kooperation*
- S 43 Schulleben u. Schulgemeinde*
- S 45 Entlastungsstrategien f. Schulleiter*
- S 47 Gesundheitserziehung
- S 49 Einführung in die Vereinfachte Ausgangsschrift*
- S 52 Die Ganze Halbtagsschule*
- S 53 Fremde Sprachen i. d. Grundschule*
- S 54 Grundschule u. Bibliothek
- S 55 Fördern und Förderunterricht*
- S 56 Teamarbeit in der Grundschule*
- S 57 Jahrgangsübergreifendes* Lernen in der Grundschule

* Schulleiter-Reihe „Mehr gestalten als verwalten"

Außerhalb der Reihen:

Zukunft für Kinder-Grundschule 2000
Sammelband: Dritte Welt in der Grundschule
Sammelband: Eine Welt in der Schule, Klasse 1–10
Ausleihservice: Projekt „Eine Welt..."
Animatas Entdeckung (Kinderbuch)
Materialband zu Aminatas Entdeckung

Arbeitskreis Grundschule – Der Grundschulverband – e.V.
Postfach 90 01 48   60441 Frankfurt/M.

An den
Arbeitskreis Grundschule –
Der Grundschulverband – e.V.
Postfach 90 01 48
60441 Frankfurt/Main

Beitrittserklärung

Hiermit trete ich dem Arbeitskreis Grundschule – Der Grundschulverband – e. V. bei als:

☐ Einzelmitglied (Jahreslieferung: 2–3 Mitgliederbände)   Jahresbeitrag: 70,– DM
   ☐ Lehramtsanwärter/in, Teilzeitbeschäftigte/r   Jahresbeitrag: 55,– DM
   ☐ Studierende/r, Arbeitslose/r   Jahresbeitrag: 40,– DM

☐ Korporatives Mitglied (Schulen, Institutionen, Einzelpersonen)
(Jahreslieferung: Mitgliederbände und 1–2 Sonderbände über die
eine Bücherrechnung ausgestellt wird)   Jahresbeitrag: 80,– DM

Einzelmitglieder aus den neuen Ländern zahlen bis einschließlich 2000 einen ermäßigten Jahresbeitrag: Statt 70,– DM nur 55,– DM.

(Name)   (PLZ u. Ort)

(Straße u. Hausnr.)   (Datum u. Unterschrift)

Sie erhalten nach Zahlung
Ihres Beitrags

- die Mitglieder-Zeitschrift „Grundschulverband aktuell" (4 mal im Jahr)
- die Jahres-Mitgliederbände
- die Satzung des AKG
- Informationen und Veröffentlichungsverzeichnis

Aus buchungstechnischen Gründen bitten wir Sie, die Rechnung abzuwarten, auf der wir Ihnen die Mitgliedsnummer und die Bankverbindung mitteilen.

Für Ihren Beitritt zum Arbeitskreis Grundschule – Der Grundschulverband – e.V. halten wir folgendes Werbeangebot für Sie bereit: (bitte **nur eine** der beiden Möglichkeiten ankreuzen!)

☐ Als neues Mitglied im Arbeitskreis Grundschule – Der Grundschulverband – e.v. wünsche ich mir den Band .... als Aufnahmegeschenk.

☐ Oben genanntes Mitglied habe ich für den Arbeitskreis Grundschule – Der Grundschulverband – e.V. geworben. Als Werbeprämie senden Sie mit bitte den Band .... an folgende Anschrift:

(Name)   (PLZ und Ort)

(Straße und Hausnummer)   (Datum und Unterschrift)